教員採用試験「全国版」過去問シリーズ ⑮

#分野別　#項目別

協同教育研究会 編

協同出版

はじめに

本書は，全国47都道府県と20の政令指定都市の公立学校の教員採用候補者選考試験を受験する人のために編集されたものです。

教育を取り巻く環境は変化しつつあり，学校現場においても，教員免許更新制の廃止やGIGAスクール構想の実現などの改革が進められており，現行の学習指導要領においても，「主体的・対話的で深い学び」を実現するため，指導方法や指導体制の工夫改善により，「個に応じた指導」の充実を図るとともに，コンピュータや情報通信ネットワーク等の情報手段を活用するために必要な環境を整えることが示されています。

一方で，いじめや体罰，不登校，教員の指導方法など，教育現場の問題もあいかわらず取り沙汰されており，教員に求められるスキルは，今後さらに高いものになっていくことが予想されます。

協同教育研究会では，現在，627冊の全国の自治体別・教科別過去問題集を刊行しており，その編集作業にあたり，各冊子ごとに出題傾向の分析を行っています。

本書は，論作文・面接試験の概略，2023年度の論作文の過去問題及びテーマと分析と論点，面接試験の内容を掲載しており，最近の傾向の変化について，より効率よく理解・学習できるように構成されています。

みなさまが，この書籍を徹底的に活用し，教員採用試験の合格を勝ち取って，教壇に立っていただければ，それはわたくしたちにとって最上の喜びです。

協同教育研究会

教員採用試験「全国版」過去問シリーズ⑮

全国まるごと過去問題集　論作文・面接＊目次

論作文試験の概要

論作文試験の意義

近年の論作文では，受験者の知識や技術はもちろんのこと，より人物重視の傾向が強くなってきている。それを見る上で，各教育委員会で論作文と面接型の試験を重視しているのである。論作文では，受験者の教職への熱意や教育問題に対する理解や思考力，そして教育実践力や国語力など，教員として必要な様々な資質を見ることができる。あなたの書いた論作文には，あなたという人物が反映されるのである。その意味で論作文は，記述式の面接試験とは言え，合否を左右する重みを持つことが理解できるだろう。

論作文には，教職教養や専門教養の試験と違い，完全な正答というものは存在しない。読み手は，表現された内容を通して，受験者の教職の知識・指導力・適性などを判定すると同時に，人間性や人柄を推しはかる。論作文の文章表現から，教師という専門職にふさわしい熱意と資質を有しているかを判断しているのである。

論作文を書き手，つまり受験者の側から見れば，論作文は自己アピールの場となる。そのように位置付ければ，書くべき方向が見えてくるはずである。自己アピール文に，教育評論や批判，ましてやエッセイを書かないであろう。論作文は，読み手に自分の教育観や教育への熱意を伝え，自分を知ってもらうチャンスに他ならないのである

以上のように論作文試験は，読み手(採用側)と書き手(受験者)の双方を直接的につなぐ役割を持っているのである。まずはこのことを肝に銘じておこう。

論作文試験とは

文章を書くということが少なくなった現在でも，小中学校では作文，大学では論文が活用されている。また社会人になっても，企業では企画書が業務の基礎になっている。では，論作文の論作文とは具体的にはどのようなものなのだろうか。簡単に表現してしまえば，作文と論文と企画書の要素を足したものと言える。

学習にあたって

小学校時代から慣れ親しんだ作文は，自分の経験や思い出などを，自由な表現で綴ったものである。例としては，遠足の作文や読書感想文などがあげられる。遠足はクラス全員が同じ行動をするが，作文となると同じではない。異なる視点から題材を構成し，各々が自分らしさを表現したいはずである。作文には，自分が感じたことや体験したことを自由に率直に表現でき，書き手の人柄や個性がにじみ出るという特質がある。

一方，作文に対して論文は，与えられた条件や現状を把握し，論理的な思考や実証的なデータなどを駆使して結論を導くものである。この際に求められるのは，正確な知識と分析力，そして総合的な判断力と言える。そのため，教育に関する論文を書くには，現在の教育課題や教育動向を注視し，絶えず教育関連の流れを意識しておくことが条件になる。勉強不足の領域での論文は，十分な根拠を示すことができずに，説得力を持たないものになってしまうからである。

企画書は，現状の分析や把握を踏まえ，実現可能な分野での実務や計画を提案する文書である。新しい物事を提案し認めてもらうには，他人を納得させるだけの裏付けや意義を説明し，企画に対する段取りや影響も予測する必要がある。何事においても，当事者の熱意や積極性が欠けていては，構想すら不可能である。このように企画書からは，書き手の物事への取り組む姿勢や，将来性が見えてくると言える。

論作文には，作文の経験を加味した独自の部分と，論文の知識と思考による説得力を持つ部分と，企画書の将来性と熱意を表現する部分を加味させる。実際の論作文試験では，自分が過去にどのような経験をしたのか，現在の教育課題をどのように把握しているのか，どんな理念を持ち実践を試みようと思っているのか，などが問われる。このことを念頭に置いた上で，論作文対策に取り組みたい。

論作文試験実施形態

論作文試験は現在，ほとんどの都道府県・政令指定都市で実施されている。論文試験あるいは作文試験を正式に試験科目として募集要項に明記していなくても，教職教養などの枠の中で事実上の論作文試験を実施している自治体を含めると，論作文試験はほとんどの自治体で行われていることになる。

教職・専門や面接と並び，論作文試験は今や教員試験の重要な試験科目の1つとなっている。近年の教員試験の選考方法の多様化の傾向の中で，論作文はどの県・市でもその重要性が注目され，今では教員試験の突破には論作文試験対策なしでは考えられないようになっている。しかし，最も対策が立てにくいのも論作文試験である。

論作文試験について考えてみると，教職・専門教養試験とは異質な，ということは逆に面接試験とかなり性質の近い試験だという通念がある。これはある程度当たっていよう。

ただ，試験の実施時期の方は，面接試験はほとんどの教育委員会が2次中心に実施しているのに対し，論作文試験は1次試験で実施する県と2次試験で実施する県にわかれ，県によっては両方で実施するケースもある。そもそも1次試験というのは，教師として最低限必要とされる知識を有している人物を選び出し，教師としての適性のある人を2次選考にかけるという性格のものであるから，試験方法の多様化により一概にはいえないが，それでも重要な比重を占めているといえる。

つまり実施時期から見ても，やはり重視傾向がうかがえるということになる。実施県数の多さと実施時期との両面から見て，「論作文試験は予想以上に重視されている」ということがわかってきたが，なぜ重視されているかについては後述することにして，ここではさらに，論作文試験の実施概要についてまとめておくことにする。

試験の実施スタイル，つまり試験時間，字数制限などについて見てみよう。

まず，試験時間について。短いところでは35分から，長いところでは150分まで，様々だ。

90分とか80分という県については，教職教養や，一般教養とあわせて，という例が多く，実質的には50分から60分の範囲にはいるものと考えてよい。それも含めて総体的に見ると，試験時間を60分としているところがほとんどである。1時間という単位そのものは，生活感覚からいっても感じがつかめるはずだ。

字数のほうは，多くて2000字，少なくて400字というところで，もっとも例が多いのは800字。中には無罫とか字数制限なしというところもある。

したがって，60分・800字というスタイルが，標準的なラインと考えて良い。この制限の中で文章をまとめる練習をするのが，基本的準備の1つとなろう。字数・制限時間については，志望県の出題傾向も含めて考えておくようにしたい。少なくとも全般的に見て，時間内に書き上げるのが精いっぱい，というところが多いようだ。事前の練習がものをいう。

論作文

傾向と対策

論作文試験は，教職・専門や面接と並び，今では教員採用試験の重要な試験科目の一つとなっている。近年の選考方法の多様化の傾向の中で，論作文はどの自治体でもその重要性が注目され，今では教員採用試験の突破は論作文試験対策なしでは考えられないようになっている。しかし，最も対策が立てにくいのも，この論作文試験である。

論作文試験について考えてみると，教職・専門教養試験とは異質な，ということは逆に面接試験とかなり性質の近い試験だという通念がある。これはある程度当たっていよう。

ただし，試験の実施時期については，面接試験はほとんどの教育委員会が2次試験を中心に実施しているのに対し，論作文試験は1次試験で実施する県と2次試験で実施する県にわかれ，県によっては両方で実施するケースもある。そもそも1次試験というのは，教師として最低限必要とされる知識を有している人物を選び出し，教師としての適性のある人を2次選考にかけるという性格のものであるから，試験方法の多様化により一概にはいえないが，それでも重要な比重を占めているといえる。

実施県数の多さと実施時期との両面から見て，「論作文試験は予想以上に重視されている」ということがわかる。その論作文試験を，最近の全国的な出題の傾向分析により，以下の5つの形式に分類した。

A. 教師論に関するテーマ
B. 教育の目標や教育課題に関するテーマ
C. 児童・生徒の指導に関するテーマ
D. 抽象的なテーマ
E. 養護・栄養・特別支援教育に関するテーマ
F. 現職教員・社会人特別選考に関するテーマ

本章では，以上の分類テーマを基に，それぞれのテーマの分析と論点とを示している。このテーマが選ばれた意図は何なのか，またどのような視点でこのテーマに取り組んでいくのか，参考にしていただきたい。

論作文　教師論に関するテーマ

テーマのねらいとポイント

■テーマのねらい

このグループに属する出題のねらいは，教育に対する情熱や使命感，さらには子どもへの愛情などが中心であるといえる。いわば，その人その人の教育愛，教育への姿勢そのものが問われているわけで，テーマとしては，オーソドックスなものだが，それだけに自分らしさを表現しにくいテーマでもあろう。

■テーマのポイント

教師に関するテーマは多く，今日的課題であり，「望ましい教師像」「教師の在り方」を問うものと，「教師の職務」について問うものとがある。その二面から見ても，教師の資質・能力を向上させてほしいという願いが込められているテーマなのである。「魅力ある教師」「期待される教師」などについて問われると，教育実習や講師の時に受けた強い感動をそのまま経験談として述べたり，学習指導や生徒指導の指導方法の内容をくどくどと述べる文章も多い。

教師を広く，深くとらえ，教師の理想像や仕事を問うテーマに対しては，自己の教師像でとらえ，人間性，専門性，指導力の中の1つの面から切り込んで読み手を納得させる文にしてほしい。

〈例題〉

> 変化の激しい現代社会を生き抜く教師や資質と能力について述べなさい。

〈題意の把握〉

①今なぜ教師の資質向上が必要なのか，その社会的背景について理解する。

②教師の資質である「人間性」「専門性」「指導力」の3点を踏まえて，児童・生徒の個性を生かす指導をするための研修内容につい

て理解する。

〈記述のポイント〉

①教師の資質向上が叫ばれている社会的背景を踏まえ「人間性」「専門性」「指導力」を取り上げ，児童・生徒に対する深い教育愛，力量，熱意，研修などを述べる。

②自己の個性を生活指導に反映させたり，研修方法・内容に触れながら，「自らの資質を高めるために努力する決意」を述べる。

〈評価のポイント〉

①教師の資質を理解しているか。

②教師の資質向上が叫ばれている社会的背景が述べられているか。

③自己の特性を理解し，目指す教育像に向かって，自らの資質を高めていく決意がうかがえるか。

論作文 教師論に関するテーマ

方針と分析・作成のポイント

【１】現代の教員には,「多様性への理解と教育支援」に関する指導力が求められます。このことについて,あなたはどのように取り組んでいくか,自身の経験等に触れながら,具体的に述べなさい。

▌2024年度 ▌青森県 ▌全校種

方針と分析

(方針)

人間の多様性を尊重し,その強化を目指している現代,学校教育における教員に求められる「多様性への理解と教育支援」とは何かを明らかにした上で,自身の経験等に触れながらどのように指導力を発揮し,取り組んでいくかを具体的に論じる。

(分析)

多様性への理解と教育支援が求められる背景には,多様性についての理解が進まないままに教育的指導という名の下での多様性のある児童生徒を無自覚に傷付けていたという反省がある。また,今日では多様性への理解や教育支援は研修や体制整備により進んできてはいるものの,個人情報保護を始め多様性を対象としているが故の表に出しにくい点もある。このようなことからも,現代の教員が求められる多様性への理解と教育支援を取り巻く状況は複雑であるとともに,その取組は喫緊の課題でもある。

青森県教育委員会では,「校長及び教員の資質の向上に関する指標」を設け,その「4 指標の観点(2)指導力」の項で「多様性への理解と教育支援」について明記している。そこでは,「生徒指導上の課題の増加,外国人児童生徒数の増加,通常の学級に在籍する発達障害のある児童生徒,子供の貧困の問題等により多様化する児童生徒に対応して個別最適な学びを実現しながら,学校の多様性と包摂性を高めるとともに,必要な体制の構築や関係機関との連携を進めることができる資質等に関する指標を設定している」とある。さらに,「併せて,養護教諭には『保健管理』,『保健教育』,『健康相談』に関する観点を，栄養教諭には『給食の時間や各教科等における教育指導』,『個別的な相談指導』に関する観点を，それぞれの職の特性に応じて加えている」としている。このことから,「多様性への理解と教育支援」においては，特別な支援や配慮を必要とする児童生徒の多様性を理解した上で，特性等に応じた適切な教育支援に当たるとともに，必要な体制の構築や関係機関との連携を進めることができる資質能力が教員に求められていることが分かる。

受験生の皆さんはこれまでの学校生活等の中で，生まれ持った特徴や特性，また価値観や考え方の違う様々な人たちと接し，共に生活してきている。そして，個人の違いを認め合い，尊重し合うことの大切さを実感し学んできたと思う。今後は，教育現場においてそれらをどのように取り上げ，さらにどのように充実・発展させていけばよいかに思いを巡らさなければならない。そのことを自身の言葉で紡ぎ，経験等とすればよい。

これからの学校教育は，より一層お互いが尊重し合い，支え合うことができる取組を充実させ，一人一人がその多様性を生かして自己実現を図ることができる共生社会を目指して行われなければならない。そのために，すべての児童生徒の多様なニーズに即した教育をデザインして応えるということが,「多様性への理解と教育支援」に関する指導力として求められる。

具体的な取組に当たっては，まず多様性のそれぞれには背景があることを押さえることが必要である。また，多様性と背景とが重なり合って課題を生み出しているところに指導面における困難性を生じさせている。多様性に目を向け，背景を押さえることにより本来対処しなければならない対象や課題を明らかにすることができる。したがって，教員一人一人にそのことを敏感に察知できる資質能力が求められる。同時に，そのことは教員が児童生徒の発達の段階や発達の特性を踏まえ，一人一人に応じた学習内容や指導方法を用意し,「個別最適な学び」と「協働的な学び」を一体的に充実させ,「主体的・対話的で深い学び」の実現に向けた工夫が不可欠であることを意味する。また，取組に当たっては，対象となる児童生徒の保護者との意思疎通，連携を図り信頼の構築に努めることが求められる。

作成のポイント

本審査問題では，児童生徒は一人一人が個性的な存在であるにもかかわらず，その多様性を考慮せずに一律・一定・一斉的な指導や活動を展開してきたところに無理を生じさせてきたという点を指摘している。その上で，「多様性への理解と教育支援」をどのように捉え，それへの取組をどのように進めるかを問うている。全体を序論・本論・結論の三段構成とし，600字以上，800字以内で論述していく。

序論では，「多様性への理解と教育支援」に関する指導力が取り上げられる背景に触れ，どのような取組を進めるのかという見通しを示し，200字程度で論じる。

本論では，これまでの「多様性への理解と教育支援」がどのようなものであったかを踏まえ，今日求められるものは何かを明らかにする。そして，多様な児童生徒一人一人の特性や状況を理解するとともに，適切な人間関係を形成し，人間の多様性を尊重する取組の強化をどのように図るのかを，自身の経験等に触れながら受験する校種や職種等に即して論述する。

結論では，改めて「多様性への理解と教育支援」を進め，多様性を尊重する共生社会の実現を目指して真摯に取り組む決意を100～150字程度で述べて小論文をまとめる。

【2】「教師として，成長するために必要なことは」

2024年度 | 山形県 | 全校種

方針と分析

(方針)

これからの教育を担う教師として成長するために必要なことを，専門職として学ぶこと(研究)と人として学ぶこと(修養)の両面から述べる。

(分析)

教育公務員特例法第21条に，「教育公務員は，その職責を遂行するために，絶えず研究と修養に努めなければならない」と示されている。研修は必須事項であり，教師は学び続けなければならない。また，平成27年12月に中央教育審議会から「これからの学校教育を担う教員の資質能力の向上について」答申され，どの教員も主体的に参加できるよう教師同士の学び合いをポイントにしたメンター方式の研修事例が提示されている。研修内容も，学習指導力，生徒指導力，連携・折衝力等が考えられる。さらに，これからの教育を担う教師を考えると，教員免許更新制小委員会が示した「令和の日本型学校教育を担う教師の学び」も参照にしたい。

一方，教師の人間性の成長のために必要なこと(修養)は，一つ目は，様々な人に出会うことであり，地域の人々，異業種の人々，異年齢の人々等である。二つ目は，様々なものに出会うことであり，神社・仏閣・城郭・博物館・美術館等である。三つ目は，様々な体験をすることであり，スポーツ・文化活動・ボランティア活動・地域活動・旅行等である。もちろん，教育書，歴史書，小説等の書物との出合いも必要である。

これらのことを踏まえて，テーマに対して自身が考えることを研究と修養の面から記述するようにしたい。

特に，山形県が求める教員の姿(山形県教員「指標」より)3 豊かな教養とより高い専門性を身に付けるために，常に学び，自らを向上させる姿勢を持ち続ける方と挙げられていることにも注力することが大切である。

作成のポイント

論文の構成は，序論・本論・結論とする。記述前に構想する時間を十分に取り，その内容を簡潔にまとめることが重要である。800字以内であることから，文量を序論(約15％程度)・本論(約75％程度)・結論(約10％程度)の目安をもって臨むことも大切である。

序論では，教師が成長するためには，学び続ける教師であることの重要性を基本に，研究面と修養面からの記述と「これからの学校教育を担う教員」の視点を大切にした記述であってほしい。

本論では，序論を受けて自身が考える教師として成長するために必要なことを2～3点に絞り，読み手にとってわかりやすく具体性を持たせた記述が求められる。全てを網羅することなく「これからの」のワードにポイントを置き，令和の日本型学校教育を担う教師の学びの姿に言及することが重要である。

結論では，序論と本論を踏まえた専門職への強い決意を示し，論文をまとめる。

【３】「『令和の日本型学校教育』を担う新たな教師の学びの実現に向けて(審議まとめ)」(令和3年11月15日中央教育審議会)において，「学び続ける教師」，「教師の継続的な学びを支える主体的な姿勢」，「個別最適な教師の学び，協働的な教師の学び」などの「『令和の日本型学校教育』を担う新たな教師の学びの姿」が示されました。

これらを踏まえ，あなたは「新たな教師の学びの姿」を実現するために，高等学校の教員として，どのように自己研鑽していくか，あなたの考えを900字程度で述べなさい。

▌2024年度 ▌福島県 ▌高等学校

方針と分析

(方針)

「令和の日本型学校教育」を担う新たな教師の学びの姿についてポイントを整理し述べたうえで，教員としての自己研鑽の考えと実践への決意を述べる。

(分析)

教員は絶えず研究と修養に励み職責の遂行に努めなければならないことが教育基本法と教育公務員特例法に定められている。さらに，「『令和の日本型学校教育』を担う教師の学び(新たな姿の構想)」(教員免許更新制小委員会)に，「教師が技術の発達や新たなニーズなど学校教育を取り巻く環境の変化を前向きに受け止め，教職生涯を通じて探究心をもちつつ自律的かつ継続的に新しい知識・技能を学び続け，子ども一人一人の学びを最大限に引き出す教師としての役割を果たす。その際，子どもの主体的な学びを支援する伴走者としての能力も備えている」と示している。

つまり，「学び続ける教師」であり，時代の変化が大きくなる中で常に学び続けなければならないのである。「『令和の日本型学校教育』を担う新たな教師の学びの姿」として必要なことは，変化を前向きに受け止め，探究心をもちつつ自律的に学ぶという教師の主体的な姿勢が重要である。

また，学校は多様な知識・経験を持った人材の教師集団であり，より多様な専門性を有する教師集団を構築するためには，一人一人の教師の個性に即した「個別最適な教師の学び」として，教師自身が新たな領域の専門性を身に付けるなど強みを伸ばすことが必要である。自己研鑽が必然的に求められているのである。

「個別最適な教師の学び」として求められる自己研鑽については，教員としての資質・能力を向上するために，課題意識をもって様々な研鑽と修養に自ら励むことである。この内容は，自らが興味・関心を持つ教科・領域について，書物を読んだり，セミナーや研修会等に参加したり，研修動画を視聴することなどが考えられる。この効果としては，自己研鑽で得られた知識・技能等を生徒の教育やOJTとしての校内研修やグループ研修などに還元することができる。

自己研鑽の実践には，何よりも「自分には今どのような力が身に付いているのか，これからどのような力を身に付ける必要があるのか」さらに，「自分の強みをいかに伸ばすか」等の個性に即した「個別最適な学び」のマイ研修計画の作成が必要である。当然，社会の変化や自己のキャリアステージに求められる資質・能力を生涯にわたって身に付けていくものでなくてはならない。

作成のポイント

論文の構成は，序論・本論・結論とする。記述前に構想する時間を十分にとり，その内容を簡潔にまとめることが重要である。900字程度であることから，文量を序論(約15～20%程度)・本論(約65～75%程度)・結論(約10～15%程度)の目安をもって臨むことも大切である。

序論では，あなたが考える「令和の日本型学校教育」を担う「新たな教師の学びの姿」について，ポイントを整理し端的に述べる。あれもこれも述べずに，キーワードを意識した記述が大切である。

本論では，序論を受けて「教員の個別最適な学び」に焦点化し，その重要性を述べるとともに，自身が考える「自己研鑽」としての2～3の実践策について述べるとよい。具体的な視点としては，1つは，自分の強みを伸ばしたい視点であり。2つ目は，課題に対する力を身に付けたい視点が考えられる。

結論では本論で述べた自身の自己研鑽の実践への意欲と決意を示してまとめる。

【4】令和3年1月中教審答申では，「令和の日本型学校教育」を担う教職員の姿の一つとして，「子供一人一人の学びを最大限に引き出し，主体的な学びを支援する伴走者としての役割を果たしている」ことが示されています。そこで，主体的な学びを支援するために，あなたが教員として勤務する上で，自身の教員としての「強み」を学校現場のどのような場面で，どのように生かしていきたいか，自身の「強み」を明確にしながら具体的に書きなさい。

2024年度 ▌栃木県 ▌高等学校教諭等

方針と分析

(方針)

学習指導要領などの考え方を基に，生徒が主体的に学ぶことの重要性を論じたうえで，生徒が主体的に学ぶことを支援していくために自分の強みをどのように発揮して教育活動に取り組んでいくか具体的に述べる。

(分析)

学習指導要領では，「豊かな創造性を備え持続可能な社会の創り手となることが期待される児童生徒に生きる力を育むことを目指すに当たっては，…児童生徒の発達の段階や特性等を踏まえつつ」と，育成すべき三つの資質能力を示している。この三つ目が，「学びに向かう力，人間性等を涵養すること」である。この「学びに向かう力」について学習指導要領解説・総則編では，「児童生徒一人一人がよりよい社会や幸福な人生を切り拓いていくためには，主体的に学習に取り組む態度も含めた学びに向かう力や，自己の感情や行動を統制する力，よりよい生活や人間関係を自主的に形成する態度等が必要となる」と，その重要性を強調している。

一方，PISAをはじめとする国際的な学力関係の調査，様々な研究団体の調査では，諸外国に比べて日本の子供たちは学びの意味や意義の理解が薄く，「学びに向かう姿勢」「学びに向かう態度」に課題があるという指摘がされている。設問のテーマである「主体的に学ぶ力」は，こうした「学びに向かう姿勢」「学びに向かう態度」が基盤となって身に付いていく力であると考えられる。そのために，日々の授業を子供たちが主体的に学ぶ授業に改善していくことを欠かすことはできない。

そのための視点が，新学習指導要領で提言されている「主体的・対話的で深い学び」である。この「主体的学び」について，学習指導要領解説・総則編では「学ぶことに興味や関心を持ち，自己のキャリア形成の方向性と関連づけながら，見通しを持って粘り強く取組み，自己の学習活動を振り返って次につなげる『主体的な学び』」と説明している。これをどのように具体化していくのか，自分自身の考え方や方策をまとめておかなければならない。その視点は，解説で述べている「学ぶことへの興味や関心」「キャリア形成との関連づけ」「見通しと振り返り」などである。

一方，人は誰も異なる性格と人格をもっているように，一人一人の教師は誰もが異なる存在であり，性別はもちろん専門性も得意分野も一様ではない。そこに，あなたが教育で生かすことのできる強みが存在する。その強みをしっかりと認識し，直面する課題解決に当たっていく必要がある。生徒が主体的に学ぶことを支援するために，その強みをどのように発揮できるのか整理しておきたい。

作成のポイント

本問は600字以上1000字以内という指定があるので，序論・本論・結論の3段構成で論述するとまとめやすい。

序論では，子供たちが主体的に学ぶことがなぜ必要なのか，社会的背景とともに日本の子供たちの学びに対する姿勢の実態を踏まえ，その重要性を論述する。その際，単なる文部科学省などの言葉を引き写すのではなく，あなた自身の考えを論理的に述べることが必要である。この序論に，300～400字程度を割く。

本論では，序論で述べた子供たちが主体的に学ぶ教育活動に取り組んでいくか二つ程度に整理して論述する。その際，設問にもあるように，あなたの教員としての強みを明確に示して，その強みをどのように生かしていくのかを示すようにする。学ぶことへの興味関心を高めるために，受験する教科に即した子供の問題意識を大切にすることを落としてはならないだろう。この本論は，400～500字程度でまとめる。

結論では，テーマである子供たちが主体的に学んでいくことについて俯瞰的に捉え，取組みの基本となる姿勢や本論で触れられなかった考え方や方策を書き込むとともに，教師として子供を主体とした教育活動を進めていく決意を100～200字程度で述べて，作文をまとめる。

【５】埼玉県教育委員会が求める教師像の1つに「幅広い教養と専門的な知識・技能を備えた教師」があります。

あなたは，このことをどのようにとらえていますか。あなたの考えを述べなさい。

また，あなたは「幅広い教養と専門的な知識・技能を備えた教師」となるためにどのような努力をし，どのような教育実践につなげていきますか。具体的に述べなさい。

▌2024年度 ▌埼玉県 ▌小・中学校等

方針と分析

(方針)

社会状況の急速な変化に伴い，学校教育が抱える課題も複雑・多様化する現在，常に教師には研究と修養に努めることが強く求められ，「学びの精神」を自らの内に築くことが重要となっている。このことを踏まえ，「幅広い教養と専門的な知識・技能を備えた教師」をどのように捉えたかを述べた上で，そのためにどのような努力をし，それをどのような教育実践につなげていくか具体的に論じる。

(分析)

「幅広い教養と専門的な知識・技能」は，教師の職務からいつの時代においても必然的に求められる資質能力の一つである。同時に，そのような資質能力は学び続けることで身に付き，磨かれていくものである。すなわち，「幅広い教養と専門的な知識・技能を備えた教師」とは，児童生徒の心身の発達に関わり，その人格形成に大きな影響を及ぼす高度専門職業人に求められる資質能力を有する学び続ける教師を指したものであると理解できる。

また，「幅広い教養と専門的な知識・技能」は，自らの実践的指導力を発揮した取組を通してさらに磨かれる。したがって，「幅広い教養と専門的な知識・技能を備えた教師」と実践的指導力とは不可分の関係にあると考えられる。このことから，「幅広い教養と専門的な知識・技能を備えた教師」は，同時に優れた実践的指導力を兼ね備えた存在であるといえる。

さらに，そのような教師になるためには，自らが知的好奇心や探究心をもち，生涯学び続ける存在であるべきであるという思いの下に努力を惜しまないことに尽きる。

入職前には，教師を目指すに当たり，どのような資質能力を身に付けておくことが必要かを考える。そこで，自己の現時点における資質能力を把握し，課題となる資質能力の向上を図るための目標を定め，その達成を図る学びに力を注ぐことが必要である。したがって，社会の動静や新たな情報に対して高いアンテナを張る，書籍から学ぶ，自ら進んで他者に実践へのアドバイスを仰ぐことなどに努力することが求められる。

また，入職後は，研修会をはじめとして多くの学ぶ機会がある。そのような機会を受動的に捉えるのではなく，得た学びを必ず児童生徒の指導に生かすという能動的な姿勢で取り組む努力が必要である。そのためには，謙虚に学び続ける姿勢をもつとともに，学びの場を提供していただいた方への感謝の気持ちを忘れないことである。

一方，必要な努力を生かす教育実践を考える際には，その努力は教育実践を展開する上での強みであり，教育実践を支えることにつながる点を意識したい。また，その努力をどのように生かせば教育目標の達成につながるか，そのための指導はどうあるべきかを主体的に考える習慣を付けることが重要である。

また，具体的な教育実践は学習指導や生徒指導を始め様々な分野・領域での展開が考えられる。共通していえることは，分かりやすい授業に努める，児童生徒の確かな学力形成に結び付ける，児童生徒が自ら取り組む授業を展開し児童生徒のよさや可能性を引き出し伸ばすことにつなげるなどである。そのために，PDCAサイクルを確立させ，自らの指導の改善を絶えず図ることに力を注ぐことを考える。

さらに，教育実践を論述する際の留意点として，「主体的・対話的で深い学び」の実現に向けた授業改善の視点，GIGAスクール構想の下で整備された1人1台の情報端末の積極的な利活用，主体的な学びをつくる発問・助言・学習課題などの授業の創意工夫，教材の改善などを踏まえることが望まれる。

また，従来の「日本型学校教育」のよさを受け継ぎつつ，2020年代を通じて実現を目指す学校教育である「令和の日本型学校教育」の理念に立つことにも留意したい。すなわち，誰一人取り残すことなく，すべての児童生徒の可能性を引き出す「個別最適な学び」と「協働的な学び」を具現化する教育実践を展開するものとする。

作成のポイント

本問題では，800字以内という文字数の指定があるため，全体を序論・本論・結論の三段構成にして論述していくとよいだろう。

序論では，教師の資質能力が児童生徒に与える影響の大きいことを示し，実践的指導力を有した学び続ける教師が求められている今日の状況を200字程度で論じる。

本論では，「幅広い教養と専門的な知識・技能を備えた教師」とはどのような教師なのかを明らかにし，そのためにはどのような努力が必要なのかを示す。また，その努力を教育実践にどのようにつなげていくのかを明らかにする。その際，変化の激しい社会からの要請や変わりゆく児童生徒の姿を客観的に捉え，理解し，自らの認識を絶えず更新するとともに，それらを生かした実践的指導力を発揮できる教師が求められている点に留意したい。なお，問題で取り上げられている教師になるための努力と教育実践については，受験する校種に即して2～3点を具体的に論述する。

結論では，改めて資質能力の向上を図ることが教師に課せられていることを踏まえ，児童生徒に最適な学びを提供できる教師として，生涯にわたり学び続ける姿勢を持ち続け精進する決意を100～150字程度で述べ，論文をまとめる。

【６】山梨県では，求める教師像の一つに「児童生徒と保護者に信頼される教員」を掲げています。児童生徒と保護者に信頼される教員とはどのような教員か，児童生徒を取り巻く社会の実態を踏まえながら，あなたの考えを800字以内で述べなさい。その際，あなたが教員として，児童生徒や保護者との信頼関係を構築するために取り組みたいことについても記述すること。

2024年度 ▌山梨県 ▌全校種

方針と分析

(方針)

「児童生徒と保護者に信頼される教員」を踏まえて，児童生徒と保護者に信頼される教員とはどのような教員か，児童生徒を取り巻く社会の実態を踏まえながら，受験者の考えを800字以内で述べなければならない。その際，教員として児童生徒や保護者との信頼関係を構築するために取り組みたいことについても記述する。

(分析)

設問条件より，山梨県「やまなし子供・若者育成指針」「信頼される教職員であるために遵守すべき事柄〈改訂〉」および山梨県総合教育センター「令和5年度　初任者の皆さんへ」などの公開資料を参照するとよい。

現代の子供を取り巻く状況は，新型コロナウイルスの感染拡大による社会生活への甚大な影響，新しい生活様式の定着，オンライン授業などデジタル化が急速に進展し，社会スタイルが変わった。また，保護者が外国にルーツを持つ児童生徒の増加や，性的マイノリティへの理解が進むなど，個人の価値観などが大きく変わる中に生きている。こうした変化の中にあっても，「教育的愛情と教職に対する使命感・責任感」が教員の原点であることには変わりはない。教育の目的は，児童生徒一人一人のよさや個性と能力を十分に伸ばし，「生きる力」を育むことである。教員は児童生徒への深い教育的愛情をもって，その重責を果たす使命を持っている。そのため，平素の言動，さらには存在の全てを，子供たちや保護者の手本となるように心がける必要がある。

また，教員は「謙虚に自ら学び続ける意欲を持つ者」として，豊かな素養と高い専門性を追求する必要がある。教員は謙虚に自身を振り返り，不断の教育実践と自己啓発に努め，教育専門職にふさわしい資質能力を持つよう努めなければならない。児童生徒を指導しながらも児童生徒から学び，自ら成長し続ける教員であってほしい。さらには，スクール・セクハラ防止，飲酒運転をしない，情報セキュリティを守るなど，教育公務員としてのコンプライアンス遵守を徹底し，実践することなどを書くとよいだろう。

作成のポイント

800字以内という字数制限があるので，全体を三つのパートに整理し，構成するとよいだろう。

最初に，児童生徒を取り巻く社会の実態について説明する。ここは，150〜180字程度でおさめたい。

次に，児童生徒と保護者に信頼される教員とはどのようなものかを説明する。ここでは「教育的愛情と教職に対する使命感・責任感」，「謙虚に自ら学び続ける意欲を持つ者」，「教育公務員として遵守すべきこと」にかかわる内容を，受験者なりの言葉で説明するとよいだろう。ここは，350〜400字程度で述べる。

最後に，教員として児童生徒や保護者との信頼関係を構築するために取り組みたいことについて記述する。ここでは，教員としての使命感や責任感，自身の学びに対する謙虚さを忘れないための自己研鑽を積むこと，さらには，各種のコンプライアンス研修を定期的に受講することなどを200〜250字程度で書いて論文をまとめる。

【７】「とことん追求する子ども」と教師について，自分の体験をふまえて，あなたの考えを700字以上800字以内で書きなさい。

▌2024年度 ▌長野県 ▌小学校・中学校・特別支援学校(養護・栄養教諭含む)

方針と分析

(方針)

「とことん追求する子ども」とはどのような子どもなのか，自分の体験をふまえて具体的に述べ，そのような子どもを育てるために教師としてどのような教育活動を行うか具体的な方法と取組について述べる。

(分析)

第4次長野県教育振興基本計画では，長野県の教育が目指す姿として「『個人と社会のウェルビーイングの実現』～一人ひとりの『好き』や『楽しい』，『なぜ』をとことん追求できる『探究県』長野の学び」を掲げ，学校教育の充実に取り組んでいる。この目指す姿について，「ますます変化が激しく予測が困難で唯一の正解が無くなっていくこれからの時代においては，一人ひとりが，他の誰でもない自分の個性や可能性を認識するとともに，多様な他者を尊重し，協働しながら持続可能な社会を創っていくことが求められています。そのことにより，多様な個人がそれぞれの幸せや生きがいを実感し，地域や社会も豊かで持続可能なものになっていく，いわゆる『個人と社会のウェルビーイング』が実現していくと考えます」と述べている。

そのうえで「探究」「探究県」について，「個人と社会のウェルビーイングを実現するためには，自ら課題や問いを見出し，その解決を目指して，仲間と協働しながら新たな価値を創造したり，一人ひとりが自分の“好き”なこと，“楽しい”こと，“なぜ”と思うことに浸り追求する『探究』が重要です。そのためには，人が生まれながらにして持っている『探究心』を学校においても社会に出てからも絶やさず伸ばし続けること，学校が探究する楽しさ，ワクワク感が実感できる場所であることが大切です。学びを，これまでのような知識やスキルの習得に偏ったものから，探究し続ける中で，知識やスキルを獲得し，他者と協働しながら自分だけの『知の体系』を構築していくものに転換していかなければならないと考えます」と述べている。ここに，設問の「とことん追求する子ども」の姿を考えるヒントがある。

また，この文章に続いて「学校をはじめとした様々な学びの場が，対話や他者を介して自分の良さに気づき，探究を深める大切な場所であるという共通認識のもと，教員をはじめとした大人も子どもたち同様，『途上にある者』として，また，『共に学ぶ者』『共同探究者』として，生涯にわたって学び続け，探究し続けることが求められています」と述べられていることから，「とことん追求する子ども」を支える教師の姿勢を見ることができるだろう。

作成のポイント

全体を序論，本論，結論の三部構成とする。

序論では，「とことん追求する子ども」とはどのような子どもなのか，自身の体験を踏まえて説明する。(分析)で示した第4次長野県教育振興基本計画の「探究」「探究県」に関わる「個人と社会のウェルビーイングを実現するため」の視点を引用すると効果的である。

本論では，「とことん追求する子ども」を育てるために，どのような教育活動を行うか具体的に述べる。その際，2本程度の柱を立てて，それぞれの考え方とともに具体的な取組について示すようにする。その基本は，先に述べた「自ら課題や問いを見出し，その解決を目指して，仲間と協働しながら新たな価値を創造し，自分の好きなこと，楽しいこと，“なぜ，どうして”と思うことに浸り追求する学習」の具体化である。

結論では，長野県が求める「探究」の重要性について再度触れるなどするとともに，「とことん追求する子ども」に寄り添う教師の姿勢について触れ，「共に学ぶ者」「共同探究者」として努める旨の強い決意を述べて論文をまとめる。

序論，本論，結論の構成比率は，このテーマでは3：5：2程度が望ましい。書き始める前に構想の時間をしっかりとり，効果的なキーワードや構成について十分考えた上で着手したい。また，誤字も減点対象となるので，点検の時間を必ず確保するようにしよう。

【８】近年の技術の発達や新たなニーズなど学校教育を取り巻く環境の変化のなかで，新たに求められる教師自身の学びの姿勢を述べるとともに，児童，生徒の可能性を引き出すために，あなたが学校で実践したいことについて具体的に述べなさい。

▌2024年度 ▌岐阜県 ▌高等学校教諭・特別支援学校教諭

方針と分析

(方針)

今後とも，新たに求められる教師自身の学びの姿勢を述べるとともに，児童，生徒一人一人の可能性を引き出すために実践することを具体的に述べる。

(分析)

教員は，絶えず研究と修養に励み職責の遂行に努めなければならないと教育基本法と教育公務員特例法に定められている。さらに，「『令和の日本型学校教育』を担う新たな教師の学びの姿の実現に向けて」に，「教師が技術の発達や新たなニーズなど学校教育を取り巻く環境の変化を前向きに受け止め，教職生涯を通じて探究心をもちつつ自律的かつ継続的に新しい知識・技能を学び続け，子供一人一人の学びを最大限に引き出す教師としての役割を果たしている。その際，子供の主体的な学びを支援する伴走者としての能力も備えている」と示している。

つまり，教師は学び続ける存在であり，時代の変化が大きくなる中で常に学び続けなければならないのである。その学びを進めるうえで必要なことは，変化を前向きに受け止め，探究心をもちつつ自律的に学ぶという教師の主体的な姿勢が重要である。

また，学校は多様な知識・経験を持った人材の教師集団であり，より多様な専門性を有する教師集団を構築するためには，教師自身が新たな領域の専門性を身に付けるなど強みを伸ばすことが必要である。このための学びは，一人一人の教師の個性に即したいわば「個別最適化」された学びが求められる。

さらに，次の課題である「児童，生徒の可能性を引き出すため」の具体的な実践については，全ての児童生徒たちの可能性を引き出す「個別最適な学び(個に応じた指導)」の一層の充実と，探究的な学習や体験活動等を通じ，子供同士で，あるいは多様な他者と協働しながら学習する「協働的な学び」との一体的な指導が求められる。

このため，「個別最適な学び」と「協働的な学び」の一体化を考え，習熟度別学習などきめ細かな少人数指導の取組が重要である。また，教科や教材にあった「一人一台端末」を活用し，児童生徒の特性・学習の定着度に応じたきめ細かい指導の実践が求められている。

作成のポイント

論文の構成は，序論・本論・結論とする。記述前に構想する時間を十分に取り，その内容を簡潔にまとめることが重要である。800字以内であることから，分量を序論(約15%)・本論(約75%)・結論(約10%)の目安をもって臨むことも大切である。

序論では，教師は学び続ける存在であり，時代の変化が大きくなる中で常に学び続けなければならないこと，その学びを進めるうえで必要なことは，変化を前向きに受け止め，探究心をもちつつ自律的に学ぶという教師の主体的な姿勢が重要であることを述べる。さらに，児童生徒の可能性を引き出す「個別最適な学び」と子供同士の「協働的な学び」の実践の重要性を端的に述べる。

本論では，児童，生徒一人一人の可能性を引き出すために実践することを具体的に述べる。一つ目は，「個別最適な学び」と「協働的な学び」の一体化を考え，習熟度別学習などきめ細かな少人数指導の取組の授業実践を具体的に述べる。二つ目は，「個別最適な学び」と「協働的な学び」の一体化を考えた「一人一台端末」を活用した教科の授業実践を述べるとよい。

結論では，課題に対する自身の主張(学び続ける教師の姿勢)と一人一人の児童生徒の可能性を引き出す指導実践への意欲，決意を述べて論文をまとめる。

【9】あなたがこれまでに出会った学校の先生との出来事のうち，印象に残っていることを1つ上げ，その時に感じたことをあなた自身が教

員としてどのように生かすか，具体的に800字以内で説明しなさい。

2024年度 静岡県 高等学校

方針と分析

(方針)

まず，これまでに出会った学校の教員との出来事のうち，印象に残っていることを一つ説明する。次に，そのときの経験を，受験者自身が教員としてどのように生かしていくかを具体的に説明する。

(分析)

小論文としての出題であるので，思い出に残っている教員のエピソード紹介とそれを踏まえた決意表明だけでは良い評価にならない可能性が高い。

静岡県教育委員会「令和5年度 高等学校教職員研修資料」には，教員が備えるべき資質能力について，次のような趣旨の内容が書かれている。「使命感や責任感，教育的愛情，教科や教職に関する専門的知識，実践的指導力，総合的人間力，コミュニケーション能力，ファシリテーション能力などの資質能力は引き続き教員に求められるものとして重視される。教員が高度専門職業人として認識されるために，学び続ける教員像の確立が強く求められる。すなわち，常に探究心や学び続ける意識を持ち，活用する能力や知識を有機的に結び付け，構造化する力を身に付けることが求められる。なぜなら，変化の激しい社会を生き抜いていける人材を育成していくためには，教員自身が時代や社会，環境の変化を的確につかみ取り，その時々の状況に応じた適切な学びを提供していく必要があるからである。」

受験者は，様々な教員から，学習・生活・進路指導を受けた経験があるはずである。まずは，その中で最も印象に残った指導場面を思い出そう。その上で，上記の教員が備えるべき資質能力の内容に照らして一般化し，自らが目指す教員像を書いていくとよいだろう。

作成のポイント

論文としての出題なので，全体を序論・本論・結論の三段構成で書いていこう。

序論に相当する第一段落は，学校教員との出来事について，一つだけ説明する。ここは，自分が実際に受けた，高等学校時代に受けた学習指導，進路指導，生活指導などを挙げていこう。字数は150～200字以内を目安とする。

本論に相当する第二・三段落では，二段落目は指導の詳しい内容の説明，三段落目はその指導が昨今の経済・社会情勢や学習環境の変化に合わせたものとして，どのように有効か，あるいは，ヒントになり得るのかを書いていく。この部分は，全体で400～450字程度で述べたい。

結論に相当する最終段落では，教員という仕事が高度専門職業人であり続けることを意識し，自らの教職人生を通して真摯に学び続ける姿勢と自律心，変化を恐れない積極性を忘れない決意を150～200字以内で書いてまとめとする。

【 10 】三重県教育委員会では，「公立の小学校等の校長及び教員としての資質の向上に関する指標の策定に関する指針」の改正(令和4年8月文部科学省告示)に伴い，「校長及び教員としての資質の向上に関する指標」(以下，「指標」)を令和5年3月に改定しました。これは，養成・採用・研修を通した一体的な教員育成を推進するため，教員等が経験や職種に応じて身につけるべき資質・能力を各ライフステージで求められる指標として示したものです。

「指標」に掲載されている「教育課題への対応力」における以下の4つの「資質・能力にかかる項目」について，あなたが特に大切だと考える項目を1つ選び，選んだ理由とその項目の教育活動について具体的に述べ，あわせて300字以内でまとめなさい。

〈資質・能力にかかる項目〉

① ICTや情報・教育データの利活用

② グローカル教育

③ 人権教育

④ 防災教育

▌2024年度 ▌三重県 ▌全校種(午前)

方針と分析

(方針)

教育課題が山積する学校の教員として「教育課題への対応力」を身に付けることの重要性を指摘し，示された4つの資質・能力の中から特に大切だと考える項目を1つ選択してその理由を述べる。そのうえで，その項目に関わる教育活動について具体的に述べる。

(分析)

三重県教育委員会の校長及び教員としての資質の向上に関する指標では，社会変化や近年の学校を取り巻く状況の変化の視点を重視し，教員が対応すべき多様な課題とその対応力の目標を「教育課題への対応力」として4項目を設定している。

その第1は「ICTや情報・教育データの利活用」であり，「児童生徒にどのような力をつけるのかを考え，主体的・対話的で深い学びの実現に向けて重要なツールの一つとしてICTを利活用することができる」ことが示されている。第2は「グローカル教育」であり，「豊かな国際感覚と郷土を愛する心を身につける学習を展開することができる」「多文化共生への理解を深める教育活動を実践することができる」などが掲げられている。3番目が「人権教育」であり，「三重県人権教育基本方針に基づき，人権教育カリキュラムに沿って人権尊重の意識と実践力を育む教育を児童生徒や地域の実態に応じて展開することができる」ことが示されている。最後は「防災教育」で，「三重県の地理的特性をふまえた防災・減災に関する理解を深め，児童生徒が自らの命を守るために必要な知識・技能を身につけさせる指導を行うことができる」と示されている。

これらは全て「教育課題への対応力」として教員が身に付けなければならない重要な資質・能力である。したがって，どれを選択しても誤りではない。あなたが，最も具体的な取組を論述しやすい項目を選択するとよいだろう。

作成のポイント

300字以内という少ない文字数の指定なので，取り上げた項目が重要だと考えた理由と具体的な取組に分けて簡潔に述べるようにする。その前提として，教育課題が山積する学校の教員として「教育課題への対応力」を身に付けることの重要性を簡潔に指摘する。

そのうえで，示された4つの項目の中から最も重要だと考える一つを示し，それを取り上げた理由を簡潔に述べる。理由が複数ある場合は，「第1に…，第2に…」というようにナンバリングして述べると分かりやすい論述となるだろう。次に，その項目に関わる教育活動を具体的に述べる。そして最終的には，「教育課題への対応力」を身に付けて，三重県の教育の充実に取り組んでいく決意を述べて，論述をまとめる。

公開解答例

私が特に大切だと考える項目は，ICTや情報・教育データの利活用です。理由は，これからの学校教育を支える基盤的なツールとして，ICTは必要不可欠なものであると考えるからです。具体的には，児童生徒の情報端末を積極的に活用します。例えば，探究の過程において，生徒一人一人が自分でデータを取得し，考察・推論を主体的に行ったり，個人の観察記録をクラス全体で共有し，考察を深めることができるなど，児童生徒の学習の場を広げ，学習の質を高めることが期待できます。また，児童生徒の学習に関するデータや生活に関するデータを把握・分析し，抱える問題を早期発見することで，個に応じた指導・支援を行うことができると考えます。(299字)

【 11 】教師として，あなたが特に大切にしたいことを3つあげ，それらについて350～400字で述べなさい。

2024年度 ▌島根県 ▌全校種

方針と分析

(方針)

あなたが教師として大切にしたいことを3つあげ，なぜそれが大切だと考えるのか論じる。そのうえで，その3つを大切にしながらどのような教育活動をしていくか具体的に述べる。

(分析)

設問は「教師として大切にしたいこと」という抽象的な問いかけであり，解答する視点はいくつか考えられる。その基本は，教育活動の直接の担い手である教師として，国民の学校教育に対する期待に応えるために必要となる質の高い資質・能力である。平成9年の教育職員養成審議会では，教師としていつの時代にも求められる資質能力として，教育者としての使命感，人間の成長・発達についての深い理解，幼児・児童・生徒に対する教育的愛情，教科等に関する専門的知識，広く豊かな教養，これらを基盤とした実践的指導力等を挙げている。また，今後特に求められる資質能力として，地球的視野に立って行動するための資質能力，変化の時代を生きる社会人に求められる資質能力，教員の職務から必然的に求められる資質能力などを挙げている。そのうえで，得意分野を持つ個性豊かな教員であることを求めている。

島根県教育委員会でも「島根県公立学校教育職員人材育成基本方針」を作成し，島根県がめざす教育・求める教師の資質・能力を示している。そこでは，求める教師の資質・能力として「豊かな人間性と職務に対する使命感」「子どもの発達の支援に対する理解と対応」「職務にかかわる専門的知識・技能及び態度」「学校組織の一員として考え行動する意欲・能力」「よりよい社会をつくるための意欲・能力」の5つを掲げている。

これらを参考にして，設問の教師として大切にしたいこと3つを挙げるとよいだろう。

作成のポイント

350字から400字と少ない文字数で解答しなければならないので，本論と結論で簡潔に論述するようにしたい。

論文の作成に当たっては，まず設問に答えてあなたが教師として大切にしたいこと3つを明確に示す。次に，それらを大切にする理由をそれぞれ簡潔に述べる。その際，なぜそれを大切にするのか，それがどのような教育に結びつき，どのような教育効果に結びつくのか，などについて示すようにしたい。

そのうえで，その3つのことを活かしてどのような教育をしていくのかを述べて論文をまとめる。

【 12 】あなたは，児童生徒や保護者から「信頼される教師」とはどんな教師だと考えますか。また，そのような教師になるために自分の強みを生かして，どのような教育実践に取り組みますか。具体的に述べなさい。

2024年度 ▌徳島県 ▌全校種

方針と分析

(方針)

いかなる時代においても，「信頼される教師」は絶えず求められてきた。しかし，今日，教員による不祥事や犯罪などが惹起し，教育への信頼を失墜させている。そこで，このことを踏まえ教育は信頼の上に成立するものであること，また児童生徒や保護者，社会からの期待と信頼を裏切らないことが絶対の条件であるという認識に立つことが必要である。その上で，時代の要請に応え得る教育の創出に努める「信頼される教師」の姿を明らかにする。さらに，自分の強みを生かした自信を持って取り組める実現可能かつ具体的な教育実践が，自らが明かした「信頼される教師」を育てるに値するものであることを論じる。

(分析)

これまでも教師に求められる資質能力や条件として，大きくは豊かな人間性や社会性，使命感や責任感，教育的愛情，教科や教職に関する専門的知識，実践的指導力，総合的人間力，コミュニケーション能力などが取り上げられ，中央教育審議会答申などでも繰り返し提言されてきた。

すなわち，「信頼される教師」とはこのような資質能力や条件を有し，教育に対する責任を自覚し，情熱をもって取り組む者を指すと考えられる。また，信頼されるとは憧れを抱かれるということでもある。したがって，「信頼される教師」とは単なる知識や技術を有するだけでなく，憧れを抱かれたりロールモデルとみなされたりするような人間的魅力を備えた存在であることを押さえたい。

また，自分の強みを教育実践に生かすとは，熟考した自らの強みで取組を支え，教育目標の達成を目指すことを意味する。同時に，強みを生かした児童生徒を育む教育実践が教師としての自分自身を成長させるものであることにも着目したい。さらに，優れた教育実践を生み出すためには，日頃から自己の取組を省察し，改善へとつなげる謙虚かつ探究的な自己研鑽に励む姿勢が必要である。そこで，PDCAサイクルの手法を取り入れることや，同僚など他者に意見を求め，教育実践の質的向上・改善を図ることが重要となる。これらの積み重ねが「信頼される教師」を育てると考える。なお，自分の強みと長所とを混同しているケースを見掛けるので気を付けたい。

さらに，教育の内容も新型コロナウイルス感染症が社会にもたらした影響を受け，不易なものと新たに工夫し取り組まなければならない事柄とが明確になった。したがって，取り組む教育実践も人生を送る上で必要な学力や体力，道徳性等を確実に育成する質の高い教育の実現を念頭に，自分の強みを生かせる自信をもって論じやすい領域や分野などから選べばよい。加えて，2017年の学習指導要領の改訂により，すべての校種で取り組むことを求めた持続可能な社会の創り手を育てる教育や，日本社会に根差した調和と協調に基づくウェルビーイングを，教育を通じて向上させることも今日求められているところである。

一方，教育実践を論述する際の留意点として，「主体的・対話的で深い学び」の実現に向けた授業改善の視点，GIGAスクール構想の下で整備された1人1台の情報端末の積極的な利活用，主体的な学びをつくる発問・助言・学習課題などの授業の創意工夫，教材の改善などを踏まえることが望まれる。

さらに，従来の「日本型学校教育」のよさを受け継ぎつつ，2020年代を通じて実現を目指す学校教育である「令和の日本型学校教育」の理念に立つことにも留意したい。すなわち，誰一人取り残すことなく，すべての児童生徒の可能性を引き出す「個別最適な学び」と「協働的な学び」の具現化を目指すものとしたい。なお，令和6年3月策定予定の「徳島教育大綱」及び「第4期徳島県教育振興計画(第4期)」にも目を通しておきたい。

作成のポイント

本論作文のテーマでは，「信頼される教師」の姿を明らかにすることと，自分の強みを生かしたどのような教育実践が「信頼される教師」を育むのかの2点が問われている。そこで，論述に当たっては両者を関連付けて説得力のある小論文にする必要がある。全体を序論・本論・結論の三段構成とし，800字以内で論述していく。

序論では，「信頼される教師」の強みを生かした優れた教育実践が，次代を託す児童生徒の教育を保障するとともに，教師自身の成長をも促すことを念頭に，200字程度で論じたい。

本論では，児童生徒や保護者から「信頼される教師」，自分の強みを生かした児童生徒を育む教育実践，自己成長につながる教育実践を軸に展開する。徳島県が目指す教員像は，「とくしま教員育成指標〈改訂版〉」(令和5年2月)に示されている。そこでは，「徳島教育大綱」(令和元年度)における基本方針である「未知の世界に果敢に挑戦する，夢と志あふれる『人財』の育成」を目指し，主体的に学び続け自己を高める教員とある。一方，「フレッシュ研修Ⅰ(初任者研修)の手引」(令和4年度)にも，「第1ステージ【基盤形成期】で求められる教員の姿」が述べられている。そこには，「学習指導や生徒指導・学級経営についての実践的指導力を磨き(中略)，組織の一員として，他の教員と積極的に関わり，業務を誠実に遂行する中で，自身が果たすべき役割への自覚を高めている。また，保護者や地域社会と関わる習慣と，実践を振り返り改善する習慣を身に付けている」と示されている。これらを参考に，児童生徒や保護者から「信頼される教師」とはどのような教師であるかを論ずればよい。取り組む教育実践は，今日的な課題を含め具体的な領域や分野から選択することが望ましい。そして，自らの強みを生かした教育実践は，弛まぬ努力と工夫から生み出されるものであることを自覚するとともに，それがどのように自己の成長につながるかを踏まえ具体的に論述すること。本論は400字～500字で述べたい。

結論では，改めて加速度的な社会変化に対応しうる資質能力を身に付け，自らの強みを生かした教育実践に真摯に取り組み，児童生徒や

● 論作文

保護者が見ている景色を「我がこと」にする回路を持ち合わせた「信頼される教師」を目指して精進することや揺るぎない信頼を得る思いを100～150字程度で述べ，小論文をまとめる。

論作文　教育の目標や教育課題に関するテーマ

テーマのねらいとポイント

■テーマのねらい

このグループの課題として，「A．教師を志した動機・教職につく心構え等」「B．教育観・教職観・学校観等」があげられる。Aの場合が教育へ向けての姿勢を問うているのに対して，Bの場合は，受験者がこれから入ろうとしている教育の世界について，どれほどの認識をもっているのか，あるいはその世界における諸問題についてどういう考え方をもっているのか，といった点を問うというねらいをもっている。このあたりのねらいの差は，正確につかむことが必要だ。

Bの場合のテーマといえば，「魅力ある教師とは」とか「私の描く理想の教師像」あるいは「こんな教育をしたい」というようなものが基本的なものだが，「教育的愛情とは」などのようにAの場合の要素も含んだ課題，「昨今の学校をとりまく状況から学校に厳しさを求める意見が高まっている。これについて自分の意見を述べよ」などのように，時事的問題に関する知識までをも求めているような課題など，いろいろなバリエーションがある。Bの場合，基本的には教育や教職の本質についてその受験者がどう考えているかを見るのがねらいであるが，単なる抽象論を答えてもらうのではなく，その人なりの人格や考え方，さらには教育界についてのトータルな知識の有無等について知ろうというのが大筋としてのねらいになっているので，十分に注意しよう。

■テーマのポイント

社会の急激な変化によって，教育内容・方法の改善が要求されるようになってきた。これからの社会は不透明ではあるが，過去を踏まえ将来に対する展望に視点をあてて教育課題に取り組むことが大切である。そのため，いつの時代でも変わらない価値のあるものと，改める必要性の高いものをしっかりと把握しておかなければならない。

中央教育審議会等の答申にある「豊かな人間性」「心の教育」「生きる力」「教養教育」「創造性」「国際性」などの内容についても理解して，自己の指導に関する定見を述べる。

● 論作文

〈例題〉

> 「心の教育」の重要性が叫ばれています。このことにあなたはどのように取り組むか，具体的に述べなさい。

〈題意の把握〉

①生命を尊重する心，他者への思いやりや社会性，倫理観や正義感，美しいものや自然に感動する心など「豊かな人間性の育成」を目指して，「心の教育」の充実を図るという方法。

②「心の教育」は「生きる力」の原点であるならば，「生きる力」の問題として取り上げる方法。

〈記述のポイント〉

①「教科の授業」「特別活動」で，「心の教育」を指導する方策を述べる。

②恩師から受けた指導事例などの体験を述べ，教師として使命感に燃えて取り組む意欲と決意を述べる。(授業の指導技術は列挙しない)

〈評価のポイント〉

①「心の教育」が提唱される社会的背景などを理解しており，教師として，「心の教育」に強い使命感と決意を抱いていると認められるか。

②具体的な体験例を踏まえ，教科の授業，その他の領域で，どのように指導するかについて述べられているか。

論作文　教育の目標や教育課題に関するテーマ

方針と分析・作成のポイント

【１】次の資料は，平成25年度に全国(国公私立)の小学校に入学した児童について，不登校児童生徒数の経年変化を表したものです。

次の資料は，平成25年度に全国(国公私立)の小学校に入学した児童について，不登校児童生徒数の経年変化を表したものです。

[資料]

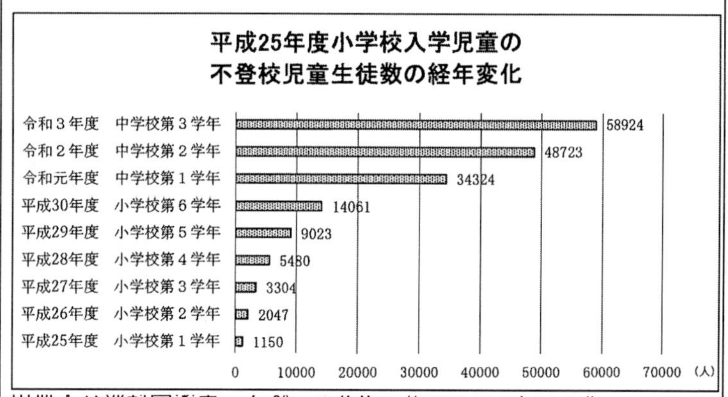

出典：文部科学省ホームページ(https://www.mext.go.jp/)
平成28年度～令和3年度「児童生徒の問題行動・不登校等生徒指導上の諸課題に関する調査」(文部科学省)，平成25年度～平成27年度「児童生徒の問題行動等生徒指導上の諸問題に関する調査」(文部科学省)を加工して作成

【注】上の資料は，1年間に連続又は断続して30日以上欠席した児童生徒で，「不登校」が欠席理由である児童生徒数を表したもの。「不登校」とは，何らかの心理的，情緒的，身体的，あるいは社会的要因・背景により，児童生徒が登校しないあるいはしたくともできない状況にある者(ただし，「病気」や「経済的理由」，「新型コロナウイルスの感染回避」による者を除く)。

次の＜条件＞に従って，不登校の未然防止・課題早期発見対応の取組について，あなたの考えを1,000字以内で論じなさい。

<条件>
1　資料から読み取れることを2つあげること。
2　上記1であげた2つの事柄について，それぞれの要因として考えられることを述べること。
3　上記2で述べた要因の解決に向け，あなたが学級担任として重点的に取り組もうと考えていることを，志望する校種を想定して具体的に2つ述べること。

【注】上の資料は，1年間に連続又は断続して30日以上欠席した児童生徒で，「不登校」が欠席理由である児童生徒数を表したもの。「不登校」とは，何らかの心理的，情緒的，身体的，あるいは社会的要因・背景により，児童生徒が登校しないあるいはしたくともできない状況にある者(ただし，「病気」や「経済的理由」，「新型コロナウイルスの感染回避」による者を除く)。

次の〈条件〉に従って，不登校の未然防止・課題早期発見対応の取組について，あなたの考えを1,000字以内で論じなさい。

〈条件〉
1　資料から読み取れることを2つあげること。
2　上記1であげた2つの事柄について，それぞれの要因として考えられることを述べること。
3　上記2で述べた要因の解決に向け，あなたが学級担任として重点的に取り組もうと考えていることを，志望する校種を想定して具体的に2つ述べること。

▌2024年度▌岩手県▌小学校教諭・中学校教諭

方針と分析

(方針)

提示された資料から読み取れる現在の不登校の現状について2点述べ，その要因として考えられることを整理し，不登校問題に取り組むことの重要性について論じる。そのうえで，学級担任として不登校問題にどのように取り組んでいくか具体的に論じる。

(分析)

提示された資料によると，平成25年度入学の児童が不登校になる数は，学年が上がるにつれて増加しており，大きな課題となっている。また，中学校1年生になると不登校数が大幅に増加しており，中学校の不登校生徒の顕著な増加は，極めて深刻な状況である。

不登校の原因はそれぞれのケースによって異なるが，「学校での友人関係がうまく築けないこと」「学習内容が理解できないこと」「基本的生活習慣が確立できていないこと」などが原因となっていることが多い。また，「無気力，不安」ということも原因として大きな割合を示している。その原因を，子供の性格や家庭の在り方に求めることのできるケースもあるだろう。しかし一般的には，それらが複合して不登校の原因となっていることが考えられる。そうした原因を踏まえて，教師として，学校としてどのように不登校の問題に対応していくか，具体的な方策が求められている。

こうした状況の中で，平成28年12月には「教育機会確保法」が成立した。この法律は，不登校はどの児童生徒にも起こり得るものであるとの視点に立ち，全ての児童生徒に教育を受ける権利を保障することを意図している。そのために，いわゆるフリースクール等の学校以外の場の重要性を認めたことに大きな意義がある。不登校問題の対策を考えるにあたっては，この法の趣旨を十分踏まえることが必要である。

不登校を防ぐための方策は，「一人一人の居場所である学級づくり」「児童生徒理解」の他にも，「多様な教育活動の推進」「より良い人間関係の構築」「不登校にならない強い意志の育成」など，幅広く考えられる。また，「家庭や関係機関との連携」という視点も忘れてはならないだろう。学習指導，生徒指導，家庭との連携といった，様々な視点が考えられる。それらの中からあなたの経験に基づいて，具体的な方策や取組を示すようにしたい。

作成のポイント

1000字以内という文字数が示されているので，序論・本論・結論の三段構成で論じるとよいだろう。ただし，設問で1～3の解答する際の条件が示されているので，その指示に従って1・2を序論で，3を本論で論じるようにする。

序論では，不登校の現状について2点に整理し，その要因として考えられることを述べる。不登校は子供の教育を受ける権利が奪われた状態であるが，誰にも起こり得る問題であることを強調するとともに，その要因は様々で一概に論じることはできないことから，その状況に応じた柔軟な対応が必要であることを指摘する。

本論では，そうした考え方を踏まえて，学級担任として不登校問題にどのような対応をしていくのか，先に述べた二つの要因に対応した取組を論じる。先述した「一人一人の居場所である学級づくり」「児童生徒理解」「多様な教育活動の推進」「より良い人間関係の構築」「不登校にならない強い意志の育成」「家庭や関係機関との連携」などを視野に入れ，自分の考えを論じる。「不登校を防ぐための取組」と「不登校になってしまった場合の対応策」の二つの側面から論じてもよいだろう。

結論では，本論の内容を踏まえ，学級担任として子供の学びを保障するために不登校児童生徒を出さない学級経営，不登校の早期発見，早期解決に向けて全力で取り組んでいくことを述べて論文をまとめる。

【２】令和4年12月19日の中央教育審議会の答申では，「新たな教師の学びの姿」の一つとして，「変化を前向きに受け止め，探究心を持ちつつ自律的に学ぶという『主体的な姿勢』」が示されています。

あなたは，現在あるいは今後，学校現場で起きる変化にはどのようなことがあると考えますか。また，その変化に対して，教諭又は養護教諭として，どのように取り組んでいきたいと考えますか。具体的な実践例を示しながら，1,000字以内で述べなさい。

▌2024年度 ▌岩手県 ▌等学校教諭・養護教諭

方針と分析

(方針)

変化の激しい時代といわれる現代社会において，教育界に大きな影響を及ぼす変化について整理して述べ，変化に対応した教育を進めていくことの重要性を論じる。そのうえで，その変化にどのように対応していくか具体的に論じる。

(分析)

平成28年12月に公表された中央教育審議会の答申では，「2030年の社会と子供たちの未来」といいう一章を設け，「予測困難な時代」という言葉を使って10年後の社会を分析して示している。そこでは，「21世紀の社会は知識基盤社会であり，新しい知識・情報・技術が，社会のあらゆる領域での活動の基盤として飛躍的に重要性を増していく」としたうえで，「知識・情報・技術をめぐる変化の速さが加速度的となり」と示している。

具体的には，情報化やグローバル化の進展，人工知能の急速な進化などを取り上げ，「情報技術の飛躍的な進化等を背景として，経済や文化など社会のあらゆる分野でのつながりが国境や地域を越えて活性化し，多様な人々や地域同士のつながりはますます緊密さを増してきている。こうしたグローバル化が進展する社会の中では，多様な主体が速いスピードで相互に影響し合い，一つの出来事が広範囲かつ複雑に伝播し，先を見通すことがますます難しくなってきている」と分析している。

こうした視点から考えると，設問の「学校現場で起きる変化」として，情報化とグローバル化が重要であると考えなければならないだろう。この二つは切り離せない関係にあり，政府のグローバル人材育成推進会議では「情報通信・交通手段等の飛躍的な技術革新を背景として，政治・経済・社会等あらゆる分野で「ヒト」「モノ」「カネ」「情報」が国境を越えて高速移動し，金融や物流の市場のみならず人口・環境・エネルギー・公衆衛生等の諸課題の対応に至るまで，全地球規模で捉えることが不可欠となった時代状況を指す」としている。そのうえで，グローバル人材を育成することの必要性を強調している。

具体的には，グーバル人材に求められる資質として，次の三つの要素を挙げている。

要素Ⅰ　語学力・コミュニケーション能力

要素Ⅱ　主体性・積極性，チャレンジ精神，協調性・柔軟性，責任感・使命感

要素Ⅲ　異文化に対する理解と日本人としてのアイデンティティー

この他，幅広い教養と深い専門性，課題発見・解決能力，チームワークと(異質な者の集団をまとめる)リーダーシップ，公共性・倫理観，メディア・リテラシーなども必要であるとしている。こうした考えを踏まえて，論文作成に取り組んでいきたい。

作成のポイント

1000字以内という文字数が示されているので，序論・本論・結論の三段構成で論じることでよいだろう。

序論ではまず，これからの社会がどのような社会になるのかを概観的に述べる。それは，先に示した中央教育審議会の答申などの考え方に即したものでよいだろう。次に，そうした考えを踏まえ，設問に対応して「学校現場に関わる変化」を示すとともに，学校教育にどのような影響を与えるのかを論述する。

本論では，そうした変化やその影響に対してどのように取り組んでいくかという方策について，2～3つの視点から論述する。その方策は単なる抽象論ではなく，自分が志望する教科や職種に即した具体的な教育活動を述べなければならない。

結論では，本文で書けなかったことにも触れながら，これからの岩手県を支える人材を育成していくという決意を述べて，論文をまとめる。

【3】「多様性に対する児童生徒の理解を育むために，大切なことは」

2024年度 ｜ 山形県 ｜ 全校種

方針と分析

(方針)

お互いの違いを認め合い，協力していくことができる人に成長していく児童生徒を育むために大切にすることを具体的に述べる。

(分析)

文部科学省の資料では，多様性教育で目指す子どもの姿を「他者に対して自分の考え等を根拠とともに明確に説明しながら，対話や議論を通じて多様な相手の考えを理解したり自分の考えを広げたりし，多様な人々と協働していくことができる人間であること」と示している。

児童生徒にとって多様性の意味は，お互いの違いを認めたり受け入れたりするために配慮や態度，行動することである。理解を育むには，児童生徒にとって最も身近な子どもたち同士，障害がある児童生徒，外国の児童生徒などとの対応である。

多様性に対する理解を育むために大切なことは，児童生徒に身に付けておきたい力が育成されていなければならない。例えば，想定される力には，次のような力も考えられる。

① 問題を発見する力
② 問題解決のための情報を他者と共有しながら，対話や議論を通じて互いに多様な考え方の共通点や相違点を理解する力
③ 相手の考えに共感したり多様な考えを統合したりして協力しながら問題解決する力
④ 多様性を尊重する態度と互いのよさを生かして協働する力

また，山形県教育振興基本計画(後期計画)で，目指す人間像「学びを生かす人」の中で多様な他者と協働しながら新たな価値を生み出し，学びを人生や社会に生かす人と明記していることにも注目したい。

作成のポイント

論文の構成は，序論・本論・結論とする。記述前に構想する時間を十分に取り，その内容を簡潔にまとめることが重要である。800字以内であることから，文量を序論(約15%程度)・本論(約75%程度)・結論(約10%程度)の目安をもって臨むことも大切である。

序論では，学校教育における「多様性教育」の重要性とその実態や背景，さらに今後の社会の変化(グローバル化・情報化・高齢化等)に対応できる児童生徒の育成(必要な力)の必要性等について述べることが重要である。

本論では，序論を受けて，学校教育で発達段階に即した身近な生活の中の事象をもとに授業や生活指導の実践策を述べる。例えば，道徳科で他者への思いやり，障害がある児童生徒との交流，外国の児童生徒との共同制作活動など対話や議論及び協働活動等を通じた多彩な取

り組みが考えられる。これらの授業や活動を通じて，大切なことである「多様性に対する児童生徒の理解を育む力」が見えてくる。

結論では，本論の具体的な取り組みによる「大切なこと」を再度簡潔に述べ，多様性教育の重要性と児童生徒に育む力を記述することが必要である。

【4】「学級における危機管理において重要なこととは」

2024年度 山形県 全校種

方針と分析

(方針)

学級担任として，学級の危機管理をどうとらえ，どのように対応していくかについて，重視しなければならないことを考察し記述する。

(分析)

学級の危機管理をどう捉えるかについては，大きく生活上の危機管理と学習上の危機管理に大別できる。生活上の危機管理では，「いじめに対する危機管理」は直近の重要なものである。学級経営，学級づくりに対する学級担任の資質・能力が問われる。いじめが起こらない学級づくり，いじめが起こった時の対応，いじめが起こった後の対応が学級の危機管理としていかに意識されているかが大切である。他にも「不登校に対する危機管理」，「学級崩壊に対する危機管理」なども重要である。

また，学習上の危機管理として，「子どもが主体的に学ばない授業の危機管理」は，学級担任として最も重要なものであり，まさに主体的・対話的で深い学びが求められ，授業研究を通した授業改善が行われなければならない。他にも，日常，学級で生起する「昼休みや体育等の授業中の事故」や「台風や地震・津波等の自然災害」，「不審者対応」，「保護者の要望・苦情」等に対する危機管理がある。

いずれにしても，危険・危機を予知・察知して計画的に対応することが重要である。一般的に，事前の危機管理として，子どもに対して未然防止の指導や訓練が必要であり，発生時の危機管理として，適正・迅速に判断した対処が必要であり，発生後の危機管理として心のケア・再発防止が求められる。

たとえ学級における危機管理であっても，学校は組織としての対応が必要であり，学年の問題，さらに学校の問題とした組織的対応が重要である。

作成のポイント

論文の構成は，序論・本論・結論とする。記述前に構想する時間を十分に取り，その内容を簡潔にまとめることが重要である。800字以内であることから，文量を序論(約15％程度)・本論(約75％程度)・結論(約10％程度)の目安をもって臨むことも大切である。

作成に当たっては，読み手に分かりやすい文を書くことが最も大切であり，一文は短く主語と述語を明確にし，端的に記述することに配慮してほしい。

序論では，学級における危機管理についての考えを述べる。当然，その根拠となる学校教育における学級の実態，背景についてポイントを絞って記述するようにすること。

本論では，序論を受けて学級の危機管理の重要性を具体的な事実を記述することが必要である。あれもこれも事例を並べるのでなく，2事例程度で学級における危機管理の重要性を記述ことが望ましい。

結論では，序論・本論を受けて，あなたが学級担任として危機管理を重要視した取り組みへの決意を述べて，論文をまとめる。

【５】「子どもたちが人生において幸福や生きがいを感じられるための教育とは」

2024年度 山形県 全校種

方針と分析

(方針)

「次期教育振興基本計画における方向性(ウェルビーイングの向上について)」を踏まえ，これからの教育に求められる多様な子どもがそれぞれ幸福や生きがいを感じるとともに，地域や社会が幸せや豊かさを感じられるものとなるための教育の在り方を考える。

(分析)

「次期教育振興基本計画」は，将来の予測困難な時代において，未来に向けて持続可能な社会の創り手の育成を目的としている。また，方向性として，日本社会に根差したウェルビーイングの向上を目指し，短期的な幸福のみならず，生きがいや人生の意義などの将来にわたる持続的な幸福を含むものとしている。

さらに，個人の幸福や生きがいを感じるとともに，個人を取り巻く場や地域，社会が幸せや豊かさを感じられる良い状態も含まれるとしている。

日本に根差したウェルビーイングの向上のための教育のポイントの一つは，個人が獲得・達成する要素としての自己肯定感・自己実現である。もう一つは，人とのつながり・関係性の協調的要素である協働性・社会貢献意識・利他性の向上である。

この二つの要素を育む教育活動は，「令和の日本型学校教育」で示された個別最適な学びと協働的な学びの一体的充実であり，多様な教育ニーズへの対応と共生社会の実現に向けた学び(特別支援教育)や生徒指導等であり，地域や家庭で共に学ぶ会う環境整備として，コミュニティースクールと地域協働活動の一体化である。さらに，社会的職業的自立に向けたキャリア教育の充実や道徳教育，体験活動の推進による豊かな心・健やかな体の育成等が考えられる。

作成のポイント

論文の構成は，序論・本論・結論とする。記述前に構想する時間を十分に取り，その内容を簡潔にまとめることが重要である。800字以内であることから，文量を序論(約15%程度)・本論(約75%程度)・結論(約10%程度)の目安をもって臨むことも大切である。

序論ではまず，「次期教育振興基本計画における方向性(ウェルビーイングの向上について)」で示されている内容を理解し，自分の考えを加味してまとめることが大切である。ここでは個人の幸福や生きがいだけでなく，個人を取り巻く場や地域の幸せも求めている。そのための教育の在り方を問うている。この二つの視点をもとにして端的に述べるようにしたい。

本論では，テーマの具現化を教育活動として提示することが適切である。二つ程度の実践(教科の授業・教科外の活動等)テーマを踏まえ，キーワードも入れて記述することが望まれる。キーワードの例としては，自己肯定感・自己実現・幸福感・生きがい・心身の健康・周りの他者・協働性・利他性・社会貢献意識等が考えられるので参考にしてほしい。

結論では，本論の記述内容を踏まえて子どもたちが人生において幸福や生きがいを感じられるための教育の実践上の課題や配慮点及び実践への意欲・熱意を記述して論文をまとめる。

【6】「子どもたちの個別最適な学びをどのようにつくるか」

2024年度 山形県 全校種

方針と分析

(方針)

中央教育審議会答申「令和の日本型学校教育の構築を目指して」のねらいを理解し，その実現に向けて「個別最適な学び」をいかに具現化していくかを具体的に述べる。

(分析)

本答申は，学習指導要領をより効果的に実現することを目的として補完的に提示されたものである。重要なキーワードとして，「個別最適な学び」が示された。従来の「個に応じた指導」を学習者である子どもの視点からとらえたものである。「個に応じた指導」が十分に実践されず，改めて徹底を図ったものとも考えられる。

一方，GIGAスクール構想の実現により，日本の学校教育の蓄積を生かしつつ一人一台の端末等を活用することで「個別最適な学び」と「協働的な学び」が関連し合い，互いに高め合うようにすることが大切で，ICTをいかに活用するかも重要な視点でもある。

このため，教師に求められる力は，子どもを誰一人取り残すことなく一人一人をしっかり見つめながら個に応じて対応する指導力であり，その実現に向けてICTを活用する力であると考える。

ICT活用による「個別最適な学び」を目指した授業づくりの実践策が期待される。

作成のポイント

論文の構成は，序論・本論・結論とする。記述前に構想する時間を十分に取り，その内容を簡潔にまとめることが重要である。800字以内であることから，文量を序論(約15％程度)・本論(約75％程度)・結論(約10％程度)の目安をもって臨むことも大切である。

ここでは，算数の授業を想定して述べることとする。

序論ではまず，テーマ「個別最適な学び」に対する自分の考えやテーマの背景，実態などを簡潔に記述する。

本論では，序論を受けて課題解決の具体的な事例(支援ツールとして端末を活用した教科の授業)を述べ，2つの柱(見出し)を立て，それぞれの柱に基づいた具体的事例(授業内容)を記述する。例えば算数の授業の場合，1つ目の柱は，「自分の考えを端末に表現」，2つ目の柱は，「つまずきの見える化」と見出しを付け，授業内容を簡潔に記述する。

結論では，本論で挙げた授業実践(取り組み)への決意を，山形県が目指す確かな学力を育成する指導方法の工夫・改善のねらいのもとに記述するとよい。

特に算数の指導では，ICT活用によるデータ化が可能になり個々の授業における一人一人のつまずきのポイントを正確につかみ，「個別最適な学び」を一層進めることができることを，授業づくりを通して記述するとよい。また，自らの経験をもとにICT活用によらない教科(授業)や教科外の指導についての記述であってもよいだろう。

【7】文部科学省は，令和4年12月に「生徒指導提要」を改訂し，その中で，生徒が遵守すべき学習上，生活上の規律として定められる校則について，「学校や地域の状況，社会の変化等を踏まえて，(中略)絶えず見直しを行うことが求められます。」としています。

校則に基づく指導や，校則の見直しを行うに当たり，学校及び教員として取り組むべきことや留意点について，具体的な例を示しながらあなたの考えを900字程度で述べなさい。

▍2024年度 ▍福島県 ▍高等学校

方針と分析

(方針)

「改訂生徒指導提要」における校則の見直しのポイントを述べ，校則に基づく指導や校則の見直しを行うに当たり，学校及び教員として取り組むべきことや留意点について具体的に述べる。

(分析)

今までの「生徒指導提要」でも示されている通り，校則は，学校が教育目的を達成するために必要かつ合理的な範囲内において定められるものであるとされている。

しかし，「今の時代に合う校則に見直すべき」との声もあり，学校を取り巻く社会環境や児童生徒の状況の変化に応じて校則の見直し等の取組が注目され，令和3年6月に文部科学省は「校則の見直し等に関する取組事例について」を提示した。

これらを受けて「改訂生徒指導提要」では，校則の制定にあたっては，少数派の意見も尊重しつつ，児童生徒個人の能力や自主性を伸ばすものとなるように配慮することも必要であると示している。

また，校則の運用については，教職員は校則を守らせることばかりにこだわることなく，何のために設けたきまりであるのか教職員がその背景や理由について理解しつつ，児童生徒が自分事としてその意味を理解して自主的に校則を守るように指導することが重要であるとしている。

さらに，学校のホームページ等を公開し児童生徒が主体的に校則を順守するようになることを促すことのほか，児童生徒の保護者や学校内外の人と校則の共通理解を図ることも求めている。校則の制定後，一定の期間が経過し，学校や地域の状況，社会の変化等を踏まえて，その校則が適切な内容か，現状に合う内容に変更する必要がないか，また，本当に必要なものか，絶えず検証・見直しを行うことが重要である。校則の見直しの過程には，児童生徒の参画は身近な課題を自ら解決するといった教育的意義を有するものであることから，大切にしたいものである。

なお，子どもの権利を擁護するとともに意見を表明する機会の確保等が，令和5年4月施行の「子ども基本法」に位置づけられたことにも注力したい。

作成のポイント

論文の構成は，序論・本論・結論とする。記述前に構想する時間を十分にとり，その内容を簡潔にまとめることが重要である。900字程度であることから，文量を序論(約15～20％程度)・本論(約65～75％程度)・結論(約10～15％程度)の目安をもって臨むことも大切である。

序論では，「改訂生徒指導提要」に示された校則の意義と校則の見直しのポイントを述べ，校則の見直しの重要性についてまとめることが必要である。

本論では，序論を受けて，教員としての校則の指導を行う場合，重視すべきことと校則の見直しをするにあたっての学校及び教員としての留意点や取組を具体的に述べる。高等学校の取組であることから，その発達段階や生徒会の動向，社会情勢等を十分見極めた取組が望まれる。例えば，①見直しのための校則に関する生徒・保護者・地域へのヒアリング(学級・生徒会・PTA・学校評議員会等)，②見直し意識を高める校則のホームページへの掲載，③入学希望者(中学生)への校則周知等の取組も参考にするとよい。

結論では，序論・本論をもとに，「改訂生徒指導提要」が示す「積極的生徒指導」を推進する中で，校則の見直しを時代の要請や保護者・生徒の意見を取り入れながら，生徒が主体的に校則を順守することを促す指導に力点を置くことを，決意を込めて論じる。

【８】子供たちの豊かな学びの展開に向けては，問いの発見と解決に重点を置く探究的な学びを推進することが重要です。

あなたは，教員として，このことをどのように考え，どのように取り組んでいきますか。600字以上800字以内で，あなたの考えを具体的に述べなさい。

▌2024年度 ▌茨城県 ▌小学校教諭・中学校教諭

方針と分析

(方針)

学習指導要領などの考え方を基に，探究的な学びを推進することの重要性について論じたうえで，探究的な学びの推進のためにどのように取り組んでいくか具体的に述べる。

(分析)

文部科学省は，探究的な学びは変化の激しい社会に対応して，探究的な見方・考え方を働かせ，横断的・総合的な学習を行うことを通して，よりよく課題を解決し，自己の生き方を考えていくための資質・能力を育成することを目標にしていることから，これからの時代においてますます重要な役割を果たすものであると説明し，総合的な学習(探究)の時間を中心に展開されるとしている。

探究的な学習は，①【課題の設定】体験活動などを通して，課題を設定し課題意識をもつ，②【情報の収集】必要な情報を取り出したり収集したりする，③【整理・分析】収集した情報を，整理したり分析したりして思考する，④【まとめ・表現】気付きや発見，自分の考えなどをまとめ，判断し，表現する，といった問題解決的な活動が発展的に繰り返されていく一連の学習活動である。こうした探究の過程は，おおよその流れのイメージであり，いつも順序よく繰り返されるわけではなく，学習活動のねらいや特性などにより順序が前後する場合がある。

また，総合的な学習の時間における探究的な学びでは，特に他者と協同して課題を解決しようとする学習活動(協同的な学習)を重視する。それは，多様な考え方をもつ他者と適切にかかわり合ったり，社会に参画したり貢献したりする資質や能力及び態度の育成につながるからである。

総合的な学習の時間では，体験活動を適切に位置付けた横断的・総合的な学習や探究的な学習を行う必要がある。例えば，自然にかかわる体験活動，ボランティア活動など社会とかかわる体験活動，ものづくりや生産，文化や芸術にかかわる体験活動などを行うことが考えられる。さらに，思考力・判断力・表現力等の育成を図る上で，体験したことや収集した情報を，言語により分析したりまとめたりすることを，問題の解決や探究活動の過程に適切に位置付けることが大切である。したがって，言語活動を実施するに当たっては，例えば国語科の言語活動例をはじめ，各教科等で行われている言語活動との関連を図ることが大切である。

作成のポイント

600字以上800字以内という文字数が指定されていることから，論文の構成は序論・本論・結論といった一般的なものでよいであろう。

序論では，これからの変化の激しい社会状況や学習指導要領などの考え方を基に，探究的な学びを推進することの重要性について論じる。この序論を150～200字程度で論じる。

本論では，探究的な学びの推進のためにどのように取り組んでいくか，具体的な取組を2つ程度に整理して論じる。探究的な学びの基盤となる問題意識の醸成，他者と協同して課題を解決する学習活動，自然体験や社会体験などを取り入れた学習活動などが考えられる。この本論を400～500字程度で論じる。

結論では，本論で述べた取組の基本的な考え方を踏まえ，探究的な学びを推進していく決意などを50～100字程度で述べて，小論文をまとめる。

【 9 】次の【文章1】【文章2】の内容を250字程度でまとめて，それに関連したあなたの考える実践を具体的に1つ述べなさい。また，字数は800字以内とし，原稿用紙の使い方にしたがって常体で記述すること。なお，出題の都合上，本文の表記の一部を変更している。

【文章1】

「こんなこと考えて何になるんですか」「考えたって，結局現実は変わらないんだし……」

本書で取り上げる諸問題――性差，人種，親子，難民，動物の命――について，学生たちに自分で考えてみることを促すと，こうした反応が返ってくることがある。

その裏には，様々な思いがある。正解は決まっているのだから，自分なんかがない知恵を絞るより，専門家の「解答」を教えてほしい。思い悩んでも社会はよくならないから，社会に直接働きかける具体的な政策や取り組みをした方がよいのではないか。どうせ社会はよくならないのだから，真剣に考えても時間の無駄なのではないか。

このような立場からは，現実に起きている様々な問題を素人がどれだけ考えても意味がないことになる。本当にそうなのだろうか。

専門家が見つけた解決策を実行していけば，社会は本当によくなるのだろうか。政策や取り組みが変わるなら，人々の言動も自然に変わっていくのだろうか。社会が変わることは，なかなかないが，人が物事を真剣に考えるなら，少なくともその人は何かしら変化し，その変化が周りに影響を与えることもあるのではないだろうか。

私は，一人ひとりが考えることで，考える人自身が変わり，社会も変わると信じている。もっと言うと，考えることによって一人ひとりが変わらない限り，社会は本当の意味で変わらないと思っている。性差別を是正する法律や取り組みはずっと以前から存在しているのに，差別的な見方がなお，一部の差別主義者だけでなく，ある意味では私たち自身のなかに残り続けているのは，私たちが本当の意味で変わることができていないからではなかろうか。

哲学は，自分の頭で考えることを促し，思考や対話を通じて一人ひとりが変わることを可能にする。哲学とは，偉大な思想家の言葉をありがたがることでも，耳慣れない用語を使って浮世離れした話をすることでもない。それは，自分と他人が生きている現実に向き合って，とことん考えた末に，自分自身が変わることである。この点で，哲学ほど「現実的」な学問はないと私は言いたい。

(中略)

もちろん，何から何まで一から自分独りで考えることはできない。実際，哲学は伝統的に，論理的な思考方法や体系的な学説を提供してきた。それらが，問題となる事柄を理路整然と論じたり，統一的な観点から捉えたりするために役立つということに疑いの余地はない。

けれども，論理的な思考法や著名な哲学者の学説を知ることは，必ずしも「自分自身で考える」ことを促すわけでないし，場合によってはそれを妨げることすらある。例えば，ある学説をあらゆる問題の正答を導くマニュアルのようなものとして使用するなら，私たちはただその学説をなぞるだけで，自分の頭で考えることはないだろう。

また，様々な問題を生み出す現実は複雑に絡み合っているので，どれだけ首尾一貫した学説であっても，それだけで問題を説明しようとすると，私たちが生きている現実を切り縮めてしまい，自分の経験や生活とは乖離した結論を導きかねない。そうした結論を納得せぬまま受け入れてしまうなら，それは自分で考えることで自分が「変わる」というよりは，自分の経験や思考を捨てて，それらを権威ある学説に「取り替える」ことになってしまうだろう。

私たちが本当に自分自身を通じて考え，変わるためには，自分の経験に立ち戻って，自分が生きている現実に即して考えていかなければならない。私が目指している哲学の真のあり方とは，まさにこうした思考を可能にするものだ。

(中略)

当初は，「自分なんかが考えても意味がない」と言っていた学生たちでも，実際には一人ひとり豊かな経験をもち，それを言葉にしたり分析したりできるようになれば，著名な思想家に勝るとも劣らない鋭い洞察や深い思考をそこから引き出してくる。そして，自分の本音に向き合って，自分とは異なる立場の意見に耳を傾け，徐々に変化していく――こうした学生たちの姿を毎年大学で目の当たりにしてきたことが，本書を書くきっかけとなった。

(小手川正二郎　著「現実を解きほぐすための哲学」株式会社トランスビュー)

【文章2】

僕はここ100年とこれからの社会の変化を，3つのCで象徴される変化として捉えている。Consumption(コンサンプション：消費)を中心とした「消費社会」，Communication(コミュニケーション)を中心とした「情報社会」，そして，いま始まっているのがCreation(クリエイション：創造)を中心とした「創造社会」(クリエイティブ・ソサエティ)だ。消費社会では，どれだけ商品やサービスを享受しているかということが，生活・人生の豊かさを表していた。情報社会では，どれだけよい関係やコミュニケーションをしているかが生活・人生の豊かさとなった。そして，創造社会では，どれだけ生み出しているか，どれだけ創造的でいるかということが，生活・人生の豊かさを表すようになる。

ジェネレーターは，まさに，この創造社会において重要な役割を担う。社会の変化に連動して，学びのかたち，教育のかたちが変わるため，教師の役割の重点も変わっていく。創造的な時代における学び・教育には，ジェネレーターが欠かせないのである。

消費社会では，教科書や講義で知識を吸収し，用意されたトレーニング・プログラムに参加するというように，「教わることによって学ぶ」ということが中心であった。これは，いわば「消費」型の学びと言える。その時代における教師像は，着実に教えること，ティーチングが重要であった。ティーチャー型の教師像，もしくはインストラクター型の教師像である。「ティーチャー」や「インストラクター」は，知識スキルを教える・教わるという非対称の関係のなかで伝達が中心となる消費社会における学びに必要な存在だった。

情報社会の時代になると，これに新しい役割が加わってくる。「コミュニケーションによる学び」が加わったからである。そこでは，他の意見をもつクラスメイトと議論や話し合いをしたり，異文化に出会い交流することで学んだりするということが行われる。ここで重要となるのが，コミュニケーションを促すことやコミュニケーションの交通整理である。「○○について，どう思うか，グループで話し合ってみよう」とか，「なるほど，□□という意見がありました。他の意見の人はいますか？」と言ったりするようになる。教師は，ファシリテーターとしての役割を担うようになった。

いますでに始まっている創造社会の時代になると，さらに「つくることによる学び」や「創造的な学び」(クリエイティブ・ラーニング)が行われるようになる。そこでは，もはやティーチャーやファシリテーターの役割だけでは立ちゆかなくなる。「つくる」こと「創造的に実践する」ことに，学び手たちは取り組むからである。「つくることによる学び」や「創造的な学び」(クリエイティブ・ラーニング)に対して，教師は，一緒につくることに参加するジェネレーターとなることが重要となる。創造社会の学び・教育に，ジェネレーター型の教師は不可欠なのである。

「つくることによる学び」の時代に，ファシリテーターであるだけでは足りない。コミュニケーションを促すだけでは足りないからだ。もし，支援者がコミュニケーションをファシリテートするだけであれば，「つくる」ことに取り組んでいる人は思うだろう。「言っているだけで，自分はやらないんだよな」，「自分事じゃないから，そんなこと言えるんだよね」と。

つくることによる学びの時代においては，学びの支援者は，ともにつくることに取り組む。もはや，他人事ではなく，自分事として，本気で参加する。その参加のなかに，つくることへの貢献があり，交流があり，学び合いが生じるのだ。創造社会における「つくることによる学び」を支援するジェネレーターは，ともにつくり，学び合う。これこそが，これからの時代の学びの支援者(教師，親，関係する大人)の役割である。

(中略)

従来の教育の場では，教師は「教える人」で，生徒・学生たちの活動を一歩引いて見守り，待ち，必要に応じてアドバイスをするということに自らの役割を限定してきた。途中に介入するのはよくないというふうに，線を引いて立場を分けて，「参加」しないようにするという意味で，「冷めた態度」だったと言えるだろう。親子の教育の場合にも，そういう傾向が見られる。子どもが自分でやるのを見守り，自分はその活動に手を出さないようにする。これに対して，ジェネレーターはそれとは異なる態度を取る。思いきり活動の場に入りこみ，没入して，一緒につくろうとする。だから，一緒に，一体となってスパイラルを生み出し，それを「ともに味わう」ことができる。

このようなジェネレーターとして場に没入し，ともにつくろうとするマインドセットやあり方を，「ジェネレーターシップ」(generatorship)と呼ぶことにしよう。「リーダーシップ」という言葉が現在広く使われているように，「ジェネレーターシップ」という言葉は，これからの時代において重要な言葉になるだろう。

「これは言わないほうがいいだろう」とか，「相手が自分で気づいた方がいい」などと考えて，ホールドしたりしない。自分も一緒にやっているのだから，出し惜しみせず，自分の持ち込めるものはすべて入れ込んで，そこからさらに先に一緒に行く，という感じで，場に没入するあり方が，ジェネレーターシップである。

ジェネレーターは，コミュニケーションの連鎖を促すだけでなく，発見の連鎖も促す。そして，その発見の連鎖というのは，「リフレーム」(捉え直し)の連鎖でもある。新たに仮説を創造するために多面的に捉え直すことが，ジェネレーターのスパイラルのなかで起きている学びの意味だと言えそうだ。

(市川力　井庭崇　編著「ジェネレーター――学びと活動の生成――」学事出版株式会社)

▌2024年度 ▌茨城県 ▌高等学校

方針と分析

(方針)

提示された二つの文章の内容を250字程度でまとめ，自らの考えを論述する。そのうえで，その論述に関連づけた教育実践を具体的に述べる。

(分析)

まずは，提示された二つの文章を教育者として読み，教育に関わる考え方を導き出して自らの教育論と照らし合わせることが基本となる。

文章1は，小手川正二郎が「考えること」の重要性について論じた文章である。ここでは，「一人ひとりが考えることで，考える人自身が変わり，社会も変わる」と述べていることに着目したい。また，「一人ひとり豊かな経験をもち，それを言葉にしたり，分析したりできるようになる」ことで，「鋭い洞察や深い思考を引き出してくるようになる」とも述べている。学校教育が目指す思考力育成の一つの視点を，個の文章から受け止めてほしい。

文章2は，市川・伊庭による，教師の役割について論じた文章である。この文章では社会の変化を「消費社会」「情報社会」「創造社会」への変化として捉え，その時代に伴って，教師が果たすべき重点が変わってきていると論じている。ここでは，これからの「創造社会」においては，「ともにつくり，学び合うこと」がこれからの時代の学びの支援者の役割であることを強調していることに着目しなければならない。

これらのことから教育について考えると，令和3年の中央教育審議会答申で示された「令和の日本型学校教育」を担う教師及び教職員集団の姿を思い出されるだろう。そこでは，「令和の日本型学校教育」を担う教師の姿は，①環境の変化を前向きに受け止め，教職生涯を通じて学び続けている，②子供一人一人の学びを最大限に引き出す教師としての役割を果たしている，③子供の主体的な学びを支援する伴走者としての能力も備えている，という三つの姿を示している。そこでは，教師の理想的な姿として，「教師が技術の発達や新たなニーズなど学校教育を取り巻く環境の変化を前向きに受け止め，教職生涯を通じて探究心を持ちつつ自律的かつ継続的に新しい知識・技能を学び続け，子供一人一人の学びを最大限に引き出す教師としての役割を果たしている。その際，子供の主体的な学びを支援する伴走者としての能力も備えている」と示している。

論文作成に当たっては，この具体的な姿を表す教育実践を論じてほしい。

作成のポイント

800字の原稿用紙が提示されていることから，論文の構成は，序論・本論・結論といった一般的なものでよいであろう。

序論では，提示された二つの文章の内容を250字程度でまとめて論述する。そのうえで，自身の考えとして文章1からは「考えることの重要性」，文章2からは「教師が果たすべき役割の変化」について論じたい。この序論を300字程度でおさめる。

本論では，序論で論じた「考えること」やそのための「教師の役割」に関連した実践を一つ取り上げて論じる。中央教育審議会答申が述べる「子供一人一人の学びを最大限に引き出す教師としての役割を果たしていること」「子供の主体的な学びを支援する伴走者としての能力も備えていること」など，具体的に伝わってくる教育実践を論じたい。この本論は400字程度で論述する。

結論では，本論で述べた取組の基本的な考え方を踏まえ，一人一人の子供が主体的に考え，実践していく教育活動を推進していく決意などを100字程度で述べて，小論文をまとめる。

【 10 】栃木県教育振興基本計画2025では，「ふるさとの自然・歴史・文化等を学ぶ機会の充実」について示されている。

そこで，あなたは，児童生徒がふるさとを大切にする心を育むために，具体的にどのような取組をしていきたいか，理由を含めて書きなさい。

2024年度 栃木県 小学校教諭等

方針と分析

(方針)

「ふるさとを大切にする心を育む」ことの重要性について述べたうえで，実際にどのような取り組みをするか具体的に論述する。

(分析)

教育基本法では，教育の目標の一つとして「伝統と文化を尊重し，それらを育んできた我が国と郷土を愛するとともに，他国を尊重し，国際社会の平和と発展に寄与する態度を養うこと」を掲げている。それは，現行の学習指導要領の総則においても「伝統と文化を尊重し，それらを育んできた我が国と郷土を愛するとともに，他国を尊重すること」と，明確に示されている。ここに，設問が求める「ふるさとを大切にする心を育む」ことの重要性の背景がある。

令和3年2月に公表された「栃木県教育振興基本計画2025」では，基本施策11に「ふるさとの自然・歴史・伝統・文化等を学ぶ機会の充実」を掲げている。そこでは，施策の方向として「グローバル化が進展する中で，子どもたちが主体性をもって生きていくには，国際感覚を磨き，国際的視野に立ちながら，郷土や我が国の伝統・文化等を尊重し，それらを育んできた郷土や我が国を愛するとともに，他国の異なる文化を尊重し，国際社会の平和と発展に寄与する態度を養うことが大切です。そのため，郷土や我が国の自然・歴史・伝統・文化等を学ぶ機会について，学校教育においては，地域社会と連携・協働しながら，各学校の特色を生かした教科等横断的な視点で充実を図ります。社会教育においても，様々な体験や人との交流を通じて充実を図っていきます」と述べている。

そのうえで，主な取組として「ふるさとととちぎを学ぶ機会の充実」「伝統や文化に関する教育の充実」「文化財の保存と文化財に触れ親しむ機会の充実」の3点を掲げている。これらが，具体的な教育活動を考える際の視点となる。

作成のポイント

本問は600字以上1000字以内という指定があるので，序論・本論・結論の3段構成で論述するとまとめやすい。

序論では，「ふるさとを大切にする心を育む」ことの重要性について，教育基本法や学習指導要領，栃木県教育振興基本計画などの記述を踏まえて論述する。また，栃木県の学校教育の実情などにも触れることで，説得力のある論述となるだろう。この序論に，300～400字程度を割く。

本論では，「ふるさとを大切にする心を育む」ための具体的な教育活動について述べることになる。その視点は，先の栃木県教育振興基本計画の主な取組みにも関わって「地域の自然・文化に触れる体験」「地域の人々との交流」など，地域の特色・資源を活かした教育活動である。それらの中から二つ程度を選択し，取り上げた教育活動に関する基本的な考え方を述べたうえで，具体的な取組みを示す。この本論は，400～500字程度でまとめる。

結論は，「ふるさとを大切にする心を育む」教育活動の推進に努力し，栃木県の未来を担っていく人材を育てるという決意を100～200字程度述べて，作文をまとめる。

【 11 】令和5(2023)年6月に閣議決定された教育振興基本計画では，「誰一人取り残されず，全ての人の可能性を引き出す共生社会の実現に向けた教育の推進」が示されている。

そこで，あなたは，児童生徒が相互に多様性を認め，高め合う心を育むために，具体的にどのような取組をしていきたいか，理由を含めて書きなさい。

2024年度 栃木県 中学校教諭等

方針と分析

(方針)

多様性を認め，高め合う共生社会を実現することの重要性を述べ，そのために子供たちに身に付けさせなければならない資質能力を示す。そのうえで，多様性を認め，高め合う心を育むための取組みについて具体的に述べる。

(分析)

平成24年7月の『中央教育審議会初等中等教育分科会報告』の中で，「共生社会の形成に向けて，インクルーシブ教育システムの理念が重要であり，その構築のため，特別支援教育を着実に進めていく必要がある」と述べられた。また，平成26年1月には『障害者の権利に関する条約』が批准され，教育にかかわる障害者の権利が認められた。さらに，平成28年4月から「障害者差別解消法」が施行され，障害者に対する不当な差別が禁止されるとともに，「合理的配慮」を提供することとが義務付けられた。この流れの基本が，教育の機会均等を確保するために障害者を包容する教育制度(inclusive education system)を確保することである。

この考え方は新学習指導要領にも受け継がれ，学習指導要領の改訂に向けた中央教育審議会の答申で「教育課程全体を通じたインクルーシブ教育システムの構築」という考え方が打ち出された。これは，障害のある子供が，十分に教育を受けられるための合理的配慮及びその基礎となる環境整備を行うことに他ならない。教育環境の整備はもちろん，教育内容を含めてインクルーシブ教育の考え方に立った教育課程を編成し，共生社会を実現するための教育を進めていかなければならない。

こうしたインクルーシブ教育を通して，障害及び障害者に対する知識と理解，互いの人格と個性を尊重し合う姿勢，助け合い協力する態度などが必要である。

作成のポイント

本問は600字以上1000字以内という指定があるので，序論・本論・結論の3段構成で論述するとまとめやすい。

序論では，教育を通して共生社会を実現することの重要性を述べ，そのための教育とはどのような教育なのか，簡潔に整理して述べる。そのうえで，共生社会の実現のためにインクルーシブ教育などを通して子供たちに身に付けさせなければならない資質能力などを示す。この序論に，300～400字程度を割く。

本論では，インクルーシブ教育の考え方などを踏まえて一人一人の多様性を認め，高め合う心を育むためにどのように取り組んでいくか，具体的な取組を2～3つに整理して論述する。その視点としては，「個に応じた教育の充実」「個別の教育支援計画や個別の指導計画の活用」「障害の有無にかかわらず共に学ぶことの重要性の指導」などが考えられる。具体的な教育活動としては，「授業内容や方法の工夫・改善」「家庭や地域との連携し越・設備の充実」「障害のある人との交流活動」といった取組みが考えられる。この本論は，400～500字程度でまとめる。

最後は，あらゆる人々が共生できる社会の実現を目指し，インクルーシブ教育の考え方に基づいた教育を推進する固い決意を100～200字程度で示して，作文をまとめる。

【 12 】社会の激しい変化に対応していくためには，どのような時代にあっても身に付けておくべき基礎的・基本的な力と，どのような変化にも柔軟かつ創造的に対応できる力の両方が求められます。

このうち，「どのような変化にも柔軟かつ創造的に対応できる力」として，具体的にどのような力を育むことが大切だと考えますか。あなたの考えを述べなさい。

また，そのことを踏まえてあなたは一人の教員としてどのように教育活動に取り組んでいきますか。具体的に述べなさい。

▌2024年度 ▌埼玉県 ▌高等学校

方針と分析

(方針)

答えのない問いに立ち向かい，目の前の事象から課題を見いだし，それを主体的に解決していくことが求められる学校教育において育むべき「どのような変化にも柔軟かつ創造的に対応できる力」を明らかにした上で，そのことを踏まえどのように教育活動に取り組んでいくか具体的に論じる。

(分析)

「どのような変化にも柔軟かつ創造的に対応できる力」が取り上げられる背景には，予測が困難な時代を他者と協働しながら新たな価値を生み出して乗り切り，持続可能な社会を創り出すグローバルな担い手の育成を図るという課題がある。

「第3期埼玉県教育振興基本計画の概要について」では，育むべき「どのような変化にも柔軟かつ創造的に対応できる力」として，主体的な問題発見・解決能力，国際的な視野，外国語も含めたコミュニケーション能力などが挙げられている。

主体的な問題発見・解決能力は，課題を見いだし，主体的に考え，多様な立場の者が協働的に議論し，納得解を生み出すための学習の基盤となる不可欠なものと考えられる。そこで，教科等のそれぞれの分野における問題の発見やその解決に必要な力の育成を図る学習に重点を置いた取組を深める必要がある。

国際的な視野は，地球市民になるために必要な「グローバルな視点」を育むために求められるものと位置付けられる。そこで，自分の知見やコミュニケーション能力などを駆使して，これまでの常識や概念にとらわれずに，新たなビジョンをグローバルレベルで構築できる能力の育成を目指す必要がある。

コミュニケーション能力とは，対人的なやりとりにおいて意思疎通，協調性，自己表現等を図れる能力のことである。しかし，今日のグローバル化が進み，多様性の時代においては，国境を越えお互いの文化や価値観等を尊重しながら人間関係を築き上げることが求められている。よって，母語でのやり取りに限らず広く外国語も含めたコミュニケーション能力を駆使して，確かな人との関係性を築く能力の獲得が重要である。先行き不透明な時代に突入している今日において，どのような変化にも柔軟かつ創造的に対応できる力としての主体的な問題発見・解決能力，国際的な視野，外国語も含めたコミュニケーション能力などの育成は，待ったなしの課題といえる。

教員としてこのような能力の育成を目指した教育活動に取り組んでいくに当たっては，問題を発見し，問題を定義付けし，解決への見通しを立て，予測して実行し，振り返る学習の流れを重視する。特に，自力解決，コミュニケーションを通しての様々な相手への配慮，問題に対する多様な見方・考え方・捉え方，思考の共有，思考を吟味したり表現したりすることに力を入れ，基礎的・汎用的能力の育成を図ることが重要である。したがって，学習形態も習得型・活用型・探究型を相互に関わらせ，それぞれを補強・融合させていくことが求められる。

一方，障がいなど児童生徒が抱える困難が多様化・複雑化している点を踏まえ，困難を抱える児童生徒一人一人の状況にあわせて教育環境を整え，学びを支援することが求められる。そこで，学校の組織的な対応力の充実を図り，「令和の日本型学校教育」の理念である誰一人取り残さず，すべての児童生徒の可能性を引き出す「個別最適な学び」と「協働的な学び」の具現化を目指し，共生社会の実現に向けた教育活動に留意したい。

作成のポイント

本問題では，社会の激しい変化に対応していくために求められる「どのような変化にも柔軟かつ創造的に対応できる力」として具体的にどのような力を育むのか，またそのことを踏まえ一人の教員としてどのように教育活動に取り組んでいくかの2点が問われている。そこで，論述に当たっては両者を関連付けて説得力のある論文にするようにしたい。全体を序論・本論・結論の三段構成とし，800字以内で論述していく。

序論では，「どのような変化にも柔軟かつ創造的に対応できる力」が取り上げられる背景やそのような力を身に付けさせる教育活動に取り組む必要性を示し，200字程度で論じる。

本論では，「どのような変化にも柔軟かつ創造的に対応できる力」の具体としての主体的な問題発見・解決能力，国際的な視野，外国語も含めたコミュニケーション能力についての自身の捉え方を明確に示す。そして，それらを身に付けさせるための教育活動を受験する校種に即して2～3点挙げる。

結論では，改めて加速度的な社会変化に対応しうる資質能力である「どのような変化にも柔軟かつ創造的に対応できる力」を身に付ける必要性にふれ，今後の社会の行く末を踏まえた教育実践に真摯に取り組む思いを100～150字程度で述べ，論文をまとめる。

【13】さいたま市では，デジタル化された教育環境を最大限に活用した「探究的な学び」を推進し，変化する時代の中で求められる資質・能力を確実に育成していくことを目指しています。

あなたは，このことを踏まえ，教師としてどのように取り組んでいきますか。具体的に述べなさい。

2024年度 ▌さいたま市 ▌全校種

方針と分析

(方針)

さいたま市は，デジタル化された教育環境を最大限に活用した「探求的な学び」を進め，変化する時代の中で求められる資質・能力を確実に育成していくことを目指している。このために，受験者は教師として具体的にどのように取り組むか，800字以内でまとめる。

(分析)

さいたま市教育委員会の「令和4年度　教育行政方針」を踏まえた出題である。教育行政方針は，活用できる知識が多く含まれている。同方針は毎年改訂されるので，必ず最新のものに目を通しておこう。その中で，「探究的な学び」については，これまで実践してきた「さいたま STEAMS 教育」「さいたま SDGs 教育」「スポーツを科学する生徒の育成」がある。今後は，地元の企業にイノベーションを提案するキャリア教育である「さいたまエンジン」，金融や経済に関する学びを通し自分の生き方や価値観を磨く「小学校の金融経済教育」にチャレンジすることが書かれている。児童生徒は，実社会にある課題と向き合っていく学びを重ねるうちに，数学も理科も社会も，家庭も技術も美術もいろいろな知識を関連付けて解決策を考えるということに気付き，自然と“教科横断的”に学んでいくことになる。また，疑問を解決するためにWEB検索，文献検索等の情報収集，アンケートの実施，収集した情報の整理や分析，そして考えをまとめ他者にプレゼンテーションをするためにICTが必須であることにも気付くことができる。子どもたちが気付いた必要なことは，まさに社会で求められる力である。こうした力を養成するために必要な取組を，受験者の志望する校種や教科ごとに書くとよい。

加えて，さいたま市の教育DXは，成績や出席情報，学習履歴等の様々な教育データを集め可視化して分析する仕組みも目指している。それによって，児童生徒の一人ひとりの個に応じた学びの実現に向けて「個別学習計画」へとつなげていくという。その上で，一人ひとりの学びには何が必要なのかをはっきりさせ，誰一人取り残さない「個別最適な学び」を実現していくことが述べられている。この点についても触れるとよいだろう。

作成のポイント

論文形式での出題なので，全体を序論・本論・結論の三段構成に分けるとよいだろう。

序論では，児童生徒の教科横断的な学びを支援すること，その際に，疑問を解決するためにWEB検索，文献検索等の情報収集，アンケートの実施，収集した情報の整理や分析，そして考えをまとめ他者にプレゼンテーションをするためにICTが必須であることなどを書く。なお，生成AIの活用について書く場合，頭ごなしに禁じる指導ではなく，出来あがった解答や見解について，真偽や正確さを検討する機会を設けるようにするなど，前向きな姿勢を出すとよいだろう。ここは，200字程度でまとめたい。

本論では，受験者の校種や教科ごとに，次の点に関わる学びの実践を説明する。実社会にある課題と向き合っていく学びを重ねるうちに，数学も理科も社会も，家庭も技術も美術もいろいろな知識を関連付けて解決策を考えるということに気付き，自然と“教科横断的”に学んでいける学びである。その際，インターネットや生成AIなどをどのように活用するのかについても書けるとよい。ここでは，受験者自身が大学や実務経験の中で，デジタル機器を使いこなした経験が生きるだろう。特別支援学校などでは，個別最適な学びの提案が可能になることなどを書けるとよい。ここは，400～450字程度で述べる。

結論部分では，上記の取組により，受験者の校種・教科ごとに考えられる，児童生徒の「社会で求められる力」を確実に育成する決意を150～200字程度書いて論文をまとめる。

【14】次の文は，令和5年6月16日に閣議決定された「教育振興基本計画」の一部である。

> グローバル化やデジタルトランスフォーメーション(DX)は労働市場に変容をもたらしており，これからの時代の働き手に必要となる能力は変化している。AIやロボットによる代替が困難である，<u>新しいものを創り出す創造力や，他者と協働しチームで問題を解決するといった能力が今後一層求められることが予測され，こうした変化に教育も対応していく必要がある</u>。
> (参考)デジタルトランスフォーメーションとは(総務省ホームページ)
> ※企業が外部エコシステム(顧客，市場)の劇的な変化に対応しつつ，内部エコシステム(組織，文化，従業員)の変革を牽引しながら，第3のプラットフォーム(クラウド，モビリティ，ビッグデータ/アナリティクス，ソーシャル技術)を利用して，新しい製品やサービス，新しいビジネスモデルを通して，ネットとリアルの両面での顧客エクスペリエンスの変革を図ることで価値を創出し，競争上の優位性を確立すること。

＝課題＝

あなたは，下線部の「新しいものを創り出す創造力や，他者と協働しチームで問題を解決するといった能力」を児童生徒に身につけさせるために，どのような教育実践を行いますか。また，実践するにあたり，あなた自身は教員としてどのような資質・能力を高めるとよいと思いますか。次の3つの点に留意し，800字程度で論じなさい。

なお，あなたの受験校種・教科等(併願受験で2つとも2次選考試験を受験している場合は第1希望)を明記し，それに適した内容とすること。

① なぜ，下線部のようなことが必要となるのか，その理由や背景について，具体的に論じること。

② 下線部にあるような能力を児童生徒に身につけさせるために，あなたは，どのような教育活動を実践していこうと思うかを，具体的に論じること。

③ あなたは，このような変化に教育が対応していくために，どのような研鑽を積むかを，具体的に論じること。

▌2024年度 ▌福井県 ▌全校種

方針と分析

(方針)

示された課題に従って，①新しいものを創り出す創造力や他者と協働しチームとして問題を解決する能力が求められる理由や背景について論じ，②そのために担当する校種や教科に応じてどのような教育活動を実践していこうと考えるのを述べ，③そうした教育活動の実践できる資質・能力を高めるためにどのような研鑽を積んでいくか具体的に論じる。

(分析)

令和5年6月16日に閣議決定された「教育振興基本計画」では，「将来にわたって財政や社会保障などの社会制度を持続可能なものとし，現在の経済水準を維持しつつ，活力あふれる社会を実現していくためには，一人一人の生産性向上と多様な人材の社会参画を促進する必要がある」とし，その実現のために「不可欠なのは『人』の力であり，『人への投資』を通じて社会の持続的な発展を生み出す人材を育成していかなければならない」としている。そのうえで，「こうした社会の実現に向けては，一人一人が自分のよさや可能性を認識するとともに，あらゆる他者を価値のある存在として尊重し，多様な人々と協働しながら様々な社会的変化を乗り越え，豊かな人生を切り拓き，『持続可能な社会の創り手』になることを目指すという考え方が重要である。将来の予測が困難な時代において，未来に向けて自らが社会の創り手となり，課題解決などを通じて，持続可能な社会を維持・発展させていくことが求められる」と述べ，持続可能な社会の創り手を育成することの重要性を指摘している。ここに，設問が求める「新しいものを創り出す創造力や他者と協働しチームとして問題を解決する能力」を育成すべき理由や背景が存在する。

そのために，同基本計画では次のような5つの基本的な方針を定めており，具体的な教育活動を考える際の視点となる。

① グローバル化する社会の持続的な発展に向けて学び続ける人材の育成
② 誰一人取り残されず，全ての人の可能性を引き出す共生社会の実現に向けた教育の推進
③ 地域や家庭で共に学び支え合う社会の実現に向けた教育の推進
④ 教育デジタルトランスフォーメーション(DX)の推進
⑤ 計画の実効性確保のための基盤整備・対話

これらを，あなたが受験する校種，教科に即した内容として具体化していくことが重要となる。主体的・対話的で深い学び，個別最適な学びなど，今求められている学習を視野に入れて論述したい。

作成のポイント

810文字という時数制限はあるが，三つの課題が明確に示されているので，示された課題に従って①～③の順序で論じていくとよいだろう。

①では，設問のテーマである「新しいものを創り出す創造力や他者と協働しチームとして問題を解決する能力が求められる理由や背景」について論じる。「教育振興基本計画」が強調している「『人への投資』を通じて社会の持続的な発展を生み出す人材を育成していかなければならない」といったことを強調したい。

②では，「新しいものを創り出す創造力や他者と協働しチームとして問題を解決する能力」を子供たちに育成するためにどのような教育活動を実践していこうと考えるのかを述べる。あなたが受験する校種，教科に即した内容や方法として具体化していくことが重要となるだろう。

③では，そうした教育活動を実践するためには教師としてどのような資質・能力を高める必要があるのか，その資質・能力を高めるためにどのような研鑽を積んでいくか具体的に論じる。その研鑽に臨む力強い姿勢を示して，小論文をまとめるとよい。

【 15 】各学校では，児童・生徒一人一人のよい点や可能性を引き出し伸ばす教育が求められています。

このことについて，あなたの考えを述べた上で，その考えに立ち，教師としてどのように取り組んでいくか，志望する校種と教科等に即して，26行(910字)を超え，30行(1,050 字)以内で述べなさい。

▌2024年度 ▌東京都 ▌全校種

方針と分析

(方針)

学校教育において，児童・生徒一人一人のよい点や可能性を引き出し伸ばすことがなぜ重要なのか，これからの時代に求められる資質・能力を踏まえて論じる。そのうえで，どのようにしてよい点や可能性を引き出し，伸ばす教育を進めていくかを述べる。

(分析)

令和3年1月26日に示された中央教育審議会の答申「『令和の日本型学校教育』の構築を目指して」には，「全ての子供たちの可能性を引き出す，個別最適な学びと，協働的な学びの実現」という副題がつけられている。答申では，Society5.0 時代を見据え「一人一人の児童生徒が，自分のよさや可能性を認識するとともに，あらゆる他者を価値のある存在として尊重し，多様な人々と協働しながら様々な社会的変化を乗り越え，豊かな人生を切り拓き，持続可能な社会の創り手となることができるよう，その資質・能力を育成することが求められている」という認識を示したうえで，「子供一人一人の興味や関心，発達や学習の課題等を踏まえ，それぞれの個性に応じた学びを引き出し，一人一人の資質・能力を高めていくことが重要であり，各学校が行う進路指導や生徒指導，学習指導等についても，子供一人一人の発達を支え，資質・能力を育成するという観点からその意義を捉え直し，充実を図っていくことが必要である」としている。

東京都教育委員会でも，「子供たちに未来の創り手となるために必要な資質能力を育む―指導と評価の一体化を目指して―」という冊子を編集し配布した。それによると，指導と評価の一体化に関して「学習評価を行うに当たっては，いわゆる評価のための評価に終わることなく，教師が児童・生徒一人一人のよい点や進歩の状況などを積極的に評価し，学習したことの意義や価値を実感できるようにすることで，自分自身の目標や課題をもって学習を進めることができるようにすることが大切です」と述べている。また，「学びに向かう力，人間性等」に関わる評価に関して，「『感性や思いやり』など児童・生徒一人一人のよい点や可能性，進歩の状況などについては，積極的に評価し，児童・生徒に伝えることが重要です」と述べていることにも着目したい。すなわち，設問の「児童・生徒一人一人のよい点や可能性を引き出し伸ばす教育」は，学習指導要領が求める「これからの時代に求められる資質・能力」を育成する教育に他ならないのである。したがって，具体的な取組みとしては，指導と評価の一体化に加えて，中央教育審議会などが示す主体的・対話的で深い学び，個別最適な学びといった方法が考えられるだろう。

作成のポイント

全体を序論・本論・結論の三部構成で論述する。

序論では，児童・生徒一人一人のよい点や可能性を引き出し伸ばすことの重要性について，社会的背景やこれからの時代に求められる資質・能力を踏まえて論述する。その際，令和3年1月26日の中央教育審議会答申が指摘している「集団の中で個が埋没してしまうことのないよう」「一人一人のよい点や可能性を生かすことで，異なる考え方が組み合わさり，よりよい学びを生み出す」ことの重要性を指摘したい。

この序論は，7行(245字)程度で論じたい。

本論では，児童・生徒一人一人のよい点や可能性を引き出し伸ばすための具体的な方策を，受験する校種に即して2つ程度に整理して論述する。その際，単なる解説ではなく，あなたの経験に基づいて具体的な実践がイメージできるような取組みを述べることが必要である。先の答申が示している2020年代を通じて実現すべき「令和の日本型学校教育」の姿である「指導の個別化」と「学習の個性化」などを参考にするとよいだろう。この本論では，2つ程度に整理した具体的な方策について各10行(350字)程度で論じるようにする。

結論では，本論で取り上げた方策を貫く基本的な考え方や本論で取り上げられなかった視点などを述べるとともに，これまで以上に子供の成長やつまずき，悩みなどの理解に努めながら児童・生徒一人一人のよい点や可能性を引き出し伸ばす教育を推進していくことを3行(105文字)程度で力強く述べてまとめとする。

【 16 】山梨県では，令和5年度山梨県学校教育指導重点において，主な取組の一つとして「安全教育の推進」を掲げています。あなたは教員として，希望する校種において，「安全教育の推進」を図るためにどのような取り組みを行いますか。児童生徒を取り巻く社会の実態を踏まえながら，800字以内で述べなさい。

▌2024年度 ▌山梨県 ▌小学校・養護教諭・栄養教諭

方針と分析

(方針)

受験者は，教員として，希望する校種において，「安全教育の推進」を図るためにどのような取り組みを行うか。児童生徒を取り巻く社会の実態を踏まえながら，800字以内で論じる。

(分析)

設問で提示されている県の資料に加え，文部科学省の公開資料である「子供たちの命を守るために　学校の危機管理マニュアル作成の手引」を参照するとよいだろう。

安全教育の基本は，学校の立地する環境や学校規模，児童生徒等の年齢や通学の状況を踏まえることである。同時に，現代の子供を取り巻く状況は，新型コロナウイルスの感染拡大による社会生活への甚大な影響，自然災害リスクの増大，過去に例を見ない犯罪類型などがある。こうした変化の中で，各学校の実情に応じて想定される危険を明確にしたうえで，子供たちに未然に危険を回避することを分かりやすく教え，危険等発生時にどう対処し，いかに児童生徒等の生命や身体を守るかについて検討する必要がある。日常的な学校管理下における事故等(体育などでの事故，熱中症など死亡や障害を伴う重篤な事故等)，犯罪被害(不審者侵入や略取誘拐など通学中を含め，児童生徒等の安全を脅かす犯罪被害)，交通事故(通学中，校外活動中)，災害(地震や風水害などによる被害)，その他の危機事象(学校に対する犯罪予告，弾道ミサイルの発射等)などの事故等の発生時は，行動中にマニュアルを見る時間的余裕はない。このため，教員同士の役割分担や対応の優先順位を考え，単純で分かりやすいマニュアル作成をしておくことが重要である。事故の危機管理においては，発生原因の究明や従来の安全対策の検証に加えて，児童生徒等に対する心のケアや保護者への十分な説明，未然防止・再発防止等の取組が求められる。ただ，新任教員となる受験者は，直ちにマニュアル作成に携わるよりも，その内容や校内の役割分担を正しく理解する必要が先にある。その後で，家庭・地域・関係機関と連携して児童生徒等の安全を確保する体制を整備するとともに，協働して危機管理マニュアルの作成や避難訓練等を行っていくことなどを書くとよい。

作成のポイント

800字以内という字数制限があるので，全体を三つのパートに整理する。

最初に，児童生徒を取り巻く社会の実態について説明する。分析では触れられなかったが，インターネットやSNSの普及などを追記してもよい。ここは，150～180字程度でまとめる。

次に，安全教育の目的や想定される危険・リスクなどについての事例を，一つか二つ程度挙げて説明する。分析では主に子供たちが被害に遭うケースを想定したが，インターネットの不適切利用や自転車事故などの場面などで，加害者側に立ってしまうケースを想定してもよい。その上で，危険の未然防止のための指導や避難訓練，事故など発生時の対応や事後的な対応，子供たちや保護者，外部の関係者への対応につき，まずは危機管理マニュアルを正確に理解し，行動できるように努力することなどを書く。ここは，350～400字程度で，必要に応じて，段落を二つに分けて述べるようにするとよい。

最後に，自身の安全教育にかんするスキルアップのために，学校や県で開講される講習に積極的に出席すること，また，校内での危機管理マニュアル作成や見直しの役割を積極的に担うことなどを書いていこう。そうして，子供たちを危険から守っていく決意を200～250字程度で書いて論文をまとめる。

【 17 】あなたは，生徒が学校生活の中で「自分のよさや可能性」を認識できるようにするために，教員としてどのようなことができるか，具体的に800字以内で説明しなさい。

▌2024年度 ▌静岡県 ▌高等学校

【 18 】第3次浜松市教育総合計画「はままつ人づくり未来プラン」では，「目指す子供の姿」の 1つとして「これからの社会を生き抜くための資質・能力を育む子供」を掲げています。このことを踏まえ，次の①，②，③それぞれについてあなたの考えや思いを述べなさい。

① 「これからの社会を生き抜くための資質・能力を育む子供」の育成を推進した先の成長した具体的な姿(大人として成長した姿)を，あなたはどのような姿であると考えますか。また，そのような姿の実現に向け「これからの社会を生き抜くための資質・能力を育む子供」を育成するために，大切にしたいことはどのようなことですか。

② 「これからの社会を生き抜くための資質・能力を育む子供」を育成するために，具体的にどのような取組をしますか。学級担任になった場合を想定して答えなさい。

③ 「これからの社会を生き抜くための資質・能力を育む子供」を育

成できる教員になるために，あなたはどのような努力をしますか。

▌2024年度 ▌浜松市 ▌全校種

方針と分析

(方針)

下記の条件を盛り込みながら，指定の用紙にレポートをまとめる。

・「これからの社会を生き抜くための資質・能力を育む子供」の育成を推進した先の成長した具体的な姿(大人として成長した姿)をどのように考えるか。また，そのような姿の実現に向け，大切にしたいことはどのようなことか。

・「これからの社会を生き抜くための資質・能力を育む子供」を育成するために，具体的にどのような取組をするか，学級担任になった場合を想定して答える。

・前述のような子供を育成できる教員になるためにどのような努力をするか。

(分析)

設問で提示されている資料をインターネットなどで参照し，まず，策定の趣旨を読んでみる。ここでは，昨今の状況を踏まえて，次のように理解するとよいだろう。AI技術の急速な進化などにより，生成AIなどの技術革新が目覚ましく進展・普及する中で，将来の仕事のあり方や教育を取り巻く社会情勢などが大きく変わっている。いわば，今の子供たちは，より一層予測困難な時代を生きていかなくてはならない状況にある。教員は，子どもたちがこうした状況から目を背けず，積極的に対応できる能力を持つような学びの習慣を育み，支援をしていく必要がある。

同資料では，「目指す子供の姿」として，以下の三点も挙げられている。

・自分らしさを大切にする子供

・夢と希望を持ち続ける子供

・これからの社会を生き抜くために資質・能力を育む子供

夢と希望を持つことにより，たとえ困難や労苦を伴う課題であっても，逃げずに立ち向かったり，他者と協力したりしながら主体的に取り組むようになる。また，成功や失敗体験を通して様々な資質・能力を身に付け，さらに自分を向上させたい，他者や社会のために役立ちたい，といった新たな夢や希望を持つようになる。こうして子どもたちの心は次第に陶冶され，正しい判断力や価値観に基づく自分らしさを磨いていける。そのためには，各教科において，子供たちに生成AIなどの適切な利活用を指導しながら，教員自身も刻一刻変化する情報技術と教育環境について研鑽を積む必要がある。

●作成のポイント

設問で要求されている内容が欠けないようにしながら，方針で分けた項目ごとに段落分けをしていくとよいだろう。

最初に，「これからの社会を生き抜くための資質・能力を育む子供」の育成を推進した先の成長した具体的な姿(大人として成長した姿)とは，困難や労苦を伴う課題であっても逃げずに立ち向かったり，他者と協力したりしながら主体的に取り組める大人である。また，成功や失敗体験を通して様々な資質・能力を身に付け，さらに自分を向上させたい，他者や社会のために役立ちたいと思える大人という内容を書くとよい。そのような姿の実現に向けて大切にしたいことは，子供たちが予測困難な時代を生きていかなくてはならず，積極的に対応できる能力を持つような学びの習慣を育み，支援をする教育などの内容を書くとよい。

次に，「これからの社会を生き抜くための資質・能力を育む子供」を育成するために具体的にどのような取組をするか，学級担任になった場合を想定して解答する。ここでは，受験者の担当教科や校種ごとに，情報通信機器や生成AIなどを活用した学び，主体的・協働的な学びの実践を書いていこう。その際，新たな学習指導要領を踏まえていくとよい。

最後に，前述のような子供を育成できる教員になるためにどのような努力をするのかを説明する。ここでは，情報通信機器や生成AIなど，むしろ子供たちの方が使用に抵抗感のない新たな技術の使用を悪と決めつけないこと，そうした技術を活用して調べたことを子供たちの他者理解・自己理解に役立てる指導方法の学びを怠らない決意などを書くとよい。

【19】みえ元気プラン(令和4年10月　三重県)では,「第3章政策・施策」「第3節施策の概要」の1つとして「14-2　未来を創造し社会の担い手となる力の育成」を掲げ,そのめざす姿を以下のように示しています。

このことをふまえたうえで,あなたが児童生徒に身につけさせたいと考える「未来を創造し社会の担い手となる力」を1つ挙げるとともに,その力を身につけさせるために取り組む学校の教育活動について具体的に述べ,250字以内でまとめなさい。

> 「めざす姿」
> 子どもたちが,変化が激しく予測困難なこれからの社会において,変化をしなやかに前向きに受け止めて,失敗をおそれず挑戦する心や生涯をとおして学びに向かう姿勢,社会の一員としての自覚と責任を持ち,他者との協働を大切にしながら,豊かな未来を創っていく力を身につけています。

2024年度　三重県　全校種(午前)

方針と分析

(方針)

変化が激しいこれからの社会において,豊かな未来を創っていく力を身につけさせることの重要性を指摘し,具体的な未来を創っていく力を挙げてその理由を述べる。そのうえで,そうした力を身に付けさせていく教育活動について具体的に述べる。

(分析)

学習指導要領の改訂に向けた中央教育審議会の答申では,「学ぶことと自分の人生や社会とのつながりを実感しながら,自らの能力を引き出し,学習したことを活用して,生活や社会の中で出会う課題の解決に向けて主体的に生かしていくという面での学力には,課題がある」と述べている。そのうえで,「様々な情報や出来事を受け止め,主体的に判断しながら,自分を社会の中でどのように位置付け,社会をどう描くかを考え，他者と一緒に生き，課題を解決していくための力の育成が社会的な要請となっている」という考えを示している。こうした問題意識を受け，新学習指導要領で新たに設けられた前文の中で，「これからの学校には，一人一人の児童が，自分のよさや可能性を認識するとともに，あらゆる他者を価値のある存在として尊重し，多様な人々と協働しながら様々な社会的変化を乗り越え，豊かな人生を切り拓き，持続可能な社会の創り手となることができるようにすることが求められる。そのために，それぞれの学校において，必要な学習内容をどのように学び，どのような資質・能力を身に付けられるようにするのかを教育課程において明確にする」ことの重要性を強調している。それが，設問の「未来の創り手となるために必要な力の育成」という言葉の基本となっている。

学習指導要領では，育成すべき具体的な資質・能力を次の三つの柱で整理している。

① 何を理解しているか，何ができるか(生きて働く「知識・技能」の習得)

② 理解していること，できることをどう使うか(未知の状況にも対応できる「思考力・判断力・表現力等」の育成)

③ どのように社会・世界と関わり，よりよい人生を送るか(学びを人生や社会に生かそうとする「学びに向かう力・人間性等」の涵養)

問題に示された「未来の創り手となるために必要な力」は，この三つをバランスよく育むことであるが，解答に当たっては特に重要だと考える力を選択するとよい。

作成のポイント

250字以内という少ない文字数の指定なので，簡潔に述べるようにする。

まず，変化が激しいこれからの社会において，豊かな未来を創っていく力を身につけさせることの重要性を指摘する。変化が激しい社会だからこそ，自らの未来を自分で切り開いていくことの重要性を強調したい。

そのうえで，子供たちに身に付けさせたい未来を創っていく具体的な力を挙げて，その理由を述べる。生きて働く「知識・技能」，未知の状況にも対応できる「思考力・判断力・表現力」，「学びに向かう力・人間性等」の涵養といった，学習指導要領の育成を目指す資質・能力に着目する必要がある。

次に，その「未来を創っていく力」を育成するための具体的な方策について，あなたの受験する校種や教科に即して整理して簡潔に論述する。そのポイントは，学校での学びと自分の生活や社会とどう結びつけるかに着目したい。

公開解答例

私は，「未来を創造し社会の担い手となる力」として，他者と協働して課題解決に取り組む力を身につけさせたいと考えます。その力を身につけさせるために，私は，身近な地域や地球規模の課題をテーマとした課題解決型の学習において，地域の住民や企業，大学，関係機関などのさまざまな主体と連携しながら，多様な考え方を持つ仲間との学びや教科横断的な学びを行います。また，データサイエンスやプレゼンテーションにかかる知識・技能を高めるとともに，国際的な視野に立って行動できるよう，海外の生徒との交流も積極的に行います。
(248字)

【 20 】「生徒指導提要」(令和4年12月改訂　文部科学省)では，生徒指導の目的として，「生徒指導は，児童生徒一人一人の個性の発見とよさや可能性の伸長と社会的資質・能力の発達を支えると同時に，自己の幸福追求と社会に受け入れられる自己実現を支えることを目的とする。」こととされています。

また，生徒指導の目的を達成するためには，児童生徒一人一人が自己指導能力を身に付けることが重要で生徒指導の実践上の視点として，以下の4つが示されています。

このことをふまえたうえで，あなたが生徒指導の目的を達成するために，大切にしたい生徒指導の実践上の視点を1つ選び，選んだ理由について述べるとともに，その視点を生かした生徒指導の目的を達成するための取組を具体的に述べ，250字以内でまとめなさい。

「生徒指導の実践上の視点」
(1)　自己存在感の感受
(2)　共感的な人間関係の育成
(3)　自己決定の場の提供
(4)　安全・安心な風土の醸成

▌2024年度 ▌三重県 ▌全校種(午前)

方針と分析

(方針)

生徒指導の目的を達成するために自己指導能力を身に付けさせることの重要性を論じ，示された4つの実践上の視点から大切にしたい視点を1つ選択して，その理由を述べる。そのうえで，その視点に関わる教育活動について具体的に述べる。

(分析)

改訂された生徒指導提要では，生徒指導の意義について「一人一人の児童生徒の健全な成長を促し，児童生徒自ら現在及び将来における自己実現を図っていくための自己指導能力の育成を目指す」という積極的な側面を強調している。また，学習指導要領においても，生徒指導の目的として「現在及び将来における自己実現を図っていくことができる」ことを掲げている。これらは，生徒指導が「一人一人の児童生徒の人格を尊重し，個性の伸長を図りながら，社会的資質や行動力を高めるように指導，援助するもの」であり，単に「児童生徒の問題行動への対応という消極的な面だけにとどまるものではない」ことを示している。したがって，学校の教育活動全体を通して，一人一人の児童生徒の健全な成長を促し，児童生徒が自ら現在及び将来における自己実現を図っていくための「自己指導能力」の育成を目指す生徒指導にしていかなければならないのである。

そのための「生徒指導の実践上の視点」が，問題文にも示されている4つの視点である。「自己存在感の感受」は「一人の人間として大切にされている」という自己存在感を実感し，認められたという自己有用感を育む工夫であり，「共感的な人間関係の育成」は支持的で創造的な学級づくりである。「自己決定の場の提供」とは，「主体的・対話的で深い学び」の実現に向けた授業改善であり，「安全・安心な風土の醸成」は児童生徒による安心して学校生活が送れるような風土づくりの支援になるだろう。

これらは，全てこれからの生徒指導を推進するための重要な視点である。したがって，どれを選択しても誤りではない。あなたが最も具体的な取組を論述しやすい視点を選択するとよいだろう。

作成のポイント

250字以内という少ない文字数の指定なので，取り上げた視点が重要だと考えた理由と具体的な取組に分けて簡潔に述べるようにする。その前提として，まず生徒指導の目的を達成するために自己指導能力を身に付けさせることの重要性を簡潔に指摘する。

そのうえで，示された4つの視点の中から最も大切にしたい視点を一つ示し，それを取り上げた理由を簡潔に述べる。理由が複数ある場合は，「第1に…，第2に…」というようにナンバリングして述べると分かりやすい論述となる。次に，その視点に関わる教育活動を具体的に述べる。最終的には，生徒指導の力を身に付けて，三重県の教育の充実に取り組んでいく決意を述べて，論述をまとめる。

公開解答例

私は，共感的な人間関係の育成を大切にしたいと考えます。なぜなら，児童生徒が安心して学校生活が送れ，互いを認め合い，励まし合い，支え合える共感的な人間関係のある学習集団が生徒指導の土台となると考えるからです。具体的な取組としては，学習活動にペアワークやグループ活動を取り入れ，他者との関わりや協力して問題解決を行う機会を多く設けます。また，活動の振り返りを行い，友人のよさを認め，自分の思ったことを伝え合えるようにし，自他の個性を尊重し，相手の立場に立って考え，行動できる共感的な人間関係を育成します。
(250字)

【 21 】「教育の情報化に関する手引(追補版)」(令和2年6月　文部科学省)において，「教育の情報化」とは，情報通信技術の，時間的・空間的制約を超える，双方向性を有する，カスタマイズを容易にするといった特長を生かして，教育の質の向上を目指すものであり，具体的には以下の3つの側面から構成され，これらを通して教育の質の向上を図るものとされています。

これらのことをふまえて，あなたが教育の情報化として取り組みたいものを①～③から1つ選び，選んだ理由を述べるとともに，教育の情報化に向けた取組とその効果について具体的に述べ，300字以内でまとめなさい。

① 情報教育：子供たちの情報活用能力の育成
② 教科指導におけるICT活用：ICTを効果的に活用した分かりやすく深まる授業の実現等
③ 校務の情報化：教職員がICTを活用した情報共有によりきめ細やかな指導を行うことや，公務の負担軽減等

▌2024年度 ▌三重県 ▌全校種(午後)

方針と分析

(方針)

教育の質の向上を図るために教育の情報化に適切に対応していくことの重要性を指摘し，示された教育の情報化の3つの側面から特に取り組みたいものを1つ選択してその理由を述べる。そのうえで，その側面に関わる教育活動について具体的に述べる。

(分析)

設問の基となっている「教育の情報化に関する手引(追補版)」では，「先端技術が高度化してあらゆる産業や社会生活に取り入れられ，社会の在り方そのものが現在とは「非連続的」と言えるほど劇的に変わる「Society5.0」時代の到来が予測されている。このように急激に変化し，将来の予測が難しい社会においては，情報や情報技術を受け身で捉えるのではなく，主体的に選択し活用していく力が求められる」という認識を示したうえで，子供たちの情報活用能力の育成を図る「情

報教育」，ICTを効果的に活用した分かりやすく深まる授業を実現する「教科指導におけるICT活用」，教職員がICTを活用した情報共有によりきめ細やかな指導を行うことや，校務の負担軽減等を実現する「校務の情報化」の，教育の情報化の三つの側面が示されている。また，これらの教育の情報化の実現を支える基盤として，「教師のICT活用指導力等の向上」「学校のICT環境の整備」「教育情報セキュリティの確保」の3点を実現することを求めている。

三重県教育委員会においても，先の三つの視点を具体化するための次のような目標を示している。①児童生徒が，1人1台端末を活用した分かりやすい授業をとおして，意欲的・主体的に学習に取り組む態度や，自分なりの学び方を工夫できる力を身につけさせること，②児童生徒がこれからの超スマート社会を生きるため，必要な情報モラル，情報リテラシーや積極的にデジタル技術を活用して社会で活躍する力を身につけること，③IC機器等を活用し，業務の利便性を高めたり，校務の課題解決のために効果的に活用したりするなど，校務の情報化を促進することで，教員が児童生徒一人ひとりに向き合う時間を確保すること。

これらは，全て教育の情報化への対応として教員が目指さなければならない重要な側面である。したがって，どれを選択しても誤りではない。あなたが，最も具体的な取組を論述しやすい側面を選択するとよいだろう。

作成のポイント

300字以内という少ない文字数の指定なので，取り上げた項目が重要だと考えた理由と具体的な取組に分けて簡潔に述べるようにする。まずその前提として，これからの情報化社会に対応する教育を進めていくことの重要性を簡潔に指摘する。

そのうえで，示された3つの側面の中から最も重要だと考える一つを示し，それを取り上げた理由を簡潔に述べる。その際，理由が複数ある場合は，「第1に…，第2に…」というようにナンバリングして述べると分かりやすい論述となるだろう。次に，その側面に関わる教育活動を具体的に述べる。最終的には，情報化の進展に適切に対応し，

論作文

三重県の教育の充実に取り組んでいく決意を述べて，論述をまとめる。

公開解答例

私が取り組みたい内容は，教科指導におけるICT活用です。理由は，ICT機器を活用することにより，子どもたちの興味・関心を喚起することができるからです。具体的には，小学校の国語の授業で，児童の実態に応じてコンピュータや大型提示装置，情報通信ネットワーク等を活用し，スピーチの授業で，スピーチのモデルを共有するための動画を提示することや，作文の授業で，モデルとなる文章や図，写真などの複数の資料を大型提示装置に提示します。このように，ICTを活用した取組により，学習課題を効果的に提示・説明できることから，学習の導入段階で児童に学習の見通しを適切にもたせ，学習への興味・関心を高める効果があると考えます。(300字)

【 22 】「誰一人取り残されない学びの保障に向けた不登校対策」(COCOLOプラン)(令和5年3月文部科学省)において，不登校により学びにアクセスできない子どもたちをゼロにすることを目指し，具体的な取組として以下の3つが挙げられています。

これらの取組のうち，あなたが特に取り組みたいものを①～③から1つ選び，選んだ理由と取組について具体的に述べ，250字以内でまとめなさい。

① 不登校の児童生徒全ての学びの場を確保し，学びたいと思った時に学べる環境を整える

② 心の小さなSOSを見逃さず，「チーム学校」で支援する

③ 学校の風土の「見える化」を通して，学校を「みんなが安心して学べる」場所にする

▍2024年度 ▍三重県 ▍全校種(午後)

方針と分析

(方針)

「誰一人取り残されない学びの保障に向けた不登校対策に取り組む

ことの重要性を指摘し，示された具体的な3つの取組から特に取り組みたいものを1つ選択して，その理由を述べる。そのうえで，そのための教育活動について具体的に述べる。

(分析)

文部科学省の調査によると，令和4年度の国立，公立，私立の小・中学校の不登校児童生徒数が約29万9千件(過去最多)，うち学校内外で相談を受けていない児童生徒数が約11万4千人(過去最多)，うち90日以上欠席している児童生徒数が約5万9千人(過去最多)，となっており，大きな問題となっている。特に，中学校では19万人を超え，極めて深刻な状況である。

不登校の原因はそれぞれのケースによって異なるが，「学校での友人関係がうまく築けないこと」「学習内容が理解できないこと」「基本的生活習慣が確立できていないこと」などが考えられる。また，子供の性格や家庭の在り方にその原因を求めることのできるケースもあるだろう。一般的には，それらが複合して不登校の原因となっていることが考えられる。そうした原因を踏まえて，教師として，学校としてどのように不登校の問題に対応していくかという具体的な方策が求められている。

こうした状況の中で，平成28年12月に「教育機会確保法」が成立した。この法律は，不登校はどの児童生徒にも起こり得るものであるとの視点に立ち，全ての児童生徒に教育を受ける権利を保障することを意図している。そのために，いわゆるフリースクール等の学校以外の場の重要性を認めたことに大きな意義がある。不登校問題の対策を考えるにあたっては，この法の趣旨を十分踏まえることが必要である。そうした考え方を具体化しようとするものが，設問の不登校対策「COCOLOプラン」である。設問で示された三つの取組みの具体化としては，①では「学校に来られなくてもオンライン等で授業や支援につながることができる」，②では「教育と福祉等が連携し，子供や保護者が必要な時に支援が行われる」，③では「障害や国籍言語等の違いに関わらず，色々な個性や意見を認め合う雰囲気がある」などが掲げられている。具体的な教育活動を考える際の参考にしたい。

作成のポイント

250字以内という少ない文字数の指定なので，簡潔に述べるようにする。

まず，不登校は子供の教育を受ける権利が奪われた状態であるという人権問題の一つとして捉えるとともに，誰にも起こり得る問題であることを指摘し，不登校対策に取り組むことの重要性を強調したい。そのうえで，示された不登校への取組のうち，あなたが特に取り組みたいものを1つ選び，選択した理由を述べる。

次に，選択した不登校への取組みについて，あなたの受験する校種や教科に即して具体的に論述する。そのポイントは，誰一人取り残さず，子供の学びを保障するということである。

公開解答例

私が取り組みたい内容は，心の小さなSOSを見逃さず，「チーム学校」で支援する取組です。理由は，小さなSOSに早期に気づき，「チーム学校」による最適な支援をすることで不登校を未然に防ぐことができるからです。具体的には，1人1台端末を活用し，心や体調の変化を早期に発見し，スクールカウンセラーやスクールソーシャルワーカーなどの専門家と連携して最適な支援につなげることに取り組みます。その結果，自分のクラスに入りづらい児童生徒が，落ち着いた環境の中で自分に合ったペースで学習・生活できるようにしたいです。(249字)

【 23 】「人権教育ガイドライン」(2018(平成30)年3月　三重県教育委員会)では，一人ひとりが，人権問題の解決を自分の課題としてとらえ，状況を変えようとする具体的な行動に結びつく教育・学習の充実を図るため，以下の個別的な人権問題を解決するための教育を積極的に推進することとしています。

このことをふまえたうえで，あなたが取り組みたい内容を1つ選び，選んだ理由と取り組みたい内容を推進するための教育活動について具体的に述べ，250字以内でまとめなさい。

個別的な人権問題に対する取組

・部落問題を解決するための教育
・障がい者の人権に係わる問題を解決するための教育
・外国人の人権に係わる問題を解決するための教育
・子どもの人権に係わる問題を解決するための教育
・女性の人権に係わる問題を解決するための教育
・様々な人権に係わる問題を解決するための教育
※様々な人権に係わる問題とは，高齢者，患者，犯罪被害者，アイヌ民族，刑を終えた人・保護観察中の人，性的マイノリティ，ホームレス等の人権に係わる問題，インターネットによる人権侵害，災害と人権，貧困等に係る人権課題や北朝鮮当局による拉致問題等などです。

2024年度 三重県 全校種(午後)

方針と分析

(方針)

学校教育を進めるに当たって，様々な人権問題を解決するための教育を積極的に推進することの重要性を論じ，示された6つの個別的な人権問題の中から取り組みたい内容を1つ選びその理由を述べる。そのうえで，その内容に関わる教育活動について具体的に述べる。

(分析)

三重県の「人権教育ガイドライン」では，人権教育は総合的な教育であり，すべての教育の中で行われるものであるとの基本的認識のもと，「自分の人権を守り，他者の人権を守るための実践行動ができる力」を育み，人権文化を構築する主体者づくりをめざします。という基本的な考えを述べたうえで，「人権についての理解と認識を深める…一人ひとりが，人権の意義とその重要性についての正しい知識を十分に身に付ける」「人権尊重の行動につながる意欲・態度や技能を育てる…一人ひとりが，日常生活の中で人権尊重の考え方に反するような出来事をおかしいと思う感性や人権を尊重する姿勢を養い，行動に現れるよう人権感覚を十分に身に付ける」「一人ひとりの自己実現を可能にする…一人ひとりが，自尊感情を高め，自他の価値を認め，尊重しながら，進路を主体的に切り拓くことができる力を身に付ける」

という三つの目標を掲げている。

そのうえで，「一人ひとりが，人権問題の解決を自分の課題としてとらえ，状況を変えようとする具体的な行動に結びつく教育・学習の充実を図るため，以下の個別的な人権問題を解決するための教育を積極的に推進します」とし，設問文に示された6つの個別的な人権問題を挙げている。これらの個別の人権問題は，歴史的経緯や社会的背景の下で長い間解決できていない問題である。それぞれが異なる状況をもち，個々の課題に応じて法的な整備も進んできているところである。しかし，解決の道筋も一様ではなく，容易には解決できない難しい問題もはらんでいる。具体的な教育活動を考える際は，そうした歴史的経緯や社会的背景を踏まえることが重要である。

作成のポイント

250字以内という少ない文字数の指定なので，取り上げた内容が重要だと考えた理由と具体的な取組に分けて簡潔に述べるようにする。まずその前提として，様々な人権問題を解決するための教育を積極的に推進することの重要性を簡潔に論じる。

そのうえで，示された6つの内容の中から特に取り組みたい内容を一つ示し，それを取り上げた理由を簡潔に述べる。理由が複数ある場合は，「第1に…，第2に…」というようにナンバリングして述べると分かりやすい論述となる。次に，その内容に関わる教育活動を具体的に述べる。最終的には，人権文化を構築する主体者づくりをめざし，三重県の教育の充実に取り組んでいく決意を述べて，論述をまとめる。

公開解答例

私は，様々な人権に係わる問題を解決するための教育の中のインターネットによる人権侵害について取り組みたいです。理由は，インターネットを介したいじめや差別，誹謗中傷などが多く発生しており，インターネットの特性を理解し，安全に活用することができる子どもを育むことが求められているからです。具体的な教育活動として，人権学習指導資料等を活用し，様々な情報を読み解く力や発信する情報に対する責任感，情報を受け取る他者への想像力，自分に関する情報を

自らが管理しコントロールできる力を養う学習に取り組みたいです。(248字)

【 24 】「『令和の日本型学校教育』を担う教師の養成・採用・研修等の在り方について～『新たな教師の学びの姿』の実現と，多様な専門性を有する質の高い教職員集団の形成～(答申)」(令和4年12月　中央教育審議会)では，令和3年答申で示された,「令和の日本型学校教育」を担う教師及び教職員集団の姿として，以下のように示されています。

あなたが特に大切だと考える姿をⅠ①～③，Ⅱ，Ⅲの5つから1つ選び，選んだ理由とその姿の実現のための取組について具体的に述べ，300字以内でまとめなさい。

Ⅰ「令和の日本型学校教育」を担う教師の姿は，①環境の変化を前向きに受け止め，教職生涯を通じて学び続けている，②子供一人一人の学びを最大限に引き出す教師としての役割を果たしている，③子供の主体的な学びを支援する伴走者としての能力も備えている。

Ⅱ　教職員集団の姿は，多様な人材の確保や教師の資質・能力の向上により質の高い教職員集団が実現し，多様なスタッフ等とチームとなり，校長のリーダーシップの下，家庭や地域と連携しつつ学校が運営されている。

Ⅲ　教師が創造的で魅力ある仕事であることが再認識され，志望者が増加し，教師自身も志気を高め，誇りを持って働くことができている。

2024年度 ▌三重県 ▌全校種(再試験)

方針と分析

(方針)

これからの学校教育を担う教師としての資質・能力を身に付けることの重要性を指摘し，示されたⅠ①～③，Ⅱ，Ⅲの5つから1つを選択して，その理由を述べる。そのうえで，その姿の実現のための取組について具体的に述べる。

(分析)

令和3年の中央教育審議会の答申では，2020年代を通じて実現を目指す学校教育を「令和の日本型学校教育」とし，その姿を「全ての子供たちの可能性を引き出す，個別最適な学びと，協働的な学び」と定義している。そのための教師の姿として示されているのが，設問文のⅠ「令和の日本型学校教育」を担う教師の姿は，①環境の変化を前向きに受け止め，教職生涯を通じて学び続けている，②子供一人一人の学びを最大限に引き出す教師としての役割を果たしている，③子供の主体的な学びを支援する伴走者としての能力も備えている，である。このことに関して答申では「教師が技術の発達や新たなニーズなど学校教育を取り巻く環境の変化を前向きに受け止め，教職生涯を通じて探究心を持ちつつ自律的かつ継続的に新しい知識・技能を学び続け，子供一人一人の学びを最大限に引き出す教師としての役割を果たしている。その際，子供の主体的な学びを支援する伴走者としての能力も備えている」という姿を示している。

Ⅱは教師集団の姿であり，答申では「教員養成，採用，免許制度も含めた方策を通じ，多様な人材の教育界内外からの確保や教師の資質能力の向上により，質の高い教職員集団が実現されるとともに，教師と，総務・財務等に通じる専門職である事務職員，それぞれの分野や組織運営等に専門性を有する多様な外部人材や専門スタッフ等とがチームとなり，個々の教職員がチームの一員として組織的・協働的に取り組む力を発揮しつつ，校長のリーダーシップの下，家庭や地域社会と連携しながら，共通の学校教育目標に向かって学校が運営されている」という姿が示されている。

Ⅲは教員志望者に関わる提言であり，答申では「学校における働き方改革の実現や教職の魅力発信，新時代の学びを支える環境整備により，教師が創造的で魅力ある仕事であることが再認識され，教師を目指そうとする者が増加し，教師自身も志気を高め，誇りを持って働くことができている」ことを述べている。

これらは全て「令和の日本型学校教育」を担う教員の具体的な姿につながる記述である。したがって，どれを選択しても誤りではない。あなたが，最も具体的な取組を論述しやすい項目を選択するとよいだろう。

作成のポイント

300字以内という少ない文字数の指定なので，取り上げた項目が重要だと考えた理由と具体的な取組に分けて簡潔に述べるようにする。その前提として，これからの学校教育を担う教師としての資質・能力を身に付けることの重要性を簡潔に指摘する。

そのうえで，示された5つの姿の中から最も重要だと考える一つを示し，それを取り上げた理由を簡潔に述べる。理由が複数ある場合は，「第1に…，第2に…」というようにナンバリングして述べると分かりやすい論述となる。次に，その項目に関わる教育活動を具体的に述べる。最終的には，教師としての資質・能力を身に付けて，三重県の教育の充実に取り組んでいく決意を述べて論述をまとめる。

公開解答例

「令和の日本型学校教育」を担う教師及び教職員集団の姿として，私が大切だと考える姿は，Ⅰの中の①環境の変化を前向きに受け止め，教職生涯を通じて学び続けている教師です。理由は，時代の変化が大きくなる中で常に学び続けていくことが必要であり，自分自身が主体的に学び続ける姿は，児童生徒にとっても重要なロールモデルになると考えるからです。私は，その実現のために，基本的な知識・技能だけでなく，新たな領域の専門性を身につけたいと思います。そのため，学校で行われる校内研修や研究授業に積極的に取り組み，学校現場の同僚と学び合うことに加え，学校外の研修にもインターネット等を活用して取り組んでいきたいと考えます。(298字)

【 25 】みえ元気プラン(令和4年10月　三重県)では，「第3章　政策・施策」「第3節　施策の概要」の1つとして「施策14-3　特別支援教育の推進」を掲げ，そのめざす姿を以下のように示しています。

めざす姿の実現に向け，あなたが特別な支援を必要とする子どもたちに対する教育を実施するうえで大切にしたいことを1つ挙げるとともに，あなたが取り組みたい教育活動について具体的に述べ，250字以内でまとめなさい。

「めざす姿」
インクルーシブ教育システムの理念をふまえ，特別な支援を必要とする子どもたちが，それぞれの教育的ニーズに応じた学びの場において，安全に安心して早期からの一貫した指導・支援を受けることで，持てる力や可能性を伸ばし，将来の自立と社会参画のために必要な力を身につけています。また，障がいの有無に関わらず，子どもたちが互いに交流することで，理解し，尊重し合いながら生きていく態度を身につけています。

2024年度 三重県 全校種(再試験)

方針と分析

(方針)

特別な支援を必要とする子どもたちの教育的ニーズに応じて特別支援教育を進めることの重要性を論じたうえで大切にしたいことを1つ挙げて，取り組みたい教育活動を具体的に述べる。

(分析)

令和4年3月，特別支援教育を担う教師の養成の在り方等に関する検討会議は報告書をまとめた。報告書では，まず特別支援教育の「個別最適な学び」と「協働的な学び」に関する知見や経験は，障害の有無にかかわらず，教育全体の質の向上に寄与することになるという認識を示している。また，特別支援教育を必要とする児童生徒数が増えている一方で，小学校で70.6％，中学校で75.4％の校長が特別支援教育に携わる経験が無いという現状があることを指摘している。こうした状況を踏まえ，同報告ではインクルーシブ教育の考え方を踏まえて「『障害』は個人の心身機能の障害と社会的障壁の相互作用によって創り出されているものであり，社会的障壁を取り除くのは社会の責務である，という『社会モデル』の考え方の下，全ての教師が，環境整備の重要性を認識し，特別支援教育に関する理解を深め，専門性を持つことが不可欠な状況となっている」と述べている。そのうえで，具体的な取り組みの方向性として「校内の通常の学級と，特別支援学級，通級指導教室，特別支援学校との間で，交換授業や授業研究をするなどして，特別支援教育経験者を計画的に増やす体制の構築に努めること」「全ての新規採用教員がおおむね10年目までの期間内において，特別支援学級の教師や，特別支援学校の教師を複数年経験することとなる状態を目指し，人事上の措置を講ずるよう努めること。合わせて，採用から10年以上経過した教師についても，特別支援教育に関する経験を組み込むよう努めること」といったことを提言している。

みえ元気プランが掲げる「施策14-3　特別支援教育の推進」が示している「めざす姿」を実現するためのポイントは「インクルーシブ教育システムの理念」「それぞれの教育的ニーズに応じた学び」「早期からの一貫した指導・支援」「将来の自立と社会参画のために必要な力」「理解し，尊重し合いながら生きていく態度」などである。具体的な教育活動を述べる際の参考にしたい。

作成のポイント

250字以内という少ない文字数の指定なので，簡潔に述べるようにする。

まず，インクルーシブ教育システムの考え方に基づいて，特別な支援を必要とする子どもたちの教育的ニーズに応じて，特別支援教育を進めることの重要性を指摘する。その際，多様な子どもたちの実態に柔軟に対応していくことの重要性に触れるとよい。

そのうえで，あなたが特別支援教育を進めるに当たって大切にしたいことを1つ挙げて，その理由を述べる。先に述べた「それぞれの教育的ニーズに応じた学び」「早期からの一貫した指導・支援」「将来の自立と社会参画のために必要な力」などを参考に選択するとよいだろう。

次に，その大切にしたいことを実現するための具体的な方策について，あなたの受験する校種や教科に即して整理して簡潔に論述する。そのポイントは，「インクルーシブ教育システムの理念」の具現化である。

公開解答例

私が特別な支援を必要とする子どもたちに対する教育を実施するうえで大切にしたいことは，特別な支援を必要とする子どもたちの支援情報の確実な引き継ぎです。そのために私は「パーソナルファイル」を活用します。「個別の教育支援計画」や「個別の指導計画」などの必要な支援情報を円滑かつ確実に引き継ぐことで，それぞれの教育的ニーズに応じた学びの場において，安全安心に一貫した指導・支援を受けることができるようになり，その子どもの持てる力や可能性を伸ばし，将来の自立と社会参画のために必要な力を育みたいと考えます。(248字)

【 26 】「第3次学校安全の推進に関する計画」(令和4年3月　文部科学省)では，学校安全を推進するための方策を以下のように示しています。学校安全を推進するための方策の中であなたが特に大切にしたいものを1～4，5①～⑤の9つから1つ選び，選んだ理由と学校安全を推進するための取組について具体的に述べ，250字以内でまとめなさい。

(学校安全を推進するための方策)
1　学校安全に関する組織的取組の推進
2　家庭，地域，関係機関等との連携・協働による学校安全の推進
3　学校における安全に関する教育の充実
4　学校における安全管理の取組の充実
5　学校安全の推進方策に関する横断的な事項等
①　学校安全に係る情報の見える化，共有，活用の推進
②　科学的なアプローチによる事故予防に関する取組の推進
③　学校安全を意識化する機会の設定の推進
④　学校におけるデジタル化の進展とサイバーセキュリティの確保
⑤　学校安全に関する施策のフォローアップ

▌2024年度 ▌三重県 ▌全校種(再試験)

方針と分析

(方針)

子供たちにとって，学校は安全で安心が保障された場所であることの重要性を論じ，示された9つから学校安全を推進するために大切にしたいものを1つ選択してその理由を述べる。そのうえで，学校安全を推進するための取組を具体的に述べる。

(分析)

学校は，児童生徒が安心して生活し，学ぶことのできる安全な場所であると信じられてきた。しかし，平成23年3月の東日本大震災は，このことに関して様々な問題を露呈させた。津波によって多くの児童生徒の尊い命が奪われた学校はもとより，震源地から遠く離れた学校においても，大地震の際の児童生徒の安全確保の在り方などについての課題が明らかとなった。また，近年大きな課題となった新型コロナウイルスの流行により，学校教育そのものの継続的な実施が困難な状況を生みだした。

文部科学省の「学校安全の推進に関する計画」では，学校安全を「安全教育」と「安全管理」の二つの視点からとらえ，「総合的かつ効果的な学校安全に関わる取り組みを推進すること」の重要性を指摘している。そのために，学校保健安全法では「学校安全計画」の策定と実施を求め，いわゆる危機管理マニュアルとしての「危険等発生時対処要項」の作成と職員への周知，訓練の実施を義務付けている。

学校が児童生徒の安全・安心を考えなければならないと想定される場面は，地震や台風といった自然災害だけではなく，不審者の侵入，火災，交通事故など広範囲に及ぶ。また，今回の新型コロナウイルスの流行は，これまでの考え方では学校教育を継続し得ない危機的な状況を生み出した。児童生徒の安全・安心を脅かす事態は，いつ，どこで起こるか分かない。したがって，個々の児童生徒に「自分の命は自分で守る」という資質や能力を身に付けさせていくことは，学校教育の重要な役割である。

そのための「学校安全を推進の視点」が，問題文にも示されている

9つである。これらは全てこれからの学校安全を推進するための重要な視点である。したがって，どれを選択しても誤りではない。あなたが，最も具体的な取組を論述しやすい視点を選択するとよいだろう。

作成のポイント

250字以内という少ない文字数の指定なので，取り上げた視点が重要だと考えた理由と具体的な取組に分けて簡潔に述べるようにする。その前提として，学校の安心・安全を保障することの重要性を簡潔に指摘する。

そのうえで，示された9つの方策の中から最も大切にしたものを一つ示し，それを取り上げた理由を簡潔に述べる。その際，理由が複数ある場合は，「第 1 に…，第 2 に…」というようにナンバリングして述べると分かりやすい論述となるだろう。次に，その方策に関わる具体的な教育活動を述べる。最終的には，学校の安心・安全を確保し，三重県の教育の充実に取り組んでいく決意を述べて論述をまとめる。

公開解答例

私が大切にしたいことは，「家庭，地域，関係機関等との連携・協働による学校安全の推進」です。理由は，児童生徒等の通学時に発生する事件や事故などについては，学校外の専門的な知見や地域からの協力を得て，学校安全に関わる取組を進める必要があるからです。具体的には，地域の学校安全委員会や警察連絡協議会等を活用し，地域の関係者との情報共有や意見交換を日常的に行い，警察や消防等の関係機関や地域住民，保護者とともに安全マップの作成や避難訓練，交通安全教室の開催等地域ぐるみで防犯・交通安全・防災の取組を行います。(250字)

【 27 】京都府教育委員会では，「第2期　京都府教育振興プラン」において，「多様な他者と関わり対話を通じて学びあうという学校の営みを大切にしながら，これからの学びを支えるICTや先端技術を効果的に活用し，時代の変化に応じた教育を行わなければなりません」と示しています。

この「多様な他者と関わり対話を通じて学びあうという学校の営み」を大切にするとした理由や背景について，あなたの考えを述べなさい。また，そうした理由や背景を踏まえて，「時代の変化に応じた教育」をあなたはどのように実践していきたいと考えますか，具体的に述べなさい。

2024年度 京都府 全校種

方針と分析

(方針)

第2期京都府教育振興プランが強調する「多様な他者と関わり，対話を通じて学び合う営み」を大切にした学校教育を進めることの意義や背景，重要性などについて論じたうえで，時代の変化に応じた教育をどのように進めていくか具体的に述べる。

(分析)

令和3年1月の中央教育審議会答申「『令和の日本型学校教育』の構築を目指して～全ての子供たちの可能性を引き出す，個別最適な学びと，協働的な学びの実現～」では，「明治から続く我が国の学校教育の蓄積である『日本型学校教育』の良さを受け継ぎながら更に発展させ……，新学習指導要領を着実に実施することが求められており」として，良さを受け継ぎ発展させていくことを求めている。この「良さ」について，答申では「本来の日本型学校教育の持つ，授業において子供たちの思考を深める『発問』を重視してきたことや，子供一人一人の多様性と向き合いながら一つのチーム(目標を共有し活動を共に行う集団)としての学びに高めていく，という強みを最大限に生かしていくことが重要である」としている。

また，小学校学習指導要領解説の総則編においても「児童や学校の実態，指導の内容に応じ，『主体的な学び』，『対話的な学び』，『深い学び』の視点から授業改善を図ることが重要である」としたうえで，「対話的な学び」について「子供同士の協働，教職員や地域の人との対話，先哲の考え方を手掛かりに考えること等を通じ，自己の考えを広げ深める『対話的な学び』が実現できているかという視点」を大切にすることを強調している。

第2期京都府教育振興プランでは，「目指す人間像」として，めまぐるしく変化していく社会において，変化を前向きにとらえて主体的に行動し，よりよい社会と幸福な人生を創り出せる人を掲げ，そのために「はぐくみたい力」として「主体的に学び考える力」「多様な人とつながる力」「新たな価値を生み出す力」の3つを挙げている。ここに，「多様な他者と関わり，対話を通じて学び合う営み」を大切にすべき基本があると考えられる。

作成のポイント

小論文の構成は，序論・本論・結論の三部構成とする。

序論では，京都府教育振興プランが強調する「多様な他者と関わり，対話を通じて学び合う営み」を大切にした学校教育を進めることの意義や背景，重要性について論じる。めまぐるしく変化していく社会だからこそ，変化を前向きにとらえて主体的に行動し，多くの人との対話・協働を通してよりよい社会と幸福な人生を創り出すことの重要性を強調したい。

本論では，そうした学校教育を重視していくためにどのような教育活動を行うか，二つ程度に整理して論じる。本論の内容は校種にもよるが，一つは学級経営，もう一つは学習指導など，異なる視点からの方策にすると，幅広い考えをもっていることのアピールとなるだろう。

結論では，これからの京都府を担っていく人材を育成するため，学び続ける京都府の教師として研究・研修に励み，情熱をもって教育にあたる旨の強い決意を述べて，小論文をまとめる。

【 28 】和歌山県では，令和5年4月，第4期和歌山県教育振興基本計画を策定し，「教育を，地域や社会全体の問題として捉え，和歌山県の将来を担う子供たちをみんなで支え育てていく」という方向性を示した。

このことに関連して，子供たちが生涯にわたりたくましく，また自分らしく生きていく力を育むため，どのように取り組もうと考えるか。800字程度で具体的に述べよ。

2024年度 | 和歌山県 | 特別選考

方針と分析

(方針)

「子供たちが生涯にわたりたくましく，自分らしく生きていく力」を育むために，教員としてどのようなことを大切にしていくか述べたうえで，そのためにどのような取組をしていくか具体的に論じる。

(分析)

令和5年4月に和歌山県教育委員会が公表した「和歌山県の教育の要点」では，育てたい子供たちの姿として「子供たちが生涯にわたってたくましく，また自分らしく生きていく上で，豊かな教養，感性，自己有用感等をバランスよく身に付けていくことは大変重要です」としたうえで，「それらは教室での勉強だけでなく，本物の芸術や文化に触れたり，スポーツや読書，ボランティア活動などに親しんだりすることを通して総合的に培われるものです」と述べている。設問は，ここからの出題である。この記述に続けて「受動的な学びにとどまらず，『なぜか？』『本当か？』と疑問をもちながら物事を考える力や，多少の失敗にくじけず何度でも挑戦し合意や納得に到達しようとする力，現状に満足せず活躍の場を広く求め，多様な人々との交流を通して成長しようとする態度を身に付けることが重要」と述べている。

このような和歌山らしい教育の実現のため，施策体系として5つの基本的方向を設定している。具体的には，「成長の基盤となる資質・能力の獲得」「より深い学びにつながる学校教育の充実」「学校教育の実効性を高める環境の整備」「一人一人の生活の質を高める多様な機会の充実」「多様な価値観をもった人々が協働する公平公正な社会の実現」の5つであり，具体的な教育活動を考える際の視点となるだろう。

作成のポイント

800字程度という文字数の指定があるので，一般的な序論・本論・結論の3段落構成でまとめるのがよい。

序論では，社会背景などとともに，「和歌山県教育振興基本計画」「和歌山県の教育の要点」などの記述を参考にして「子供たちが生涯にわたりたくましく，自分らしく生きていく力」を育むことの重要性を述べ，そのために教員としてどのようなことを大切にして教育に当たっていくかを論じる。この序論は，250字程度で述べるようにする。本論では，子供たちが「生涯にわたりたくましく，自分らしく生きていく力」を育むためにどのような取組をしていくか，具体的な方策を二つ程度に整理して論述する。たとえば，成長の基盤となる資質・能力の獲得，より深い学びにつながる教育活動，教育の実効性を高める環境の整備といった視点が考えられるだろう。一つの方策を200字程度，合計400～450字程度で本論は述べるようにしたい。

結論では，個々の子供の特性や能力をよく理解したうえで，一人一人の子供たちが生涯にわたりたくましく，自分らしく生きていけるような力を身に付けさせるため，適切な支援を行っていくことを100字程度で述べて，論文をまとめる。

【 29 】福岡市教育委員会が「いじめの発生状況(認知件数)」について調査したところ，結果は下のグラフのとおりでした。

あなたは，このグラフからどのようなことを課題として読み取りますか。また，その課題について，あなたは教員としてどのように取り組みますか。これまで教職大学院で学んだことを踏まえて，読み取った課題と教員として取り組む内容について，あなたが勤務を希望する校種の教員になった場合を想定し，具体的に800字程度で述べなさい。

「いじめの発生件数（認知数）」

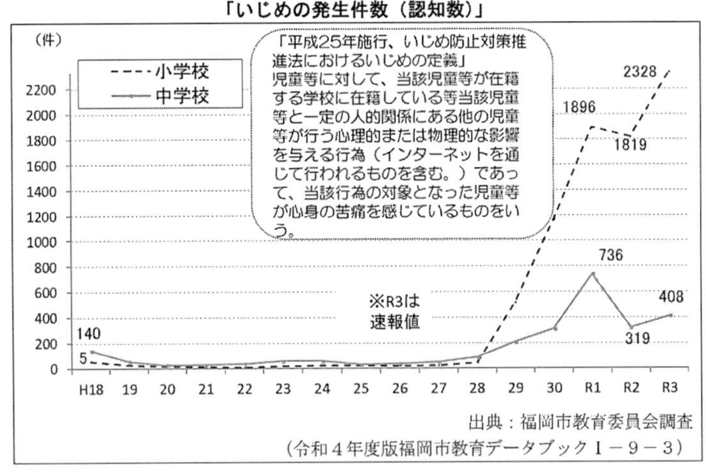

▌2024年度 ▌福岡市 ▌特別選考Ⅱ(教職大学院修了者)

方針と分析

(方針)

まず，グラフを読み取り，見えてくる課題について説明する。次に，その課題について教員としてどのように取り組むか，これまで教職大学院で学んだことを踏まえて，読み取った課題と教員として取り組む内容について，勤務を希望する校種の教員になった場合を想定しながら，具体的に780～820字程度で説明する。

(分析)

分析に当たっては，福岡市教育委員会の「『問題行動・不登校等に関する調査』の結果と取組みについて」を参照したい。まずは，グラフの読み取り・推論から始めよう。平成29年3月に文部科学省がいじめの定義の解釈を具体的に示したことを受け，積極的に認知・報告することを各学校に周知した。このため，平成29年を境に，いじめの件数が急激に増加している(小学校で約1800件，中学校で約700件)。また，令和3年を境に，新型コロナウイルス感染症を予防しながらの生活となったことで，部活動や学校行事等，様々な活動が徐々に再開されたことにより接触機会が増加したため，いったん減少したいじめの認知件数が再度上昇した。

以上の読み取り・推論から次のことがいえよう。従来は経験のないコロナ禍のストレスも加わって，子供たちによる直接対面による，またはインターネットを通じたいじめが増大していること，その未然防止が課題として抽出できる。その課題解決の取り組みとして何ができるか。教職大学院の学びで得た知見に加え，独立行政法人教職員支援機構「学校におけるいじめ問題への対応のポイント」やいじめ防止対策推進法を一読しておくとよいだろう(特に同法第22条)。

いじめの防止等のための基本的な方針では，いじめ被害者・加害者の将来を考え，教員個人が抱え込んでしまうことが多い現状を改めることが強調されている。いじめの防止等の中核となる組織として，的確にいじめの疑いに関する情報を共有し，共有された情報を基に組織的に対応できるような体制とすることが必要である。特に事実関係の把握，いじめであるか否かの判断は組織的に行うことが必要である。

その組織が情報の収集と記録，共有を行う役割を担うため，個々の教職員はささいな兆候や懸念，児童生徒からの訴えを抱え込まず，また対応不要であると個人で判断せずに，直ちに全て当該組織に報告・相談する。ここで集められた情報は，直ちに校内の全教職員が共有できるようにする。以上の内容を踏まえて，受験者が得た知見と合わせて，書いていくとよいだろう。

作成のポイント

論文としての出題なので，序論・本論・結論の三段構成を意識するとよいだろう。字数は，800字に対し，プラスマイナス20字程度でまとめるのが理想的である。

序論では，平成29年以降の数的変化，また令和3年前後の変化につき，与えられたグラフの読み取りと推論をまとめ，課題を導出する。ここは，200字程度でまとめる。

本論では，課題の解決策を具体的に説明する。コロナ禍を経た後の社会環境や学習環境の激変，さらには経済状況の激変などにより，児童生徒のストレスが，様々な形態のいじめに向かう可能性を書く。その際，教員は，いじめ被害者・加害者側への対応を個人の問題ではなく，組織として対応すべきであることを，いじめ防止対策推進法などにも触れながら書いていこう。この組織的対応が適切であった事例，反対に，抱え込みによって生じた事態の悪化の事例などを，大学院での学びや自身の実習経験等とかかわらせて書いていくとよい。ここは，400～450字程度で述べる。

結論では，自身の学びや経験を生かして，変化の大きな社会の中で生じうるいじめを未然に防ぐ決意を150～200字程度で書いて論文をまとめる。

【 30 】個別最適な学びと協働的な学びの一体的な充実に向けて，「ICTの活用」が求められている。併せて，「情報モラル教育」の充実も必要不可欠である。これらのことを踏まえ，「ICTの活用」にどのように取り組むことが必要だと考えるか，論述しなさい。(600字程度)

2024年度 ▌福岡市 ▌中学校教諭　論文Ⅰ

方針と分析

(方針)

個別最適な学びと協働的な学びの一体的な充実のために，ICTの活用が求められる。同時に，「情報モラル教育」の充実も不可欠である。これらを踏まえて，京都市の中学校教諭として「ICTの活用」にどのように取り組むことが必要か，590～620字程度で説明する。

(分析)

令和5年に策定された，京都市の「KYOTO×教育DXビジョン」(学校教育情報化推進計画)を踏まえた出題と思われる。この資料には，次のように説明されている。

授業や家庭学習の学びのサイクルの中で，一人一台端末やデジタル教科書，各種教育ソフト等の効果的な活用を通じて，子どもの習熟度やペースに合わせた個別最適な学びを進める。一方で，多様な他者の意見に触れる協働的な学びの中で互いに影響されながら各々の考えを更に発展させ，またそれぞれの個別の学びに生かしていくという循環を生み出す。こうした主体的・対話的で深い学びの視点から授業改善に取り組む。一人一台端末環境は既に3年目を迎えた。こうした中で，未来を担う子どもたちが，情報を主体的に捉えながら何が重要かを自ら考え，選択し，見出した情報を活用しながら他者と協働し，新たな価値を創造していくことが求められる。これは，今次の学習指導要領において，学習の基盤となる資質・能力に位置付けられた「情報活用能力」の育成にかかわる。

この能力の中には，情報モラルも含まれる。京都市の「小・中学校における『情報モラル』学習指導資料集」では，情報モラル学習を，インターネットの活用を通して相手や自分を大切にするという人権尊重に主眼をおいて進めている。各学年3回(1回約25分程度)を目途にインターネット上で発生しやすいトラブルを中心に，さらに「発信者としての自覚と責任」という項目や「受信者としての責任」という項目で，自分自身と相手の人権を大切にする体験ができる学習教材が作成されている。万が一トラブルに巻き込まれたときは自分一人で解決するのではなく，親や関係機関や有識者への相談などをすることを具体的に取り上げて指導することにも配慮されている。

作成のポイント

論文としての出題であるが，設問要求から見て，必ずしも序論・本論・結論の構成に拘らず，全体を三段構成にするとよいだろう。

第一段落では，個別最適な学びと協働的な学びの一体的な充実とICT機器・デジタル教材の活用とのかかわりに関して説明する。合わせて，未来を担う子どもたちが，情報をどのように利活用できるようにしていくのかを述べていく。ここは200字程度で述べたい。

第二段落では，個別最適な学びと協働的な学びの一体的な充実とICT機器・デジタル教材の活用の具体的実践について，受験者の専門科目の観点から書いていく。個別最適な学習では，インターネットを活用した「調べ学習」と一人一人に対応した「デジタルドリル」の活用について書くとよいだろう。協働的な学びでは，シンキングツールを使ったグループでの意見交流，パワーポイントを活用したプレゼンテーションなどが考えられる。ここは，200～250字程度でまとめたい。

最終段落は，情報モラル教育について説明する。「発信者としての自覚と責任」「受信者としての責任」について，講義だけでなく，実際にインターネットツールを活用し，自分自身と相手の人権を大切にする体験学習機会を提供することなどを180～220字程度で述べて，まとめとしたい。

【31】「高等学校学習指導要領」(平成30年告示) の前文には，「一人一人の生徒が，自分のよさや可能性を認識するとともに，あらゆる他者を価値のある存在として尊重し，多様な人々と協働しながら様々な社会的変化を乗り越え，豊かな人生を切り拓き，持続可能な社会の創り手となることができるようにすることが求められる」と述べられています。

あなたは，高等学校の教員として，「持続可能な社会の創り手」を育成するために，どのような教育活動を実践したいですか。別紙「持続可能な開発目標(SDGs)の詳細」の中から目標を一つ取り上げ，その目標の達成がなぜ大切かに触れた上で，実践したい活動の内容について具体的に述べなさい。

(別紙)

持続可能な開発目標(SDGs)の詳細

目標1［貧困］
あらゆる場所あらゆる形態の貧困を終わらせる

目標2［飢餓］
飢餓を終わらせ，食料安全保障及び栄養の改善を実現し，持続可能な農業を促進する

目標3［保健］
あらゆる年齢のすべての人々の健康的な生活を確保し，福祉を促進する

目標4［教育］
すべての人に包摂的かつ公正な質の高い教育を確保し，生涯学習の機会を促進する

目標5［ジェンダー］
ジェンダー平等を達成し，すべての女性及び女児のエンパワーメントを行う

目標6［水・衛生］
すべての人々の水と衛生の利用可能性と持続可能な管理を確保する

目標7［エネルギー］
すべての人々の，安価かつ信頼できる持続可能な近代的なエネルギーへのアクセスを確保する

目標8［経済成長と雇用］
包摂的かつ持続可能な経済成長及びすべての人々の完全かつ生産的な雇用と働きがいのある人間らしい雇用(ディーセント・ワーク)を促進する

目標9［インフラ，産業化，イノベーション］
強靭(レジリエント)なインフラ構築，包摂的かつ持続可能な産業化の促進及びイノベーションの推進を図る

目標10［不平等］
国内及び各国家間の不平等を是正する

目標11［持続可能な都市］
包摂的で安全かつ強靭(レジリエント)で持続可能な都市及び人間居住を実現する

目標12［持続可能な消費と生産］
持続可能な消費生産形態を確保する

目標13［気候変動］
気候変動及びその影響を軽減するための緊急対策を講じる

目標14［海洋資源］
持続可能な開発のために，海洋・海洋資源を保全し，持続可能な形で利用する

目標15［陸上資源］
陸域生態系の保護，回復，持続可能な利用の推進，持続可能な森林の経営，砂漠化への対処ならびに土地の劣化の阻止・回復及び生物多様性の損失を阻止する

目標16［平和］
持続可能な開発のための平和で包摂的な社会を促進し，すべての人々に司法へのアクセスを提供し，あらゆるレベルにおいて効果的で説明責任のある包摂的な制度を構築する

目標17［実施手段］
持続可能な開発のための実施手段を強化し，グローバル・パートナーシップを活性化する

外務省「持続可能な開発目標(SDGs)と日本の取組」による

▌2024年度 ▌愛媛県 ▌高等学校教諭

方針と分析

(方針)

設問で示された，「高等学校学習指導要領」前文の抜粋を踏まえ，高等学校の教員として，「持続可能な社会の創り手」を育成するために，どのような教育活動を実践したいか。別紙「持続可能な開発目標(SDGs)の詳細」の中から目標を一つ取り上げ，その目標の達成がなぜ大切か，また，実践したい活動の内容についても具体的に説明する。全体で，1000字以上1200字以内でまとめる。

(分析)

本設問は，持続可能な開発のための教育(以下，ESDと記す)に関する出題である。この内容や実践例についての知識を得るには，文部科学省「ユネスコスクールで目指すSDGs　持続可能な開発のための教育」を参照するとよい。

ESDは，次のような教育である。「人類が将来の世代にわたり恵み豊かな生活を確保できるよう，気候変動，生物多様性の喪失，資源の枯渇，貧困の拡大等，人類の開発活動に起因する現代社会における様々な問題について考える。その上で，各人が自らの問題として主体的に捉え，身近なところから取り組むことでそれらの問題の解決につながる新たな価値観や行動等の変容をもたらしながら，持続可能な社会を実現していくことを目指して行う学習・教育活動である。」また，ESDの視点に立った学習指導で重視する能力・態度は次のようなものである。まず，多様性(いろいろある)，相互性(関わりあってる)，有限性(限りがある)を意識できることがある。その上で，①批判的に考える力，②未来像を予測して計画を立てる力，③多面的・総合的に考える力，④コミュニケーションを行う力，⑤他者と協力する力，⑥つながりを尊重する態度，⑦進んで参加する態度の七つの力の養成を目指す。

高等学校でのESD活用例として，前述の資料では次のようなものが紹介されている。「国際理解・文化多様性，地域の伝統文化・文化遺産」の領域で，ユネスコの理念を実践する日本と韓国の高校生同士が学び合うことで相互に多様性と特徴を理解し，持続可能な社会の担い手として成長する取り組み。また，「環境，防災，気候変動，国際理解・文化多様性」で，サステイナブルスクールとして国内外の人々とSDGsに沿った交流をすることで，学校全体で持続可能な社会の実現にむけた素養を獲得する取り組みなどである。

ESDに関する一般的な知識を活用しながら，設問条件に合わせて授業での実践例を書いていけるとよいだろう。

作成のポイント

1000字以上1200字以内という明確な字数制限がある。答案構成の流れの一案として，全体を四段落程度に分け，序論・本論・結論の構成を意識するとよい。

序論では，持続可能な開発のための教育(ESD)の実現について書く。各人が自らの問題として主体的に捉え，身近なところから取り組むことでそれらの問題の解決につながる新たな価値観や行動等の変容をもたらしながら，持続可能な社会を実現していくことを目指すという趣旨の内容でよいだろう。ここは，300字程度で述べたい。

本論では，別紙「持続可能な開発目標(SDGs)の詳細」の中から目標を一つ取り上げ，その目標の達成がなぜ大切かを説明する。SDGs(持続可能な開発目標)の17項目のうち，どれか一つを選ぶことになる。その際，自身の担当教科とのつながりが深く，かつ，社会的な重要性についてしっかり説明できるもの，具体的で実践的な取り組みとして説明可能なものを選ぼう。その後で，取り組みの趣旨，授業の進行の仕方，校外の組織との連携や外部人材の活用の有無，ICT機器の活用の有無などを書いていく。ここは，650～750字程度で述べたい。

結論では，上記の実践を通して，各生徒がESDの視点に立った学習指導で重視する能力・態度を確実に身に付けるようにする決意を150～200字程度で書いて論文をまとめる。

論作文　児童・生徒の指導に関するテーマ

テーマのねらいとポイント

■テーマのねらい

このグループに属する課題は，ねらいとしても個々別々のものがあるから，一つにまとめてそれを表現することは不可能だが，総体的には，各受験者が教師として現場に入った場合，どれだけの指導性を発揮できるのか，その潜在能力を探ろうというねらいがあることは確かだ。出題のしかたは，だいたい「……する(させる)ために，あなたはどう指導するか」というスタイル，つまり，かなり具体的な設定のもとに課題が構成されることが多い。解答文もそれに応じて個別的・具体的に書かれているかどうかがチェックされることになるが，課題がいくら具体的設定にもとづいたものであっても，総体的な資質を見るねらいがあることには注意しておきたい。個々の事象について，どのような指導を行うか，行うことができるかという設問パターンから，実は総合的な指導力，資質を知ろうとしているのである。

■テーマのポイント

現在，児童・生徒による「いじめ」「不登校」「学級崩壊」「非行」など，さまざまな教育課題は多い。それは社会の変化に影響されて生じることもあるが，それよりも「魅力ない授業」「分からない授業」「楽しくない授業」が原因になって生じる事が多い。

指導は人間性を育てる指導と，教科，特別活動を通して社会的・文化的に価値ある知識・技能を習得するための指導の二面がある。広く深い観点から児童・生徒の自立を助けるため進路指導，教育相談を含めての生徒指導，そして教材の選択・工夫，板書や教科書の活用など，授業全体の展開を視野に入れた学習指導などを述べる。

〈例題〉

A君は，友達とのつき合いが上手でなく悩み，学校も休みがちである。あなたは学級担任としてどのように指導するか述べなさい。

〈題意の把握〉

①このテーマは不登校のA君の指導について述べるが，友人関係のこじれからくる神経症(ノイローゼ)であると思われる。

②学級担任としてA君に登校を強制する指導ではなく，A君の心を癒す指導にする。

〈記述のポイント〉

①家庭訪問してA君や保護者に対して，教育相談の考え方を生かして，A君の中の「癒す力」を引き出すようにして，A君の自己実現をサポートする。

②A君の件を学年会議や諸会議に提案して，組織的・継続的指導に取りくむ体制づくりに努力する。

〈評価のポイント〉

①A君を理解する方策があり，さらにA君に対する愛情が感じられる文であるか。

②自分勝手な指導ではなく，当該学年の教師や学級全員に協調性を持たせる文になっているか。

論作文　児童・生徒の指導に関するテーマ

方針と分析・作成のポイント

【１】昨今，本県では，算数科の学力向上が喫緊の課題となっており，県内全ての小学校教員に算数科の授業改善が求められております。

あなたは，このことをどのように受け止め，算数科の学力向上について，担任として具体的にどのように取り組んでいきますか。あなたの考えを800字程度で述べなさい。

▌2024年度 ▌福島県 ▌小学校

方針と分析

(方針)

まず，本県の算数科の学力向上が喫緊の課題であり，全教員に授業改善が求められている現状に対する考えを述べる。次に，その考えを基にした算数科の学力向上を図る担任としての具体的な取組みを述べる。

(分析)

令和5年実施の全国学力・学習状況調査の本県の結果は，本年も算数科が全国平均を下回る状況であり，合わせて行われた学習環境などの調査で，授業中にパソコンやタブレットなどのICT機器の活用は全国平均を大きく下回っていた。

県教育委員会は今後の課題として，算数科で育成すべき資質・能力を明確にするとともに，ICT機器の効果的な活用と話し合う内容の焦点化など，「個別最適な学び」と「協働的な学び」の一体的な充実による「主体的・対話的な深い学び」を実現する授業改善が重要であると指摘している。

具体的に授業改善の視点として，授業中にパソコンやタブレットなどのICT機器を活用することについては，教材・単元などにより，「どの場面で，どのように活用するか」が問われる。

また，「主体的な学び」については，子どもが主体的に学習に取り組めるよう学習の見通しを立て粘り強く取り組み，学習の振り返りを通して自己の学びや変容を自覚できる場面の設定が必要である。

さらに,「対話的な学び」については,子ども間の対話や教師との対話によって,自分の考えを広げたり深めたりする場面をどのように組み立てるかが大切となる。

「深い学び」としては,日常の事象や数学の事象について,数学的な見方・考え方を働かせて問題を解決するより良い方法を見付けたり,意味の理解を深めたり,新たな知識・技能を見出す授業が重要である。このような授業の実現が学力向上につながると考える。

作成のポイント

論文の構成は,序論・本論・結論とする。記述前に構想する時間を十分にとり,その内容を簡潔にまとめることが重要である。800字程度であることから,文量を序論(約15～20%程度)・本論(約65～75%程度)・結論(約10～15%程度)の目安をもって臨むことも大切である。

序論では,本県の算数科の学力の向上が喫緊の課題であり,授業改善の取組の必要性を述べることが必要である。

本論では,本県教育委員会が提示したICT機器の効果的な活用とともに,「主体的・対話的で深い学び」の 学力向上につながる授業改善の具体的な実践策を記述することが求められる。多くの具体策を記述するのではなく,主たる2点ぐらいに具体策を絞って論じるほうが適切である。

結論では,本論で述べた授業改善以外の具体策として家庭学習や個別指導等の実践の重要性にも言及し,福島県の教員としての算数科の学力向上への意欲と決意を論じてまとめるとよい。

【２】「生徒指導提要」(令和4年12月改訂)によると,生徒指導の目的を達成するためには,児童生徒一人一人が「自己指導能力」を身に付けることが重要であるとされています。

あなたは,中学校教員として,生徒に,「自己指導能力」を身に付けさせるため,どのような取組をしていきますか。あなたの考えを800字程度で具体的に述べなさい。

2024年度 福島県 中学校

方針と分析

(方針)

「改訂生徒指導提要」に示された，生徒指導の目的である，生徒に「自己指導能力」を育成することの重要性を述べるとともに，具体的な取組について論じる。

(分析)

「改訂生徒指導提要」では，予防的・未然防止的な対応に力を入れる積極的生徒指導を求めている。特に，生徒指導の目的を達成するためには，生徒一人一人が「自己指導能力」を身に付けることが重要であるとしている。この「自己指導能力」を獲得することは，生徒が深い自己理解に基づき，「何をしたいのか」，「何をするべきか」，主体的に問題や課題を発見し，自己の目標を選択・設定して，この目標の達成のため，自発的，自律的，かつ，他者の主体性を尊重しながら，自らの行動を決断し，実行する力としている。

指導に当たっての基本は，全ての生徒が対象であり，全ての教育活動の中で，全ての教職員で実践することである。また，下記の三つの視点に基づいた生徒指導の機能をポイントにすることが重要である。

①生徒に自己存在感を与えること(自分がここで役に立っている存在であることを実感させる)

②自己決定の場を与えること(生徒の気づきをより具体化させて，自分のことは自分で決めさせる)

③共感的な人間関係を育成すること(自分の気持ちを分かってもらえたり，相手の気持ちが分かる経験をさせたりすることで一緒に頑張れるように感じさせる)

これら3点に基づく生徒指導の実践が，生徒に「自己指導能力」を身に付けさせることになると考える。

作成のポイント

論文の構成は，序論・本論・結論とする。記述前に構想する時間を十分に取り，その内容を簡潔にまとめることが重要である。800字程度であることから，文量を序論(約15～20％程度)・本論(約65～75％程度)・結論(約10～15％程度)の目安をもって臨むことも大切である。

序論では，「改訂生徒指導提要」に提示された予防的・未然防止的な対応に力を入れる積極的生徒指導を求め，生徒指導の目的を達成するために，「自己指導能力」の育成の重要性と3つの視点をもとに実践することの大切さを述べることが必要である。

本論では，序論を受けて，①生徒に自己存在感を与えること，②自己決定の場を与えること，③共感的な人間関係を育成することの3つの視点に基づく「自己指導能力」を育成する具体的な取組を論じる。全教育活動であるから，教科や総合的な学習の時間等の授業や学校行事などの特別活動，学級づくり等の多種多様な場面，機会が想定できる。例えば，一つの行事(体育祭)の準備から，話し合い，実践，反省(振り返り)の一連の指導を通した具体的な取組であってもよい。

【３】日本の子供たちの自己肯定感は，諸外国に比べて低いということが，過去の様々な調査結果から明らかになっており，新学習指導要領の前文においては，子供たちが自らのよさや可能性を認識することの重要性が示されています。本県では，第3期千葉県教育振興基本計画において，新学習指導要領に基づきこれからの時代に求められる資質・能力を育成していくためには，子供たちの自己肯定感，自尊感情の向上を図っていくことが重要な課題であるとしています。

あなたは，学級担任や授業担当者として，子供たちの自己肯定感を高めるために，どのように取り組みますか。児童生徒の育成すべき資質・能力について触れながら，具体的に800字以内で述べなさい。

▌2024年度 ▌千葉県・千葉市 ▌特例選考・特別選考

方針と分析

(方針)

これからの教育をすすめていくうえで，なぜ自己肯定感を高めていくことが重要なのか，これからの時代に求められる資質・能力との関係で論じる。そのうえで，どのようにして子供たちの自己肯定感を高めていくか，具体的な取組みを論じる。

(分析)

日本の青少年の自己肯定感の低さは，様々な調査をもとに指摘されている。例えば，平成27年度の国立青少年教育振興機構の調査では，「自分はダメな人間だと思うことがある」という質問に対して，日本の高校生の72.5%が「ある」あるいは「時々ある」と答えている。それに対し，中国は56.4%，米国は45.1%，韓国は35.2%という結果が出ている。日本の高校生は，中国，米国，韓国の高校生に比べて自己肯定感が低いという結果が明らかになっている。

今回の学習指導要領の改訂に向けて，現在の子供たちは「自己肯定感」「主体的に課題に取り組む態度」「社会参画への意識」などに課題があるとされている。ここで指摘されている「自己肯定感」「主体的に課題に取り組む態度」「社会参画への意識」の中で，中心となるのは「自己肯定感」であり，「自己肯定感」が低いことが「主体的に課題に取り組む態度」や「社会参画への意識」の低下につながっていると考えることができる。今回の学習指導要領では，これからの時代に求められる資質・能力に関わって，「基礎的・基本的な知識及び技能の確実な習得」「思考力，判断力，表現力の育成」「主体的に学習に取り組む態度の養成」を掲げている。したがって，そうした資質・能力を育成するためには，「自己肯定感」を高めていくことが必要不可欠なのである。

自己肯定感とは，「自分を価値ある存在として尊重する感情」のことで，自尊感情，自己有用感，セルフ・エスティームと言うこともある。自己肯定感を高めるためには，自己の価値を自分自身に認識させることが必要であり，それは，他者との関係の中で育まれる。したがって，学級経営やクラブ活動といった集団の中でどのような人間関係を構築するかということが大切になる。

作成のポイント

全体を序論・本論・結論の三部構成で論述する。

序論では，子供たちに自己肯定感を高めることの重要性について，社会的背景や現代の子供の状況に基づいて論述する。その際，自己肯定感とこれからの時代に求められる資質・能力，特に「主体的に課題に取り組む態度」との関連に論及する必要がある。また，単なる解説に終わらないようにするため，問題文にもあるように自分自身の経験を踏まえた考えを述べることが大切である。この序論を200字程度で論じる。

本論では，自尊感情を高めるための具体的な方策をあなたの受験する校種に即して2～3つに整理して論述する。単なる解説ではなく，あなたの経験に基づいて，具体的な実践がイメージできるような取組みを述べることが必要である。その際，「自己肯定感」は，単に教師や親から褒められることによって高まるのではないことに留意したい。他人との関係の中で，自己の存在が認められ，それを本人が認識することが基本である。学校におけるそうした場は，学級にほかならない。この本論には450字程度を割く。

結論では，本論で取上げた方策を貫く基本的な考え方や本論で取り上げられなかった視点などを述べるとともに，学校教育において自己肯定感を高めていく決意を150字程度で力強く述べて，まとめとする。

【４】現在，A教諭は小学校で2年3組の担任をしている。2年3組の男子児童Bは，外国人児童である。日本語指導担当教師の1年間の指導で，平易な日本語は理解できるようになったが，自分の思いを日本語で伝えることは難しい状況である。今年度も週に5時間，昨年度と同じ日本語指導担当教師から日本語指導を受けている。1学期の始業式以来，気にかけて見ているが，明るく元気に行動し，気が合う男子児童と仲良く遊ぶ様子が見られる。授業では興味をもったことに対しては進んで取り組んでいる。両親も外国人で，日本語の習熟は十分ではない。

6月初旬ごろから，児童Ｂは授業中に教科書を開かずに手遊びをしたり，立ち歩きをしたりするようになった。最初は，個別に声をかけることで，着席していたが，次第に声をかけるだけでは，着席せず，気が合う男子児童の席へ行き，ちょっかいを出すようになってきた。また，何か指示を出すと「めんどうくさい」と反発するようになってきた。この様子を見て，女子児童を中心に児童Ｂのことを避けるようになってきた。

あなたがA教諭だとすると，このような状況にどう対応するか。児童Bへの対応やその他の児童への関わり，今後の学級づくり等について800字以内で述べよ。

2024年度 富山県 小学校教諭

方針と分析

(方針)

外国人児童Bが授業中に問題行動を起こすようになった。その結果，担任である学級内の女子児童を中心にBを避けるなど，差別や排除につながりかねない状況が生じている。担任教諭Aの立場から，こうした状況にどのように対応するか。児童Bへの対応，他の児童への関わり，今後の学級づくり等について，800字以内で論じる。

(分析)

本設問の解答にあたっては，文部科学省の公開資料「共生社会の実現に向けた帰国・外国人児童生徒等教育の推進支援」「外国人児童生徒受入れの手引き」などを参考にしたい。この分析でも，これらの資料を参照している。

児童Bは，自分を受け入れ，安心させてくれる人のいる居場所がなく，安心感がない。そのため，学習への構えや自己開示をできず，常に緊張している。その結果として反抗的な態度を示している状況にあると思われる。また，設問文の行論から，児童Bの問題行動の背景には，日本語指導が不十分なために，自らの学習意欲を高めたり，人間関係の構築をしたりできていない状況も読み取れる。すなわちBは，社会生活，学校生活の多くにストレスを抱えていると言えよう。

まず，教諭Aは，Bを日本語指導等が必要であるという特別な配慮を要する児童として扱う必要がある。その有効な対応の一つが，日本の学校に適応し「居場所」を確保することである。その居場所とは，学級だけではない。特別の指導(取り出し指導)を行うための「日本語教室」や「国際教室」，保健室，事務室などがある。居場所確保のためには，A一人で問題を抱えず，他の学校の教職員や日本語指導員などとの協働をする必要がある。

他の児童への関わりと今後の学級づくり等については，外国人児童生徒等が学級で受け入れられることを目指す必要がある。そのためには，「異文化理解」「多文化共生」「人権の尊重」などの教育が必要不可欠である。子ども同士がお互いの違いを認め，互いに助け合える共生を目指した学級，学校づくりを模索することなどを書くとよいだろう。

作成のポイント

800字以内の論文形式なので，全体を四段構成にするとよい。

第一段落では，児童Bの置かれた状況，特別な配慮が必要な児童であることなどを説明する。ここは，200字程度を充てる。

第二段落では，Bへの必要な対応を具体的に説明する。B個人への聞き取りや個別指導に加えて，居場所確保のための取り組みを書くとよいだろう。ここは，200～250字程度で述べたい。

第三～四段落では，他の児童への関わりと今後の学級づくりについての取り組みを具体的に説明する。学級・学校内にBを受け入れていくためには，人権教育や多文化共生という理論的な学びに加え，児童Bの出身国の食文化や娯楽文化など，小学校低学年の子どもたちの興味をひきやすい学習機会の提供の必要性などを書く。その上で，多様な価値観を持つ児童が共に学び合う楽しさを伝えていくことを述べる。まとめにおいては，当該事案を教諭個人の問題として捉えず，周囲の教諭や指導員，さらには他の児童をも協力者とみなし，学級を共生社会の一つとしていく決意を書いて論文をまとめる。第三段落は200字程度，最終の第四段落は150字程度を充てる。

【５】Aは中学2年生の女子生徒である。吹奏楽部に所属し，部活動に熱心に取り組んでいる。クラス内でも明るく活発な生徒だったが，10月頃から元気がなくなり，仲のよかった同じクラスの友人数人とも距離を置くようになるなど，一人で行動することが多くなってきた。

11月のある日，担任は，Aの手首に傷跡が数本あることに気付いた。放課後にAと面談を行い，手首の傷跡について尋ねたところ，Aは，ためらいながらも，これまでに自宅の自室で数回自傷行為をしたことを告白した。自傷行為をするようになったのは最近のことで，勉強を始めてもなかなか集中できず，気付いたら行為に及んでしまっていることもあるという。Aからは，自傷行為をしたことについて親に知らせないでほしいと依頼された。

あなたがAの担任ならば，Aに対してどのように対応するか，800字以内で述べよ。

2024年度 富山県 中学校・高等学校教諭

方針と分析

(方針)

受け持ちの中学校2年生の女子生徒Aが，元気をなくし，友人とも疎遠になっている様子が見られた。さらに，自傷行為をしていることに偶然気づいた。Aからは，その事実を親に知らせないでほしいと依頼された。受験者は担任として，生徒Aにどのように対応するか，800字以内で説明する。

(分析)

若年者における自己切傷の生涯経験率は，中学生では男子8.3%，女子9.0%となっている。自傷はいまや学校保健の主要な問題である(「児童・生徒における自傷行為の理解と援助」国立精神・神経センター精神保健研究所　自殺予防総合対策センター)。本設問は，受験者がこの点を理解しているかどうかを試す意図がある。

文部科学省の「教師が知っておきたい子どもの自殺予防」によれば，手首自傷(リストカット)を典型例とする自傷行為は，将来起こるかもしれない自殺の危険を示すサインである。教諭は，あわてず，しかし真剣に対応することが大切である。生徒は抵抗を示すこともあるが，本人の苦しい気持ちを認めるような姿勢で関わる必要がある。Aのように「秘密にしてほしい」という生徒への対応は，ひとりだけで見守っていくというような対応に陥りがちである。だが，自殺の危険を教諭ひとりで抱えるには重過ぎる。このため，学習，部活動，交友関係で背負ったAのつらい気持ちを尊重しながら，管理職教諭や養護教諭，さらにはスクールカウンセラー，医療機関と情報共有をする必要がある。Aが自傷行為を打ち明けたということは，誰かに自分の苦境を聴いてほしいという貴重なシグナルだとも言える。厚生労働省の「こころもメンテしよう～ご家族・教職員の皆さんへ」を参考にすると，現在の状況を秘密にするのは命にかかわることなので好ましくない点を伝え，本人が保護者やスクールカウンセラー等と話せるようサポートするような方向を探ることが好ましい。

作成のポイント

800字以内の論文形式なので，全体を四段構成にするとよい。

第一段落では，自傷行為は自殺の危険を示すサインであること，一方で，それを打ち明けるAの心境は，誰かに自分の苦しみを聴いてほしいという合図であることを書く。ここは，150字程度を充てる。

第二～三段落では，必要な取組を書いていく。まず教諭としては，一人で問題を抱え込まずに直ちに管理職教諭，学年主任に報告の上，養護教諭やスクールカウンセラーなどの専門家とも情報共有をすることを書く。次に，Aへの対応は，親には知られたくないという気持ちに共感しつつも，命にかかわる危険な状況であるので，本人が保護者やスクールカウンセラー等と話せるようサポートする方向性について書く。部活動や交友関係の悩みを自然に打ち明ける雰囲気づくりについて書くのもよいだろう。ここは，合計450～500字程度を充てる。

最終段落では，若年者における自己切傷の生涯経験率の高さに触れながら，生徒の命の危険につながる「表れ」に素早く気づくように，日々留意する決意を150字程度で述べて，論文をまとめる。

【６】不登校児童生徒は高水準で推移しており，生徒指導上の喫緊の課題となっています。そこで「生徒指導提要(令和4年12月　文部科学省)に示された，「10.3.1 不登校対策につながる発達支持的生徒指導」及び「10.3.2 不登校対策としての課題未然防止教育」を踏まえ，日常的にあなたが取り組むことを3つ述べなさい。

※学年は，各自の志願種別において想定し，論じること。

2024年度 ｜ 岐阜県 ｜ 小学校教諭・中学校教諭

方針と分析

(方針)

不登校問題を始め生徒指導の在り方が大きく変わり，予防的・未然防止的な対応に力を入れていくことが求められることを踏まえて述べる。特に設問の求めに応じて，不登校対策につながる発達支持的生徒指導及び不登校対策としての課題未然防止教育の2点から，具体的な取り組みを述べる。

(分析)

生徒指導は，今まで課題が生起し，認知し，即応的対応及び困難な課題に対し継続的対応のイメージが強い。つまり，不登校や不登校傾向児童生徒という特別な指導・援助を要する特定の児童生徒を主たる対象にしていた。

しかし，改訂生徒指導提要では，「発達支持的生徒指導」として，全ての児童生徒を対象とし，不登校やいじめ等の特定の課題を意識することなく全ての教育活動において進めることとしている。特に，「不登校対策につながる発達支持的生徒指導」としては，学校とりわけ学級が安心・安全な居場所となるような魅力ある学級づくりの取り組みを行うとともに，個々の学びを保障する分かる授業づくりが求められる。

また，「不登校対策としての課題未然防止教育」では，全ての児童生徒を対象に，悩みを持つことは決して悪いことではなく誰でも悩みがあることへの理解を促し，悩んだときは人に話す，聴いてもらうことの重要性を伝える取り組みが大切である。つまり，SOSを出すことの大切さである。具体的には，気軽に相談できる相談体制づくりと児童生徒が発するSOSを受け止めるため，教職員が児童生徒の状況を多面的に把握するための研修の実施と教職員の意識改革が求められる。

今回は，上記2点からの具体的な取組について述べる。当然，不登校や不登校傾向の児童生徒(特定の児童生徒)を対象とした「困難課題対応的生徒指導」も教職員だけでなく外部の関係機関等と連携・協働による対応が重要であることは言うまでもない。

作成のポイント

論文の構成は，序論・本論・結論とする。記述前に構想する時間を十分に取り，その内容を簡潔にまとめることが重要である。800字以内であることから，分量を序論(約15％)・本論(約75％)・結論(約10％)

の目安をもって臨むことも大切である。

序論では，改訂生徒指導提要の不登校対応の2点のポイント「不登校対策につながる発達支持的生徒指導」及び「不登校対策としての課題未然防止教育」を簡潔に述べる。

本論では，上記2点に係る自身が取り組むことを具体的に述べる。抽象的な内容でなく，日常的に実践可能な取り組みを，読み手にとって教員や児童生徒の動きが見えるものとすること。

結論では，不登校児童生徒が生起しない予防的・未然防止的な対応への決意が示される記述が大切である。

【7】「生徒指導提要(文部科学省　令和4年12月)第Ⅰ部 第1章」では，生徒指導の実践上の視点について，次のように示しています。(一部抜粋)

> 児童生徒の自己指導能力の獲得を支える生徒指導では，多様な教育活動を通して，児童生徒が主体的に課題に挑戦してみることや多様な他者と協働して創意工夫することの重要性等を実感することが大切です。以下に，その際に留意する実践上の視点を示します。
>
> (1)　自己存在感の感受(中略)
> (2)　共感的な人間関係の育成(中略)
> (3)　自己決定の場の提供(中略)
> (4)　安全・安心な風土の醸成(後略)

初めに，児童生徒の自己指導能力の獲得を支える生徒指導を行う際に，あなたが大切にしたいことは何ですか。理由とともに記述しなさい。

次に，児童生徒の自己指導能力の獲得を支える生徒指導の考え方に基づいた学級づくりを進める上で，あなたは学級担任としてどのような取組を行いますか。これまでの教職経験に基づき，具体的に記述しなさい。

2024年度｜静岡県｜小・中学校(教職経験者)

方針と分析

(方針)

まず，児童生徒の自己指導能力の獲得を支える生徒指導を行うときに，受験者が大切にしたいこととその理由を説明する。次に，前述の考え方に基づく学級づくりを進める上で，受験者は学級担任としてどのような取組を行うか。これまでの教職経験をふまえて，具体的に説明する。

(分析)

2010年以来の改定となった「生徒指導提要」(2022年12月)の内容への関心と理解を試す意図があると思われる出題である。同資料の内容を参照してみると，これからの児童生徒は，少子高齢化社会の出現，災害や感染症等の不測の社会的危機との遭遇，高度情報化社会での知識の刷新や ICT 活用能力の習得，外国の人々を含め多様な他者との共生と協働等，予測困難な変化や急速に進行する多様化に対応していかなければならない。設問でも示されている留意する実践上の視点を見ていくと，下記の内容のうち，受験者が特に力を入れた経験のある指導を一つ選んで，それを書いていくとよい。

(1)　自己存在感の感受

児童生徒の教育活動の大半は，集団一斉型か小集団型で展開される。そのため，集団に個が埋没してしまう危険性がある。そうならないようにするため，学校生活のあらゆる場面で「自分も一人の人間として大切にされている」という自己存在感を，児童生徒が実感することが大切だ。また，ありのままの自分を肯定的に捉える自己肯定感，他者のために役立った，認められたという自己有用感を育むことも極めて重要である。

(2)　共感的な人間関係の育成

「学級・ホームルーム経営の焦点は，教職員と児童生徒，児童生徒同士の選択できない出会いから始まる生活集団をどのようにして認め合い・励まし合い・支え合える学習集団に変えていくのかということに置かれる。失敗を恐れない，間違いやできないことを笑わない，むしろなぜそう思ったのか，どうすればできるようになるのかを皆で考える支持的で創造的な学級・ホームルームづくりが生徒指導の土台となる。そのために，自他の個性を尊重し，相手の立場に立って考え，行動できる相互扶助的で共感的な人間関係をいかに早期に創りあげるかが重要となる。

(3) 自己決定の場の提供

児童生徒が自己指導能力を獲得するには，授業場面で自らの意見を述べる，観察・実験・調べ学習等を通じて自己の仮説を検証してレポートする等，自ら考え選択し，決定する，あるいは発表する，制作する等の体験が何より重要だ。児童生徒の自己決定の場を広げていくため，学習指導要領が示す「主体的・対話的で深い学び」の実現に向けた授業改善を進めていくことが必要である。

(4) 安全・安心な風土の醸成

児童生徒一人一人が個性的な存在として尊重され，学級・ホームルームで安全かつ安心して教育を受けられるように配慮する必要がある。他者の人格や人権をおとしめる言動，いじめ，暴力行為などは決して許されない。お互いの個性や多様性を認め合い，安心して授業や学校生活が送れるような風土を教職員の支援の下で児童生徒自らがつくり上げるようにすることが大切である。そのために，教職員による児童生徒への配慮に欠けた言動，暴言や体罰等が許されないことは言うまでもない。

作成のポイント

論文の構成は，一般的な序論・本論・結論の3段構成を意識してよいが，設問条件に注意して書いていくこと。

序論にあたる第1段落では，受験者が大切にしたい視点一つとその理由を説明する。分析で書いた視点のうち一つを選び，今の児童生徒を取り巻く環境の変化や未来に触れながら書いていくとよい。

本論にあたる第2～3段落では，最初の段落で選んだ視点の中にある具体的な内容に触れながら，ホームルームを含めた特別活動や学習指導の場面における取組を書いていこう。ここでは，自分の指導経験を書いてよいが，その紹介のみに終始しないように気を付けたい。

結論にあたる最終段落では，静岡県教員として採用されたあと，前段までの取組を確実に実践していく決意を述べて論文をまとめる。

【８】次の表は，インターネットの利用状況についての全国調査(注)からの抜粋である。この表からあなたは何を読み取るか。また，それを踏まえて，あなたは教員としてどのような教育を心がけたいか。900字以内で述べよ。

青少年のインターネットの利用時間(平日1日あたり)

	令和3年度		令和2年度		令和元年度	
	平均利用時間	3時間以上の割合	平均利用時間	3時間以上の割合	平均利用時間	3時間以上の割合
総数	263.5分	65.3%	205.4分	52.1%	182.3分	46.6%
小学生	207.0分	51.9%	146.4分	33.6%	129.1分	29.3%
中学生	259.4分	67.1%	199.7分	52.0%	176.1分	45.8%
高校生	330.7分	77.5%	267.4分	69.5%	247.8分	66.3%

(注)　下記7機器によるインターネット利用状況についての調査

スマートフォン，契約していないスマートフォン，携帯電話，自宅用のパソコンやタブレット等，学校から配布された・指定されたパソコンやタブレット等，ゲーム機，テレビ

出典「令和3年度　青少年のインターネット利用環境実態調査」調査結果　内閣府　令和4年3月

調査期間　令和3年11月3日～12月14日

調査対象　満10歳から満17歳の青少年5,000人(回収数3,395人)

▌2024年度▌愛知県▌全校種

公開解答例

調査結果から，インターネットの利用時間が近年増加傾向にあると読み取れる。コロナ禍が続いた令和3年度には，小中高生の半数以上が1日3時間以上利用している。これは，スマートフォン等の情報機器が

普及し，インターネットの利用が日常的になっていることが原因と考えられる。そのため学校においては，子どもたちを取り巻く環境を踏まえたメディアリテラシー教育の充実が一層求められる。私は教員として，以下の二点に重点をおいて教育活動に取り組んでいきたい。

まず，情報モラルの育成に取り組む。道徳の授業や学級活動を通して，情報をインターネット上で正しく安全に利用することの意義を考えさせる学習を行う。具体的には，情報モラルに関する動画教材を用いて，個人情報の扱いについて考えさせたり，SNS上のトラブルの事例を取り上げて問題点について話し合わせたりする。その中で，知らないうちにトラブルに巻き込まれてしまうことや，何気ない発信が人を傷つけることもあるのだと子どもたち自身に気付かせる。また，学級通信などを通して，ルールや正しい利用の仕方を家庭と共有していく。

次に，ICTを活用した学習活動の充実に取り組む。1人1台端末等を用いて学習への関心・意欲を高めるとともに，子どもの特性や個性に沿った教育活動を積極的に進めていく。新聞やリーフレットなどのデジタル作品をグループで分担して製作するような協働学習も行っていきたい。子ども同士が意見を共有したり議論したりする時にICTを効果的に活用すれば，より多くの仲間の意見に触れて，考えを深めることができるだろう。さらに，遠隔地や海外の人々とオンライン上で交流し，異なる考えや文化に触れることで，学校や地域を越えた広い学びにつなげていきたい。

今後，ますます変化の激しくなる情報社会を生き抜くためには，正しい判断力や創造力，人と豊かに関わりあう共生力が求められる。私は，子どもたちが個性を発揮しながら，仲間とともに主体的に生きる力を育む教育を心がけ，子どもたちと一緒に成長し続ける教師でありたい。

方針と分析

(方針)

示されたグラフから，児童生徒のインターネットの利用状況を整理するとともに，そこに存在する課題を指摘する。そのうえで，教員としてどのような教育活動を心掛けていくか具体的に述べる。

(分析)

示された資料からも分かるように，一日のインターネットの利用時間は小・中学生で200分を越え，高校生では300分を越えている。3時間以上インターネットを利用する小・中・高校生は，それぞれ50%，60%，70%を越えている。この数字は年々増加傾向あり，今後更なる増加が見込まれる。

このような情報機器の発達により，私たちの生活は飛躍的に便利になった。スマートフォンやSNSの普及により，いつでも，どこでも必要な情報を手に入れたり，情報を発信したりすることが可能となり，便利な世の中となった。しかしその反面，ネット犯罪に巻き込まれたり，ネット中毒とも言える状態に陥ったりする事例が後を絶たず，マスコミなどでも大きく報道されている現状がある。それらの問題は，大きく「掲示板やメール，ラインなどのインターネット上の誹謗中傷やいじめ」「架空請求や出会い系サイトなどの違法・有害情報に起因する被害」「子供たちのスマートフォンや携帯電話への依存による日常生活への負の影響」の三つに分類することができる。このようなことから，現在求められている情報モラル教育の目的には，いわゆる情報機器を扱うときのエチケット的なモラル教育とは別の側面がある。それは「情報社会に的確な判断ができない児童生徒を守り，危ない目にあわせない」という危機回避，情報安全教育の側面である。

文部科学省が令和元年12月に公表した「教育の情報化に関する手引」では，「教科等における授業だけでなく，休み時間や放課後，家庭など，授業以外での活用も増えてくることから，ICT機器を使用することによる児童生徒への健康面への影響について，配慮することが重要」としたうえで，「テレビやゲーム，携帯の視聴の影響等も考えられる中で，学習面での影響等についてのみ分離することは難しい」としている。そうではあっても，目の疲れなど視覚系への影響，姿勢などの筋骨格系への影響，疲労への影響，心理的な影響などへの懸念を示している。

作成のポイント

解答用に900字の原稿用紙が用意されているので，論文の構成は，序論・本論・まとめといった一般的なものでよいであろう。

序論では，児童生徒のインターネットの利用状況を整理するとともに，そこに存在する課題を指摘したうえで，なぜ情報モラルの育成が求められているのか，児童生徒の実態を基に論述する。あなた自身の経験や教育実習での経験，マスコミなどの報道などを基に論述することで，説得力のある論述になるだろう。その際，情報機器の使用を否定するのではなく，その有効性を認めたうえで，効果的に利用できる力を育成するという立場に立って述べることが重要である。

本論では，情報機器の活用能力育成のための具体的な方策について，受験する校種や職種，教科に即して2〜3つに整理して論述する。情報モラルに関しては，単なるルールの押し付けではなく，児童生徒が主体的に考え，判断して行動できるようにするための方策にすることが重要である。論述の視点は，文部科学省が示す「情報社会における正しい判断や望ましい態度を育てること」「情報社会で安全に生活するための危険回避の理解やセキュリティの知識・技能，健康への意識」などがある。

結論では，本論で取り上げた方策を貫く考え方，本論で述べられなかった方策，自分自身の研修課題などを含め，児童生徒が情報機器を効果的に活用できる力を育んでいくという決意を力強く述べて，小論文をまとめる。

【 9 】近年，大阪府の不登校児童生徒数は，全国と同様に増加傾向にあります。学校においては，一人ひとりの状況に応じた支援と未然防止の取組みが必要です。

あなたが担任をしている学級に休みがちな児童がいた場合，あなたなら学級担任として，どのような対応をしますか。具体的な対応を2つ挙げ，それぞれの理由にも触れながら，500字程度(450字以上550字以下)で述べなさい。

▌2024年度 ▌大阪府 ▌小学校・小中いきいき連携

方針と分析

(方針)

現在の不登校の現状について簡潔に整理して述べ，不登校問題に取り組むことの重要性について論じる。そのうえで，担当する学級の不登校傾向がある児童にどのように対応していくか具体的に論じる。

(分析)

提示された資料によると，令和4年度の小・中・高等学校における不登校児童生徒数は 29万人を越え，その数は増加の一途をたどっており，大きな課題となっている。特に中学校の生徒の増加が顕著であり，極めて深刻な状況である。

不登校の原因はそれぞれのケースによって異なるが，「学校での友人関係がうまく築けないこと」「学習内容が理解できないこと」「基本的生活習慣が確立できていないこと」などが原因となっていることが多い。また，「無気力，不安」ということも原因として大きな割合を示している。その原因を，子供の性格や家庭の在り方に求めることのできるケースもあるだろう。一般的には，それらが複合して不登校の原因となっていることが考えられる。そうした原因を踏まえて，教師として，学校としてどのように不登校の問題に対応していくかという具体的な方策が求められている。

こうした状況の中で，平成28年12月には「教育機会確保法」が成立した。この法律は，不登校はどの児童生徒にも起こり得るものであるとの視点に立ち，全ての児童生徒に教育を受ける権利を保障することを意図している。そのために，いわゆるフリースクール等の学校以外の場の重要性を認めたことに大きな意義がある。不登校問題の対策を考えるにあたっては，この法の趣旨を十分踏まえることが必要である。

不登校を防ぐための方策は，「一人一人の居場所学級づくり」「児童生徒理解」の他にも，「多様な教育活動の推進」「より良い人間関係の構築」「不登校にならない強い意志の育成」など幅広く考えられる。「家庭や関係機関との連携」という視点も忘れてはならないだろう。学習指導，生徒指導，家庭との連携といった，様々な視点が考えられる。それらの中から，あなたの経験に基づいて，具体的な方策や取組みを示すことが重要である。

作成のポイント

500字という文字数が規制されているので，序論と本論で簡潔に論じるとよいだろう。

序論では，不登校の現状について整理して述べ，不登校は子供の教育を受ける権利が奪われた状態であるが，誰にも起こり得る問題であることを強調する。また，原因は様々で，一概に論じることはできないことから，その状況に応じた柔軟な対応が必要であることを指摘する。

本論では，そうした考え方を踏まえて，不登校問題にどのような対応をしていくのかを，先述した「一人一人の居場所学級づくり」「児童生徒理解」「多様な教育活動の推進」「より良い人間関係の構築」「不登校にならない強い意志の育成」「家庭や関係機関との連携」などを基に，自分の考えを論じる。また，「不登校を防ぐための取組み」と「不登校になってしまった場合の対応策」の二つの側面から論じてもよいだろう。

【 10 】次の資料1，2をもとに，「通常の学級に在籍する特別な教育的支援を必要とする児童生徒」への対応について現状と課題を簡潔にまとめ，そのような児童・生徒に対して，自分の希望する校種の教員としてどのように対応するか，800字程度で具体的に述べよ。なお，資料を用いる時は「資料1表1より」等，どの資料を用いたかが分かるように書き，必ず資料に触れることとする。

資料1 「児童生徒の困難の状況」の調査結果

「知的発達に遅れはないものの学習面又は行動面で著しい困難を示す」とされた児童生徒の困難の状況について(学級担任等の回答より)

表1 「学習面又は行動面で著しい困難を示す」とされた児童生徒数の割合

〈小学校・中学校〉

	推定値（平成24年）	推定値（令和４年）
学習面又は行動面で著しい困難を示す	6.5%	8.8%
学習面で著しい困難を示す	4.5%	6.5%
行動面で著しい困難を示す	3.6%	4.7%
学習面と行動面ともに著しい困難を示す	1.6%	2.3%

〈高等学校〉

	推定値
学習面又は行動面で著しい困難を示す	2.2%
学習面で著しい困難を示す	1.3%
行動面で著しい困難を示す	1.4%
学習面と行動面ともに著しい困難を示す	0.5%

※「学習面で著しい困難を示す」とは，「聞く」「話す」「読む」「書く」「計算する」「推論する」の一つあるいは複数で著しい困難を示す場合を指し，一方，「行動面で著しい困難を示す」とは，「不注意」「多動性−衝動性」，あるいは「対人関係やこだわり等」について一つか複数で問題を著しく示す場合を指す。

資料2　「児童生徒の受けている支援の状況」の調査結果

「知的発達に遅れはないものの学習面又は行動面で著しい困難を示す」とされた児童生徒の受けている支援状況について(学級担任等の回答より)

表2　設問「校内委員会において，現在，特別な教育的支援が必要と判断されているか」に対する回答

〈小学校・中学校〉

	推定値（平成24年）	推定値（令和４年）
必要と判断されている	18.4%	28.7%
必要と判断されていない	79.0%	70.6%
不明	2.6%	0.7%

〈高等学校〉

	推定値
必要と判断されている	20.3%
必要と判断されていない	79.0%
不明	0.7%

資料1・2「通常の学級に在籍する特別な教育的支援を必要とする児童生徒に関する調査結果」(文部科学省，令和4年)及び(文部科学省，平成24年)より。なお，高等学校については，(文部科学省，令和4年)より。

表3　設問「現在，通級による指導を受けているか」に対する回答

〈小学校・中学校〉

	推定値（平成24年）	推定値（令和４年）
受けている	3.9%＊	10.6%
受けていない	93.3%	86.9%
現在は受けていないが過去に受けていた	—	2.0%
不明	2.7%	0.5%

〈高等学校〉

	推定値
受けている	5.6%
受けていない	91.8%
現在は受けていないが過去に受けていた	2.2%
不明	0.4%

※自校通級と他校通級の計

表4　設問「『個別の指導計画』を作成しているか」に対する回答

〈小学校・中学校〉

	推定値（平成24年）	推定値（令和４年）
作成している	9.9%	21.4%
作成していない	85.6%	75.8%
現在はないが過去に作成していた	1.8%	2.3%
不明	2.7%	0.5%

〈高等学校〉

	推定値
作成している	10.8%
作成していない	87.0%
現在はないが過去に作成していた	1.6%
不明	0.6%

2024年度　和歌山県　小学校・中学校・高等学校

方針と分析

(方針)

示された資料を基に，通常の学級に在籍する特別な支援の必要な児童生徒の実態についての特徴を述べ，特別な支援に基づく教育を充実させることの重要性を論じる。そのうえで，どのように通常の学級に在籍する児童生徒への特別な支援を充実させていくか具体的に述べる。

(分析)

資料は，文部科学省の通常の学級に在籍する特別な支援の必要な児童生徒に関する調査結果である。一般的に，通常の学級に在籍する特別な支援の必要な児童生徒は「困った子供」というイメージがある。教師や親にとって理想通りに学んだり成長したりしない，課題のある子供が目に浮かぶ。友達と上手に関わることができない，自分の感情をコントロールすることができないといった子供である。これは，大人の視点から見た，大人の論理で「困った子供」を連想しているのである。しかし，友達と上手に関わることができない，自分の感情をコントロールすることができないといった子供は，困っている子供ではないかという立場に立つことが必要である。

示された資料から分かるように，今，学習面や行動面で著しい困難を示す子供の割合は10パーセント程度である。1学級に3～4名の特別な支援が必要な子どもが在籍していることになる。これらの多くは，LD，AD／HD，高機能自閉症，広汎性発達障害といった軽度発達障害のあることが想定される。こうした児童生徒に対して，適切な環境を整え，必要な対応をしていくことが求められている。しかし，資料からはそれが十分に行われてはいないという状況が分かる。児童生徒一人一人のニーズに応じた適切な支援を行う教育が求められているのである。

こうした教育は，学級担任だけに任せることはできない。管理職をはじめ，特別支援教育コーディネーター，養護教諭などがチームをつくり，組織的に取り組んでいかなければならない課題である。また，必要に応じて医師やカウンセラーといった専門家の力を借りることも重要となる。特に，学校として該当する子供や保護者の考えや思いを受け止めることが大切である。

学級担任としては，保護者の思いを受け，その子供の気持ちに寄り添って対応することが大切である。同時に，周囲の子供たちへの配慮も欠かすこともできない。保護者の理解を得た上で，その子供の障害の状況を説明し，その子の行動を理解させることが不可欠である。そのうえで，学級の中に，互いを理解して認め合う雰囲気をつくっていくことが大切である。こうした子供が在籍している学級では，とりわけ「支持的風土のある学級づくり」が必要とされる。

作成のポイント

800字程度という文字数の指定があるので，序論・本論・結論の3段落構成でまとめるのがよい。

序論では，まず示された資料から通常の学級に在籍する特別な支援の必要な児童生徒の実態についての特徴を述べる。学習面や行動面で著しい困難を示す子供の割合は10パーセント程度であり，1学級に3〜4名の特別な支援が必要な子どもが在籍していること，その多くはLD，AD／HD，高機能自閉症，広汎性発達障害といった軽度発達障害のあることが想定されることを指摘する。そのうえで，特別な支援に基づく教育を充実させることの重要性を強調する。この序論を250字程度で述べるようにする。

本論では，そうした特別な支援の必要な児童生徒の学級担任としての具体的な対応策を二つ程度に整理して論述する。個別の指導計画の作成とその活用，校内体制の確立と組織的・計画的な取組み，学校内外の専門家や専門機関との連携・協力，保護者との情報共有と協働などが，その具体的な取組みの視点となる。一つの方策を200字程度，合計400〜450字程度の本論にする。

結論では，個々の子供の特性や背景をよく理解したうえで，関係者と協働した支援を行うこと，学級を規律ある「学びと生活の集団」にしていくことなどを述べ，特別な支援の必要な児童生徒に対する適切な支援を行っていくことを100字程度で述べて，論文をまとめる。

【 11 】今日，いじめをはじめとして生徒指導上の課題が複雑化する中，課題を抱えている特定の児童生徒への指導・援助だけでなく，全ての児童生徒の発達を支える生徒指導も重要とされています。あなたは，なぜ，このような生徒指導が重要だと考えますか。

また，あなたは教員として，日常的な教育活動の中で，どのようなことに気を付けながら生徒指導に取り組んでいきますか。具体的に書いてください。

▌2024年度 ▌山口県 ▌全校種

方針と分析

(方針)

まず，生徒指導において，課題予防や早期対応が重要とされている理由を論じる。次に，日常的な教育活動の中でどのようなことに気を付けながら生徒指導に取り組んでいくか具体的に述べる。

(分析)

令和4年12月に改訂された生徒指導提要において，生徒指導に関わる「課題予防的生徒指導」という言葉が示された。そこでは，「課題未然防止教育」と「課題早期発見対応」の重要性が強調されている。

「課題未然防止教育」では，全ての児童生徒を対象に，生徒指導の諸課題の未然防止をねらいとした意図的・組織的・系統的な教育プログラムを実施することである。具体的には，いじめ防止教育，SOSの出し方教育を含む自殺予防教育，薬物乱用防止教育，情報モラル教育，非行防止教室等がこれに該当し，生徒指導部を中心にSC等の専門家の協力も得ながら年間指導計画に位置付け，実践することが重要である。

一方「課題早期発見対応」では，課題の予兆行動が見られたり，問題行動のリスクが高まったりするなど，気になる一部の児童生徒を対象に深刻な問題に発展しないように，初期の段階で諸課題を発見し，対応することとしている。ある時期に成績が急落する，遅刻・早退・欠席が増える，身だしなみに変化が生じたりする児童生徒に対して，いじめや不登校，自殺などの深刻な事態に至らないように，早期に教育相談や家庭訪問などを行い，実態に応じて迅速に対応することが重要であるとしている。「課題の早期発見」では，いじめアンケートのような質問紙に基づくスクリーニングテストや，SC などの専門家を交えたスクリーニング会議によって気になる児童生徒を早期に見いだすことが重要である。「早期対応」では，主に，学級・ホームルーム担任が生徒指導主事等と協力して，機動的に課題解決を行う機動的連携型支援チームで対応することとなる。

これらを，具体的な生徒指導の取組みを考える際の視点としたい。

作成のポイント

800字という文字数制限なので，一般的な形式である序論・本論・結論の三段構成で論じるとよい。

序論では，まず，生徒指導において，課題予防や早期対応が重要である理由について，改訂された生徒指導提要などの考え方を基にして論じ，これからの生徒指導は問題行動への対応という消極的な面だけにとどまらず，課題の予兆的段階や初期状態における指導・援助を行う課題早期発見対応の重要性を強調したい。この序論を200字程度で論じる。

本論では，序論で述べた「課題未然防止教育」と「課題早期発見対応」に基づいた指導について，具体的にどのような指導に取組んでいくか，二つ程度に整理して論述する。その際，「課題未然防止教育」と「課題早期発見対応」それぞれから一つずつ選択するとよいだろう。本論ではそれぞれを250字程度，計500字程度で論じたい。

結論では，テーマである課題予防や早期対応を重視した生徒指導を俯瞰的に捉え，本論で取り上げた方策の基本となる考え方や教師としての姿勢などを含め生徒指導の機能を充実させていく決意を100字程度で述べて，論文をまとめる。

【 12 】今日，いじめをはじめとして生徒指導上の課題が複雑化する中，生徒指導は課題予防や早期対応が重要とされています。あなたは，なぜ，このような対応が重要だと考えますか。

また，あなたは教員として，日常的な教育活動の中で，どのようなことに気を付けながら生徒指導に取り組んでいきますか。具体的に書いてください。

2024年度 ┃ 山口県 ┃ 教職チャレンジサポート特別選考

方針と分析

(方針)

生徒指導において，全ての児童生徒の発達を支える生徒指導が重要とされている理由をまず論じる。次に，日常的な教育活動の中で，どのようなことに気を付けながら生徒指導に取り組んでいくか具体的に述べる。

(分析)

いじめをはじめとした生徒指導上の課題が複雑化しており，その対応も一様ではない。学習指導要領総則解説編では，「生徒指導が，一人一人の児童の健全な成長を促し，児童自ら現在及び将来における自己実現を図っていくための自己指導能力の育成を目指すという生徒指導の積極的な意義を踏まえ，学校の教育活動全体を通じ，学習指導と関連付けながら，その一層の充実を図っていくことが必要である」としている。

ここでは，この「自己指導能力の育成」という言葉に着目する必要がある。これは，生徒指導が「一人一人の児童生徒の人格を尊重し，個性の伸長を図りながら，社会的資質や行動力を高めるように指導，援助するもの」であり，単に「児童生徒の問題行動への対応という消極的な面だけにとどまるものではない」ことを示している。したがって，学校の教育活動全体を通して，一人一人の児童生徒の健全な成長を促し，児童生徒が自ら現在及び将来における自己実現を図っていくための「自己指導能力」の育成を目指して児童生徒の発達を支える生徒指導にしていかなければならないのである。それが生徒指導の積極的意義であり，設問の意図である。

令和4年12月に改訂された生徒指導提要においても，「児童生徒の自己指導能力の獲得を支える生徒指導では，多様な教育活動を通して，児童生徒が主体的に課題に挑戦してみることや多様な他者と協働して創意工夫することの重要性等を実感すること」の大切さを指摘したうえで，生徒指導の方法として「児童生徒理解」「集団指導と個別指導」「ガイダンスとカウンセリング」「チーム支援による組織的対応」を挙げている。具体的な生徒指導を考える際の視点としたい。

作成のポイント

800字という文字数なので，一般的な形式である序論・本論・結論の三段構成で論じるとよい。

序論では，まず，全ての児童生徒の発達を支える生徒指導が重要である理由について，学習指導要領や生徒指導提要などの考え方を基にして説明し，これからの生徒指導は問題行動への対応という消極的な面だけにとどまらず，自己指導能力の育成という積極的意義に基づいた指導をしていくことの重要性を論じる。この序論を，200字程度で述べる。

本論では，序論で述べた生徒指導の積極的意義に基づいた指導について，具体的にどのような指導に取り組んでいくか，二つ程度に整理して論述する。その際，児童生徒理解に基づく指導，一人一人の児童生徒の良さを伸ばす指導，チームで行う生徒指導といった視点など，異なる視点から選択するようにするとよい。それぞれを250字程度，計500字程度で論じる。

結論では，テーマである全ての児童生徒の発達を支える生徒指導を俯瞰的に捉え，本論で取り上げた方策の基本となる考え方や教師としての姿勢などを含め，児童生徒の自己指導能力を育成し，発達を支える生徒指導にしていく決意を100字程度で述べて，論文をまとめる。

【 13 】児童生徒一人一人がお互いの個性や多様性を認め合い，安心して学校生活を送るために，学級担任として具体的にどのように取り組みますか。あなたの考えを述べなさい。

2024年度 | 熊本市 | 全校種

方針と分析

(方針)

学級担任として，一人一人が互いの個性や多様性を認め合い，安心して学校生活を送ることができる学校づくりを進めることの重要性を論じたうえで，具体的にどのように取り組んでいくかを述べる。

(分析)

改訂された生徒指導提要では，「自己指導能力の獲得を支える生徒指導では，多様な教育活動を通して，児童生徒が主体的に課題に挑戦してみることや多様な他者と協働して創意工夫することの重要性等を実感することが大切です」としたうえで，そのための実践上の視点として，「自己存在感の感受」「共感的な人間関係の育成」「自己決定の場の提供」「安全・安心な風土の醸成」の4点を挙げている。

設問に関係するのがこの「安全・安心な風土の醸成」であり，生徒指導提要では「児童生徒一人一人が，個性的な存在として尊重され，学級・ホームルームで安全かつ安心して教育を受けられるように配慮する必要があります。他者の人格や人権をおとしめる言動，いじめ，暴力行為などは，決して許されるものではありません。お互いの個性や多様性を認め合い，安心して授業や学校生活が送れるような風土を，教職員の支援の下で，児童生徒自らがつくり上げるようにすることが大切です。そのためには，教職員による児童生徒への配慮に欠けた言動，暴言や体罰等が許されないことは言うまでもありません」と述べている。

この「安全・安心な風土の醸成」に関しては，現行の学習指導要領では「支持的風土づくり」という言葉を使っており，学習指導要領解説では「相手の身になって考え，相手のよさを見付けようと努める学級，互いに協力し合い，自分の力を学級全体のために役立てようとする学級，言い換えれば，児童相互の好ましい人間関係を育てていく上で，学級の風土を支持的な風土につくり変えていくことが大切である。さらに，集団の一員として，一人一人の児童が安心して自分の力を発揮できるよう，日ごろから，児童に自己存在感や自己決定の場を与え，その時その場で何が正しいかを判断し，自ら責任をもって行動できる能力を培うことが大切である」と述べている。

「安全・安心な風土の醸成」を促すための具体的な教育活動を考える際の視点となるだろう。

作成のポイント

800字以内という指示があるので，序論・本論・結論の一般的な構成で論じることでよいだろう。

序論では，一人一人が互いの個性や多様性を認め合い，安心して学校生活を送ることができる学校づくりを進めることの重要性を論じる。学級は，子供にとって学習や学校生活の基盤であり，一人一人が伸び伸びと過ごせる楽しい場でなければならないこと，子供が自分の特徴に気付き，よい所を伸ばすことができる場であることの重要性などを指摘したい。この序論に200字程度を充てる。

本論では，個性や多様性を認め合い，安心して学校生活を送るための具体的な教育活動を2つ程度に整理して論じる。互いに協力し合うこと，自分の力を全体のために役立てること，安心して自分の力を発揮すること，責任をもって行動することなどが，具体的な教育活動の視点となる。二つの本論は，併せて500字程度になるだろう。

結論では，二つの本論を貫く基本的な考え方，本論で述べられなかった方策などにも触れながら，個性や多様性を認め合い，安心して学校生活を送ることのできる学校づくりに全力を注ぐことを述べて，論文をまとめる。

【14】京都市では，令和5年度《学校教育の重点》で『第4章「生きる力」を育む15の取組』の「2．基礎的・基本的な知識・技能の習得と言語活動の充実」を掲げています。

あなたなら，言語活動の充実のため，学校組織の一員である担任として，どのような実践をしていきますか。あなたの考えを具体的に論述しなさい。(600字程度)

2024年度 ▌福岡市 ▌小学校教諭・中学校教諭　論文Ⅰ

方針と分析

(方針)

市の方針を踏まえながら，言語活動の充実のために，学校組織の一員である担任として，どのような実践をしたいか。受験者の考えを述べる。できるだけ590～620字程度でまとめるのが好ましい。

(分析)

設問で示されている京都市の資料を参照すると，主体的・対話的で深い学びを重視した授業を通して学びの質を高めるための，また，他者と協働的な学びの質を高めるための授業実践について，受験者の知識活用力と理解力を問うものと言える。言語活動の目指すものについて考えるには，文部科学省の「小学校学習指導要領」の「生きる力」を参照すると，次の2点のような有益な情報が記載されている。

1つは，知的活動(論理や思考)に関することである。各教科等の指導において論理や思考といった知的活動を行う際，事実等を正確に理解し，他者に的確に分かりやすく伝えるようになること，また，事実等を解釈するとともに，考えを伝え合うことで，自分の考えや集団の考えを発展させることなどの言語活動を充実させるよう努めたい。

もう1つは，コミュニケーションや感性・情緒に関することである。各教科等において，コミュニケーションや感性・情緒に関する指導を行う際，コミュニケーションは，人々の共同生活を豊かなものにするため，個々人が他者との対話を通して考えを明確にし，自己を表現し，他者を理解するなど互いの存在についての理解を深め，尊重していくようにすること，また，感性や情緒を育み，人間関係が豊かなものとなるよう，体験したことや事象との関わり，人間関係，所属する文化の中で感じたことを言葉にしたり，それらの言葉を交流したりすることなどの言語活動を充実させるよう努めたい。

以上の内容について，教職課程の中で学んだこと，教育実習など現場に立った経験などから，受験者なりの実践例を書けるとよいだろう。600字という少ない字数なので，知的活動か，コミュニケーションや感性・情緒のどちらかに絞って書くのもやむを得ないだろう。

作成のポイント

論文としての出題であるので，設問条件を外さないようにしながら，序論・本論・結論の構成を意識しよう。

序論では，主体的・対話的で深い学びを重視した授業を通して学びの質を高め，また，他者と協働的な学びの質を高める意味合いで，言語活動が重要なことを書く。その際，知的活動か，コミュニケーションや感性・情緒か，どちらかに絞るとよいだろう。ここは，150～180字程度でおさめたい。

本論では，言語活動の授業実践について説明する。知的活動であれば，事実等を正確に理解した後，それを自分の知識や経験と結び付けて解釈することによって自分の考えをもつこと，さらにその自分の考えについて，理由や立場を明確にして説明することなどを通じて，自分の考えを深めていく取組などを書く。このとき，国語の評論文の読解や算数の文章題などを例に取るとよいだろう。コミュニケーションや感性・情緒であれば，物事を直観的にとらえるのではなく，分析的にとらえることも情緒を豊かにしていく上で有効である。例えば，国語の小説を読んだ感想や，理科の実験の際に意外な結果が出た場合を考えてみよう。単に「わぁー，すごい」という言葉だけで感情表現するのではなく，「何が」「どのように」「すばらしい(意外だった)」のかについて，具体的な表現を用いて相互に伝え合うような学習機会を作ることなどが考えられる。以上の内容について，概ね300～320字程度を目途にするとよい。

結論では，上記の確実な実践を通して，他者と協力・協働しながら，自身の学びの追究を深めていける児童を育む決意を100～120字程度でまとめたい。

【15】京都市では，学校教育の重視する視点として，生徒の「主体性」と「社会性」の育成を目指し，「自ら学ぶ力」と「自ら律する力」を掲げています。高等学校期における生徒の「自ら学ぶ力」を高めるために，あなたはどのような授業実践をしますか。具体的に論じなさい。(600字程度)

▌2024年度 ▌福岡市 ▌高等学校教諭　論文Ⅰ

方針と分析

(方針)

京都市の学校教育の重視する視点を踏まえながら，高等学校期における生徒の「自ら学ぶ力」を高めるために，受験者が実践したい授業について，590～620字くらいでまとめたい。

(分析)

高等学校期における「自ら学ぶ力」について，京都市は，次のように述べている(令和3年度「学校教育の重点」より)。

「学ぶことの楽しさを発見し，高校での学びを自らの興味・関心や今後のキャリアの展望と関連付けて捉え，学びの振り返りと見通しの機会を通して学習成果を実感し，自己を変革し続ける力」としている。

その際，社会に目を向け，自ら問題を発見し解決できるよう，各教科等において身につけた知識や技能を活用し，思考力・判断力・表現力等を発揮して試行錯誤しながら学びを深めていくといった探究的な活動の充実やそうした学びにつなげるための言語活動，協働活動を意識した授業改善を図るなど，主体的・対話的で深い学びの視点からの学びのプロセスを意図的に構築していくことが求められる。なお，その際，GIGAスクール構想の下，ICTの活用と教職員や生徒同士の交流等によってつながりを実感できる対面のよさを生かしたこれまでの教育実践とを効果的に融合させ，より質の高い学びを目指す必要がある。この説明をする際，受験者の専攻する教科ごとに，前述の学びの機会をどのように生徒に提供するのか，事例を挙げて書くとよいだろう。

作成のポイント

論文としての出題であるので，設問条件を外さないようにしながら，序論・本論・結論の構成を意識しよう。

序論では，高等学校期における「自ら学ぶ力」について言葉の定義をしながら，自らの興味・関心や今後のキャリアの展望と関連付けていく授業を大事にしたいことを書く。ここは，150～180字程度で述べたい。

本論では具体的な授業実践について説明するが，単純な座学だけではなく，生徒の将来と繋げた体験を重視した内容にするとよいだろう。例えば，国語科や社会科では，京都の文化や歴史に関する人や資料に接する機会を設ける。このとき，生徒の将来進路とかかわらせて，大学や企業と協力した講座企画などを提案することが考えられる。また，芸術科では，市内在住の芸術家や美術館，コンサートホールと連携して自分の作品・演奏を発表したり，プロの成果(オブジェ)を鑑賞したりすることで，芸術的な感性や表現力を養うことなどが考えられる。ここは，二段構成で，300字程度で述べたい。

結論では，前述の取組を確実に実行する決意とともに，ICT機器の積極活用も視野に入れた指導について180字程度で述べて，まとめとしたい。

【16】男性教諭Aは，担任をしている学級の女子生徒Bから困りごとの相談を受けることがあった。女子生徒Bは男性教諭Aを信頼しており，

その頻度もかなりのものであった。そのうち女子生徒Ｂから男性教諭Ａに SNS上で相談したいと提案され，男性教諭Ａも同意し，男性教諭Ａと女子生徒Bの間でSNS上でのやりとりが続いた。そうしているうち男性教諭Ａは女子生徒Bに対し好意を持つようになり，内容も親密なものとなっていった。しばらくして女子生徒Ｂの母親が子どものスマートフォンを見ると，男性教諭ＡとSNS上でやりとりしていることに加え，その内容が教師と生徒ではなく恋人同士のような会話であったことに驚き，校長へそのことを相談した。

教諭Aの行為が不適切であるという理由を明確にした上で，この件が及ぼす影響と，この事案を防ぐためにはどうすれば良かったか，あなたの考えを具体的に述べなさい。

※「京都市立学校幼稚園教職員の処分等に関する指針」の「4　児童に対するわいせつ行為等・体罰・いじめ関係」において『わいせつ行為に至らないセクシュアルハラスメントを行った教職員は停職，減給又は戒告とする。』『セクシュアルハラスメントを繰り返し行った教職員は，免職又は停職とする。』とある。

2024年度　福岡市　高等学校教諭　論文Ⅱ

方針と分析

(方針)

女子生徒Bの個人的な困りごとの相談を受けるうちに，教諭AがBに好意を持つようになった。SNS上のやり取りに加えて，恋愛関係を想起させる内容になっていることにBの母親が気づいたために問題が発覚し，校長に相談した。この事案から，教諭Aの行為が不適切である理由，本件が及ぼす影響，事案防止のために必要だった対応について，指定の書式に書かなければならない。

(分析)

京都市の指針の中にある，児童生徒性暴力等・体罰・いじめ関係の内容について，理解と関心を試す意図がある設問である。一般常識の範囲だけでも答えられてしまう出題だが，文部科学省の公開資料の「教育職員等による児童生徒性暴力等の防止等について～教員を目指す学生の皆さんへ～文部科学省 総合教育政策局教育人材政策課」を一読するとよいだろう。被害を受けた児童生徒等の同意や，当該児童生徒等に対する暴行，脅迫等の有無を問わず，刑法上の性犯罪とならない行為も含め，教育職員等が上記の行為を行うことは全て法律違反(原則として，懲戒免職となる)であることを自覚する必要がある。また，教育職員等の服務管理を行う機関では，業務遂行等に関する規則や指針等で，SNS等を用いて児童生徒等と私的なやりとりを行ってはならないことを明確にしている。以上の点を理解していないために，教諭Aの一連の行為は不適切だといえる。

本件が及ぼす影響は，生徒Bや保護者が精神的な苦痛を受ける可能性，Bの学校生活や友人との関係にも影響が及ぶ可能性，また，保護者による学校教諭や市の教育委員会全体の指導に対する信頼が損なわれる可能性があることなどを書く。事案防止のために必要だった対応は，教員が生徒の困りごと一人で抱え込まずに，校長・教頭に報告し，養護教諭や同僚の女性教諭などを交えた複数で行う必要があったことを書くとよいだろう。

作成のポイント

明確な字数指定はないが，公開されている答案用紙から，設問で要求されている各内容を1～2文，最大3文程度で，端的に説明する必要がある。分析でも触れたが，教諭Aの行為が不適切である理由，本件が及ぼす影響，事案防止のために必要だった対応の順番に書いていくとよいだろう。

困りごとを一人で抱え込んだことについては，不適切である理由のところで書くのもよい。その場合は，問題を抱え込むことが生徒の私的な感情に深入りすることを防ぎきれない，というような方向のまとめ方にするとよいだろう。

本件が及ぼす影響に関しては，Aが担任を外されるだけでなく，懲戒解雇の対象になると，その事実が報道され，生徒Bや保護者の精神的なダメージを大きくすることに注目してもよい。

事案防止のために必要だった対応は，Aが事前に教員としての倫理規定や生徒の権利保護に関する知識を学ぶ機会を設けることなどを書くのもよい。あるいは，生徒の困りごとや悩みには学校全体で共有する「チーム学校」の精神を実践する必要性を書くのもよいだろう。

【17】令和4年12月に文部科学省から出された「生徒指導提要」には「学級経営・ホームルーム経営の焦点は，教職員と児童生徒，児童生徒同士の選択できない出会いから始まる生活集団を，どのようにして認め合い・励まし合い・支え合える学習集団に変えていくのかということに置かれます」と書かれています。

あなたが，学級担任として描く理想とする学級像はどのようなものですか。また，その実現に向けて，どのように学級経営を行いますか。具体的に述べなさい。

2024年度 ▎愛媛県 ▎小学校教諭

方針と分析

(方針)

生徒指導提要の中の「学級経営・ホームルーム経営の焦点」の指定箇所を踏まえて，学級担任として描く理想とする学級像はどのようなものか，また，その実現に向けて，どのように学級経営を行うかを，1000字以上1200字以内で具体的に論述する。

(分析)

今回の設問は，「生徒指導提要(改訂版)」の41頁にある「共感的な人間関係の育成」に関する内容からの出題である。設問文のあとには，次のような文章が続いているので，引用してみたい。「失敗を恐れない，間違いやできないことを笑わない，むしろ，なぜそう思ったのか，どうすればできるようになるのかを皆で考える支持的で創造的な学級・ホームルームづくりが生徒指導の土台となります。そのためには，自他の個性を尊重し，相手の立場に立って考え，行動できる相互扶助的で共感的な人間関係をいかに早期に創りあげるかが重要」だという。この部分は，そのまま，学級の理想像の説明として生かせるだろう。

次に，そのための取り組み，実践である。子どもたちは，毎日の大半を教室で過ごしている。子どもたちにとって教室は，学習の場であると同時に生活の場でもある。教員は，その教室が子どもたちにとって学習しやすい環境，生活しやすい環境になっているかと常に目と心を向けておく必要がある(愛媛県総合教育センター「学級経営」より)。その環境づくりのため，教室掲示の活用事例が紹介されている。ここを合わせて参考にすれば，「同級生の間違いやできないことを笑わない」という授業実践をするとともに，それを標語として掲示することで，より効果的な取り組み，指導ができることを書けるだろう。

作成のポイント

1000字以上1200字以内という明確な字数制限がある。答案の一案として，全体を四段落程度に分け，序論・本論・結論の構成を意識するとよい。

序論では，学級担任として描く理想とする学級像を説明する。ここでは，共感的な人間関係の育成に関わる内容，あるいは同一の趣旨の説明でまとめるとよい。ここは，300字程度で述べる。

本論では，その実現に向けて，どのように学級経営を行うかを詳しく書いていく。例えば，「共に学び合う仲間だ」と実感できる雰囲気をつくることを書いていこう。「人権が尊重される授業づくりの視点(文部科学省の公開資料)」を活用するとよい。

- ・他者の発言や作品のよさに気付き，学ぼうとする態度を育てること
- ・自分の考えと異なる意見や感情を拒絶せずそれを理解する技能を育てること
- ・他者の気持ちや立場を考えて自分の言動を選択・構成する態度を育てること
- ・互いの役割や責任を認め合う態度を育てること

これら四点に関わる取り組みについて，一般論ではなく自身が学んだり，取り組んだりした実践例を書こう。合わせて，それらを学級目標として掲示すること，四季や学期毎に目標を変えていくことなどを書いて，児童一人一人に訴えかける取り組みを書いていく。以上の説明に，650～750字程度を使ってよい。

結論では，授業の実施に際し教員は，児童生徒の感情や考えを焦らず，慌てず，最後まで聴く姿勢を持つことを書く。児童生徒の言葉や行動の内容の是非を性急に判断するのでなく，その背後にある心情や

意味を理解するよう心がけること，授業中に児童生徒の発言や活動の様子を観察し，学習過程でのつまずきに伴う不安を受容して解決の見通しを示すなど，常に，受容的・共感的な姿勢・態度で接する決意などを書いていこう。ここは，150〜200字程度でまとめたい。

【18】令和3年1月に中央教育審議会から出された「『令和の日本型学校教育』の構築を目指して(答申)」では，「児童生徒の個別最適な学びの実現に向けて，児童生徒のよい点や可能性を伸ばし，これまで以上に児童生徒の成長やつまずき，悩み等の理解に努め，個々の興味・関心・意欲等を踏まえてきめ細かく支援することが大切である」と述べられています。

あなたは，児童生徒一人一人を理解し，個性の伸長を図るために，どのように学級経営や保健室経営を行いますか。自分の目指している職を踏まえて，具体的に述べなさい。

▌2024年度 ▌愛媛県 ▌中学校教諭・養護教諭

方針と分析

(方針)

「『令和の日本型学校教育』の構築を目指して(答申)」の内容を踏まえて，児童生徒一人一人を理解し，個性の伸長を図るために，どのように学級経営や保健室経営を行うか，自分の目指している職を踏まえ，1000字以上1200字以内で具体的に述べなければならない。

(分析)

「『令和の日本型学校教育』の構築を目指して(答申)」は全部で97頁あるが，全国の自治体の教員採用試験の各区分で頻出の資料になっている。よって，ぜひとも一読をしておきたい。

今回は，「個別最適な学び」に関して問われている。すなわち，幼児期から様々な場を通じての体験活動から得た生徒の興味・関心・キャリア形成の方向性等に応じ，探究において課題の設定，情報の収集，整理・分析，まとめ・表現を行う等，教師が子供一人一人に応じた学習活動や学習課題に取り組む機会を提供することである。

その際，コロナ禍以降，急速に進んだICT により，学習履歴(スタディ・ログ)や生徒指導上のデータ，健康診断情報等を蓄積・分析・利活用することが重要になる。生徒がICT を日常的に活用することにより，自ら見通しを立てやすくする。また，教員は，生徒自身が学習の状況を把握し，新たな学習方法を見いだしたり，自ら学び直しや発展的な学習を行いやすくなったりする等の効果を生むように，支援をしていくことが重要である。さらに，「個別最適な学び」が「孤立した学び」に陥らないよう，探究的な学習や体験活動などを通じ，子供同士あるいは地域の人材をはじめ多様な他者と協働しながら，あらゆる他者を価値のある存在として尊重できるような配慮も必要だろう。以上の内容について，受験者の担当教科・職種別に事例などを挙げて説明するとよい。

作成のポイント

1000字以上1200字以内という明確な字数制限がある。答案の流れの一案として，全体を四段落程度に分け，序論・本論・結論の構成を意識するとよい。

序論では，「個別最適な学び」に関して述べていく。一人一人の生徒の興味・関心・キャリア形成の方向性，養護教諭であれば，心身の健康状態や生育環境などをきめ細かく把握することなどを書いていく。ここは，300字程度で述べたい。

本論では，どのように学級経営や保健室経営を行うのか，職種別の実践例を書いていく。ここでは，学習指導要領も意識して「指導の個別化」と「学習の個性化」，さらにはICT機器(一人一台端末)を活用した指導に触れながら説明しよう。その際，自身が事前に調べたり，体験したりした実践例を書こう。前者は，教員が支援の必要な子供により重点的な指導を行うことなどで効果的な指導を実現すること，生徒一人一人の特性や学習進度，学習到達度等に応じ，指導方法・教材や学習時間等の柔軟な提供・設定を行うことなどである。後者は，子供の興味・関心・キャリア形成の方向性等に応じ，探究において課題の設定，情報の収集，整理・分析，まとめ・表現を行う等，教員が生徒一人一人に応じた学習活動や学習課題に取り組む機会を提供することで，学習が最適なものとなるよう調整することである。以上の内容に，650～750字を費やしてよい。

結論では，「個別最適な学び」が「孤立した学び」に陥らないよう，探究的な学習や体験活動などを通じて協働的な学びにも配慮する必要性を150～200字程度書いて，論文をまとめる。

【19】佐賀県教育委員会では，「ほめよう，さがっ子。」を合言葉に，子どもたちの主体性を尊重する教育の推進を掲げています。あなたは，このことをどう受け止め，子どもたちの主体性をどのようにして伸ばしていこうと考えますか。学級経営や教科指導など，さまざまな場面を想定しながら，あなたの考えを具体的に800字以内で述べなさい。

2024年度 ┃ 佐賀県 ┃ 小・中学校教諭等

方針と分析

(方針)

教育委員会が，子どもたちの主体性を尊重する教育の推進を目指し，合言葉を掲げている。学級経営や教科指導など，さまざまな場面を想定しながら，下記の内容を，具体的に800字以内で説明する。

・受験者の「合言葉」の受け止め

・子どもたちの主体性を伸ばしていくための実践

(分析)

令和5年度「佐賀県教育委員会の重点的な取組」を踏まえた出題である。設問の「合言葉」は，佐賀県の子どもたちに志と誇り，肯定的な気持ちや自信，主体的な考えを持って学力や体力を身につけ，骨太でたくましい子どもに育ってほしいという「目指す姿」が表現されている。ほめられれば子どもたちの成長もはじまるという考えを，基本コンセプトにしていると言えよう。

最近，ブラック校則，ブラック部活あるいはパワハラ的な指導といった学校や教員が子どもたちに色々なことを押しつけよう，あるいは型にはめようといったネガティブな印象を受ける報道が大きく取り上げられている。県教育委員会は，このことに問題意識を感じている。教育委員会や学校，教員だけではなく，家庭や地域社会で一体となって，前向きに子どもたちの言動を捉え，主体的に何かを考えてやろうとすることを尊重し，積極的にほめる雰囲気を佐賀県全体で出していこうという方針である。

具体的な取り組みの一例として，〈教育DXプロジェクト〉がある。佐賀県はICT教育については全国でもトップランナーを走ってきた。コロナ禍においてオンライン授業をはじめ，1人1台端末も先駆的な位置にある。このプロジェクトで，「誰もが　いつでも　どこでも　誰とでも　自分らしく　学ぶことができる　子ども主体の学び」という学びの姿を実現することを目指している。大人数の教室での一斉授業ではなかなか実現できない個別最適な学びのため，デジタル教材をはじめとしたデジタルツールを活用して，子ども主体の学びを実現していくことが書かれている。

作成のポイント

800字以内の小論文であるため，序論・本論・結論の三段構成を意識しよう。

序論では，「合言葉」の受け止めについて，200字程度で書く。ここでは，学校や教員が子どもたちに色々なことを押しつけよう，あるいは型にはめようとしないこと，家庭や地域社会で一体となって，前向きに子どもたちの言動を捉え，彼ら彼女らが主体的に何かを考えてやろうとすることを尊重することについてまとめる。

本論では，子どもたちの主体性を伸ばしていくための実践について，400～450字程度で書く。分析では教育DXの例を挙げたが，〈唯一無二の誇り高き学校づくりプロジェクト〉〈さがん学びプロジェクト〉〈SAGA部活プロジェクト〉という取組もある。これらの中から，二つ程度をまとめ，子どもたちの主体的な学びや姿勢を引き出すための取り組みを具体的に書こう。その際，自分なりの知見や経験を生かして，具体的な表現に言い換えてかまわない。

結論では，上記の実践を通じて，志と誇り，肯定的な気持ちや自信，主体的な考えを持って学力や体力を身につけていける子どもたちを育てる決意を，150～200字程度で述べて論文をまとめる。

【 20 】生徒の「主体的・対話的で深い学び」を実現するためには，「個別最適な学び」と「協働的な学び」を一体的に充実させながら授業改善を図ることが重要です。あなたは，生徒の「主体的・対話的で深い学び」を実現するための「授業」とはどのようなものだと考えますか。あなたの考えを具体的に，800字以内で述べなさい。

2024年度 ┃ 佐賀県 ┃ 高等学校教諭等

方針と分析

(方針)

生徒の「主体的・対話的で深い学び」を実現するためには，「個別最適な学び」と「協働的な学び」を一体的に充実させながら授業改善を図ることが重要である。その実現のための「授業」とはどのようなものか。受験者の考えを，具体的に800字以内で説明する。

(分析)

本設問は，いわゆるアクティブラーニングを通じた授業改善に関して，受験者の理解を問うものである。「学習指導要領」および，文部科学省の公開資料「新高等学校学習指導要領について(平成30年7月)」を参照すると，「主体的・対話的で深い学び」の視点に立った授業改善を行うことで，学校教育における質の高い学びを実現し，学習内容を深く理解し，資質・能力を身に付け，生涯にわたって能動的(アクティブ)に学び続けるようにすることを目指すものと説明される。「主体的な学び」とは，学ぶことに興味や関心を持ち，自己のキャリア形成の方向性と関連付けながら，見通しを持って粘り強く取り組み，自己の学習活動を振り返って次につなげるものである。「対話的な学び」とは，子供同士の協働，教職員や地域の人との対話，先哲の考え方を手掛かりに考えること等を通じ，自己の考えを広げ深めることである。「深い学び」とは，習得・活用・探究という学びの過程の中で，各教科等の特質に応じた「見方・考え方」を働かせて，知識を相互に関連付けてより深く理解したり，情報を精査して考えを形成したり，問題を見いだして解決策を考えたり，思いや考えを基に創造したりすることである。受験者はこれまでの学習を通じて，これらを組み合わせた授業実践について知見を広げてきたであろう。

選挙権年齢が18歳以上に引き下げられ，生徒にとって政治や社会が一層身近なものとなっており，高等学校においては社会で求められる資質・能力を全ての生徒に育み，生涯にわたって探究を深める未来の創り手として送り出していくことがこれまで以上に求められる。そのため，主体的・対話的で深い学びの実現に向けた授業改善が必要になった。生徒が各教科・科目等の特質に応じた見方・考え方を働かせながら，知識を相互に関連付けてより深く理解したり，情報を精査して考えを形成したり，問題を見いだして解決策を考えたり，思いや考えを基に創造したりすることに向かう過程を重視した学習の充実が求められる。自分の専門科目の特徴を踏まえつつ，生徒を取り巻く環境の変化を意識した授業が求められる。

作成のポイント

800字以内の小論文であるため，序論・本論・結論の三段構成を意識しよう。

序論では，アクティブラーニングを通じた授業改善に関して，受験者の担当科目の特徴を踏まえた説明を200字程度で行おう。

本論では，「個別最適な学び」と「協働的な学び」を一体的に充実させるための具体的な授業実践について説明する。受験者は，国語，英語，数学，社会，理科，保健体育など，いずれかの専門領域を持っている。それぞれの特徴を踏まえながらも，自らの学習の振り返りの時間，自分の知見と周囲の生徒との意見交換の時間，じっくり吟味した情報や知識をもとに自分なりに問いを見いだしたり，考えを伝えあうことで集団としての意見形成をしたりする時間を組み合わせていく取り組みについて書いていこう。ここは，400～450字程度で述べる。

結論では，生徒一人一人が社会で求められる資質・能力を全ての生徒に育み，生涯にわたって探究を深める未来の創り手として育っていけるような授業を行う決意を，150～200字程度で書いて論文をまとめる。

論作文　抽象的なテーマ

テーマのねらいとポイント

■テーマのねらい

抽象的なテーマの場合は，各受験者の人間性，あるいは文章構成力そのものを見ることが主眼となる。文章による面接試験的色彩が強いとも言えよう。教員採用試験としての論作文試験のなかでは，教育，教職といった要素が最も希薄な課題であるが，教師としての適格性を見ることが基本的なねらいである点で，他のグループと全く変わりはない。このような出題の場合，解答が強引に教育に関係させたものであっても，教育とはとりあえず関係のないものであっても，ねらいという点から見れば，どちらでもかまわない。

■テーマのポイント

「土」「花」など，教育に直接結び付いていない抽象的なテーマであっても，教師としての信条をテーマの中に生かすことが大切である。しかし，体験談を語ってその感動を押しつけるものや，児童・生徒の指導を無視した感想文が多く，教師としての信条が書かれない傾向がある。

抽象的テーマと自己の信条との共通点を導き出して，それを指導の中心に置いて展開することがテーマのねらいである。

〈例題〉

交差点

〈題意の把握〉

①「人生の岐路」「出会い」などに置き換えて述べられるよう努力工夫する。

②教師としての「在り方」「生き方」を，自己の特性から導き出すようにする。

● 論作文

〈記述のポイント〉

①短いテーマを展開して，意図するテーマに改善する方法は
「あなたは交差点について体験を入れて語り ……………A
そのことから何を学んだかを説明しなさい………………B
またそのことを教師としてどう生かそうと思うか………C
あなたの考えを述べなさい」　となります。

②Aはできるだけ具体的に述べる。Bは「出会い」「規範意識」「集団」などと抽象化でまとめる。Cは児童・生徒の「異質性」「個性尊重」「連帯意識」などについて指導方法を述べる。

〈評価のポイント〉

①交差点と自己の信条との共通点が抽象的表現で述べられているか。

②一般的な知識や理論の展開ではなく，教師としての自らの実践策が具体的に述べられているか。

論作文　抽象的なテーマ

方針と分析・作成のポイント

【１】「これからの社会を生きていく子どもたちに対して，教師として掛けたい言葉とは」(800字以内)

▌2024年度 ▌山形県 ▌全校種

方針と分析

(方針)

予測困難な社会に生きる子どもたちが，やる気を高め，生き生き輝くために，教師として掛けたい言葉を具体的な場面に即して述べる。

(分析)

教師が子どもに掛けたい言葉で，子どもたちがやる気を高め，生き生きと輝くことがある。毎日の学校生活(学習指導や生徒指導等)の中で子どもたちにどんな言葉かけをするかは大変重要なことである。

まず，子どもたちがこれからの社会に生きる時代を，予測困難な時代であると捉えなければならない。AIやロボットなどを活用した新たな社会に向かい，その技術革新はスピード感があり，その変化に対応できる力が子どもたちに求められている。このような中で，自信をもって学びに向かう力や未知の状況にも対応できる力を培っていくことが求められている。

子どもたちへの効果的で適切な掛けたい言葉は，どのような場面でも年齢を問わず「ほめること」と「認めること」であると考える。基本的には，その子どもの自己肯定感を高めることである。上手くいった成功場面及び上手くいかなかった失敗や苦悩等の場面，いずれの場面でも，教師は子どもたちに，やる気を高め，生き生きと輝かすことが求められる。どのような掛けたい言葉があるか，考えることが大切である。例えば，「すごいね」，「よくできたね」，「やるね」，「流石だね」，「この調子でガンバ」，「失敗してもいいんだよ」，「上手くなったね」，「ありがとう」等が考えられる。その子どもの目を見て，褒めるときは具体的に結果ばかりでなくプロセスを認めることも大切である。何よりも教師の思いや心が滲むような言葉掛けでありたいものである。

作成のポイント

論文の構成は，序論・本論・結論とする。記述前に，構想する時間を十分に取り，その内容を簡潔にまとめることが重要である。800字以内であることから，文量を序論(約15％程度)・本論(約75％程度)・結論(約10％程度)の目安をもって臨むことも大切である。

序論では，テーマに示された「これからの社会を生きていく子どもたち」にどのような力を育成すべきか述べることが必要である。加えて教師の子どもたちへの言葉掛けは，大変重要な教育活動であることも明記することが望まれる。

本論では，教師として掛けたい言葉を，具体的な場面に対応した適切な掛けたい言葉を提示する。その具体的な場面は，子どもにとって成功した場面と，失敗や思うようにいかなかった場面を述べることが適切である。また，具体的な場面での声掛けは，みんながいる前がいいのか，一対一の時がいいのか，タイミングも考慮しなければならない。絶えず，子どもにとってうれしい言葉なのか，やる気を高める言葉なのか吟味することが必要である。子どもの笑顔を，子どものやる気を，子どもが輝くことを期待した掛けたい言葉は必ずあるはずである。

結論では，教師として子どもたちがやる気を高め，生き生きと輝くよう，場面に対応した適切な声掛けをしていくという決意を述べてまとめとする。

【２】「信頼」と題して，あなたが志望する校種の児童生徒に対して伝えたいことを，自分の経験を踏まえ800字以内で述べなさい。

▌2024年度 ▌富山県 ▌特別選考

方針と分析

(方針)

信頼は，数字で表すことができるようなものではなく，見えにくくかつ分かりにくいものである。しかし，信頼はいつの時代にも求められる不易なものである。したがって，他者との関係を大事にしながら学校生活を共にし，つながりを深め信頼関係を築くことは今日の教育においても強く求められているところである。世の中が多様化・複雑化していく動きを視野に入れ，我が国の児童生徒の将来を見据え，信頼をどのように伝えるか，自らの経験を踏まえて論じる。

(分析)

信頼は，人としての在り方・生き方に大きな影響を与える。そして，成長期にある児童生徒にこのことについて考えさせ希求させていくことは，確かな人間関係を築き，充実感や心理的な安定などを得て，豊かな学校生活や社会生活を送る上で重要である。また，今日ではグローバル化が進展する中で，様々な文化や価値観を背景とする人々と相互に尊重し信頼し合いながら生きることが求められている。この点も視野に入れて論述することが必要である。本課題の肝所は，自分の経験を踏まえてというところにある。したがって，どのような経験をし，それを自分はいかに受け入れ理解したかをベースとして，信頼の何をどのように伝えるかが重要である。

作成のポイント

全体を序論・本論・結論の三段構成として論述していく。800字以内という指定のもと，信頼することの意味やその大切さを自分の具体的な経験を踏まえて展開することになる。

序論では現代社会の状況を踏まえ，信頼の意味や信頼することの大切さなどについて述べる。序論は200字程度で論じたい。

本論では，序論を受け自分が伝えたいことに中心を置くが，その際，自分が強く影響を受けたり感動したりした経験の中から，選択した校種や児童生徒の学年段階に応じて論じる。さらに，対象とする児童生徒の生活実態や生活環境とかけ離れたものは避け，児童生徒が自分事として捉えられるよう具体的かつイメージしやすいものとする。

また，学年段階や年齢にふさわしい伝えたい内容にするために，学習指導要領「特別の教科 道徳編」に示されている内容項目が目安の一つとなる。小・中学校であれば内容項目の「B　主として人との関わりに関すること」の「友情・信頼」を参考にしたい。特別支援学校小学部・中学部においても準ずればよい。なお，第3期富山県教育振興基本計画の「基本方針3　子どもの健やかな成長を支え元気を創造する教育の推進」を踏まえることも望まれる。

結論では，信頼についての理解と，日頃から良好な人間関係づくりに努め，信頼関係を築いていくことの重要性を100～150字程度で述べて説得力のある小論文をまとめる。

【３】「幸」(600字以内)

2024年度 | 長野県 | 高等学校教員

方針と分析

(方針)

「幸」という文字から連想する言葉の中で，学校教育に関係する言葉を選び，その言葉に対する教育的見解を述べる。そのうえで，その教育的見解に基づいた具体的な教育活動を整理して論じる。

(分析)

「幸」は，しあわせ，いつくしみ，さち，めぐみ，など，良いイメージをもつ文字である。したがって「幸福」「幸便」「多幸」「幸臣」「海幸」など，「幸」を使用した言葉は数多い。これらの中から，学校教育に関係する言葉を選択することになる。しかし，ここで思い出してほしいのは，閣議決定された第4期教育振興基本計画の基本となっている「ウェルビーイング」という言葉である。第4次長野県教育振興基本計画においても，長野県教育が目指す姿として「『個人と社会のウェルビーイングの実現』～一人ひとりの『好き』や『楽しい』，『なぜ』をとことん追求できる『探究県』長野の学び」を掲げている。

この「ウェルビーイング」について，長野県教育委員会は，「『ウェルビーイング』とは身体的・精神的・社会的に良い状態にあることをいい，短期的な幸福のみならず，生きがいや人生の意義など将来にわたる持続的な幸福を含み，また，個人のみならず，個人を取り巻く場や地域，社会が持続的に良い状態であることを含む包括的な概念です。日本では，自尊感情や自己効力感の高さといった『獲得的な幸福感』に加え，人とのつながりや思いやり，利他性，社会貢献意識といった『協調的な幸福感』がウェルビーイングの実現に重要な意味を持っています。『自分もみんなも幸せに』と考える傾向のある日本には，個人が他者や地域と関わりながら，個人と社会のウェルビーイングを共に実現していくことができる土壌があると言えます」と説明している。こうした考えを基に，出題の「幸」について論じるとよいだろう。

さらに「個人のウェルビーイングは，多様な個人の存在やいのち，人権や個性が当たり前に尊重される中で，自分らしく生きることにより実現し，社会のウェルビーイングは，一人ひとりが身に付けた知識や技術を最大限に活用し，自ら主体的に考え，他者と協働しながら，当事者(自分ごと)として社会を創り上げていくことにより実現すると考えます」という記述が続いている。ここに，具体的な教育活動を考えるヒントがある。

作成のポイント

全体を序論，本論，結論の三部構成とする。

序論では，課題である「幸」という文字から自身が想起した言葉を明示し，何故その言葉を取り上げたのか，その言葉のもつ重要性についても述べる。その際，教育の観点から論じることを忘れてはならない。この序論には200字程度を充てる。

本論では，序論で取り上げた言葉に関わる教育を実現するための具体的な方策を論じる。その際，受験する校種，教科等に即して述べるようにする。ウェルビーイングであれば，身に付けた知識や技術を活用して主体的に考え，他者と協働しながら社会を創り上げていくといった具体的活動を示すとよいだろう。この本論には250字程度を充てる。

結論では，長野県の教師として，生徒のために自己研鑽を続けていく決意を150字程度で論述し，教職への熱意を採点者にアピールしたい。

全体で600字という極めて限られた文字数なので，字数制限，時間制限を精一杯使って主張し，自身の見識の豊かさを示したい。書き始める前に構想の時間をしっかりとり，有効なキーワードや方策，構成についてよく考えてから着手するようにしたい。

【４】「バランス」という言葉から想起されるテーマを設定し，あなた自身の具体的な体験と教育観とを関わらせて論述しなさい。

▌2024年度 ▌名古屋市 ▌全校種

方針と分析

(方針)

「バランス」という言葉から，学校での子供たちの教育に関わるテーマを設定する。その上で，そのテーマを設定した理由と具体的な教育活動について，これまでの自分自身の体験とその教育観に関連させて論述する。

(分析)

バランス(balance)とは，平衡・均衡・調和のことを意味する英語表現である。balanceとは名詞で，平衡，調和，平静という意味を持つ。動詞形も同じく「balance」であり，～を計る，比較する，バランスを保つという意味になる。形容詞は「balanced」で平均のとれた，安定したという意味になる。バランスを含む熟語・表現としては，「均衡ある成長」「バランスの取れた食事」「釣り合いの取れた質」「平衡感覚」「バランスを保つ」「バランスを失う」といった表現があり，どちらかと言うと「バランス」はプラスイメージで受け止められることが多い。

学校教育では，「知・徳・体」をバランスよく育むといった言い方がよくされる。また，学習指導要領が目指す姿として，「学習する子供の視点に立ち，育成すべき資質・能力を以下のような三つの柱で整理することが考えられる。教育課程には，発達に応じて，これら三つをそれぞれバランスよくふくらませながら，子供たちが大きく成長していけるようにする役割が期待されており，各教科等の文脈の中で身に付けていく力と，教科横断的に身に付けていく力とを相互に関連付けながら育成していく必要がある」と述べられている。言うまでもなくこの三つの柱とは「何を知っているか，何ができるか(個別の知識・技能)」「知っていること・できることをどう使うか(思考力・判断力・表現力等)」「どのように社会・世界と関わり，よりよい人生を送るか(学びに向かう力，人間性等)」であり，これらの資質・能力を偏りなくバランスよく育み，これからの社会を生き抜いていく子供を育てることが重要なのである。

別の観点では，名古屋市においても教員の多忙化が言われる中，働き方改革に取り組んでいくことが求められている。その一つが，教員がワーク・ライフ・バランスを保つことである。児童生徒に対して効果的で生き生きとした学校教育を行っていくためには，教員がワーク・ライフ・バランスを保ちながら自身の資質・能力の向上に取り組めるようにすることが大切である。教員の時間的・精神的なゆとりを確保し，学校現場を持続可能で魅力的な環境に変えていくため，学校における働き方改革に取り組んでいくことが重要である。

作成のポイント

名古屋市の小論文の解答用紙は，A4サイズの縦置き・横書きである。冒頭に「テーマ」を記入する欄があり，その下に20行分の記述欄がある。1行当りの文字数は35～40字を目安にするとよい。構成は，小論文における一般的な序論・本論・結論の三部構成にする。

序論では，子供たちの実態に関する見聞や自身の体験を交え，子どもがバランスをもった資質・能力を身に付けさせることの重要性などについて論じる。得意な分野を伸ばすことの重要性を指摘しつつも，バランスよく資質・能力を身に付けさせていくことの重要性について，現在の社会背景などを踏まえながら論じるとよい。

本論では，バランスよく資質・能力を身に付けさせていくために，どのような実践を行うかについて二つ程度に整理して論じる。柱立ては校種によるが，一つの取組みを12行程度とした上で，例えば「三つの資質・能力を総合的に育てる教科経営」「不得意な分野を得意に変える学級経営」といった異なる視点の方策を柱とし，タイトルを付けて論じると効果的である。柱は読み手に対しての配慮だけでなく，書き手にとっても論点の焦点化を図ることができ，的を絞った論述につながるという点で有効である。

結論では，バランスよく子供の資質・能力を育むため，学び続ける教師として研究・研修に励み，情熱をもって名古屋市の教育にあたる旨の強い決意を3行程度で述べて，小論文をまとめる。

【５】教諭Ａは，自宅のパソコンで編集作業を行うため児童の氏名・住所・成績が入力されたデータを自身のUSBメモリーに保存し，職員室から持ち出した。その後，教諭Ａは帰宅途中，スーパーマーケットの駐車場に車を停めて買物をしていたところ，車上荒らしにあい，カバンから，USBメモリーを入れたケースが盗まれていた。

教諭Aの行為が不適切である理由を明確にした上で，この件が及ぼす影響と，この事案を防ぐためにはどうすれば良かったか，あなたの考えを具体的に述べなさい。

※「京都市立学校幼稚園教職員の処分等に関する指針」では，『指導要録，児童等の学習指導，生徒指導，健康指導等の個人情報を記録した文書等を紛失した教職員は停職，減給又は戒告とする』としている。

▌2024年度▌京都市▌小学校教諭　論文Ⅱ

方針と分析

(方針)

教諭AのUSBメモリーが盗難にあった事案について，当該教諭の行為が不適切である理由を明確に書く。そして，この件が及ぼす影響，同様の事案防止のためにどのような行動をすれば良かったのか，具体的に述べる。

(分析)

テレビ・新聞等やインターネットニュースなどで報道される事案であり，受験者の常識の範囲でも解答自体はできてしまう。ただ，論文試験であり，京都市の指針が資料として示されている。よって，同資料の「懲戒処分」の項目で，情報管理関係の内容を踏まえているかどうかで，評価に差が出ると推察される。よって，個人情報管理の視点から，端的に書くとよい。

加えて，文部科学省の公開資料の「『教育情報セキュリティポリシーに関するガイドライン』(令和3年5月版)ハンドブック」も参照したい。ここでは，校務で使う大量の個人情報などが記録されたUSBメモリーの持ち出しは，教職員の情報セキュリティに関する意識の低さ，重大な情報セキュリティインシデントとして自覚していないことの典型例として示されている。まずは教職員一人一人が重要な情報資産を扱っているという意識を持つことが大事である。次に必要な対応策として，記録が残るクラウド上のストレージに適切なアクセス制限を設定した上で共有すること，やむを得ず各種メディアにデータを保存する場合は，暗号化等の紛失対策を実施することなどが挙げられる。

作成のポイント

明確な字数指定はないが，公開されている答案用紙から，設問で要求されている各内容を1～2文，最大3文程度で，端的に説明する必要がある。

まず，当該教諭の行為が不適切である理由は，情報セキュリティに関する意識の低さ，重大な情報セキュリティインシデントに繋がる可能性を意識できなかったことなどを書く。次に，この件が及ぼす影響は，保護者や地域の学校の情報管理体制に対する信用の失墜・低下，教諭個人に留まらず，市教育委員会の情報管理の厳格化を要求されることなどがある。最後に，同様の事案防止のためにどのような行動をすれば良かったのか。高度なセキュリティ対策が実施された校内で業務をすべきであったこと，USBメモリーに強力なパスワード設定をし，第三者が閲覧できないようデータの暗号化をすることなど，システム上の対策について書くとよい。

論作文　養護・栄養・特別支援教育に関するテーマ

テーマのねらいとポイント

■テーマのねらい

養護教諭・特別支援教育の教諭は，他の校種とは，児童・生徒への対応方式が異なる。教育，教職といった内容よりも，どのように児童・生徒と関わっていくかということが一番大切な要素となってくる。その適格性を見る上で，独自の問題を課している自治体も少なくない。養護教諭・特別支援教育の教諭として目指すべき教師像，指導法を考えておきたい。

■テーマのポイント

養護教諭は一般教員と違う特異な職種であるが，平成10年教育職員免許法の改正を踏まえて，健康という重要な分野を担当する唯一の最高の保健管理者となっている。担当する校種，学年に応じてテーマを考え，児童・生徒に積極的にかかわっていくことが大切である。

〈例題〉

> 今，「保護者や地域から信頼される学校づくり」が求められています。あなたはこの状況をどのように受け止め，養護教諭としてどのような努力をしますか。具体的にあなたの考えを述べなさい。

〈題意の把握〉

学習指導要領は，学校週5日制により，ゆとりの中で子どもたちに「生きる力」を育成することを目指している。基礎基本を確実に身に付けさせ，子どもたちの「生きる力」を育み，健やかな成長を促すには家庭・地域と一体となった特色ある教育活動や子どもたち一人ひとりの個性に応じたきめの細やかな指導が必要である。ここに課題の保護者や地域から信頼される学校づくりが求められる背景がある。全校種共通の課題であるが，養護教諭としてこの主旨を受け止め，どのようにして保護者や地域から信頼を得て子どもたちの心身の健康維持増進を図り保健教育を実践していくかを論じる。

〈記述のポイント〉

①どのように保護者や地域に信頼される保健室づくりができるか。清潔で明るい居心地のよい保健室，日ごろ来室する子どもに温かく接し，顔色・服装・言動から心身の健康状態を読み取り適切な処置，カウンセリングマインドで対応をして，安心して何でも相談でき，心を癒すことができ，子どもたちや保護者から信頼されるにはどのようにすればよいか。

②総合的な学習の時間の「健康」「福祉」「環境」等の課題に積極的に専門的立場から企画チームの一員として参画したり，保健体育の教師とチームティーチングで積極的に保健教育を実践して，基本的生活習慣を身に付けさせたり，子ども自身に健康維持増進への意識を高めさせるにはどうすればよいか。

③総合保健教育活動の積極的な地域への広報活動。保健組織活動，校内保健委員会，学校保健委員会，PTA保健委員会，児童生徒保健委員会等を組織し，有機的に活動を促進して効果をあげるにはどうすればよいか。

④保護者や地域社会の人々と連携し，清掃・リサイクル等のボランティア活動，祭りや催事に積極的に環境衛生面から参加し，手伝いと専門的立場からの支援を図るにはどうすればよいか。

〈評価のポイント〉

①子どもや家庭・地域の実態の把握

②怪我の手当て・熱中症・食あたり等への応急処置

③SARS・インフルエンザ・感染症等への適切な対応ができるよう専門性を高める研修

④いじめや不登校，不定愁訴，心の悩みに傾聴し共感し理解できるように教育相談的技法の習得

論作文　養護・栄養・特別支援教育に関するテーマ

方針と分析・作成のポイント

養護教論

【１】近年，ICT機器の急速な普及発展に伴い，その活用が私たちの社会生活をより便利にし，欠かせないものとなってきました。しかし，その反面，児童生徒の健康面に様々な影響が懸念されており，学校としても見過ごすことができない事態となっております。

あなたは，養護教諭として，このことをどう受け止め，学校においてどのように指導をしていきますか。あなたの考えを800字程度で具体的に述べなさい。

▌2024年度 ▌福島県 ▌養護教諭

方針と分析

(方針)

ICT機器及びインターネットの急速な普及が進む生活の中で，現代的健康課題として，児童生徒の健康面への影響の重要性をまず述べる。次に，この課題を養護教諭としてどのように指導するか論じる。

(分析)

学校においては，文部科学省が打ち出したGIGAスクール構想により，2020年から世界的に流行した新型コロナウイルス感染症の流行が拍車をかけたこともあり，情報機器の使用が急速に広まった。小学生から一人一台端末を使用できるようになるとともに，スマホやパソコンなどが児童生徒の生活には欠かせないものとなった。そのために，情報機器の使用についてのルールづくりなどの情報モラル教育は十分ではない状況である。

とりわけ，情報機器の普及による児童生徒の心身の健康面への様々な影響が懸念されている。視力低下，頭痛，寝不足，体力低下などの身体的健康面と思考力の低下，感情の不安定，無感情，イライラなどの心の健康面への影響である。中には，生活習慣の乱れ，成績低下，不登校等によるインターネット依存に陥る児童生徒が増加し，児童生徒の健康上の問題だけでなく社会的な問題にもなっている。

このような学校の実態から，養護教諭の児童生徒の心身の健康に関する専門家としての役割は，変化をきたし，ますます大きくなってきている。養護教諭は，①情報機器の活用が児童生徒の体と心に及ぼす影響や有効的な使用についての情報モラル教育を行い未然・予防教育に携わることが求められている。また，②個別の健康指導として，ゲームやインターネットに依存傾向の児童生徒の早期発見と，治療が必要な児童生徒に対する専門医療機関へのコーディネートも大きな役割となっている。③究極的には，児童生徒自らが情報機器を有効活用し，心身ともに健康な生活のために，自ら考えて行動できる力の育成の予防教育が最も重要である。

これら①②③に係る具体的な指導について，情報モラル教育，健康指導，自己指導能力育成から論述することがポイントである。

作成のポイント

論文の構成は，序論・本論・結論とする。記述前に構想する時間を十分にとり，その内容を簡潔にまとめることが重要である。800字程度であることから，文量を序論(約15～20％程度)・本論(約65～75％程度)・結論(約10～15％程度)の目安をもって臨むことも大切である。

序論では，ICT活用が有効であり，児童生徒の日常生活だけでなく学校生活にも欠かせない状況であることを端的にまとめることが肝要である。反面，児童生徒の健康面で様々な影響が懸念されている状況を具体的に述べる。ここで，養護教諭の役割りの変化と重要性について述べる。

本論では，養護教諭の具体的な情報モラル教育(全体指導)として，未然防止を主とした予防教育の取組を論じる。二つ目は，日常の健康相談や観察を通してネット依存傾向の兆候のある児童生徒の健康指導(個別指導)が考えられる。

結論では，序論・本論を踏まえ，児童生徒が情報機器を有効活用し，心身ともに健康な生活のために，自ら考えて行動できる力を育成するため，福島県の養護教諭になる決意などを述べて論文をまとめる。

【２】児童生徒の発達や学校生活への適応，人間関係の形成を支援するためには，授業や集会等の集団で行う指導と，個々の課題に応じて対応する指導の双方が重要です。

あなたは養護教諭として，この必要性をどのように考え，どのように取り組んでいきますか。600字以上800字以内で，あなたの考えを具体的に述べなさい。

▌2024年度▌茨城県▌養護教諭

方針と分析

(方針)

学校教育において，児童生徒の良好な人間関係を構築すること，及びそのために個々の課題に応じた指導を進めることの重要性を論じる。そのうえで，養護教諭としてどのように個々の課題に応じた指導に取り組んでいくか具体的に述べる。

(分析)

学習指導要領・第1章第4「児童の発達の支援」の1(3)「キャリア教育の充実」では，社会的・職業的自立に向けて必要な基盤となる4つの資質・能力の一つとして「人間関係形成・社会形成能力」を挙げている。その「人間関係形成・社会形成能力」は，多様な他者の考えや立場を理解し，相手の意見を聴いて自分の考えを正確に伝えることができるとともに，自分の置かれている状況を受け止め，役割を果たしつつ他者と協力・協働して社会に参画し，今後の社会を積極的に形成することができる力であるとされる。この能力は，社会とのかかわりの中で生活し仕事をしていく上で，基礎となる能力であると言えるだろう。

学習指導要領解説・総則編では，「キャリア教育を効果的に展開していくためには，特別活動の学級活動を要としながら，総合的な学習の時間や学校行事，道徳科や各教科における学習，個別指導としての教育相談等の機会を生かしつつ，学校の教育活動全体を通じて必要な資質・能力の育成を図っていく取組が重要になる」としている。特別活動を中心として，教育活動全体を通じて「人間関係形成能力」といった資質・能力を育てていく必要がある。

「人間関係形成能力」育成のためには，こうした集団での指導とは別に，個々の課題に応じた指導が必要となる。養護教諭は，児童生徒の身体的不調の背景に，いじめや不登校，虐待などの問題が関わっていること等のサインにいち早く気付くことができる立場であることから，児童生徒の健康相談等，個々の課題に応じた指導において重要な役割を担っている。

さらに，教諭とは異なる専門性に基づき，心身の健康に課題のある児童生徒に対して指導を行っており，従来から力を発揮していた健康面の指導だけでなく，生徒指導面でも大きな役割を担っている。したがって，個々の課題に応じた指導において養護教諭が果たす役割は大きいと言える。

学校におけるこうした児童生徒の課題解決の基本的な進め方としては，対象者の把握(体制整備，気付く・報告・対応) → 課題の背景の把握(情報収集・分析，校内委員会におけるアセスメント) → 支援方針・支援方法の検討と実施(支援方針・支援方法の検討，支援方針・支援方法の実施) → 児童生徒の状況確認及び支援方針・支援方法等の再検討と実施といった流れになる。この流れを踏まえ，具体的な取組に結び付けていきたい。

作成のポイント

600字以上800字以内という文字数が指定されていることから，論文の構成は，序論・本論・結論といった一般的なものでよいであろう。

序論では，問題のテーマである「良好な人間関係を構築すること」の重要性を論じ，そのために養護教諭として個々の課題に応じた指導に取り組んでいくことが重要であることを論じる。この序論を100～200字程度でまとめる。

本論では，養護教諭の専門性を生かし，どのように個々の課題に応じた指導に取り組んでいくか，二つ程度に整理して論述する。その際，健康面の相談活動，日常生活の具体的な指導など養護教諭の専門性を最大限に生かす取組を論じたい。この本論は400字程度で論述する。

結論では，本論で述べた取組の基本的な考え方を踏まえ，学校教育

論作文

全体を通して児童生徒の良好な人間関係を構築する決意を100～200字程度で述べ，小論文をまとめる。

【３】次の【事例】を読んで，あとの［問い］に答えよ。

事例

A子…中学校2年生女子(陸上部)

家族構成4人(本人，両親，弟(小学校6年生))

養護教諭が，健康相談の対象者を把握するために，定期健康診断の結果(肥満度曲線)を確認していたところ，A子の肥満度が昨年度の「普通」から今年度は「やせ傾向」に変化していることが分かった。A子の健康診断の結果は，身長157.0cm　体重38.2kg　肥満度－21.4％であった。昨年の検診結果は，身長153.5cm　44.2kg　肥満度－2.3％であり，身長は伸びているが，体重は6kg減少していた。

陸上部の顧問でもある学級担任にA子について尋ねたところ，遅刻や欠席はなく，成績はトップクラスで，学級でも部活動でもリーダー的な存在であり，陸上部の練習に熱心だが，昨年秋ごろまで伸びていたタイムが，今年に入ってなかなか伸びず，苦労しているとのことであった。

後日，A子が体育の授業中に貧血を起こし，保健室を利用した。その際，養護教諭との会話の中で，A子はつぎのように打ち明けた。

- 先輩から「減量するとタイムが上がる」と言われ，給食のご飯の量を減らしたり，夕食を抜いたりして体重を落とした。
- 始めは順調に体重が減り，面白いようにタイムが伸びたが，最近は夕食を抜いても体重が減らず，身体も思うように動かない。
- 大会が近いので，すぐに効果の出るダイエット方法を知りたい。
- 母親は心配性なので，ダイエットをしていることは，知られたくない。

問　次の(1)，(2)について，あなたは養護教諭としてどのように対応するか，摂食障害(神経性やせ症)の症状等に関する説明もあわせて800字以内で述べよ。

(1)　A子に対する学校全体での支援について

(2)　A子及びその家族への接し方や今後の対応について

2024年度 富山県 養護教諭

方針と分析

(方針)

標準的な肥満度であった女子生徒A子がやせ傾向に変化するという表れが見られた。設問の各条件を踏まえながら，二つの設問に解答する。そのとき，摂食障害(神経性やせ症)の症状等の説明も合わせて書く必要がある。全体を800字以内でまとめなければならない。

(分析)

A子が陥っている摂食障害は，食事の量や食べ方など食事に関連した行動の異常が続き，体重や体型のとらえ方などを中心に心と体の両方に影響が及ぶ病気である。設問条件を踏まえると，食べることを極端に制限する拒食症(神経性やせ症)になったと捉えるべきである。その背景には，陸上競技の大会で優れた戦績を残したいために，部活動の先輩である上級生の誤った助言を信用したことがある。

A子に対する学校全体としての支援としては，本人だけでなく所属する陸上競技部の部員に対する栄養・健康上の指導が必要である。誤った知識に基づいた減量は，心身の成長・発達と健康，人間関係，日常生活，学業，職業などに深刻な影響をもたらすことを指導したい。さらに，やせや栄養障害，嘔吐などの症状によって身体の合併症を起こし，ときには生命の危険があることを教える必要もある。その際，養護教諭は，校長教頭や各学年主任，部活動の顧問，各担任教諭とも協力し，A子がいじめ被害などに遭わないように配慮する必要もある。本人からの依頼によって，養護教諭が自分一人の問題として抱え込まず，チーム学校を意識した対応をすべきである。

A子やその家族に対しては，摂食障害という病気について正しい知識を伝え，治療の必要性や効果について説明する必要がある。その際，学校医や地域にある医療機関の協力を仰いでもよい。摂食障害はA子が自力で治すことのできない病気であるという事実を伝え，専門家の治療を受けることで必ず回復することを説明する。

作成のポイント

800字以内の論文形式なので，全体を四段構成にするとよい。

第一段落では，A子が陥っている摂食障害の定義について，簡単に説明する。ここは，200字以内に収める。

第二段落では，A子に対する学校全体での支援の取組について，可能な限り具体的に説明する。A子へのいじめや嫌がらせを防止するには，富山県教育委員会小中学校課が公表する「生徒指導提要のポイント【個別の課題に対する生徒指導編】」なども参照しながら，本人とその周囲の生徒たちへの指導・支援について書いてもよい。ここは，200～250字程度を充てる。

第三段落では，A子及びその家族への接し方や今後の対応について説明する。養護教諭個人の相談事に留めず，必ず医療の専門家と連携しながら，本人の治療と家族の支援を目指すような方向でまとめる。ここは，200～250字程度で述べる。

最終段落では，一見生徒の個人的な相談事のように見える事案であっても，健康や命の危険がかかわる場合は，養護教諭個人で抱え込まず，学校全体，さらには関係機関との情報共有をすることを書く。そうして，適切な生徒の指導に繋げる決意を100字程度で述べて，論文をまとめる。

【４】養護教諭は，児童生徒の身体的不調の背景に，いじめや不登校，虐待などの問題がかかわっていること等のサインをいち早く気付くことができる立場にあることから，健康相談において重要な役割を担っています。そこで，「現代的健康課題を抱える子供たちへの支援～養護教諭の役割を中心として～(平成29年3月　文部科学省)」に示された内容を踏まえ，現代的健康課題を抱える児童生徒を学校で確実に把握するために，養護教諭として取り組むことを，具体的に述べなさい。

▍2024年度 ▍岐阜県 ▍養護教諭

方針と分析

(方針)

児童生徒が抱える健康課題について，養護教諭が専門性を生かしつつ中心的な役割を果たすことの重要性を述べるとともに，心身の健康の保持増進に関して，課題を抱えた児童生徒を学校で確実に把握するため，養護教諭が取り組むべき役割を具体的に述べる。

(分析)

「現代的健康課題を抱える子供たちへの支援～養護教諭の役割を中心として～」では，「多様化・複雑化する児童生徒が抱える現代的な健康課題については，専門的な視点での対応が必要であり，養護教諭が専門性を生かしつつ中心的な役割を果たすことが期待されている。」と明示している。また，これらの現代的な健康課題に関わる養護教諭の役割としては，「児童生徒の健康課題を的確に早期発見し，課題に応じた支援を行うことのみならず，全ての児童生徒が生涯にわたって健康な生活を送るために必要な力を育成するための取組を，他の教職員と連携しつつ日常的に行うことが重要である。」と示している。

今回の設問である「現代的健康課題を抱える児童生徒を学校で確実に把握するために」に対しては，次の2つの視点が提示されていることを踏まえなけらばならない。1つ目は体制の整備，つまり，養護教諭は，関係機関との連携の窓口として，コーディネーター的な役割を果たしていくこと，2つ目は，養護教諭は，日頃の状況などを把握し児童生徒等の変化に気付いた，管理職や学級担任等と情報を共有するとともに，他の教職員や児童生徒，保護者，学校医等からの情報も収集し，児童生徒の健康課題が明確なものについては速やかに対応するということである。基本的には，養護教諭は，児童生徒の身体的不調の背景に，いじめや不登校，虐待などの問題にかかわっていること等のサインにいち早く気付くことができる立場であることから，児童生徒の健康相談において重要な役割を担っていることを忘れてはいけない。

これらのことを踏まえて，養護教諭として取り組むことを具体的に述べることが求められている。

作成のポイント

論文の構成は，序論・本論・結論とする。記述前に構想する時間を十分に取り，その内容を簡潔にまとめることが重要である。800字以内であることから，分量を序論(約15%)・本論(約75%)・結論(約10%)の目安をもって臨むことも大切である。

序論では，「現代的健康課題を抱える子供たちへの支援～養護教諭の役割を中心として～」に示された考えを基に，設問(確実な対象者の把握のための養護教諭の役割)に対する考えを端的に述べる。養護教諭の専門性がポイントであることは欠かせない。

本論では，冒頭で養護教諭の重要な役割りである健康相談について述べ，2つの視点からの具体的な取組を述べるとよい。それぞれの視点に見出しを記述し，その見出しに係る具体的な実践を分かりやすく述べるようにしたい。

結論では，現代的な健康課題を抱える児童生徒の確実な把握には養護教諭を中心に専門性を生かし，組織的に取り組むことの重要性と具体的実践への決意を述べるとよい。

【５】「生徒指導提要(文部科学省令和4年12月)第Ⅱ部 第12章」では，性的マイノリティの児童生徒に関する課題と対応について，次のように示しています。(一部抜粋)

> 性同一性障害に係る児童生徒については，学校生活を送る上で特別の支援が必要な場合があることから，個別の事案に応じ，児童生徒の心情等に配慮した対応を行うことが求められています。

初めに，性同一性障害に係る児童生徒に養護教諭として，配慮したいことは何ですか。理由とともに記述しなさい。

次に，性同一性障害に係る児童生徒への支援が必要な場合，連携・協働の視点から，組織の一員としてどのような取組を行いますか。これまでの教職経験に基づき，具体的に記述しなさい。

▌2024年度 ▌静岡県 ▌養護教諭(教職経験者)

方針と分析

(方針)

まず，性同一障害に係る児童生徒の養護教諭として，何に配慮するのかを理由とともに説明する。次に，同障害に係る児童生徒への支援が必要な場合，連携・協働の視点から，組織の一員としてどのような取組を行うか。これまでの教職経験をふまえて，具体的に説明する。

(分析)

12年ぶりに改訂された「生徒指導提要」(2022年12月)について，養護教諭として関心を持ち，理解すべきことを押さえているかどうかを試す意図があると思われる。出典である資料を参照にしながら分析しよう。「性的マイノリティ」とされる児童生徒は，自身のそうした状態を隠しておきたい場合がある。唯一の相談相手は養護教諭であることなどを踏まえながら，学校においては日頃から児童生徒が相談しやすい環境を整える必要がある。そのために，まず教職員自身が理解を深めるとともに，心ない言動を慎むことはもちろん，見た目の裏に潜む可能性を想像できる人権感覚を身に付けておくことが求められる。また，養護教諭が問題を一人で抱え込まずに，学校内の他の教員や医療機関など外部の専門家と協力することも重要である。

合わせて参照したい資料は，文部科学省の「性同一性障害や性的指向・性自認に係る，児童生徒に対するきめ細かな対応等の実施について(教職員向け)」である。まず，学校として効果的な対応を進めるために，教職員等の間で情報を共有しチームで対応することは欠かせないことから，当事者である児童生徒やその保護者に対し，情報を共有する意図を十分に説明・相談をして理解を得つつ対応を進める必要性が書かれている。また，医療機関との連携については，医療機関による診断や助言は学校が専門的知見を得る重要な機会となるとともに，教職員や他の児童生徒・保護者等に対する説明材料ともなり得るものである。さらに，児童生徒が性に違和感をもつことを打ち明けた場合であっても，当該児童生徒が適切な知識をもっているとは限らない。そもそも性同一性障害なのかその他の傾向があるのかも判然としていない場合もあること等を踏まえ，学校が支援を行うにあたっては医療機関と連携して進めることが重要である。

作成のポイント

論文の構成は，一般的な序論・本論・結論の3段構成を意識してよいが，設問条件に注意して書くようにしたい。

序論にあたる第1段落では，何に配慮するのかを理由とともに説明する。ここでは，児童生徒の隠しておきたい気持ちの尊重，あるいは，教員が人権感覚に敏感になることがある。たとえば，当該生徒が相談しやすい環境づくり，支援につなげる環境づくりなどに配慮する必要なあることを述べるとよいだろう。

本論にあたる第2～3段落では，支援が必要な場合，連携・協働の視点から，組織の一員としてどのような取組を行うかを説明する。ここでは，自身の勤務経験を踏まえ，他の教員と情報を共有し，学校としての効果的な対応と支援，医療機関との協力体制が有効であることについて書くとよい。

結論にあたる最終段落では，養護教諭は当該生徒の唯一の相談相手となる可能性が高いことを踏まえて，前段までに書いたことを確実に実践するという決意をのべて，論文をまとめる。

【6】次の資料1，2は，令和4年11月30日に公表された「令和3年度学校保健統計(確報値)の公表について」(文部科学省)の一部である。これらの資料をもとに，裸眼視力1.0未満の者の割合について，注目すべき点とその要因や背景として考えられることを挙げた上で，あなたは養護教諭として，どのような目的(ねらい)のもと，どのような活動に取り組むか，800字程度で具体的に述べよ。

資料1　令和3年度　主な疾病·異常等の被患率(裸眼視力1.0未満の者)(%)

幼稚園	小学校							中学校				高等学校			
5歳	計	6歳	7歳	8歳	9歳	10歳	11歳	計	12歳	13歳	14歳	計	15歳	16歳	17歳
24.81	36.87	23.04	28.09	33.39	40.27	45.27	50.03	60.66	57.70	62.03	62.25	70.81	71.39	72.94	67.89

資料2　主な疾病・異常等の推移表(裸眼視力1.0未満の者)(%)

	幼稚園	小学校	中学校	高等学校
平成23年度	25.48	29.91	51.59	60.93
26	26.53	30.16	53.04	62.89
27	26.82	30.97	54.05	63.79
28	27.94	31.46	54.63	65.99
29	24.48	32.46	56.33	62.30
30	26.68	34.10	56.04	67.23
令和元	26.06	34.57	57.47	67.64
2	27.90	37.52	58.29	63.17
3	24.81	36.87	60.66	70.81

2024年度 ▌和歌山県 ▌養護教諭

方針と分析

(方針)

示された資料を基に，裸眼視力1.0未満の者の割合について注目すべき点を指摘し，考えられる要因や背景を述べる。そのうえで，児童生徒の視力の問題にどのように取り組んでいくか具体的に述べる。

(分析)

見ることで形，色，明るさなどを感じとり，物事を楽しんだり，食べ物をおいしそうと思ったりする。子供にとっての視力は，心身ともに健康な成長をとげるための必要不可欠な窓口である。運動や学習をするうえで大切な役割を果たし，さらにそれが思考力，推測力，創造力の発達にもつながると考えられる。平成4年の文部省令によって，小学校の視力検査はA～Dの4つのランクに分けて考えられるようになった。このうち，Aランクは教室の一番後ろの席からでも黒板の文字を楽に読むことができ，通常は眼鏡はいらない正常な範囲と考えられ，B～Dになると注意が必要となる。

示された資料からも分かるように，裸眼視力1.0未満の割合は小学生が36.87%，中学生が60.66%で，学年が上がるにつれて増加していることが分かる。これまで児童生徒の視力状況は毎年の学校保健統計調査で把握されていたが，視力の低下傾向が続く中で，文科省ではより詳細な調査が必要と判断して，今回初めて近視実態調査を実施したものである。この調査は3年程度行われる予定で，GIGAスクール構想で児童生徒がタブレット端末を使用する頻度が増えていることから，調査結果と視力との関係を調べていくことにしている。

視力低下の背景は，パソコンやスマートフォンの普及が関係していると考えられるが，近視になってもメガネやコンタクトレンズで気軽に矯正できるため，近視になることを深刻に受け止めず，対策を怠り，軽度近視から中度近視，強度近視へと目の状態を悪化させることになっていることが指摘されている。また，近視の度が進むごとに緑内障や網膜剝離，白内障，近視性黄斑変性症(若年性黄斑変性症)などの病的リスクが高まるという報告もでているので，注意が必要である。

子供の視力低下を予防するには，普段の生活習慣から意識することが重要である。本やスマートフォン，パソコンを見るときは，30～60分に一度は遠くを見て目を休めさせるようにするとよい。家での宿題なども続けて行わずに，適度に休憩を入れることを心がけたり，屋外に出て日光を浴びたりすることも大切である。また，緑・赤・黄・紫などカラフルな野菜や果物のほとんどは「ポリフェノール」が含まれており，細胞の老化を防いで視力回復に役立つといわれている。栄養摂取の面からも，視力低下の予防に努めていきたい。

作成のポイント

800字程度という文字数の指定があるので，一般的な序論・本論・結論の3段落構成でまとめるのがよい。

序論では，設問文に示された資料等から，裸眼視力1.0未満の割合に関しての特徴を述べる。学年が上がるにつれて視力低下の児童生徒が増加していること，視力低下の要因としては，パソコンやスマートフォンの普及がその背景にあると考えられることを指摘する。この序論を250字程度で述べるようにする。

本論では，視力の低下を防ぐための具体的な方策を論述することになる。異なる視点から二つ程度の方策を設定して論述するとよい。スマートフォンやパソコンなどの使用時間や使用方法，適切に目を休ませる方法に加え，栄養教諭と連携した栄養摂取の面からの視力低下の予防についても触れたい。一つの方策を200字程度でまとめ，合計400字程度の本論にする。

結論では，本論で取り上げた二つの方策を貫く基本的な考え方などに触れ，関係職員や家庭とも連携して健康的な視力を維持していく決意を100字程度で述べて，論文をまとめる。

【７】保健室には，体調不良だけでなく相談をしに来室する児童生徒もいます。

ある日，児童生徒から，「友達がリストカットをしている。」と相談を受けました。この後，養護教諭として具体的にどのように取り組みますか。あなたの考えを述べなさい。

▍2024年度▍熊本市▍養護教諭

方針と分析

(方針)

養護教諭として，一人一人の児童生徒の身体に加えて心の健康管理に取り組むことの重要性を論じたうえで，友達がリストカットしているという相談に具体的にどのように取り組んでいくか述べる。

(分析)

子どもは，学習上のストレスや対人関係上のストレス，進路上のストレス等，様々なストレスを抱えて日常生活を送っている。運動をして気分転換を図ったり，親しい友達や周囲の大人に相談をするなどして新しい発散法を獲得したりして，通常はその子なりの方法でストレス状況を乗り越えながら成長している。しかし，多様なストレスにさらされ，それに対応できない子供も増えている。そこで，児童生徒の身体面の健康管理に加え，心の健康管理も養護教諭に課せられた重要な役割となっている。

設問は，その心の健康問題の一つであるリストカット，自傷行為の問題である。自傷行為とは，その時に抱いている不快な感情(怒り，不安，緊張，気分の落ち込みなど)を軽くするために，誰の助けも借りずに，一時的に解放されることを目的に行われる。誰にも助けを求めることができずに悩んだ結果行われたこと，いわば「孤独な対処行動」と理解できる。自分の体を刃物で傷つけたり，壁に頭を打ちつけたりするなどの，故意に自分を傷つける行為であり，広くは薬物や飲酒，性的な逸脱行為なども含む。

自傷行為に気付いたときは，①見て見ぬふりはしない。②気にかけていることを伝える。③声を掛け，良好な関係の構築に努めることが重要であり，「そんなことはしてはいけない」「命は大切にすべき」「親が悲しむ」などを伝えたくなる。しかし，おそらく児童生徒も分かっていて，自分を責めている。それでも自傷行為がやめられず助けを求めているのであり，さらに責めて追い詰めることのないように気を付けなければならない。

具体的には，①話しに来たことを労い，肯定的なフィードバックをする。②したことを責めずに，援助していく姿勢を示す。③不快な感情を言語化できるように，共感を示しながら話を聴く。④傷の手当てをし，それを通じて体を大切にすることを伝える。⑤他に打ち明けた相手がいないか確認する。⑥一人で抱えず，多くの教職員との連携を図る。⑦保護者との連携について検討し，橋渡しをすることなどが基本的対応姿勢となる。

作成のポイント

800字以内という指示があるので，序論・本論・結論の一般的な構成で論じることでよいだろう。

序論では，養護教諭として心の健康管理に取組むことの重要性を論じる。現代社会の子供は多様なストレスにさらされ，それに対応できない子供も増えている。そこで，児童生徒の身体面の健康管理に加え，心の健康管理も養護教諭に課せられた重要な役割となっていることを強調したい。この序論に200字程度を充てる。

本論では，友達がリストカットしているという相談に具体的にどのように対応していくか述べる。問題の受け止め，リストカットをしている子供への対応，他の教職員との連携体制の構築，保護者や関係諸機関との相談協力，情報を寄せた子供を含めた他の子供への対応など様々な内容が考えられるが，きちんと整理して項目を分けて論じたい。この本論は併せて500字程度で述べるようにしたい。

結論では，本論を貫く基本的な考え方，本論で述べられなかった視点などにも触れながら，子供の心の健康管理に全力を注ぐことを100字程度で述べて，論文をまとめる。

【８】養護教諭が保健教育(学級活動等の授業)に参画することについて，意義と陥りやすい状況をあげ，あなたの考えを述べなさい(600字程度)。

2024年度 京都市 養護教諭 論文Ⅰ・Ⅱ

方針と分析

(方針)

養護教諭が保健教育(学級活動等の授業)に参画することについて，意義と陥りやすい状況を説明しながら，自分の意見を590～620字程度で書く。例えば，保健教育に参画することで生じるマイナス面を抑えながら，意義を生かしていく方向性を書くことなど。

(分析)

活用する知識を押さえるには，文部科学省が公開する生きる力を育むための「保健教育の手引」(小中高別に分かれている)や，京都市教育委員会の「京都市教員等の資質・指導力の向上について」などの資料を用いるとよいだろう。

今日，児童生徒を取り巻く状況は，都市化，少子高齢化，情報化，国際化，さらには新型コロナウイルス感染症の蔓延などにより，社会環境や生活環境が急激に変化している。こうした変化は，児童生徒の心身の健康状態や健康に関わる行動に大きく影響を与えている。特に，近年では情報化の進展により，様々な健康情報や性・薬物等に関する情報の入手が容易になること，食を取り巻く社会環境が変化して，栄養摂取の偏りや朝食欠食といった食習慣の乱れ等に起因する肥満や生活習慣病，食物アレルギー等の健康課題も見られる。養護教諭は，子どものけがや病気，事故等への対応について，必要な知識と具体的な対処方法を理解している。また，健康相談や保健室経営の方法を専門的に理解している。さらに，学校保健安全法や学習指導要領に基づく保健管理，保健教育に関する基本的な知識を有している。このため，養護教諭の参画は，児童生徒が起こりうる危険を理解し，必要な情報を自ら収集し，適切な意思決定や行動選択を行うことができる力を育む上で，その専門性や即応性は，子どもたちに切実かつ具体的な問題として伝えていきやすいという意義を持つ。

一方で，学級担任等と連携するという役割も忘れてはならない。この連携が上手く行かないと，養護教諭の役割や責任が明確でないために，担任教諭や保健体育・栄養教諭の指導範囲と重なって，児童生徒の学びに混乱が生じる，また，養護教諭の専門性や経験が過信され，児童生徒の健康に関するすべての問題を解決してもらえると思われるといった状況を招く場合もある。

そこで，管理職教諭なども交えた学校全体で，保険教育においては，その役割や責任を明確にし，担任教諭や体育，栄養教諭との連携を強化する体制づくりをする。その上で，養護教諭の専門性や経験を生かしつつ，児童生徒の健康に関する問題や課題に対して柔軟に対応できるようにするという対応が求められるだろう。

作成のポイント

論文としての出題である上，設問要求から見て，序論・本論・結論の構成を意識しながら，全体を三段構成にするとよいだろう。

序論では，保健教育に養護教諭が参画する意義と陥りやすい状況を簡潔に書く。ここは，180字から200字程度でまとめるとよい。

本論では，序論の内容について，より具体的に書いていく。現代の子どもたちを取り巻く環境や状況の変化に合わせて，養護教諭の指導は専門的で即応性が高いために，説得力のあるものとして伝わる可能性を書く。一方で，保健教育に関して，養護教諭と担任教諭などとの連携が上手く行かない場合，陥りやすい状況は何かについて書く。この部分は，250〜270字程度で述べたい。

結論では，養護教諭の専門性や経験を生かしつつ，児童生徒の健康に関する問題や課題に対して柔軟に対応できる体制を，学校としてどのように作るのかを，120〜150字程度でまとめたい。

【 10 】子どもたちを取り巻く社会環境や生活環境の急激な変化により，いじめや不登校，児童虐待など，様々な対応が求められます。あなたは，養護教諭として，子どものサインを見逃さないようにするために，どのように取り組みますか。具体的に800字以内で述べなさい。

▌2024年度 ▌佐賀県 ▌養護教諭

方針と分析

(方針)

社会環境や生活環境の急激な変化により，いじめや不登校，児童虐待など様々な対応が求められる中，養護教諭として子どものサインを見逃さないようにするために，どのように取り組むか。具体的な実践について，800字以内で説明する。

(分析)

本設問は，文部科学省の公開資料「現代的健康課題を抱える子供たちへの支援～養護教諭の役割を中心として～」を踏まえたものであろう。この資料は平成29年に作成されたが，新型コロナウイルス感染症による休校措置，その後の学校再開など，学校を取り巻く大きな変化の際にも役立つ内容が盛り込まれている。養護教諭志望者は，ぜひとも一読してほしい。

児童生徒の健康課題の早期発見・早期対応は問題の深刻化を防止するとともに，スムーズな解決にもつながる。教職員等は全ての児童生徒の学校生活の様子を丁寧に観察し，児童生徒の心身の健康状態の変化や児童生徒のサインをできる限り早期に発見することに努める必要がある。中でも養護教諭は，子どもの心身の健康状態の悪化にもっとも早く気づきやすい。そのサインは様々である。保健室への頻繁な来訪という行動，相談という形で言語化された場合，あるいは，言語化されないうちに子どもの身体や表情，持ち物や服装などに出たもの(表れ)などである。

養護教諭には，次のような行動が要求される。保健室だけにとどまらず，校内を見回ることや部活動等での児童生徒の様子や声かけなどを通して子どもたちの日頃の状況などを把握するよう努める。児童生徒や保護者の変化に気付いたら，管理職や学級担任等に報告・連絡・相談するとともに，他の教職員や児童生徒，保護者，学校医等からの情報も収集する。そうして，児童生徒の健康課題に速やかに対応するとともに，児童生徒の状況の変化を丁寧に把握することが重要である。

作成のポイント

800字以内の小論文であるため，序論・本論・結論の三段構成を意識しよう。

序論では，全ての児童生徒の学校生活の様子を丁寧に観察し，児童生徒の心身の健康状態の変化や児童生徒のサインをできる限り早期に発見することに努める必要があることを簡潔に書こう。ここは，150～200字程度で述べる。

本論では，そのための具体的な取組を400～450字程度で書く。保健室来訪の目的や回数をきめ細かく記録すること，保健室だけにとどまらず，校内を見回ることや部活動等での児童生徒の様子や声かけなどを通して，子どもたちの日頃の状況などを把握することなどを書く。そこで，気がかりなサインを発しているように見えた児童生徒に対しては，見守りや声掛けを積極的に行い，管理職や学級担任等に報告・連絡・相談することなどを書いてもよいだろう。

結論では，本論での取組を通して，児童生徒の健康課題の早期発見・早期対応は問題の深刻化を防止するとともに，スムーズな解決に繋げる決意を150～200字程度書いて論文をまとめる。

栄養教諭

【１】食に関する健康課題のある児童生徒等への個別的な相談・指導は，栄養の専門家である栄養教諭が中心となって取り組んでいく必要があります。

あなたは栄養教諭として，このことをどのように考え，どのように取り組んでいきますか。600字以上800字以内で，あなたの考えを具体的に述べなさい。

▌2024年度 ▌茨城県 ▌栄養教諭

方針と分析

(方針)

まず，学校教育において，食に関する健康課題に的確に対応していくこと，及びそのために個別の相談・指導を推進することは栄養教諭の重要な役割であることを論じる。そのうえで，栄養教諭としてどのように個別の相談・指導に取り組んでいくか具体的に述べる。

(分析)

社会の大きな変化に伴って，子供たちの生活環境も大きく変化し，子供たちの心身の健康に大きな影響を与えている。そしてこれは，食に関する健康課題につながっているという指摘がある。

平成16年1月付の中央教育審議会の「食に関する指導体制の整備について(答申)」では，「人々が生涯にわたってその心身の健康を保持増進していくためには，食事や運動，睡眠などにおける望ましい生活習慣の確立が不可欠であるが，中でも食習慣は，子どものころの習慣が成長してからの習慣に与える影響が殊更大きいものである」と，食習慣の重要性を指摘している。同答申では，「栄養や食事のとり方などについて，正しい基礎知識に基づいて自ら判断し，食をコントロールしていく，言わば食の自己管理能力が必要となっている」「食に関する自己管理能力の育成を通じて……子どもが将来にわたって健康に生活していけるようにするためには，子どもに対する食に関する指導を充実し，望ましい食習慣の形成を促すことが極めて重要である」と結論付けている。こうした能力を育成するために，食に関する健康課題のある児童生徒に対して個別の相談・指導を推進することは栄養教諭の重要な役割である

学習指導要領解説・総則編では，「健康に関する指導については，児童が身近な生活における健康に関する知識を身に付けることや，必要な情報を自ら収集し，適切な意思決定や行動選択を行い，積極的に健康な生活を実践することのできる資質・能力を育成することが大切である」と示している。つまり，健康で安全な生活を送るために，子供たちに食習慣を含めて「自分の健康や安全は自分で守る」という自己管理能力を育むことが重要であり，そのために個別の相談・指導を

推進することが重要となる。

食に関する指導の一つである個別的な相談指導は，授業や学級活動など全体での指導では解決できない健康に関係した個別性の高い課題について改善を促すために実施するものである。個別的な相談指導は，対象となる児童生徒が自己の課題を改善し，将来に向けた望ましい食生活の形成を促すことや食の自己管理を行うための正しい知識やスキルを身に付けることなどを目的とした児童生徒に対して実施する直接指導であり，実態把握，対象者の抽出，個別的な相談・指導，課題解決，といった流れで実施することになる。この流れを踏まえ，具体的な取組に結び付けていきたい。

作成のポイント

600字以上800字以内という文字数が指定されていることから，論文の構成は，序論・本論・結論といった一般的なものでよいであろう。

序論では，食に関する健康課題に的確に対応していくことの重要性を論じ，そのために栄養教諭として問題のテーマである食に関する健康課題のある児童生徒に「個別の相談・指導」に取組んでいくことが重要であることを述べる。この序論を100～200字程度で述べる。

本論では，栄養教諭の専門性を生かし，どのように個別の相談・指導に取り組んでいくか二つ程度に整理して論述する。その際，望ましい食生活の形成，食の自己管理能力の育成，正しい知識やスキルを身に付けることなどの視点から論じてもよい。本論は400～500字程度で論述する。

結論では，本論で述べた取組の基本的な考え方を踏まえ，様々な関係者と連携・協力し，個別の相談・指導を通して食に関する健康課題に的確に対応していく決意を100字程度で述べて，小論文をまとめる。

【２】次の【事例】を読んで，あとの［問い］に答えよ。

【事例】

Ａ中学校の男子サッカー部は，例年，Ｔ市でベスト4まで勝ち進んでいる強豪チームである。しかし，最近は，けがをしたり十分な睡眠がとれなかったり，朝食や夕食を欠食する部員が増えてきた。

1か月後の5月に開催されるＴ市中学校体育大会に向けて体調を整え，試合で実力を十分に発揮できるように食事指導をして欲しいというサッカー部の顧問から依頼があった。男子サッカー部員は30名(1年生10名，2年生12名，3年生8名)で，平均身長は161cm，平均体重は50kgである。

顧問は，日頃から朝，昼，夕の三食をしっかり食べることの指導や，練習中は15～30分ごとに水分補給する時間を設定している。

［問い］

上記の【事例】について，あなたはＡ中学校の栄養教諭として，サッカー部員や保護者に対し，どのように指導し，またどのように対応するか。800字以内で述べよ。

▌2024年度 ▌富山県 ▌栄養教諭

方針と分析

(方針)

サッカーの強豪チームである男子サッカー部の部員に，怪我，睡眠不足，欠食傾向が目立っている。部活動の顧問は，食事の大切さや水分補給の重要性を指導しているが，それらの指導が部員に対し，十分かつ適切に伝わっていない可能性が大きい。このことを踏まえて，顧問からの依頼に対応する形で，A中学校の栄養教諭として，部員やその保護者にどのような指導をし，対応するかを，800字以内でまとめなければならない。

(分析)

活用する知識を仕入れるには，日本スポーツ振興センターのホームページ上にある「スポーツ栄養」などを参考にするとよいだろう。まず，栄養教諭自身が，サッカーの特性として瞬発力や持久力の両方を必要とする競技であることを理解する。その上で，タンパク質や糖質などの五大栄養素をバランスよく摂取することが大切である点を，部員や保護者に指導する必要がある。たとえば，タンパク質は筋肉の材料になるので，肉や魚，卵，大豆などを毎食に取り入れること，糖質は体のエネルギー源になるため，ごはんやパン，麺類などの主食をしっかり食べること，さらに，野菜や果物などの副菜や乳製品も摂取することなどが挙げられる。大会前にこうした栄養指導を，部員や保護者，さらには顧問教諭や養護教諭に伝える必要性を書くとよいだろう。

睡眠不足や欠食は，スマートフォン使用やパソコンゲームなどによる夜ふかし，間食が影響している可能性が高い。その結果，心身の不調が生じて，怪我の多さにつながっていると思われる。こうした生活習慣の乱れのマイナス面も，栄養指導の際に部員と保護者に教えていきたい。特に朝食は一日のエネルギー源となる重要な食事であること(富山県は「朝食でパワーアップ大作戦！！」という取組を推進中であるので，ホームページ上で確認してほしい)，練習や試合の前後にはエネルギーや栄養を補給するため，栄養価の高いものを食べることを教えていく。そうした生活習慣の積み重ねによって，アスリートとしてのパフォーマンスが高まることを部員に教えていく方向性を探って，論じていくとよいだろう。

作成のポイント

800字以内の論文形式なので，全体を四段構成にするとよい。

第一段落では，栄養教諭自身がサッカーの競技特性を十分理解したうえで，部員と保護者に分かりやすい栄養指導，怪我を防ぐための食生活の重要性を学ぶ機会を持つ必要性を書く。ここは，180～200字以内で収める。

第二段落では，サッカー部員である前に，健康な人間として生きていく上で必要な栄養摂取について，部員たちやその保護者が切実な問題として自覚できるよう，プロ選手の取組事例なども交えて説明することなどを書く。ここは，200～250字程度を充てたい。

第三段落では，生活習慣の乱れのマイナス面として，競技のパフォーマンス低下に直結することを教える必要性を書く。同時に，朝食の重要性，練習前後の栄養摂取をしっかり行うこと，そうした食事をしっかり取れるようにするための規則正しい生活リズムについても，指導したい。その際，養護教諭の協力を仰いでもよいだろう。ここは，200～250字程度で述べる。

最終段落では，上記の取組を確実に実践するため，他の教諭との協力関係の強化，自己の日頃の研鑽に努める決意を120～150字述べて，論文をまとめる。

【３】国民の食生活においては，エネルギーや食塩等の過剰摂取や野菜の摂取不足等の栄養の偏り，朝食の欠食に代表されるような食習慣の乱れ等の課題があります。

そこで，児童生徒が望ましい食習慣を身に付けるために，「食に関する指導の手引き　第二次改訂版(平成31年3月　文部科学省)」に示された内容を踏まえ，栄養教諭として取り組むことを3つ，具体的に述べなさい。

▌2024年度 ▌岐阜県 ▌栄養教諭

方針と分析

(方針)

エネルギーや食塩等の過剰摂取や野菜の摂取不足等の栄養の偏り，朝食の欠食に代表されるような食習慣の乱れ等の課題がある中で，児童生徒が望ましい食習慣を身に付けるための栄養教諭としての取組を具体的に述べる。

(分析)

近年，偏った栄養摂取，朝食欠食など食生活の乱れや肥満・痩身傾向など，子供の健康を取り巻く問題は深刻化している。このような現状を踏まえ，平成17年に食育基本法が，平成18年に食育推進基本計画が制定され，子供が食に関する正しい知識と「望ましい食習慣を身に付ける」ことができるよう，学校においても積極的に食育に取り組んでいくことが重要となっている。

「食に関する指導の手引き　第二次改訂版(平成31年3月　文部科学省)」では，成長期にある子供にとって，健全な食生活は健康な心身を育むために欠かせないものであると同時に，「将来の食習慣の形成」に大きな影響を及ぼすもので極めて重要であると示している。つまり，成長期にある子供への食育は，生涯にわたって健やかに生きるための基礎を培うことを目的としている。

学校における食育は，栄養教諭が中核となり，食育推進体制を確立し，学校・家庭・地域が連携して推進することが求められる。また，栄養教諭制度の創設時(平成17年)には，学校における食に関する指導を充実させ，児童生徒が「望ましい食習慣を身に付ける」ことができるようとの狙いが示され，学校教育法第37条では，児童生徒の栄養に関する指導及び管理をつかさどるとされている。「食に関する指導の手引き」では，食に関する指導の充実の中で，栄養教諭は，学校の食育に関する指導に係る全体計画の策定，教職員間や家庭との連携・調整等において中核的な役割を担い，学校における指導体制の要として，食育を推進していく上で不可欠な教師としている。

これらのことから，児童生徒が「望ましい食習慣を身に付ける」ために，栄養教諭としての取組を指導面と管理面から具体的に述べることが求められる。

作成のポイント

論文の構成は，序論・本論・結論とする。記述前に構想する時間を十分に取り，その内容を簡潔にまとめることが重要である。800字以内であることから，分量を序論(約15％)・本論(約75％)・結論(約10％)の目安をもって臨むことも大切である。

序論では，「食に関する指導の手引き　第二次改訂版」に示された学校における食育は，栄養教諭が中核となり食育推進体制を確立し，学校・家庭・地域が連携して推進することを述べる。特に成長期にある児童生徒の「望ましい食習慣を身に付ける」ことの重要性を述べることが大切である。

本論では，「児童生徒が望ましい食習慣を身に付ける」ため，学校における食に関する指導の中核的役割を担う栄養教諭の具体的な取組を述べる。大きく3つの柱を立て(見出し)，簡潔な見出しを設定し，それぞれの柱立て(見出し)ごとに具体的な取組を記述するとよい。

結論では，設問に対応した本論で述べた栄養教諭の具体的な取組の重要性を訴え，今後のさらなる実践への決意でまとめるようにしたい。

【４】発育・発達の重要な時期にありながら，偏食や肥満・痩身，食物アレルギーなど，食に関する健康課題のある児童生徒が増加傾向にあります。このことを踏まえ，健康課題に対して，栄養教諭として具体的にどのように取り組みますか。あなたの考えを述べなさい。

2024年度 ▌熊本市 ▌栄養教諭

方針と分析

(方針)

栄養教諭として，食に関する健康課題に取り組むことの重要性を論じたうえで，食に関する健康課題にどのように取り組んでいくか具体的に述べる。

(分析)

食は人間が生きていく上で欠かすことのできないものであり，健康で心豊かな暮らしの実現に大きく寄与するものである。しかし，急速な経済発展に伴い食を取り巻く社会環境が大きく変化した中で，食に関する国民の価値観やライフスタイル等の多様化が進んできている。このような中，健全な食生活を実践することが困難な場面も増えてきている。

特に，子供の食生活の乱れや健康に関して懸念される事項，例えば，偏った栄養摂取や不規則な食事などの食生活の乱れ，肥満や過度の痩せ，アレルギー等の疾患への対応などが見られ，増加しつつある生活習慣病と食生活の関係も指摘されている。成長期にある子供にとって，健全な食生活は健康な心身を育むために欠かせないものであると同時に，将来の食習慣の形成に大きな影響を及ぼすもので，極めて重要である。

平成16年1月付中央教育審議会の「食に関する指導体制の整備について(答申)」では，「栄養や食事のとり方などについて，正しい基礎知識に基づいて自ら判断し，食をコントロールしていく，言わば食の自己管理能力が必要となっている」「食に関する自己管理能力の育成を通じて…子どもが将来にわたって健康に生活していけるようにするためには，子どもに対する食に関する指導を充実し，望ましい食習慣の形成を促すことが極めて重要である」と結論付けている。

設問は，食に関わる健康課題への対応について問う問題であり，最終的には，児童生徒の食に関わる自己管理能力の育成の視点から論述することがよいだろう。

作成のポイント

800字以内という指示があるので，序論・本論・結論の一般的な構成で論じることでよいだろう。

序論では，栄養教諭として，食に関する健康課題に取り組むことの重要性を論述する。その際，栄養教諭として食に関わる問題行動や摂食障害などにどのように関わり，どのように児童生徒自身の自己管理能力の育成につなげていくのか，その基本的な考え方を示す。この序論に200字程度を充てる。

本論では，校種を特定し，その校種に即した食問題行動への対応と，一人一人の自己管理能力を育成するための具体的な方策と取組みを述べる。食に関わる問題行動や摂食障害などへの対応であることから，養護教諭などの関係教職員や学校医など学校外の専門機関との連携・協働にも論及することも重要である。この本論は併せて500字程度で述べるようにしたい。

結論では，本論で取り上げた方策を貫く考え方や本論で述べられなかった取組み，自分自身の研修課題などを含めて，子供の食に関わる自己管理能力を育んでいくために不断の努力を続けていくという決意を100字程度で述べて，まとめとする。

【5】次の資料は，令和4年11月30日に公表された「令和3年度学校保健統計(確報値)の公表について」(文部科学省)の一部である。この資料をもとに，肥満傾向児及び痩身傾向児の割合について，注目すべき点とその要因として考えられることを挙げた上で，栄養教諭として，あなたはどのような活動に取り組むか，800字程度で具体的に述べよ。

【発育状態調査】

(1)　身長の平均値の推移は，平成6年度から13年度まで上昇し，その後横ばい傾向。
(2)　体重の平均値の推移は，平成10年度から18年度まで上昇し，その後横ばい傾向。
※なお，令和3年度の数値についても，いずれの項目も調査時期の影響が含まれるため，令和2年度に引き続き令和元年度まで及び令和2年度の数値と単純な比較はできない。

○令和3年度　身長・体重の平均値及び肥満傾向児及び痩身傾向児の割合

区分			身長(cm)	体重(kg)	肥満傾向児(%)	痩身傾向児(%)
男子	幼稚園	5歳	111.0	19.3	3.61	0.30
	小学校	6歳	116.7	21.7	5.25	0.28
		7	122.6	24.5	7.61	0.31
		8	128.3	27.7	9.75	0.84
		9	133.8	31.3	12.03	1.42
		10	139.3	35.1	12.58	2.32
		11	145.9	39.6	12.48	2.83
	中学校	12歳	153.6	45.2	12.58	3.03
		13	160.6	50.0	10.99	2.73
		14	165.7	54.7	10.25	2.64
	高等学校	15歳	168.6	59.0	12.30	4.02
		16	169.8	60.5	10.64	3.34
		17	170.8	62.4	10.92	3.07
女子	幼稚園	5歳	110.1	19.0	3.73	0.36
	小学校	6歳	115.8	21.2	5.15	0.49
		7	121.8	23.9	6.87	0.56
		8	127.6	27.0	8.34	0.83
		9	134.1	30.6	8.24	1.66
		10	140.9	35.0	9.26	2.36
		11	147.3	39.8	9.42	2.18
	中学校	12歳	152.1	44.4	9.15	3.55
		13	155.0	47.6	8.35	3.22
		14	156.5	50.0	7.80	2.55
	高等学校	15歳	157.3	51.3	7.57	3.10
		16	157.7	52.3	7.20	2.33
		17	158.0	52.5	7.07	2.19

(注)　年齢は，各年4月1日現在の満年齢である。以降の各表においても同じ。

方針と分析

(方針)

まず示された資料を基に，肥満傾向児と痩身傾向児の割合について注目すべき点を指摘し，考えられる要因を述べる。そのうえで，肥満傾向児と痩身傾向児の問題にどのように取り組んでいくか具体的に述べる。

(分析)

小児期における肥満や痩身は，早期に取り組むべき重要な健康課題となっている。肥満児は，非肥満児に比べて動脈硬化病変が進行していて生活習慣病予備群と考えられるものが多い。また，肥満の経過年数が長いほど，早期に血管疾患のリスクが高くなるといわれている。一方，痩身傾向にある児童も年齢とともに増加傾向にあり，肥満と同様に生活習慣を踏まえた健康教育が必要とされている。しかし，小学生の痩身については小学生女子の痩身指向やダイエットの経験，やせ願望と不登校との関連などの報告が見られる。

肥満や痩身は，性別，年齢別，身長別標準体重から肥満度(過体重度)を算出し，肥満度が20%以上の者を肥満傾向児，－20%以下の者を痩身傾向児としている。出題の資料の全国値と和歌山県で取りまとめられた和歌山県の肥満傾向児及び痩身傾向児の出現率を比較すると，肥満傾向児の出現率は，男子では5歳から8歳を除く各年齢で10%を超えており，15歳及び16歳で12.94%と最も高くなっている。また，7歳，10歳，11歳及び14歳から17歳で全国値を上回っている。女子では，11歳でのみ10%を超えており，11.31%と最も高くなっている。また，6歳，9歳，11歳，13歳から15歳及び17歳で全国値を上回っている。

痩身傾向児の出現率は，男子では5歳から9歳を除く各年齢で1%を超えており，10歳で 3.44%と最も高くなっている。また，7歳，10歳から12歳及び14歳で全国値を上回っている。女子では，5歳から8歳を除く各年齢で1%を超えており，15歳で4.17%と最も高くなっている。また，6歳，9歳，11歳及び15歳で全国値を上回っている。

健全な食生活の指導を通して肥満傾向や痩身傾向の児童生徒の心身の健康を保持・増進していくことは，栄養教諭の重要な役割となっている。

作成のポイント

800字程度という文字数の指定があるので，序論・本論・結論の3段落構成でまとめるのがよい。

序論では，設問文に示された資料等から，肥満傾向児と痩身傾向児の割合に関しての特徴を述べる。肥満傾向児の小学校高学年以降増加がみられること，痩身傾向児も同様の傾向がみられることなどが分かる。特に，痩身傾向児は高等学校の割合が高い特徴あることを指摘する。肥満傾向の要因としては不規則な食生活や運動不足，痩身傾向に関しては複雑化した人間関係や痩身願望といった要因があることを指摘する。この序論を250字程度で述べるようにする。

本論では，健全な食生活を推進していくための具体的な方策を論述する。異なる視点から二つ程度の方策を設定して，論述するとよい。食事に関する自己管理能力の育成，教育相談的手法の習得とその活用などが具体的な方策となると考えられる。また，家庭との「課題や目標の共通理解」「指導内容や指導方法，役割等についての共通理解」「成果・取組後の課題の共有」といった視点を取り上げることもできる。一つの方策を200字程度でまとめ，合計400字程度の本論としたい。

結論では，本論で取り上げた二つの方策を貫く基本的な考え方などに触れ，肥満や過度の痩身などのないように児童生徒の健全な食生活を維持していく決意を100字程度で述べて，論文をまとめる。

【6】第4次食育推進基本計画では，朝食を「全く食べていない」及び「あまり食べていない」子どもの割合を令和7年度までには0%とすることを目指すとある。しかし，文部科学省による「全国学力・学習状況調査」の結果，「全く食べていない」及び「あまり食べていない」子どもの割合は，令和元年度は4.6%，令和4年度は5.6%である。家庭や地域の実態をふまえた上で，栄養教諭の専門性を生かして朝食を「全く食べていない」及び「あまり食べていない」子どもの割合を減少させるためにどのような取組を推進していくべきか，方法や留意点など，具体的に論述しなさい。(600字程度)

▌2024年度▌京都市▌栄養教諭　論文Ⅰ・Ⅱ

方針と分析

(方針)

家庭や地域の実態を踏まえた上で，栄養教諭の専門性を生かし，朝食欠食の子どもの割合を減少させるためにどのような取組を推進していくべきか，方法や留意点など，具体的に論述しなければならない。答案用紙から判断し，590～620字程度でまとめるのが望ましい。

(分析)

本分析では，設問でもあがっていた「第4次食育推進基本計画」を活用したい。前回の第3次計画で，朝食を毎日食べる府内小中学生の割合は十分な進捗が見られなかったことから，府民一人ひとりに対し食に関する正しい知識の更なる浸透を図り，主体的な行動変容に繋げる取組の強化が必要だと書かれている。家庭は食育を推進する上で最も大切な場であり，生涯を通じた食育の原点である。家庭には，共食を通じて食の楽しさを実感するとともに食への感謝の気持ちや望ましい食習慣と知識の習得，食文化の継承等の面で非常に大きな役割を持ち，健康寿命延伸の観点からも重要である。ところが，共働き世帯の増加に伴い朝食を準備する時間や労力の確保が難しいこと，世帯全体で夜型生活の傾向がみられたり，保護者が朝食欠食をする傾向があったりするために食習慣が身につきにくいこと，さらには貧困の増加に伴い朝食を食べる機会自体が減少するなど，家庭が前述の役目を担いにくくなっている。そこで，学校や地域などの多様な主体と連携し，栄養教諭の専門性を生かしながら，朝食に関する正しい知識を身に付けるための取組について論じることを要求されていると言えよう。京都市内は，伝統的な日本食を提供する技能を持つ事業者が多く存在する。そうした事業者と協働の上，子どもと保護者がともに体験する機会などを設けることを提案するとよいだろう。

作成のポイント

論文としての出題であるので，複数の設問条件を外さないようにしながら，序論・本論・結論の構成を意識しよう。

序論では，子ども一人ひとりに対し，食に関する正しい知識の更なる浸透を図り，主体的な行動変容に繋げる取組の強化が必要であることを書く。その際，保護者も含めた，食育の重要性を書いていくようにしたい。ここは，150～180字程度で述べる。

本論では，家庭や地域を取り巻く社会状況の変化と朝食欠食のかかわりを説明した上で，子どもと保護者の関心を高める体験型の食育機会を設けることなどを提案していく。ここでは，京都市だけでなく，府内全体の食育の取組事例を挙げていくとよいだろう。例えば，子どもや保護者の関心を高めるために，朝食メニューの調理体験や試食会などを開催することである。このとき，市内の伝統的な和食提供をしている事業者と協働する必要性などを述べる。ここは，2段落に分けて，300～320字程度でまとめたい。

結論では，栄養教諭は教育に関する資質と栄養に関する専門性を併せ持つ職員として，学校給食を生きた教材として活用した効果的な指導を行うことが期待されることを押さえたい。そして，今回は食に関する指導に力点を置いて書くとよい。栄養に関する座学だけでなく，体験によって子どもや保護者の行動変容を促し，計画の着実な推進に尽力をする決意を180～190字程度で述べて論文をまとめる。

特別支援教育

【１】本県では，第7次福島県総合教育計画において，福島の良さを大切にした「福島ならでは」の教育を進めるとともに，個別最適化された学び，探究的な学びへと変革していく「学びの変革」を掲げています。このことを踏まえ，あなたはどのように考え，特別支援学校での授業を実践していくのか，記述しなさい。

2024年度 ▌福島県 ▌特別支援学校教諭

方針と分析

(方針)

第7次福島県総合教育計画における「学びの変革」である「個別最適な学び」と「協働的な学び」と「探究的な学び」の重要性について

論じるとともに，その学びをもとに特別支援学校の授業をどのように実践(改善)するのか述べる。

(分析)

「福島ならでは」の教育を標榜し，第7次福島県総合教育計画が掲げた「学びの変革」は，すべての子どもに必要な資質・能力を育成するため，一方通行の画一的な授業から，「個別最適な学び」，「協働的な学び」，「探究的な学び」へと変革することであり，このためには，「子どもたち一人一人に必要な力を確実に育成していく」としている。

とりわけ，特別支援教育については，学びのセーフティネット(多様な学びの場の整備)と個性を伸ばす教育によって多様性を力に変える土壌をつくるとし，誰ひとり取り残すことなく，すべての子どもたちが可能性や個性を伸ばすことができるよう，子どもたちの状況に応じた教育機会の提供や支援を行うことで，多様性の力に変える土壌をつくるとしている。この土壌をもとに，「学びの変革」を特別支援学校の授業でどのように実践していくのかが問われている。

「個別的な学び」は，「指導の個別化」として，支援が必要なその子の特性や学習進度に応じた効果的な指導と「学習の個性化」として，その子の興味・関心に応じた学習活動や課題に取り組む機会の提供である。「協働的な学び」は，探究的な学びや体験的な活動などを通じ，子ども同士，地域の人々など多様な他者と協働できるようにし，より良い学びを生み出すことである。この「個別最適な学び」と「協働的な学び」の一体的な充実には，ICT機器の活用も有効であるといえる。

いずれにしても，発達段階に即し，一人一人の児童生徒の学びの連続性の確保は必要であり，「指導の個別化」として，「個別の指導計画」をもとに各教科等における育成を目指す資質・能力を明確にすることが大切である。

また，「学習の個別化」として，①一人一人の児童生徒の実態把握(心身の状況・動き・語彙等)，②興味や関心・得意なこと等，③過去に有効であった学習活動(支援・指導)などが考えられる。さらに，「協働的な学び」としては，一人一人のねらいに応じたグループ分け・お互いが見える座席の配置等の環境構成も重要である。

「探究的な学び」は，一人一人の児童生徒が，「やりたいこと・知りたいことなど」自己の意思・問いかけに基づき，正解を探すのでなく主体的に学びを進めていくことであり，「個別最適な学び」と「協働的な学び」のプロセスの中で進められるものである。

作成のポイント

論文の構成は，序論・本論・結論とする。記述前に構想する時間を十分にとり，その内容を簡潔にまとめることが重要である。900字以内であることから，文量を序論(約15～20％程度)・本論(約65～75％程度)・結論(約10～15％程度)の目安をもって臨むことも大切である。

序論では，一人一人の教育的ニーズに応じ，可能性や個性を伸ばす「学びの変革」であり，「個別最適な学び」と「協働的な学び」と「探究的な学び」の重要性について論じる。

本論では，序論で述べた考えの具体的な実践(授業改善)を中心に述べる。その内容として，例えば，小学部の算数科「測定」「みんなで大きさくらべをしよう」3・4年生5名，中学部の国語科「話すこと」「写真を見て，楽しかったことをみんなに伝えよう」5名といった教科・特別活動等の授業を一例に述べることは具体性があり，理解しやすい。簡潔な記述が求められる。なお，学習過程の中で，ICT機器の活用が有効な場面があれば活用することも大切である。

結論では，誰一人取り残さないで一人一人の児童生徒の可能性を伸ばすために，「学びの変革」の考えに基づき，本論で述べた授業の実践に取り組む意欲と決意を述べてまとめたい。

【２】現在，障害のある児童生徒の学びの場として，小・中学校等の通常の学級，通級による指導及び特別支援学級や特別支援学校がある。

令和4年9月，国際連合の障害者権利委員会から日本政府に対して，インクルーシブ教育を受ける権利などに係る勧告があったことを踏まえて，あなたは日本のインクルーシブ教育システムについてどのように考えるか，具体的に述べなさい。

▌2024年度 ▌茨城県 ▌特別支援学校教諭

方針と分析

(方針)

誰もが互いに人格と個性を尊重し，支え合って共生する社会の実現を目指すインクルーシブ教育の重要性と，国際連合などが指摘する課題を整理したうえで，どのように障害者の権利に関する条約に基づくインクルーシブ教育システムを充実させていくか具体的に論じる。

(分析)

平成24年7月の「中央教育審議会初等中等教育分科会報告」の中で，「共生社会の形成に向けて，障害者の権利に関する条約に基づくインクルーシブ教育システムの理念が重要であり，その構築のため，特別支援教育を着実に進めていく必要がある」と述べられた。平成26年1月には「障害者の権利に関する条約」が批准され，教育にかかわる障害者の権利が認められた。また，平成28年4月から「障害者差別解消法」が施行されることとなり，障害者に対する不当な差別が禁止されるとともに，「合理的配慮」を提供することが義務付けられた。この流れの基本的な考え方が，教育の機会均等を確保するために障害者を包容する教育制度(inclusive education system)を確保することである。

この考え方は現行の学習指導要領にも引き継がれ，学習指導要領の改訂に向けた中央教育審議会の答申で「教育課程全体を通じたインクルーシブ教育システムの構築」という考え方が打ち出されている。障害のある子供が，十分に教育を受けられるための合理的配慮及びその基礎となる環境整備を行うことが重要となる。教育環境の整備はもちろん，教育内容を含めてインクルーシブ教育の考え方に立った教育課程を編成し，特別支援教育を進めていくことが求められるのである。

言うまでもなく，日本の特別支援教育は，インクルーシブ教育の考えを踏まえたうえで，児童生徒一人一人のニーズに応じて，適切な支援を行う教育である。しかし，令和4年9月，国際連合から日本政府に対してインクルーシブ教育に対する勧告があった。この勧告では，「強く要請する事項」として6点が指摘されているが，その中心は「特別支援学級や特別支援学校など，別の場で学ぶ」ことは，インクルーシブ教育の考え方に即していないということである。文部科学省は，

「勧告の趣旨を踏まえ，インクルーシブ教育システムの推進に向けた取組を進めていく」という見解を示している。この見解を踏まえ，障害のある子供と障害のない子供が可能な限り共に過ごす条件整備，一人一人の教育的ニーズに応じた学びの場の整備をさらに充実させていくことが必要である。

作成のポイント

1200字の原稿用紙が提示されていることから，論文の構成は，序論・本論・結論といった一般的なものでよいであろう。

序論では，共生する社会の実現を目指すインクルーシブ教育システムの重要性を論じるとともに，国際連合などが指摘する課題を整理して述べ，日本のインクルーシブ教育を一層充実させていくことの重要性を指摘する。この序論を300～400字程度で論じる。

本論では，日本のインクルーシブ教育を一層充実させていくための具体的な取組を2つから3つ程度に整理して論じる。障害のある子供と障害のない子供が可能な限り共に過ごす条件整備，一人一人の教育的ニーズに応じた学びの場の整備といった視点から論じるとよいだろう。この本論を700～800字程度で論じる。

結論では，本論で述べた取組の基本的な考え方を踏まえ，インクルーシブ教育システムの充実を図っていく決意などを100～200字程度で述べて，小論文をまとめる。

【３】新たな時代を見据え，誰一人取り残さず，全ての人の可能性を引き出すための教育の実現に向けて，個別最適な学びと協働的な学びの一体的な充実，学習者主体の学びの充実を図ることが求められています。あなたは，特別支援教育の担当教員として，どのような教育活動に取り組みますか。具体的に述べなさい。(600字)

▌2024年度 ▌さいたま市 ▌特別支援学校教諭

方針と分析

(方針)

本設問は，新たな時代を見据え，誰一人取り残さず，全ての人の可能性を引き出すための教育の実現に向けて，個別最適な学びと協働的な学びの一体的な充実，学習者主体の学びの充実を図ることが求められている。このことを踏まえて，特別支援教育の担当教員として，具体的にどのような教育活動に取り組むか，600字以内で説明する。

(分析)

文部科学省のホームページで閲覧可能だが，「『個別最適な学び』と『協働的な学び』の一体的な充実」を一読するとよい。授業の中で「個別最適な学び」の成果を「協働的な学び」に生かし，さらにその成果を「個別最適な学び」に還元するなど，両者を一体的に充実していくことが大切である。その際，児童生徒の資質・能力育成のため，各教科等の特質に応じ，地域・学校や児童生徒の実情を踏まえながら，ICTを活用した新たな教材や学習活動等も積極的に取り入れつつ，それにより実現される新しい学習活動について，二つの学びの充実に効果を上げているか確認しながら，主体的・対話的で深い学びの実現に向けた授業改善につなげていくことが期待される。特別支援学校向けの学習指導要領においては，「個に応じた指導」の観点から，個々の児童生徒の障害の状態等に応じた指導内容や指導方法の工夫を組織的かつ計画的に行うものと規定されている。障害のある児童生徒について，個々の児童生徒の実態を的確に把握し，個別の指導計画を作成し活用することは義務でもある。以上の内容を踏まえて，受験者が教職課程で学んだ知見や事例を書くとよいだろう。

作成のポイント

600字以内の論文形式なので，全体を三つのパートに分けるとよいだろう。

第一段落ではまず，障害のある児童生徒について，個々の実態を的確に把握し，個別の指導計画を作成し活用することを書く。その上で，児童生徒の資質・能力育成のため，各教科等の特質に応じて，ICTを活用した新たな教材や学習活動等も積極的に取り入れつつ，二つの学びの充実に効果を上げているか確認しながら，主体的・対話的で深い学びの実現に向けた授業につなげていくことを書く。

第二段落では，その具体例を書くとよい。具体的に一つの障害の事例を挙げ，その子供との学習におけるコミュニケーションをどのように取るのかを説明すると書きやすいだろう。

最終段落では，特別支援学校の学習指導要領を踏まえて，個々の児童生徒の障害の状態等に応じた指導内容や指導方法の工夫を組織的かつ計画的に行う必要性を書く。その際，自分で抱え込まず，校内の他の教員，保護者，さらには外部の専門家などを交えた対応の必要性などを書くとよい。

【４】あなたは，特別支援教育の担当教員として，児童生徒の生涯学習への意欲を高めていくために，どのような取組を行いますか。(320字)

2024年度｜さいたま市｜特別支援学校教諭

方針と分析

(方針)

特別支援教育の担当教員として，児童生徒の生涯学習への意欲を高めていくために，どのような取組をするか。320字以内でまとめる。

(分析)

生涯学習，すなわち卒業後の学びの継続に欠かせないものについての考察を求められている。例えば，聞く，話す，読む，書くなど思考力，判断力，表現力などである。これらの能力の養成においては，授業段階から，教員が実際の社会生活で要求される言葉遣いを意識したり，学習で用いるもの以外の道具の積極活用(ICT機器なども含む)をしたりすることが求められる。また，社会の一員であることへの自覚を高めることも重要である。地域社会に対する誇りと愛情，地域社会の一員としての自覚，我が国の国土と歴史に対する愛情，我が国の将来を担う国民としての自覚，世界の国々の人々と共に生きていくことの大切さを意識した授業の実施である。在学中から，地域の生涯学習の機会に参加できるような，学習支援も求められる。例えば，日曜日等に実施しているプログラムへの参加を促していくこと，障害福祉サービスの自立訓練事業や就労移行支援事業と連携すること，卒業後のみならず学齢期からの放課後活動や学校外活動を支援するNPO法人などとの協力体制を作ることも有効であろう(文部科学省「学校卒業後における障害者の学びの推進に関する有識者会議(第1回～第7回)における主な意見」)。

作成のポイント

字数が極めて限られている。いきなり書き出すのではなく，盛り込む題材と捨てる題材をしっかり吟味するべきである。

まずは思考力，判断力，表現力の養成，ICT機器の積極活用を通して，社会の一員であることへの自覚を高めることを目指す内容を書くとよいだろう。続けて，そのためには校内で完結するのは難しい現実があることを書く。卒業後の学習継続を見据えた指導には，放課後活動や学校外活動を支援するNPO法人などとの協力体制を作ることを提案してもよい。

【５】小・中学校において，障害のある本人・保護者から，合理的配慮の申し出があった際，あなたは特別支援教育の担当教員として，どのように対応していきますか。(320字)

▌2024年度 ▌さいたま市 ▌特別支援学校教諭

方針と分析

(方針)

小・中学校において障害のある本人・保護者から合理的配慮の申し出があった際，特別支援教育の担当教員としてどのように対応するか，320字以内で説明する。

(分析)

文部科学省のホームページ上で確認できるが，「合理的配慮」に関する基礎的な理解を試す設問である。これは，一人一人の障害の状態や教育的ニーズ等に応じて決定されるものであり，設置者・学校と本人・保護者により発達の段階を考慮しつつ，可能な限り合意形成を図った上で決定し提供されることが望ましいとされている。また，その内容を個別の教育支援計画に明記することが望ましい。「合理的配慮」

の内容が決定された後も，児童生徒一人一人の発達の程度，適応の状況等を勘案しながら柔軟に見直しができることを共通理解とすることも重要である。さらに，「合理的配慮」の充実を図る上で「基礎的環境整備」の充実が欠かせない。そのため，子供の持つ学習の困難さを補完する機材や教材を導入しながら学習環境の充実を図り，インクルーシブ教育を実現する必要がある。特に，通常学級との交流学習や合同授業の際は，学習の困難さを補う合理的配慮は必須であり，要望の実現は義務とも言える。

作成のポイント

字数が極めて限られているので，いきなり書き出すのではなく，盛り込む題材と捨てる題材をしっかり吟味するべきである。

まずは，個々の児童生徒の困難さに応じた指導内容や指導方法を工夫することを書こう。見えにくさ，聞こえにくさ，道具の操作の困難さなどがあるだろう。教員は，個々の児童生徒ごとに，こうした学習活動を行う場合に生じる困難さが異なることに留意する必要がある。次に，要望があった場合は，基礎的環境の整備の一環として提供する方向で検討すること，個別の教育支援計画に明記することなどを書く。ここで，具体的に困難さの一例を挙げながら，ソフト・ハードの両面で対応するように書くのも一手である。

【６】特別支援学校においては，自立と社会参加に向け，一人一人の教育的ニーズに応じた教育を発展させ，共生社会の実現に向けたインクルーシブ教育システムの推進が求められています。

このことを踏まえ，特別支援学校の教員として障害のある児童生徒の地域生活を将来にわたって豊かにするための取組について，あなたの考えを述べよ。

ただし，対象とする児童生徒の障害種別と学部を解答欄に記入し，「取組のねらい」「取組の意義」を踏まえながら800字以内でまとめよ。

▌2024年度 ▌富山県 ▌特別支援学校教諭

方針と分析

(方針)

インクルーシブ教育システムの推進の趣旨を踏まえ，特別支援学校の教員として障害のある児童生徒の地域生活を将来にわたって豊かにするための取り組みについて，受験者の考えを800字以内で論述する。指定箇所に障害種別と学部を明記し，「取組のねらい」「取組の意義」についても合わせて説明する。

(分析)

受験者が述べるインクルーシブ教育の具体的な取組は複数ある。ただ，ねらいと意義は以下のようなものに集約可能であろう。ねらいは，障害のある児童生徒が自分の能力や可能性を最大限に伸ばし，自立し社会参加できるようにすることである。意義は，地域社会の中で積極的に活動し，その一員として自己肯定感を持ち，誇りを持って生きられるようになることである(富山県教育委員会「富山県特別支援教育将来構想～新しい令和の時代に目指す姿と実現に向けた取組～(令和4年3月公開)」，文部科学省「共生社会の形成に向けたインクルーシブ教育システム構築のための特別支援教育の推進(報告)概要」を参照)。

すぐに思いつけるのは，障害者の権利に関する条約第24条に基づく「インクルーシブ教育システム」の実践例の，特別支援学校が存在する地域の小・中・高等学校との交流および共同学習が挙げられる。これは，互いに認め合い支え合い誰もが活躍できる共生社会の実現や特別支援教育の考え方，特別支援教育における連続性のある多様な学びの場を確保することである。また，キャリア教育に注目するのもよい。学校のある地域や子供が居住する地域にある事業所，住民等と連携した仕事の体験や地域における社会生活の体験をはじめとする学習活動の取組を推進する，学校のある地域の住民や事業所と協力した多様なスポーツ活動や文化芸術活動を学校での学習活動に取り入れる取組，放課後における事業所での活動に取り入れる取組を相互に推進することなどである。

作成のポイント

800字以内の論文形式なので，全体を四段構成にするとよい。

第一段落では，受験者自身が重視する取組，そのねらいと意義を説明する。合わせて，特別支援学校の子どもたちが地域から孤立しがちな状況についても書きたい。ここは，200字程度を充てる。

第二～三段落では，地域生活を将来にわたって豊かにするための取り組みの具体例を説明する。交流および共同学習，地域におけるキャリア教育(就業体験，生涯学習など)などを例に挙げながら，特別支援学校で学ぶ子どもたちの社会参加意欲と自己肯定感の向上につなげる努力を書く。ここは，400～450字程度を充てる。

最終段落では，前段落までのことを確実に実践するため，受験者自身が尽力する決意を書く。特別支援学校教員として，子どもたちの地域における学習の場を積極的に開拓し，関係者のコーディネーターの役目を担う決意などを書きたい。ここは，150～180字程度でまとめる。

【７】学習指導要領では，「よりよい学校教育を通してよりよい社会を創るという理念を学校と社会とが共有し，それぞれの学校において，必要な学習内容をどのように学び，どのような資質・能力を身に付けられるようにするのかを教育課程において明確にしながら，社会との連携及び協働によりその実現を図っていく」という「社会に開かれた教育課程」の実現が求められています。あなたはこれまで，この「社会に開かれた教育課程」を踏まえ，どのような実践をしてきましたか。また，今後，どのような実践を通して，子供達の成長を支援したいと考えますか。あなたの考えを述べなさい。

▌2024年度 ▌静岡県 ▌特別支援学校教諭(教職経験者)

方針と分析

(方針)

まず，これまで「社会に開かれた教育課程」を踏まえ，どのような実践をしてきたのかを説明する。次に，今後どのような実践を通して，子供達の成長を支援したいのかを説明する。

(分析)

地域学校協働活動についての理解を問う問題である。この活動は，地域住民の参画を得て，地域全体で子供たちの学びや成長を支えるとともに，「学校を核とした地域づくり」を目指し，地域と学校が連携・協働して行う様々な取り組みを指す。教育委員会は，地域住民と学校との情報共有を行う地域学校協働活動推進員を委嘱できる(文部科学省の公開資料「社会に開かれた教育課程」，静岡県教育委員会「地域学校協働本部とは？」を参照。)。コミュニティ・スクールの制度も関係するが，今回は，取組あるいは実践経験について書くことを求められている。よって，地域学校協働活動，静岡県の用語では，「地域学校協働本部」の事例を踏まえて，受験者自身の経験を書くとよい。例えば，障害など学習に困難を抱える児童生徒の授業補助や読み聞かせの経験，行事支援や地域の行事・イベント等において，障害を持った児童生徒の社会参加を支援する地域団体や企業等と協働し，受け持った児童生徒の体験機会を提供したことなどを書いていくとよい。

作成のポイント

論文の一般的な形式である序論・本論・結論の三～四段構成を意識するとよい。

序論では，「社会に開かれた教育課程」が要求される理由を説明する。例えば，特に障害や学習の困難さを持つ児童生徒は，社会のつながりの中で学びながら，自分の力で人生や社会をよりよくできるという実感を持つ機会が不可欠であることを書く。そして，変化の激しい社会において子供たちが自ら困難を乗り越え，未来に向けて進む希望や力を育む必要性を書こう。ここは，200字程度を目安としたい。

本論では，受験者が教育現場や地域活動の中で経験した取り組みについて書いていく。内容は，分析で挙げたものに関わるものを選ぶとよい。また，今後の実践については，ICT機器や生成AIの普及などを踏まえて，特別支援学校で学ぶ児童生徒が，そうしたテクノロジーを使いこなせる力を育んでいきたいことなどを書くとよい。ここは，二段構成に分けて，合計450字程度を目安としたい。

結論では，静岡県教育委員会の方針をふまえて，社会総がかりで子どもたちの学びや育ちを支えていくため，学校，家庭，地域，企業等の連携・協働による教育力の向上に尽力する決意を150字程度で述べてまとめとする。

【8】静岡県の特別支援学校では，医療的ケアの必要な幼児児童生徒が，将来，生き生きと自己実現をしながら，社会に積極的に参画していく姿を目指した教育を行っています。あなたは，医療的ケアが必要な幼児児童生徒の学校卒業後の豊かな生活とは，どのような姿と考えますか。また，その実現のために，自立活動教諭として幼児児童生徒の学校在学時にどのような支援を心掛けたいと考えますか。あなたの考えを述べなさい。

2024年度 ▌静岡県 ▌特別支援学校教諭(看護師経験者)

方針と分析

(方針)

まず，医療的ケアが必要な幼児児童生徒の学校卒業後の豊かな生活とは，どのような姿が好ましいのかを説明する。このとき，社会参画を踏まえた内容としたい。次に，その実現のために，自立活動教諭として幼児児童生徒の学校在学時に心掛けたい支援の内容を説明する。

(分析)

医療的ケアが必要な子どもとは，人工呼吸器や気管切開などの医療機器を使用したり，点滴やカテーテルなどの医療処置を要したりする子どものことである(文部科学省「小学校等における医療的ケア実施支援資料～医療的ケア児を安心・安全に受け入れるために～」を参照)。こうしたハンディを持っていても，子どもたち一人ひとりの個性や能力に応じて，教育の機会を平等に提供し，自分らしく豊かに生きることができるのが好ましい。さらには，こうしたハンディを持っていても，医療的な処置を受けながら，経済的に自立できる社会環境も必要になろう。社会の中で自立していくには，在学中に他者との積極的な関わり合いの中で自分の特性や強みを発見したうえでそれらを伸ばし，社会人として自立した生活を送れるようになるための学びが必要である。そのためには，医療的ケアが必要な子どもや保護者の個別のニーズに応じた教育内容や方法，医療的ケアの実施体制，学校と医療機関の連携などが重要になる。加えて，学校卒業後の進路については，本人や保護者の希望や意向を尊重しながら，医療機関や福祉機関，就労支援団体との連携や情報共有，さらには企業や福祉作業所との関係構築が欠かせない(静岡県教育委員会「静岡県医療的ケアガイドライン～令和3年3月公表～」を参照)。こうした場面で，自立活動教諭は，学校において医療的ケアだけでなく，子どもたちを取り巻く様々なステークホルダーの総合的なコーディネーターとしての役目も重要になってくる。

作成のポイント

論文の一般的な形式である，序論・本論・結論の三～四段構成を意識するとよい。

序論では，最初の一段落で，ハンディを持っていても，子どもたち一人ひとりの個性や能力に応じて，教育の機会を平等に提供し自分らしさを発揮しながら自活できること，そうした生き方を受け入れる環境を整備した企業や作業所が増えることなどを書いていく。ここは，200字程度で述べたい。

本論は，二段構成とする。最初の一段目(二段落目)は，学校生活上に支障をきたす急性的な症状を抑える処置を講じること，それぞれの子どもの年代や特性に応じた学びができる条件を準備することなどを論じていく。ここでは，保護者や学校内の他の教員と協力し，子どもの心身に対する日常的な観察が欠かせないことなどを書いていく。次の段落(三段落目)では，学校外の専門機関や就業先との関係構築に，積極的な役割を果たしていくことの重要性を書いていこう。ここは，450字程度で述べる。

結論では，静岡県教育委員会の方針をふまえて，社会総がかりで子どもたちの学びや育ちを支えていくため，学校，家庭，地域，企業等の連携・協働による教育力の向上に尽力する決意を150字程度で述べてまとめとする。

【９】次の資料1，2は，全国の公立小学校の通常の学級に在籍する児童を母集団とした，「通常の学級に在籍する特別な教育的支援を必要とする児童生徒に関する調査結果について(文部科学省，令和4年12月13日)」の一部である。これらの資料をもとに，通常の学級に在籍する特別な教育的支援を必要とする児童の実態について，その特徴を整理するとともに，そのことを踏まえた上で，あなたが特別支援学校の教員として果たすべき役割を800字程度で具体的に述べよ。

資料1

表6　質問項目に対して学級担任等が回答した内容から，「学習面，各行動面で著しい困難を示す」とされた児童生徒の学校種，学年別集計

〈小学校〉

	推定値 (95%信頼区間)			
	学習面又は行動面で著しい困難※を示す	A	B	C
小学校	10.4% (9.8%〜11.1%)	7.8% (7.3%〜8.3%)	4.7% (4.3%〜5.1%)	2.0% (1.7%〜2.3%)
第１学年	12.0% (10.7%〜13.5%)	9.1% (8.0%〜10.4%)	5.6% (4.8%〜6.5%)	2.0% (1.5%〜2.7%)
第２学年	12.4% (11.2%〜13.7%)	9.0% (8.0%〜10.1%)	5.8% (5.0%〜6.7%)	2.4% (1.8%〜3.0%)
第３学年	11.0% (9.8%〜12.2%)	8.2% (7.3%〜9.3%)	5.1% (4.3%〜5.9%)	2.1% (1.6%〜2.8%)
第４学年	9.8% (8.8%〜10.9%)	7.3% (6.5%〜8.3%)	4.5% (3.8%〜5.2%)	1.5% (1.1%〜2.0%)
第５学年	8.6% (7.6%〜9.8%)	6.8% (5.8%〜7.8%)	3.7% (3.1%〜4.4%)	1.9% (1.5%〜2.5%)
第６学年	8.9% (7.8%〜10.1%)	6.4% (5.4%〜7.4%)	3.8% (3.2%〜4.6%)	1.9% (1.5%〜2.5%)

A：「学習面で著しい困難を示す」，B：「「不注意」又は「多動性―衝動性」の問題を著しく示す」，C：「「対人関係やこだわり等」の問題を著しく示す」

※「児童生徒の困難の状況」の基準

①　学習面(「聞く」「話す」「読む」「書く」「計算する」「推論する」)

〈小学校〉

「聞く」「話す」等の6つの領域(各領域5つの設問)のうち，少なくとも一つの領域で該当項目が12ポイント以上をカウント。

② 行動面(「不注意」「多動性—衝動性」)

奇数番目の設問群(「不注意」)または偶数番号の設問群(「多動性—衝動性」)の少なくとも一つの群で該当する項目が6ポイント以上をカウント。

ただし，回答の0，1点を0ポイント，2，3点を1ポイントにして計算。

③ 行動面(「対人関係やこだわり等」)

該当する項目が22ポイント以上をカウント。

資料2

「通常の学級に在籍する特別な教育的支援を必要とする児童生徒に関する調査」

質問項目

I. 児童生徒の困難の状況

〈学習面「聞く」「話す」「読む」「書く」「計算する」「推論する」〉

(0：ない，1：まれにある，2：ときどきある，3：よくある，の4段階で回答)

〈略〉

・初めて出てきた語や，普段あまり使わない語などを読み間違える

・文中の語句や行を抜かしたり，または繰り返し読んだりする

〈略〉

・読みにくい字を書く(字の形や大きさが整っていない。まっすぐに書けない)

・独特の筆順で書く

〈略〉

・学年相応の数の意味や表し方についての理解が難しい(三千四十七を300047や347と書く。分母の大きい方が分数の値として大きいと思っている)

・簡単な計算が暗算でできない

〈略〉

(※6領域各5項目，計30項目)

〈行動面(「不注意」「多動性—衝動性」)〉

(0：ない，もしくはほとんどない，1：ときどきある，2：しばしばあ

る，3：非常にしばしばある，の4段階で回答)

・学業において，綿密に注意することができない，または不注意な間違いをする

・手足をそわそわと動かし，またはいすの上でもじもじする

・課題または遊びの活動で注意を集中し続けることが難しい

〈略〉

(※計18項目)

〈行動面(「対人関係やこだわり等」)〉

(同じ学年の児童生徒と比べて，特に目立つかどうかで考え，0：いいえ，1：多少，2：はい，の3段階で回答)

・大人びている。ませている

・みんなから，「○○博士」「○○教授」と思われている(例：カレンダー博士)

・他の子供は興味を持たないようなことに興味かおり，「自分だけの知識世界」を持っている

〈略〉

(※計27項目)

資料1・2「通常の学級に在籍する特別な教育的支援を必要とする児童生徒に関する調査結果について」(令和4年12月13日　文部科学省)

2024年度 ▌和歌山県 ▌特別支援学校教諭

方針と分析

(方針)

示された資料を基に，通常の学級に在籍する特別な支援の必要な児童生徒の実態についての特徴を述べ，特別な支援に基づく教育を充実させることの重要性を述べる。そのうえで，どのように通常の学級に在籍する児童生徒の特別な支援を充実させていくか具体的に述べる。

(分析)

資料は，文部科学省の通常の学級に在籍する特別な支援の必要な児童生徒に関する調査結果である。一般的に，通常の学級に在籍する特別な支援の必要な児童生徒は「困った子供」といったイメージがある。教師や親にとって理想通りに学んだり成長したりしない，課題のある

子供が目に浮かぶ。また，友達と上手にかかわることができない，自分の感情をコントロールすることができないといった子供である。これは，大人の視点から見た，大人の論理で「困った子供」を連想しているのである。しかし，友達と上手に関わることができない，自分の感情をコントロールすることができないといった子供は，困っている子供ではないか，という立場に立つことが必要である。

示された資料から分かるように，今，学習面や行動面で著しい困難を示す子供の割合は10パーセント程度である。これは1学級に3～4名の特別な支援が必要な子どもが在籍していることになる。これらの多くは，LD，AD／HD，高機能自閉症，広汎性発達障害といった軽度発達障害であることが想定される。こうした児童生徒に対して，適切な環境を整え，必要な対応をしていくことが求められている。児童生徒一人一人のニーズに応じた適切な支援を行う特別支援教育が求められているのである。

こうした教育は，学級担任だけに任せることはできない。管理職をはじめ，特別支援教育コーディネーター，養護教諭などがチームをつくり，組織的に取り組んでいかなければならない課題である。また，必要に応じて医師やカウンセラーといった専門家の力を借りることも重要となる。特に学校として，該当する子供や保護者の考えや思いを受け止めることが大切である。

学級担任，あるいは特別支援教育に携わる教員としては，保護者の思いを受け，その子供の気持ちに寄り添って対応することが大切である。同時に，周囲の子供たちへの配慮も欠かすことができない。保護者の理解を得た上で，その子供の障害の状況を説明し，その子の行動を理解させることが不可欠である。そのうえで，学級の中に，互いを理解して，認め合う雰囲気をつくっていくことが大切である。こうした子供が在籍している学級では，とりわけ「支持的風土のある学級づくり」が必要とされる。

作成のポイント

800字程度という文字数の指定があるので，序論・本論・結論の3段落構成でまとめるのがよい。

序論では，まず，示された資料から通常の学級に在籍する特別な支援の必要な児童生徒の実態についての特徴を述べる。学習面や行動面で著しい困難を示す子供の割合は10パーセント程度であり，1学級に3～4名の特別な支援が必要な子どもが在籍していること，その多くはLD，AD／HD，高機能自閉症，広汎性発達障害といった軽度発達障害のあることが想定されることを指摘する。そのうえで，特別な支援に基づく教育を充実させることの重要性を強調する。この序論を250字程度で述べるようにする。

本論では，そうした特別な支援の必要な児童生徒の学級担任，あるいは特別支援教育に携わる教員としての具体的な対応策を二つ程度に整理して論述する。たとえば，個別の指導計画の作成とその活用，校内体制の確立と組織的・計画的な取組み，学校内外の専門家や専門機関との連携・協力，保護者との情報共有と協働などがその具体的な取組みの視点となる。一つの方策を200字程度，合計400～450字程度の本論にする。

結論では，個々の子供の特性や背景をよく理解したうえで，関係者と協働した支援を行うこと，学級を規律ある「学びと生活の集団」にしていくことなどを述べ，特別な支援の必要な児童生徒に対する適切な支援を行っていくことを100字程度で述べて，論文をまとめる。

【 10 】「共生社会の形成に向けたインクルーシブ教育システム構築のための特別支援教育の推進(報告)」(平成24年7月　中央教育審議会)では，障がいのある子どもに対する支援について，合理的配慮，基礎的環境整備を充実させていくことが重要であると述べられている。

あなたは，支援学校幼稚部・小学部の教員として，聴覚障がいと知的障がいを併せ有する児童に指導や支援を行う場合，どのような取組みを行いますか。留意点にも触れながら，500字程度(450字以上550字以内)で具体的に述べなさい。

▌2024年度 ▌大阪府 ▌支援学校(幼稚部・小学部共通及び小学部)

方針と分析

(方針)

誰もが互いに人格と個性を尊重し支え合って共生する社会の実現を目指すインクルーシブ教育の重要性を指摘し，そのためにどのように合理的配慮や基礎的環境整備を充実させていくか具体的に論じる。

(分析)

平成24年7月の『中央教育審議会初等中等教育分科会報告』の中で，「共生社会の形成に向けて，インクルーシブ教育システムの理念が重要であり，その構築のため，特別支援教育を着実に進めていく必要がある」と述べられた。平成26年1月には「障害者の権利に関する条約」が批准され，教育にかかわる障がい者の権利が認められた。また，平成28年4月から「障害者差別解消法」が施行されることとなり，障がい者に対する不当な差別が禁止されるとともに，「合理的配慮」を提供することが義務付けられた。この流れの基本的な考え方が，教育の機会均等を確保するために障がい者を包容する教育制度(inclusive education system)を確保することである。

この考え方は現行の学習指導要領にも引き継がれ，学習指導要領の改訂に向けた中央教育審議会の答申で「教育課程全体を通じたインクルーシブ教育システムの構築」という考え方が打ち出されている。障がいのある子供が十分に教育を受けられるための合理的配慮，及びその基礎となる環境整備を行うことが重要となる。教育環境の整備はもちろん，教育内容を含めてインクルーシブ教育の考え方に立った教育課程を編成し，特別支援教育を進めていくことが求められるのである。

言うまでもなく，特別支援教育は，児童生徒一人一人のニーズに応じて適切な支援を行う教育である。しかし，一口に「ニーズに応じた教育」といっても，校種や児童生徒の発達段階，障がいの状況によって求められることは異なる。また，小中学校では，通常の学級に在籍する「特別な教育的支援を必要とする児童」の数が増えており，それへの対応が課題となっている。中学校では，それに加え卒業後の進路の選択などが課題となる。特別支援学校や特別支援学級では，障がいの重度・重複化への対応が大きな課題である。

こうした課題の解決に向け，適切な環境を整えるとともに，必要な対応をしていくことが重要である。具体的には，一人一人の障がいの状況に応じた教育を進めること，積極的に社会に出ていくことを可能にすること，組織的に取り組んでいくこと，保護者や地域の理解を得ることなどが重要である。また，学校として保護者の考えや思いを受け止めるとともに，必要に応じて医師やカウンセラーといった専門家の力を借りることも重要である。

作成のポイント

500字という文字数が規制されているので，序論と本論で簡潔に論じるとよいだろう。

序論では，設問にあるインクルーシブ教育とはどのような教育なのか，その重要性を含めて簡潔に論述する。それに続けて，インクルーシブ教育システム構築のために特別支援教育で何を大切にするのかを論じる。その際，可能であれば中央教育審議会の答申や受験する大阪府の施策などを踏まえることが必要である。

本論では，インクルーシブ教育の考え方に立った特別支援教育にどのように取り組んでいくか，合理的配慮や基礎的環境整備を踏まえて具体的な方策を論述する。具体的には，「個に応じた教育の充実」「個別の教育支援計画の作成と活用」「個別の指導計画の活用」「障がいの有無にかかわらず共に学ぶことの重要性」，そのための「授業内容や方法の工夫・改善」「家庭や地域との連携し越・設備の充実」といった方策などが考えられる。

【11】通常の学級に在籍する小学生，中学生の8.8%に学習や行動に困難のある発達障害の可能性があることが，令和3年度に実施された文部科学省の調査により明らかになりました。発達障害に限らず，肢体不自由や病弱(医療的ケア含む)等の障害や病気のある児童生徒が，通常の学級に在籍するケースも近年増えてきています。

このような状況の中で，一人一人の教育的ニーズに応じた教育を行うために，これからの学校教育に求められるもの，学校や教員がやるべきことは何か，あなたの考えを述べなさい。

2024年度 ▌京都市 ▌総合支援学校　論文Ⅰ(午前)

方針と分析

(方針)

多様な障害や病気のある児童生徒が通常の学級に在籍するケースが増える事情を踏まえて，一人一人の教育的なニーズに応じた教育を行うために，これからの学校教育に求められるもの，学校や教員がやるべきことは何か。五つの評価の観点を踏まえ，受験者の考えを，590～620字程度でまとめる。

(分析)

京都市の総合支援学校は，文部科学省の「平成30年度学校における医療的ケア実施体制構築事業」の成果報告書の中で，先進事例として取り上げられている。また，看護師資格を持つ人の採用にも積極的である。受験者は，こうした動きを公開資料などで確認しておく必要があるだろう。

まず，京都市の総合支援学校は，障害種別の枠を超えて教育を行う総合制をとっており，個々の子どもの学習上または生活上の困難を改善・克服し，自立を図るための教育に尽力している。その上で，子どもたちの障害に応じた施設・設備の整備が進んでいる(京都市「子どもの育ち・子育てサポートブック～子どもの育ちが気になったら～」を参照)。

医療的ケアが必要な子どもの中には，人工呼吸器や気管切開などの医療機器を使用したり，点滴やカテーテルなどの医療処置を要したりする児童生徒が含まれる(文部科学省「小学校等における医療的ケア実施支援資料～医療的ケア児を安心・安全に受け入れるために～」を参照)。京都市内で通常学級に医療的ケアを必要とする子どもを受け入れる場合，以下の取組を行っている。

① 児童生徒の体調の変化や教員や看護師の動きなどを把握しコーディネートする教員を配置

② 校内における高度な医療的ケアに対応した実施マニュアル作成

③ 人工呼吸器を装用している児童生徒の受入れの検証

④ ICTを活用した主治医，指導医との相談指導システム(特に，緊急対応を要する場合)

こうした環境の中で，ハンディを持っていても，子どもたち一人ひとりの個性や能力に応じて，教育の機会を平等に提供し，自分らしく豊かに生きることができるのが好ましい。さらには，社会の中で自立していくには，在学中に他者との積極的な関わり合いの中で自分の特性や強みを発見したうえでそれらを伸ばし，社会人として自立した生活を送れるようになるための学びを提供する必要がある。

作成のポイント

論文としての出題であるので，設問条件を外さないようにしながら，序論・本論・結論の構成を意識しよう。

序論では，これからの学校教育に要求されることについて書く。ここでは，個々の子どもの学習上または生活上の困難を改善・克服し，社会的な自立を図るための教育，通常学級を原則とする学校内に，子どもたちの障害に応じた施設・設備の整備を行うことなどを書く。ここは，180～200字程度で述べる。

本論では，学校や教員がやるべきことについて，具体的に書く。ここでは，(分析)で触れた，通常学級に医療的ケアを必要とする子どもを受け入れる場合の取組に関する内容を，二つ程度，書くとよい。評価の観点を踏まえると，②，④を優先して書くとよいだろう。本段落は，280～300字程度を費やしてよい。

結論では，本論の取組を通じて，通常学級の中で個々の子どもの学習上または生活上の困難を改善・克服し，自立を図るための教育機会を提供する決意を100～120字程度で述べて論文をまとめる。

【12】教諭Ａは，塾を経営する知人Ｂから夏期講習の学習指導を手伝ってほしいと依頼された。夏季休業期間中のことで，また知人Ｂは過去世話になった恩人であり，その依頼を断り切れなかった教諭Ａは，講師として学習指導を行った。夏季休業期間が終わり知人Ｂは教諭Ａに謝礼として電子通貨で4万円分を送金した。教諭Ａは知人Bから電子通貨を受け取ったが，現金ではないので問題ないと考え，この塾の夏期講習での指導について管理職には報告をしていなかった。

教諭Ａの行為が不適切である理由を明確にした上で，この件が及ぼす影響と，この事案を防ぐためにはどうすれば良かったか，あなたの考えを具体的に述べなさい。

※地方公務員法第38条『職員は，任命権者の許可を受けなければ，商業，工業又は金融業その他営利を目的とする私企業(以下この項及び次条第一項において「営利企業」という。)を営むことを目的とする会社その他の団体の役員その他人事委員会規則(人事委員会を置かない地方公共団体においては，地方公共団体の規則)で定める地位を兼ね，若しくは自ら営利企業を営み，又は報酬を得ていかなる事業若しくは事務にも従事してはならない。』

※教育公務員特例法17条『教育公務員は，教育に関する他の職を兼ね，又は教育に関する他の事業若しくは事務に従事することが本務の遂行に支障がないと任命権者において認める場命には，給与を受け，又は受けないで，その職を兼ね，又はその事業若しくは事務に従事することがでできる。』

2024年度 京都市 総合支援学校　論文Ⅱ(午前)

方針と分析

(方針)

教諭Aは，知人Bの経営する学習塾で夏期講習の指導を手伝った謝礼として，電子通貨を受け取った。このとき，Aは一連の事実を管理職教員に報告しなかった。評価の観点をふまえて，本事案におけるAの行為が不適切ある理由，及ぼす影響，事案防止のためにすべきであったことについて，指定の書式にまとめなければならない。

(分析)

近年，働き方改革などの進展により，企業等で副業・兼業が許可される場合も出てきた。けれども，設問資料にあがっている条文で示されているように，教員には，地域クラブなどの課外活動や社会教育的な意味合いのある兼職兼業以外は容認されていない(文部科学省「公立学校の教師等が地域クラブ活動に従事する場合の兼職兼業について」)。受験者が，このことを理解しているかどうかを試す意図があると思われる。

まず，不適切な理由から考えよう。Aが知人Bの経営する学習塾で夏期講習の指導を手伝ったことは，他の職業に従事することに当たる。ところが，管理職教員に報告しなかったという点から，許可を得ていないと判断できる。また，塾は営利事業であること，電子通貨の受領も報酬に当たることなどが当てはまる。

次に，本件が及ぼす影響である。Aの行為は，教育公務員の倫理規範や規律を守ることの重要性や意義を軽視するものである。そのため，本行為が発覚した場合，子どもや保護者，一般市民からの教諭という教育公務員全体，学習指導や生活指導の説得力の低下，学校全体のイメージや評判を損ねる事態を招いてしまう可能性が高い。

最後に，事案防止のためにすべきであったことは，以下の内容が考えられる。そもそも，学習塾側の指導依頼があった時点で断ることを書きたい。管理職の許可を得て，ボランティア活動の一環であればよい，という考え方も不可能ではない。ただ，学校教諭が学習塾で教えていたという事実が通塾する子どもたちや塾関係者等から，SNSを通じて発信される可能性も高い。こうした可能性を考え，指導自体を断るという対応が最適だったと思われる。

作成のポイント

明確な字数指定はないが，公開されている答案用紙から，設問で要求されている各内容を1～2文，最大3文程度で，端的に説明する必要がある。分析でも触れたが，教諭Aの行為が不適切である理由，本件が及ぼす影響，事案防止のために必要だった対応の順番に書いていく。

不適切な理由には，学習塾が営利事業であること，管理職の許可を得ていないこと，そして，有償での指導となってしまったことを押さえたい。

本件が及ぼす影響には，本人の教諭としてのキャリア形成に留まらず，児童生徒や保護者からの教育・学校への信頼失墜につながる内容を書くとよい。

防止策としては，まずは学習塾での指導依頼を断ること，新規採用時に地方公務員法や教育公務員法に関する研修の受講を義務化することなども考えられる。

【 13 】あなたは，育成学級(特別支援学級)の担任をしています。年度当初，担任する小学校6年生の児童の保護者から，個別の教育支援計画と個別の指導計画の作成，実施，評価，更新におけるすべてのプロセスにおいて，保護者と福祉関係者が参画することについての要望がありました。この場合，あなたは，担任としてどのように対応しますか。個別の教育支援計画・個別の指導計画の意義，保護者対応に至るまでの手順及び考え方，また保護者への回答内容について述べなさい。

▌2024年度 ▌京都市 ▌総合支援学校　論文Ⅰ(午後)

方針と分析

(方針)

年度当初，担任する児童(小6)の保護者から，個別の教育支援計画と個別指導計画の作成，実施，評価，更新におけるすべてのプロセスにおいて，保護者と福祉関係者を参画させるように要望があった。この要望に担任としてどう対応するのか。個別の教育支援計画，個別の指導計画の意義，保護者対応に至るまでの手順と考え方，保護者への回答について，590～620字程度で説明する。

(分析)

個別の教育支援計画と個別の指導計画について考えるには，文部科学省の「学習指導要領解説『総則編』」を参照するとよい。平成15年度から実施された障害者基本計画においては，教育，医療，福祉，労働等の関係機関が連携・協力を図り，障害のある児童の生涯にわたる継続的な支援体制を整え，それぞれの年代における児童の望ましい成長を促すため，個別の支援計画を作成することが示された。この個別の支援計画のうち，幼児児童生徒に対して教育機関が中心となって作成するものを個別の教育支援計画という。これは，願い，障害による困難な状況，支援の内容，生育歴，相談歴など子どもに関する事項について，本人・保護者も含めた関係者で情報共有するためのツールである。

個別の指導計画は，個々の児童の実態に応じて適切な指導を行うために学校で作成されるものである。個別の指導計画は，教育課程を具体化し，障害のある児童など一人一人の指導目標，指導内容及び指導方法を明確にして，きめ細やかに指導するために作成するものである。子供の実態に応じて適切な指導を行えるよう，一人一人の指導目標，指導内容及び指導方法を明確にしたものである。

京都市では，「～個のニーズに応じた指導の一層の充実に向けて～個別の指導計画に基づく指導と支援」という資料を公開している。この中では次のようなことが書かれている。

「学校は保護者に対し，二つの教育計画への参加を求め，より充実した指導を追求することが大切である。指導目標，学習内容・方法，できる状況づくりについて責任を持って説明し，理解を得ることが大事である。また，指導の経過や成果についても明示し，子どもたちの成長を保護者と共に促す意味合いもある。」

こうした内容を踏まえて，保護者への情報開示，また，福祉関係者の参画も前向きに捉える内容・構成で，設問に解答していくとよいだろう。

作成のポイント

論文としての出題であるが，知識活用力を問う意味合いの強い問題である。また，論文Ⅱの解答時間と合わせても，ごく限られた時間しかない。よって，序論・本論・結論の構成に拘るよりも，設問条件のすべてをクリアするように記述しよう。ただし，全体を3～4段構成にするのを忘れないようにしたい。

最初に，個別の教育支援計画，個別の指導計画の意義を説明する。二つの内容説明に終始することなく，キーワードの説明と作成メリットをできるだけ簡潔にまとめたい。ここは，200～220字程度が目安になろう。

次に，保護者対応に至るまでの手順と考え方を述べる。基本的には，積極的な情報開示と計画への参画を求める方向で，管理職教員や関係する教員と打ち合わせをすること，指導計画や内容の定期的な更新・評価をしていくことなどを書いていく。ここは，200～220字程度で述べたい。

最後に，保護者への回答内容を述べる。ここでは，福祉関係者も子どもの保護者一員と捉えていく。その上で，参画・同席を求める方向性，また，定期的な更新・評価のために保護者などとの面接を随時行うことなどを書いていこう。記述量は180～200字程度を目安とする。

【 14 】運動会終了後の懇親会にて教諭Ａは，都合により自家用車で懇親会の会場へ行った。最初教諭Ａは自家用車で来たことを理由に飲酒は断っていたが，同僚の教諭Bから少しぐらいなら大丈夫と飲酒を勧められた。教諭Ａも少しならと思い，ジョッキー杯のビールを飲んだ。懇親会が終了し教諭Aは飲酒したものの意識ははっきりしており，運転に支障がないと判断しそのまま自家用車を運転して帰ることにした。その際教諭Ｂに途中まで送ってほしいと頼まれ，教諭Ａの自家用車に同乗させ帰途についた。途中検問があり，飲酒運転により教諭Aは検挙された。

一連の行為の何が非違行為に当たるか明確にした上で，この件が及ぼす影響と，この事案を防ぐためにはどうすれば良かったか，あなたの考えを具体的に述べなさい。

※京都市立学校幼稚園教職員の処分等に関する指針の7交通事故・交通法規違反関係では，(1)酒酔い運転又は酒気帯び運転(以下「飲酒運転」という)，無免許運転，飲酒運転又は無免許運転をした教職員は，免職又は停職とする。(2)飲酒運転，無免許運転以外での交通事故，悪質な交通法規違反により交通事故を起こした教職員は免職，停職，減給又は戒告とする。(5)飲酒運転の助長，容認，飲酒運転であることを知りながら，当該車両に同乗した教職員は，免職又は停職とする。飲酒運転となることを知りながら，その者に飲酒を勧めた教職員についても同様とするとある。

▌2024年度▌京都市▌総合支援学校　論文Ⅱ(午後)

方針と分析

(方針)

設問の状況・条件および※の資料文を熟読し，一連の行為の何が非違行為に当たるかを明確にする。この件が及ぼす影響，事案を防ぐためにはどうすれば良かったのか，指定の書式に収まるように書かなければならない。

(分析)

Bの立場は先輩教諭，新規採用者となる受験者は教諭Aの立場に置かれやすい。公共交通機関の利便性がないために自家用車による通勤が認められる学校もあること，チーム学校での児童生徒対応が求められる場面が近年は多いので，教諭同士の親睦を深めるための懇親会が開催されることを想定した設問である。まずは設問条件を正確に把握し，※の資料文と合わせて，そこから論理的に推論できる解答を端的にまとめる必要がある。

一連の行為の何が非違行為に当たるか。Aについては酒気帯び運転をした事実，Bについては，道路交通法第65条第4項でも禁止されている，酒気帯び状態と知りながら運転手に運転することを要求または依頼して同乗したことである。この件が及ぼす影響は，A・B本人の停職または免職に留まらない。教育公務員の不祥事はメディアに報道されるケースが多く，そのため，児童生徒やその保護者の教諭個人やその指導に対する信用失墜，さらには地域社会からの学校運営に対する信用低下などを招いてしまうことである。事案を防ぐためには，新任教諭は，「京都市職員コンプライアンス推進指針」等を用いた講習会を必ず受講すること，その上で交通法規を遵守し，校務のある日に懇親会などアルコールを伴いやすい場を設けないことなどを書くとよい。また，Bの先輩教諭は，新任教諭に不当な要求をしないことなどを書くのもよいだろう。

作成のポイント

明確な字数指定はないが，公開されている答案用紙から，設問で要求されている各内容を一～二文，最大三文程度で，端的に説明する必要がある。分析でも触れたが，教諭AおよびBの非違行為，本件が及ぼす影響，事案防止のために必要だった対応の順番に書いていく。

まず，非違行為については，Aの酒気帯び運転，Bの飲酒運転の助長や同乗は必須の内容である。次に，影響に関しては，本人の停職または免職に留まらず，学校や市教育委員会全体の責任を問われること，さらにメディアで報道された場合，児童生徒や保護者，地域社会の信用失墜など多岐に渡ることなどを書こう。最後に，事案防止については，分析でも触れたように，教職員としてのコンプライアンス講習の義務化，特に新任教諭については，入職した年には複数回行うことなどを提案してもよい。

【 15 】特別支援教育では，障害のある児童生徒の自立と社会参加に向けた主体的な取組を支援するという視点に立ち，児童生徒の持てる力を高めていくことが大切です。あなたは児童生徒の持てる力を高めるために，どのような指導や支援が必要だと考えますか。あなた自身の特別支援教育に対する目標に触れながら，800字以内で述べなさい。

2024年度 ▌佐賀県 ▌特別支援学校教諭

方針と分析

(方針)

障害のある児童生徒の持てる力を高めるために，どのような指導や支援が必要だと考えるか。受験者の特別支援教育に対する目標に触れながら，800字以内で説明する。

(分析)

本設問に答える上で必要なことは，そもそも「特別支援教育」とは何かということである。それは，障害のある幼児児童生徒の自立や社会参加に向けた主体的な取組を支援するという視点から，子どもたち一人一人の教育的ニーズを把握し，その持てる力を高め，生活や学習上の困難を改善又は克服するために適切な指導及び必要な支援を行うものである。我が国が目指すべき社会は，障害の有無にかかわらず誰もが相互に人格と個性を尊重し支え合う共生社会である。その実現のため，障害者基本法や障害者基本計画に基づいて，ノーマライゼーションの理念による障害者の社会への参加・参画に向けた総合的な施策が推進されている。こうした状況の中で，学校教育は障害者の自立と社会参加を見通した取組を果たすことが求められている(中央教育審議会「特別支援教育を推進するための制度の在り方について(答申)特別支援教育の理念と基本的な考え方」を参照)。

では，自立と社会参加を見通した取組として，特別支援学校ではどのような指導や支援が必要か。佐賀県教育委員会「特別支援学級及び通級指導教室担当のための手引き(令和5年版)」によれば，学習上または生活上の困難を改善・克服するための合理的配慮の充実であるという。すなわち，障害による学習上，または生活上の困難を主体的に改善・克服するため，また，個性や障害の特性に応じてその持てる力を高めるため，必要な知識，技能，態度，習慣を身に付けられるよう支援する。その際，通常学級で使用されているICT機器についても，積極的に活用しながら現代の情報通信技術が駆使される社会において，弱者とならないための技能を身に付ける指導も求められよう。

作成のポイント

800字以内の小論文であるため，序論・本論・結論の三段構成を意識しよう。

序論では，特別支援教育の目標を200字程度で書く。障害を持った子どもたちの自立と社会参加を見通した取組を果たすこと，そうした意欲を引き出すことなどを書いていこう。

本論では，自立と社会参加を見通した取組として，特別支援学校ではどのような指導や支援が必要かを，授業実践と関わらせながら400～450字程度で書いていく。「特別支援学級及び通級指導教室担当のための手引き(令和5年版)」には，支援・指導の場面で活用できるよう，障害の種別ごとに必要となる合理的配慮について，詳しく書かれている。この内容を一読したうえで，具体的な障害の種類を挙げながら，求められる合理的配慮の内容説明をしよう。その際，ICT機器の積極活用にも触れ，いわゆるIT弱者にならないような支援・指導の重要性も書くとよい。

結論では，上記の取組を通じて，生活上の困難を主体的に改善・克服するため，また，個性や障害の特性に応じてその持てる力を高めるような指導・支援を目指す決意を150～200字程度で書いて論文をまとめる。

【 16 】令和4年12月に文部科学省から出された「生徒指導提要」において，生徒指導の目的は「児童生徒一人一人の個性の発見とよさや可能性の伸長と社会的資質・能力の発達を支えると同時に，自己の幸福追求と社会に受け入れられる自己実現を支えること」であると示されています。

あなたは，特別支援学校の教員として，生徒指導の目的を達成するため，児童生徒にどのような力を身に付けさせることが重要だと考えますか。また，そのためにどのような教育活動を実践したいですか。実践上の留意点を含めて具体的に述べなさい。

2024年度 ▌愛媛県 ▌特別支援学校教諭

方針と分析

(方針)

「生徒指導提要」の抜粋を踏まえ，特別支援学校の教員として，生徒指導の目的を達成するために児童生徒にどのような力を身に付けさせることが重要だと考えるか。また，そのためにどのような教育活動を実践したいか。実践上の留意点を含めて，指定字数で具体的に説明する。

(分析)

生徒指導は，児童生徒が自身を個性的存在として認め，自己に内在しているよさや可能性に自ら気付き，引き出し，伸ばすと同時に，社会生活で必要となる社会的資質・能力を身に付けることを支えるものである。その目的は，設問文にも示されているが，言い換えれば，自己実現をめざす個人，および責任ある社会づくりの担い手になることを目指すためのものであるとも言える(独立行政法人教職員支援機構「『生徒指導提要』の改訂をふまえたこれからの生徒指導の方向性」を参照)。

特別支援学校では，心身のハンディのある子どもたちが学んでいる。ハンディがあったとしても，一人一人の児童生徒の健全な成長を促し，児童生徒自ら現在及び将来における自己実現を図っていくための自己指導能力の育成を目指すことは，社会参画のために欠かせない。自己指導能力とは，児童生徒が深い自己理解に基づき「何をしたいのか」，「何をするべきか」，主体的に問題や課題を発見し，自己の目標を選択・設定して，この目標の達成のために自発的，自律的，かつ他者の主体性を尊重しながら自らの行動を決断し，実行する力のことである。この力を養うには，特別支援学校の教育活動全体を通じ，学習指導と関わらせながら，子どもたちの障害特性や生育過程を踏まえ，興味関心を伸ばし，将来設計を支援する視点が要求される。そのためには，愛媛県教育委員会事務局の公開資料「特別支援教育の充実に向けて」にあるように，一人一人に応じた指導の充実が欠かせない。この点についての実践例などについて，受験者の知見や経験を書くとよいだろう。

作成のポイント

1000字以上1200字以内という明確な字数制限がある。答案構成の流れの一案として，全体を四段落程度に分け，序論・本論・結論の構成を意識するとよい。

序論では，児童生徒にどのような力を身に付けさせることが重要だと考えるかを説明する。自己指導能力の必要性，それによって，積極的な社会参画に自信を持てるようにすることなどを書こう。ここは，300字程度で述べる。

本論では，序論で書いたことを具現化するために，どのような教育活動を実践したいか，実践上の留意点とともに具体的に説明する。ここでは，愛媛県教育委員会が重視する以下のような取り組みが考えられよう。コンピュータ等の情報機器(ICT機器)の活用について，障害の特性等に応じた指導上の配慮を充実させること，自立活動の内容として自立と社会参加に向けたキャリア教育を充実させること，卒業後の視点を大切にしたカリキュラム・マネジメントを計画的・組織的に行うこと，生涯を通じてスポーツや文化芸術活動に親しみ豊かな生活を営むことができるような配慮，障害のない子供との交流及び共同学習を充実(心のバリアフリーのための交流及び共同学習)等に関わる内容を書いていく。字数は650～700字程度を使えるので，具体的な実践を三つ程度書けるだろう。

論作文

結論では，上記の実践を通じてすべての子どもが，自己実現をめざす個人，および責任ある社会づくりの担い手になれるように尽力する決意を150～200字程度書いて論文をまとめる。

論作文　現職教員・社会人特別選考に関するテーマ

方針と分析・作成のポイント

現職教員

【１】特別な配慮を必要とする児童生徒の一人一人が，楽しく充実した学校生活を送れるようにするためには，適切な対応が必要です。あなたはこのことについて，どのように取り組んでいきたいか，1,000字以内で論じなさい。

なお。上記の課題に沿って，テーマ(題)は自由に設定し，原稿用紙の所定の欄に記入すること。

▌2024年度 ▌山形県 ▌講師等特別選考

方針と分析

(方針)

「特別な配慮を必要とする児童生徒」を，障害(発達障害を含む)があったり，障害の疑いがある児童生徒だけでなく，家庭環境に問題がある児童生徒など，自立や集団参加にむけて課題がある児童生徒と捉えたい。

担当する学級の中で，学習面と行動面で楽しくない児童生徒が誰も存在しないために，日々の授業づくりや学級づくりにおいて，どのように指導や支援をしていくか，講師経験をもとに具体的に述べる。

(分析)

学級担任は，何よりも学級における「特別な配慮を必要とする児童生徒」を確実に把握しておくことが重要である。このために日常，学習面と生活面における一人一人の児童生徒の観察を通した児童生徒理解が求められる。楽しい学校(学級)生活であるためには，不登校や不登校傾向の児童生徒，学級集団になじめない児童生徒，学力が伸びない児童生徒，生徒指導上課題がある児童生徒等一人一人への注力と予防的対応と早期対応が大切である。

当然，生活上いじめ事案が起こらない学級づくりや誰もが居場所のある学級(集団)づくりとともに，学習面において学習指導要領で示された「主体的・対話的で深い学び」の授業づくりが基本であり，障害がある児童生徒を含め「特別な配慮を必要とする児童生徒一人一人の教育的ニーズを踏まえた」きめ細やかな授業をポイントに，「分かる授業」のための努力をすることが重要である。

作成のポイント

論文の構成は，序論・本論・結論で記述するようにする。1,000字以内を考え，序論(約150字程度)は，「特別な配慮を必要とする児童生徒」についての自身が考える定義と一人一人の児童生徒が楽しいと感じる学校(学級)生活の在り方について述べる。

本論(約750字程度)では，そのために教員として取り組む実践策を具体的に記述する。本論は，2つの柱を立て(見出し)，1つは生活面，もう1つは学習面からの具体策を記述することも考えられる。例えば，1　何でも話せる学級づくり，2　つまずきを大切にする個への指導とし，1と2 の見出しに基づく具体的実践策をそれぞれ簡潔に記述する。

結論(100字程度)では，テーマ(課題)に対する取り組み(本論で述べた具体策)への意欲及び決意を端的に記述する。

いずれにしても，テーマ(課題)に対する記述が序論・本論・結論を通した一貫性があるか，構想段階で十分時間をとり，記述後は推敲を大切にしたい。

なお，論述に際して講師経験を生かす記述によって，より説得力を持たせたい。

【２】生徒が他者との関係を築きながら，学校生活をよりよく送る上で必要な力は何か，これまでの教職経験を踏まえて，理由とともに第1段落で述べなさい。また，その力を育成するために，あなたは学校教育活動の中でどのような取組をしたいか，第2段落以降で具体的に述べなさい。全文を600字以上800字以内で書きなさい。

▌2024年度 ▌静岡県 ▌高等学校(教職経験者)

方針と分析

(方針)

まず，生徒が他者と関係を築きながら学校生活をよりよく送る上で必要な力は何かを，これまでの教職経験の中で得たことに触れつつ，理由とともに説明する。次に，その力を育成するために，あなたは学校教育活動の中でどのような取組をしたいか，具体的に説明する。

(分析)

文部科学省の「学習指導要領(平成30年告示)解説－特別活動編－」を見てみると，特別活動の「目標」では，集団や社会の形成者としての見方・考え方を働かせ，様々な集団活動に自主的，実践的に取り組み，互いのよさや可能性を発揮しながら集団や自己の生活上の課題を解決することを通して，資質・能力を育成することである。その中で育成すべき力とは，「多様な他者と協働する様々な集団活動の意義や活動を行う上で必要となることについて理解し，行動の仕方を身に付けるようにする力」，「集団や自己の生活，人間関係の課題を見いだし，解決するために話し合い，合意形成を図ったり，意思決定したりすることができる力」である。

ではどのような機会に，こうした力を身に付けるのか。日々の生活を共にする中で生徒は，一人一人の意見や意思は多様であることを知り，時に葛藤や対立を経験する。こうした中で，自ら規律ある生活を送るために，様々な課題を見いだし，課題の解決に向けて話し合い，合意形成を図って決まったことに対して協力して実践したり，意思決定したことを努力して実践したりする。例えば，学校行事は学年や学校全体という大きな集団において，一つの目的のもとに行われる様々な活動の総体である。卒業後は地域や社会の行事や催し物など，様々な集団で所属感や連帯感を高めながら一つの目標などに向かって取り組むことにつながる活動である。これは学校が計画し実施するものであり，生徒が積極的に参加したり協力したりすることにより充実する教育活動である。生徒の積極的な参加による体験的な活動を行うものであり，学校内だけでなく，地域行事や催し物等，学校外の活動ともつながりをもち，内容によっては地域の様々な人々で構成する集団と協力することもある。このような学校行事の活動を通して，生徒は多様な集団への所属感や連帯感を高めながら一つの目標に向かって取り組む活動を体験し，育成を目指す資質・能力を身に付ける。

作成のポイント

論文の構成は，一般的な序論・本論・結論の3段構成を意識してよいが，設問条件に合わせて書くとよい。

序論に相当する第1段落では，多様な他者と協働する力，あるいは，課題を見いだし解決するために話し合い，合意形成を図ったり，意思決定をしたりする力などを書くとよい。その理由には，一人一人の意見や意思は多様であることを知り，ときに葛藤や対立を経験する中で自ら規律ある生活を送れるようにするため，などの内容を書くとよい。

本論に相当する第2～3段落では，受験者が実際に力を入れた実践例を書いていく。分析では学校行事を挙げたが，ホームルーム，生徒会活動，あるいは地歴公民などの科目横断的な学習機会を活用することを書いても構わない。いずれにせよ，他者との協働的な学びを体験する機会の重要性を書くとよい。

結論に相当する最終段落では，静岡県教育委員会の目指す「令和版自分ごと(自分の事)として学ぶ子供」の育成に触れながら，本論で述べたことを着実に実践する決意を書いて論文をまとめる。

社会人特別選考

【１】急激に変化する時代の中で，学校教育における教師のあるべき姿として，「環境の変化を前向きに受け止め，教職生涯を通じて学び続けている」ことや，「子供一人一人の学びを最大限に引き出すとともに，子供の主体的な学びを支援する伴走者としての能力を備えている」ことなどが求められています。

このことについて，あなたはどのように考え，社会人として培った経験や専門性を生かし，教師としてどのように努力しますか，具体的に述べなさい。

▌2024年度 ▌北海道・札幌市 ▌社会人特別選考

方針と分析

(方針)

教師としての役割を果たすために学び続けること，子どもの学びを最大限に引き出すことの重要性について簡潔に論じたうえで，社会人として培った経験や専門性をどのように生かして努力し，教育活動に当たっていくか具体的に述べる。

(分析)

令和2年5月，教育公務員特例法が改正され「新たな教師の学びの姿」が制度化されることとなった。その審議の過程で「教師は高度な専門職であり，学びは自主的・自律的に行われるべきこと」「社会の変化を前向きに受け止めて学び続けることが必須となっていること」などが確認された。こうした考えに立脚して構想されたのが，新たな教師の学びの姿である。また，教育基本法第9条で「学校の教員は，自己の崇高な使命を深く自覚し，絶えず研究と修養に励み，その職責の遂行に努めなければならない」と規定されている。また，教育公務員特例法の第21条でも「教育公務員は，その職責を遂行するために，絶えず研究と修養に努めなければならない」とされている。

そうした状況の中で，平成24年8月「教職生活の全体を通じた教員の資質能力の総合的な向上方策について」という中央教育審議会の答申が出され，その中で「学び続ける教員」という言葉が使われている。具体的には，教育委員会と大学との連携・協働により教職生活の全体を通じた一体的な改革，新たな学びを支える教員の養成と，学び続ける教員を支援する仕組みの構築(『学び続ける教員像』の確立)が必要とされている。

また，平成27年12月「これからの学校教育を担う教員の資質能力の向上について」という中央教育審議会の答申でも「学び続ける教員」という項目を設けて「学ぶ意欲の高さなど，我が国の教員としての強みを生かしつつ，子供に慕われ，保護者に敬われ，地域に信頼される存在として更なる飛躍が図られる仕組みの構築が必要である」として，「学び続ける教員」を支援することの重要性を指摘している。つまり，教員が教員であるためには，常に学び続けなければならないのである。

令和3年1月の中央教育審議会答申「『令和の日本型学校教育』の構

築を目指して～全ての子供たちの可能性を引き出す，個別最適な学びと，協働的な学びの実現～」では，求められる教員の姿として「環境の変化を前向きに受け止め，教職生涯を通じて学び続けている」「子供一人一人の学びを最大限に引き出す教師としての役割を果たしている」「子供の主体的な学びを支援する伴走者としての能力も備えている」の三つを掲げている。その具体的な姿を論文に表現したい。

作成のポイント

60分という時間制限はあるが，序論・本論・結論という一般的な三部構成で展開していく。

序論では，教師として「学び続ける」ことの意味や意義について，子どもの学びを最大限に引き出す伴走者としての教師の役割などを踏まえて論じる。社会的な背景や学校教育の現状などを踏まえるとともに，可能であれば中央教育審議会の答申などにも触れたい。

本論では，序論で述べた「学び続ける」という考え方に即して何をしていくか，2つから3つの視点から具体例を挙げて論述する。その方策は様々考えられるが，まずは学校内外で開催される様々な研修会への主体的な参加が考えられる。また，日常的な業務を遂行する中で，管理職や先輩教師から指導・助言を受けることも重要な方法である。さらに，目の前の子供との時間を共有したり，共に活動したりすることで児童生徒の理解を深めることも教師としての重要な学びと考えることができる。

結論では，北海道の教師として児童生徒のために学び続けて，自己研鑽を続けていくという決意を述べて，論作文をまとめる。

【２】地域社会との様々な関わりを通して，将来を担う子どもたちを地域全体で育む学校づくりが求められています。地域とともにある学校にしていくために，あなたは教員としてどのような取組みをしたいと考えるか，1,000字以内で論じなさい。

なお，上記の課題に沿って，テーマ(題)は自由に設定し，原稿用紙の所定の欄に記入すること。

2024年度 ▍山形県 ▍社会人特別選考

方針と分析

(方針)

現在，学校は「開かれた学校」からさらに一歩踏み出し，「地域とともにある学校」を目指し，地域全体で将来を担う子どもたちを育む実践が進められている。中でも地域との連携・協働の中核を担う教員として考える取組みを論じる。

(分析)

平成27年12月の中央教育審議会の答申「新しい時代の教育や地方創生の実現に向けた学校と地域の連携・協働の在り方と今後の推進方策について」では，地域の人々と学校の目標やビジョンを共有した「地域とともにある学校」の重要性を指摘している。これは，学校と地域との連携・共同体制の確立が重要であるとしている。具体的には，「コミュニティースクール」の在り方や，「地域学校協働本部」の仕組みと機能が問われている。中核を担うのは教員であり，意識の向上と具体的な実践が求められている。

記述に当たっては，全国的に推進されている「コミュニティースクール」や「地域学校協働本部事業」のねらいや仕組み，さらに現状と課題等について理解しておく必要がある。

また，第6次山形県教育振興計画(後期計画)において，目指す人間像として「地域をつくる人」を掲げ，郷土を愛し，地域とつながりを続ける人とし，地域と継続的かつ多様な形で関わり，地域課題を主体的にとらえ，地域の人と協働し地域の未来をつくる人としているので，参照するとよい。

本論文の記述のポイントは「地域とともにある学校」についてどのように考えるか。及びその考えをもとにどのような取り組みを実践していくかである。

作成のポイント

論文の構成は，序論・本論・結論とする。記述前に構想する時間を十分に取り，その内容を簡潔にまとめることが重要である。1,000字以内であることから，文量を序論(約15％程度)・本論(約75％程度)・結論(約10％程度)の目安をもって臨むことも大切である。

序論では，テーマ(課題)に対する自身の考えやテーマの背景，実態などを簡潔に記述する。本論では，課題解決の具体的な事例を述べる。2～3つの柱(見出し)立て，それぞれの柱に基づいた具体的事例を記述する。結論では，本論で挙げた実践(取り組み)への決意を述べる。

いかに読み手にとって分かりやすく記述するかがポイントである。また，記述後に推敲を重ねる慎重さも求められる。本論文では，自身が「地域とともにある学校づくり」をどのようにとらえ，教師としてその具現化にどのように取り組むかの実践策が求められている。特に本論で記述するの具体策については，学校運営協議会制度を導入する「コミュニティースクール」の実践内容及び地域全体で未来を担う子どもたちの成長を支える「地域学校協働活動」の活動内容についての理解が重要である。

これらの仕組みと活動の中で学校における教員の実践，取り組みを記述してほしい。学習指導要領では，「開かれた教育課程」の理念が提示され，学校の教育活動に地域の人的・物的資源の活用や地域課題の学習も位置付けることが求められている。もちろん，自身の社会人としての経験から考える具体策の提示を期待したい。

【３】三重県教育委員会が令和5年3月に改定した「校長及び教員としての資質の向上に関する指標」では，「学び続ける意欲 探究心」について，教職着任時には「自らの強み・弱みを理解しようとするとともに，自己研鑽に励んでいる。」ことを求めています。

あなたはこれまでに「自らの強み・弱みを理解しようとするとともに，自己研鑽に励む」ことについて，どのように取り組んできたか，また，今後その取組を学校教育でどのように生かしていきたいか，社会人としての経験をふまえて具体的に述べ，全体を600字以上800字以内にまとめなさい。

▌2024年度 ▌三重県 ▌社会人特別選考(午前)

方針と分析

(方針)

教師としての役割を果たすために「自らの強み・弱みを理解しよう

とするとともに，自己研鑽に励む」ことの重要性について論じる。そのうえで，そのことにどのように取り組んできたか，また，今後その取組を学校教育でどのように生かしていくか述べる。

(分析)

令和2年5月，教育公務員特例法が改正され「新たな教師の学びの姿」が制度化されることとなった。その審議の過程で「教師は高度な専門職であり，学びは自主的・自律的に行われるべきこと」「社会の変化を前向きに受け止めて学び続けることが必須となっていること」などが確認された。こうした考えに立脚して構想されたのが，新たな教師の学びの姿である。また，教育基本法第9条で「学校の教員は，自己の崇高な使命を深く自覚し，絶えず研究と修養に励み，その職責の遂行に努めなければならない」と規定されている。教育公務員特例法の21条でも「教育公務員は，その職責を遂行するために，絶えず研究と修養に努めなければならない」とされている。

また，平成27年12月「これからの学校教育を担う教員の資質能力の向上について」という中央教育審議会の答申でも「学び続ける教員」という項目を設けて「学ぶ意欲の高さなど，我が国の教員としての強みを生かしつつ，子供に慕われ，保護者に敬われ，地域に信頼される存在として更なる飛躍が図られる仕組みの構築が必要である」として，「学び続ける教員」を支援することの重要性を指摘している。つまり，教員が教員であるためには，常に学び続けなければならないのである。こうした答申等が，各教育委員会の教員育成に関わる資質に関する指標等に反映されている。

三重県の教員としての資質の向上に関する指標でも「学び続ける意欲探究心」が重視され，第1・2ステージにおいては「自らの強み・弱みをふまえ，今後伸ばすべき能力，学校で果たすべき役割などを理解し，自己の資質・能力の向上に向けて主体的な学びをマネジメントすることができる」ことが示されている。そこで思い出されるのが2006年に経済産業省が提言した「社会人基礎力」という言葉である。「社会人基礎力」は，今の自分にとって何が必要なのかを，外的な環境要因を踏まえながら常に意識し続ける，という考え方である。このことをあなたがどう考えてきたのか，論文の内容に反映させたい。

作成のポイント

600字以上800字以内という文字数が示されているので，序論・本論・結論という一般的な三部構成でよいだろう。

序論では，教師として「学び続ける」ことの意味や意義，特に「自らの強み・弱みを理解しようとするとともに，自己研鑽に励む」ことの重要性について論じる。社会的な背景や学校教育の現状などとともに，期待される教師の役割などを踏まえるとよい。

本論では，まず「自らの強み・弱みを理解しようとするとともに，自己研鑽に励む」ことにどのように取り組んできたかを述べる。その際，自らの強みは何か，弱みは何かを明らかにして論じるようにする。次に，今後その取組を学校教育でどのように生かしていくか述べる。具体的な教育活動の場面を想定し，自らの強み・弱みをどのように生かしていくか，具体的に論じるようにする。

結論では，三重県の教師として児童生徒のために自己研鑽を続け，自らの強みを生かして弱みを克服していく決意を述べて，論作文をまとめる。

【４】学校の教育活動において，あなたが保護者からの信頼を得る上で重要と考えることを具体的に述べなさい。さらに，保護者からの信頼を得るためにどのような取組を進めるのか，社会人としての経験をふまえて具体的に述べ，全体を600字以上800字以内にまとめなさい。

▌2024年度 ▌三重県 ▌社会人特別選考(午後)

方針と分析

(方針)

学校の教育活動を進めるに当たって，保護者からの信頼を得ることの重要性とともに，そのために何が重要か具体的に述べる。そのうえで，保護者からの信頼を得るためにどのような取組を進めるか，社会人としての経験をふまえて具体的に述べる。

(分析)

日本には「子供は，大人の後ろ姿を見て学ぶ」という言葉がある。また，「見えないカリキュラム」という言葉も存在する。教師の姿勢が，保護者の姿勢や子供の育ちに大きな影響を与えるのである。すなわち，保護者や児童生徒が教師を信頼するところに教育は成立するということができる。言い換えると，教育とは，教師との信頼関係を基盤とした共同作業なのである。そうした信頼関係を構築することが，教師の重要な役割の一つである。

教師と保護者の信頼関係を構築することは，まず教師が全ての児童生徒を信じることが出発点となる。教師が児童生徒を信じることがなければ，保護者や児童生徒は教師を信じることはない。信頼とは「私を信頼しなさい」と求めるものではない。信頼するかしないかは，相手が決めることであり，教師には信頼される態度や行動をとることが求められるのである。

では，保護者や児童生徒はどのような教師に信頼感をもつのであろうか。公平な態度で児童生徒たちに接すること，誤りは誤りとして認めてごまかさないこと，教え方が上手なこと等，様々な要素が考えられるだろう。しかし，その根底には，自分たちを愛してくれていること，信じていることがなければならない。すなわち，教師が児童生徒を信頼しなければ，信頼関係を築くことは不可能なのである。

具体的にどうしていくかは，自分が児童生徒の時に信頼していた教師像を思い浮かべ，それを整理して論述するのがよいだろう。

作成のポイント

600字以上800字以内という文字数が示されているので，序論・本論・結論という一般的な三部構成でよいだろう。

序論では，設問にこたえて，教師と保護者や児童生徒との間に信頼関係が必要な理由を論述する。その際，保護者や児童生徒が教師を信頼するところに教育は成立することを強調する。そこには，自ずと自分の教育観がにじみ出るはずである。さらに，信頼される教師になるためにどうするか，「教師への信頼は児童生徒の達成感，成就感から生じる」といった，そのための基本的な考え方を示して本論に結びつける。

本論では，保護者との信頼関係を構築するための具体的な方策について，受験する校種に即して二つ程度に整理して論述する。その基盤は，児童生徒の信頼を得ることであり，子供と直接関わる学習指導，学級経営，特別活動といった視点からの方策を用意しておくことが必要である。

結論では，本論で述べた方策を貫く基本的な考え方，本論で取り上げられなかった方策，自分自身の研修課題などを含めて，保護者や児童生徒の信頼を得るために不断の努力を続けていくという決意を述べて，論文をまとめる。

【5】福岡市教育委員会が福岡市の正規教員の年齢構成(令和4年5月現在)について調査したところ，下のグラフのとおりでした。

あなたは，このグラフからどのようなことを課題として読み取りますか。また，その課題について，あなたは教員としてどのように取り組みますか。これまでの社会人等としての経験を踏まえて，読み取った課題と教員として取り組む内容について，あなたが勤務を希望する校種の教員になった場合を想定し，具体的に800 字程度で述べなさい。

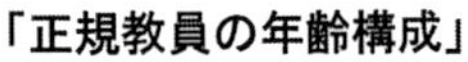
「正規教員の年齢構成」

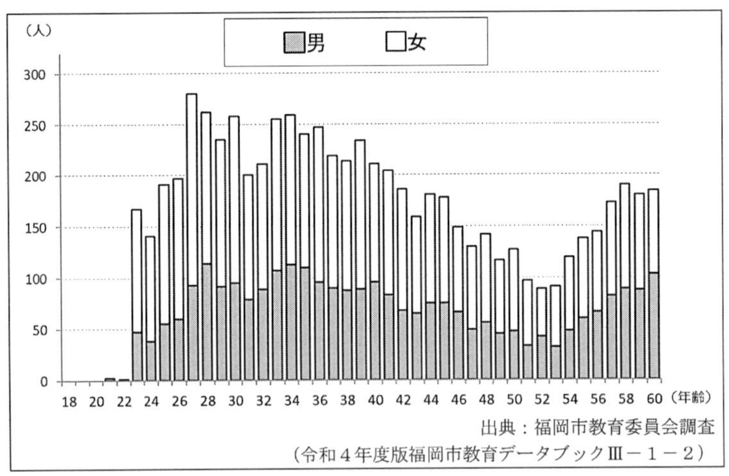

出典：福岡市教育委員会調査
(令和４年度版福岡市教育データブックⅢ－１－２)

方針と分析

(方針)

まず，与えられたグラフからどのようなことを課題として読み取るかを説明する。また，その課題について，教員としてどのように取り組むか，これまでの社会人等としての経験を踏まえて，読み取った課題と教員として取り組む内容について，勤務を希望する校種の教員になった場合を想定しながら，具体的に，かつ全体を780～820字程度でまとめる。

(分析)

まず，グラフ全体の傾向を読み取ろう。正規教員の年齢構成としては50代前半で谷を描いている。一方で，グラフのピークは27歳で，それに続いて30代前半の教員数が多くなっている。ここから，どういうことを推論できるか。若年層教員への指導助言をできるミドルリーダーに相当する年代，学年や教科を超えて指導助言をできる教員数が不足してしまうことである。60代のベテラン教員が退職後，20代・30代の学級担任や教科担任としての基礎を確立する時期の教員の指導をどのように行うのかが課題といえよう。

この点は，福岡市教育センター情報教育部門の「教育情報ネットワークの活用に関する調査・研究－教員用イントラネット『スクールFネット』の試験的運用－」でも指摘されている。キャリアステージにおいて基礎期に当たる若年層教員の増加に伴い，若年層教員への指導助言，学年や教科を超えて指導助言ができるミドルリーダーの確保が重要である。それと同時に，福岡市教育センターの対面による研修講座受講者数も増加傾向にある。それに対して，動画コンテンツの配信による研修等，他の自治体のような教員向けのオンライン研修は進んでいない。オンライン研修は，40～50代のミドルリーダーに当たる教員の知見を広く，かつ低コストで提供できるので，若年層教員への指導技能の継承が期待できる。社会人として実務経験がある受験者は，自身がベテラン社員・職員などから受けた技能継承の経験などと合わせて書くとよいだろう。

作成のポイント

論文としての出題なので，序論・本論・結論の三段構成を意識するとよいだろう。字数は，800字に対し，プラスマイナス20字程度でまとめるのが理想的である。

序論では，グラフの読み取りと推論を書く。グラフの形状は，50代前半で谷を描いていること，グラフのピークは27歳でそれに続いて30代前半の教員数が多くなっていることを押さえたい。その上で，若年層教員への指導助言をできるミドルリーダーに相当する年代，学年や教科を超えて指導助言をできる教員数が不足していること，若年層教員への知見の継承や管理職の人材不足解消という課題を書こう。ここは，200字程度で述べたい。

本論では，若年層教員への知見の継承，あるいは校長・教頭など管理職教員にふさわしい知見の蓄積のために必要な取り組みについて書いていく。対面式の研修機会の充実や事例研究の共有だけではなく，そもそも人数の少ない40代～50代の教員の知見をオンラインコンテンツ化することで，新任教員や若年層教員の学習機会や相談機会を確保することなどを書いていきたい。このとき，受験者が経験した企業や団体等の人材育成について触れながら，説明できるとよい。ここは，400～450字程度で述べる。

結論では，受験者自身が新任教員として，対面・オンラインを問わず，ミドルリーダーの教員の知見や経験から，児童生徒の各種指導法にかんして学ぶ意欲をアピールしよう。その上で，子供や保護者から信頼される教員になる決意を150～200字程度書いて，論文をまとめる。

【６】中央教育審議会答申「『令和の日本型学校教育』の構築を目指して～全ての子供たちの可能性を引き出す，個別最適な学びと協働的な学びの実現～」(令和3年1月)では，学習の基盤となる資質・能力の育成について，以下のように示されている。(※本文中より一部抜粋)

> ○　また，新学習指導要領では，児童生徒の発達の段階を考慮し，言語能力，情報活用能力，問題発見・解決能力等の学習の基盤となる資質・能力を育成していくことができるよう，各教科等の特

質を生かし，教科等横断的な視点から教育課程の編成を図るものとされており，その充実を図ることが必要である。

具体的には，言語能力については，まず，教科学習の主たる教材である教科書を含む多様なテキスト及びグラフや図表等の各種資料を適切に読み取る力を，各教科等を通じて育成することが重要である。その際，教材自体についても，資料の内容を適切に読み取れるような工夫を施すべきである。また，判断の根拠や理由を明確にしながら自分の考えを述べる力を身に付けさせることも必要だが，そのためには，レポートや論文等の形式で課題を分析し，論理立てて主張をまとめることも重要である。

コンピュータ等の情報手段を適切に用いて情報を得たり，情報を整理・比較したり，得られた情報を分かりやすく発信・伝達したりといったことができる力，このような学習活動を遂行する上で必要となる情報手段の基本的な操作の習得を含めた情報活用能力を育成することも重要である。

以上を踏まえ，次の3点について論述しなさい。

【論点】

1　これからの社会を生きる子供たちに，学習の基盤となる資質・能力として情報活用能力(情報モラルを含む。)等の育成が求められている理由を論述すること。

2　あなたは情報化社会における望ましい生き方としてどのような考えをもっているか。自身のこれまでの社会人としての経験をもとに具体的に論述すること。

3　子供たちに情報活用能力(情報モラルを含む。)等を育成するため，あなたならICTを活用しながら，学校の教育活動の中でどのようなことに取り組んでみたいか。具体的に論述すること。

ただし，以下のことに留意すること。

1　1200字以内で記述すること。論題は字数に含めることとする。

2　3段落構成とし1段落目に【論点】の「1」，2段落目に【論点】の「2」，3段落目に【論点】の「3」について記述すること。

2024年度 ▌大分県 ▌社会人特別選考

方針と分析

(方針)

学校教育において育成すべき学習の基盤となる資質・能力の一つとして情報活用能力を育成することが重要となる理由を論じ，あなた自身の情報化社会での生き方を論じる。そのうえで，どのようにICTなどを活用しながら情報活用能力の育成を図っていくか具体的に論じる。

(分析)

情報機器の発達により，私たちの生活は飛躍的に便利になった。スマートフォンやSNSの普及により，いつでも，どこでも必要な情報を手に入れたり，情報を発信したりすることが可能となり，便利な世の中である。しかし，その反面，ネット犯罪に巻き込まれたり，ネット中毒とも言える状態に陥ったりする事例が後を絶たず，マスコミなどでも大きく報道されている現状がある。

学習指導要領においては，その総則において，情報モラルを含む情報活用能力を育成していくことの重要性を指摘している。学習指導要領解説総則編では，このことに関して「情報活用能力は，世の中の様々な事象を情報とその結び付きとして捉え，情報及び情報技術を適切かつ効果的に活用して，問題を発見・解決したり自分の考えを形成したりしていくために必要な資質・能力である」と，その重要性を述べている。

情報活用能力については，「学習活動において必要に応じてコンピュータ等の情報手段を適切に用いて情報を得たり，情報を整理・比較したり，得られた情報をわかりやすく発信・伝達したり，必要に応じて保存・共有したりといったことができる力であり，さらに，このような学習活動を遂行する上で必要となる情報手段の基本的な操作の習得や，プログラミング的思考，情報モラル，情報セキュリティ，統計等に関する資質・能力等も含むものである」と規定している。そのうえで，「各学校において日常的に情報技術を活用できる環境を整え，全ての教科等においてそれぞれの特質に応じ，情報技術を適切に活用した学習活動の充実を図ることが必要である」としている。

さらに総則では，「コンピュータで文字を入力するなどの学習の基盤として必要となる情報手段の基本的な操作を習得するための学習活動」「プログラミングを体験しながら，コンピュータに意図した処理を行わせるために必要な論理的思考力を身に付けるための学習活動」を計画的に実施することとし，コンピュータの基本的な操作技術の習得とともに，プログラミング教育を推進することを示している。こうした学習指導要領の考え方を踏まえて，設問で求められている情報活用能力の育成について論じるようにする。

作成のポイント

設問の「論点」1～3の指定に従って3段構成とし，1200字程度で論じる。

第1段では，なぜ情報活用能力を育成することが求められているのか，社会的な背景や学習指導要領の考え方を基に論述する。特に，新学習指導要領で重視する問題を発見・解決したり，自分の考えを形成したりしていくために必要な資質・能力であることに触れることで，説得力のある論述になる。

第2段では，こうした情報化社会におけるあなた自身が考える望ましい生き方を論じる。あなたの社会人としての経験を織り込みながら，どのように情報機器を活用したり，情報の有効活用を図ったりすることが望ましいのか示すようにする。

第3段では，情報活用能力を育成するための具体的な方策について，受験する校種に即して2つ程度に整理して論述する。その際，単なる技術的な指導だけではなく，生徒が主体的に考え，判断して行動できるようにするための方策にすることが重要である。

最後に，本論で述べられなかった方策，取り上げた方策の基盤となる考え方などにも触れながら，これからの社会を担っていく生徒の情報活用能力を育成していくという決意を述べて，小論文をまとめる。

論作文　都道府県市別実施概要 (令和6年2月1日現在)

①：1次試験で実施　②：2次試験で実施　③：3次試験で実施　―：実施しない
〈凡例〉全校種：全校種共通　小：小学校　中：中学校　高：高校　特支：特別支援学校教諭　養：養護教諭　栄：栄養教諭
特選：特別選考　現職：現職教員　教経：教師経験者　社：社会人経験者

北海道・札幌市	[社] ②　60分／800字
青森県	[全校種] ②　50分／601字以上800字
岩手県	[小・中] [高・養] ①　70分／1000字
宮城県	―
仙台市	―
秋田県	[小・中] [高] [特支] [養] [特選] ②　50分／600字
山形県	[全校種] ②　50分／800字　[特例選考] ①　80分／1000字
福島県	[小] [中] [養] ②　45分／800字　[高] ②　50分／900字　[特支] ②　50分／900字
茨城県	[小・中] [養] [栄] ②　60分／600～800字　[高] ②　90分／800字　[特支] ②　90分／1200字
栃木県	[全校種] ②　50分／600～1000字
群馬県	―　**※2024年度試験より廃止**
埼玉県	[高・特支] ②　60分／800字　[小・中・養・栄] ②　60分／800字
さいたま市	[小・中・養] ②　45分／800字　[特選] ①　80分／1200字
千葉県・千葉市	[特選] [特例選考] ①　45分／800字
東京都	[全校種] ①　70分／1050字
神奈川県	[小] [中] [高] [特支] [養] ② (試験は1次試験で全員に実施)　60分／600～825字
横浜市	[小] [中・高] [高] [特支] [養] ② (試験は1次試験で全員に実施)　45分／800字
川崎市	[小・中] [特支] [養] ② (試験は1次試験で全員に実施)　60分／600字
相模原市	―
新潟県	―
新潟市	―
富山県	[小] [中・高] [特支] [養] [栄] ①　50分／800字
石川県	―
福井県	[全校種] ②　60分／800字　[特選] ②　50分／600字
山梨県	[全校種] ②　50分／800字
長野県	[小・中・特支・養 (小・中)] ①　60分／800字　[高・養 (高)] ①　45分／800字
岐阜県	[小・中・養・栄] ②60分／800字　[高・特支] ②60分／800字
静岡県	[高] ②　60分／800字　[教経] ①　60分／800字
静岡市	[教経] ①　60分／800字
浜松市	[教経] ①　60分／800字　[小・中・養] ②　(学校教育に関するレポート課題) 60分／800字
愛知県	[全校種] ①　60分／900字
名古屋市	[全校種] ①　50分／指定無し
三重県	[全校種] ②　60分／全3問／250～300字×3題　[社・スポーツ] ①　40分／800字
滋賀県	[小・中・高・特] [養] [栄] ①　30分／600字
京都府	[全校種] ①　40分／字数制限なし (B4・罫線30行)
京都市	[小] [中] [高] [特支] [養] [栄] ②　40分／600字×1題, 5行程度×1題　[社] [特選] ①　30分／800字
大阪府	[小] [小・特支] ②　選択問題と合わせて120分／450～550字
大阪市	[教経] ①　90分／1000字
堺市	[小] ②　選択問題と合わせて120分／500字程度
豊能地区	―
兵庫県	―
神戸市	―　**※2024年度試験より廃止**
奈良県	―
和歌山県	[小・中・高] [特] [養] ②　60分／800字程度
鳥取県	―
島根県	[全校種] ①　40分／350～400字程度 (教職・専門と合わせて実施)
岡山県	[全校種] ②　60分／800字　※2021年度～2024年度は中止
岡山市	―
広島県・広島市	―
山口県	[全校種] ②　50分／800字
徳島県	[全校種] ①　80分／800字
香川県	―
愛媛県	[全校種] ②　60分／1000～1200字
高知県	―
福岡県	―
福岡市	[特選] ①　50分／800字
北九州市	―
佐賀県	[小・中] [高] [特支] [養] [栄] ②　60分／800字
長崎県	―
熊本県	―
熊本市	[小・中・高] [養] [栄] ②　60分／800字
大分県	[社] ①　80分／1200字
宮崎県	―
鹿児島県	―
沖縄県	―

面接試験

傾向と対策

「人物重視」を掲げる教員採用試験において，現在最も重要視されているのが面接試験である。今日，教育現場は大きな曲がり角を迎えているといってよいかもしれない。いや，日本の社会そのものが多くの問題に直面しており，変革を迫られているといってよい。そうした社会状況の中で，教育もまた，変革を迫られているのである。

今日，教師には，山積した問題に積極的に取り組み，意欲的に解決していく能力が求められている。しかも，教師という職業柄，1年目から一人前の教師として子どもたちの指導に当たらなくてはならない。したがって，教壇に立ったその日から役に立つ実践的な知識を身に付けていることが，教師としての前提条件となってきているのである。

したがって，採用試験の段階で，教師として必要最低限の知識を身に付けているかどうかを見極めようとすることは，至極当然のことである。教師として当然身に付けていなければいけない知識とは，教科指導に関するものだけではなく，教育哲学だけでもなく，今日の諸問題に取り組む上で最低限必要とされる実践的な知識を含んでいるのである。そして，そうした資質を見るためには，具体的な状況を設定して，対処の仕方を問う質問が増えてくるのである。

実際の面接試験では，具体的な場面を想定して，どのような指導をするか質問されるケースが非常に多くなってきている。その最も顕著な例は模擬授業の増加である。対策として，自己流ではない授業案を書く練習を積んでおかなくてはならない。

また，いじめや不登校に対する対応の仕方などについては，委員会報告や文部科学省の通達などが出ているので，そうしたものに目を通して理解しておくことが重要である。

面接試験の評価

1　面接試験で何を評価するか

近年,「人物重視」を掲げた教員採用候補者選考試験において，最も重視されているのが「面接試験」である。このことは，二十一世紀を展望した我が国の教育の在り方として,「新しい学力観」の導入や「個性重視」の教育及び「生きる力」の育成等，次々と新しい試みが始まっているため，学校教育の場においては，新しい人材を求めているからである。

ところが，一方で，現在，学校教育においては，様々な課題を抱えていることも事実であり，その例として，いじめ，不登校，校内暴力，無気力，高校中退，薬物乱用などがあり，文部科学省をはじめとする教育行政機関や民間機関であるフリースクールなどで対応しているが，的確な解決策は未だみつかっていない状況にある。このことに関して，その根底には，家庭や地域の教育力の低下，人間関係の希薄化，子どもの早熟化傾向，過度の学歴社会及び教員の力量低下等，まさに，様々な要因が指摘されている。したがって，これらの問題は，学校のみならず，家庭を含めた地域社会全体で，対応しなければならない課題でもある。

しかし，何といっても学校教育の場においては，教員一人一人の力量が期待され，現実に，ある程度までのことは，個々の教員の努力で解決できた例もあるのである。したがって，当面する課題に適切に対応でき，諸課題を解決しようとの情熱や能力が不可欠であり，それらは知識のみの試験では判断できかねるので，面接によることが重視されているのである。

①人物の総合的な評価

面接試験の主たるねらいは，質問に対する応答の態度や表情及び言葉遣いなどから，教員としての適性を判定するとともに，応答の内容から受験者に関する情報を得ようとすることにある。これは総合的な人物評価といわれている。

そのねらいを十分にわきまえることは当然として，次にあげることについても自覚しておくことが大切である。

○明確な意思表示

○予想される質問への対応

○自らの生活信条の明確化

○学習指導要領の理解

○明確な用語での表現

②応答の基本

面接試験は，面接官の質問に応答することであるが，その応答に際して，心得ておくべきことがある。よく技巧を凝らすことに腐心する受験者もいるようであるが，かえって，紋切り型になったり，理屈っぽくなったりして，面接官にはよい心象を与えないものである。そこで，このようなことを避けるため，少なくとも，次のことは意識しておくとよい。

○自分そのものの表現

これまで学習してきたことを要領よく，しかも的確さを意識し過ぎ，理詰めで完全な答えを発しようとすることより，学習や体験で得られた認識を，教職経験者は，経験者らしく，学生は，学生らしく，さっぱりと表現することをすすめる。このことは，応答内容の適切さということのみならず，教員としての適性に関しても面接者によい印象を与えるものである。

○誠心誠意の発声

当然のことであるが，面接官と受験者とでは，その年齢差は大変に大きく，しかも，面接官の経歴も教職であるため，その経験の差は，まさに雲泥の差があるものである。したがって，無理して，大人びた態度や分別があることを強調するような態度は好まれず，むしろ謙虚で，しかも若々しく，ひたむきに自らの人生を確かなものにしようとする態度での応答が，好感を持たれるものである。

③性格や性向の判別

組織の一員としての教員は，それぞれの生き方に共通性が必要であり，しかも情緒が安定していなければならない。そのため，性格的にも片寄っていたり，物事にとらわれ過ぎたり，さらには，協調性がなかったり，自己顕示欲が強すぎたりする人物は敬遠されるものである。

そこで，面接官は，このことに非常に気を遣い，より的確に査定しようとしているものなのである。

そのため，友人関係，人生観，実際の生き方，社会の見方，さらには自らに最も影響を与えた家庭教育の状況などに言及した発問もあるはずであるが，この生育歴を知ろうとすることは，受験者をよりよく理解したいためと受け取ることである。

④動機・意欲等の確認

教員採用候補者選考を受験しているのであるから，受験者は，当然，教職への情熱を有していると思われる。しかし，面接官は，そのことをあえて問うので，それだけに，意思を強固にしておくことである。

○認識の的確さ

教員という職に就こうとする意思の強さを口先だけではなく，次のようなことで確認しようとしているのである。

ア　教員の仕事をよく理解している。

イ　公務員としての服務規程を的確に把握している。

ウ　立派な教員像をしっかり捉えている。

少なくとも上の三つは，自問自答しておくことであり，法的根拠が必要なものもあるため，条文を確認しておくことである。

○決意の表明

教員になろうとの固い決意の表明である。したがって単なる就職の機会があったからや教員に対する憧れのみでは問題外であり，教員としての重責を全うすることに対する情熱を，心の底から表現することである。

以上が，面接試験の最も基本的な目的であり，面接者はこれにそってさまざまな問題を用意することになるが，さらに次の諸点にも，面接者の観察の目が光っていることを忘れてはならない。

⑤質疑応答によって知識教養の程度を知る

筆記試験によって，すでに一応の知識教養は確認してあるわけだが，面接試験においてはさらに付加質問を次々と行うことができ，その応答過程と内容から，受験者の知識教養の程度をより正確に判断しようとする。

⑥言語能力や頭脳の回転の早さの観察

言語による応答のなかで，相手方の意志の理解，自分の意志の伝達のスピードと要領のよさなど，受験者の頭脳の回転の早さや言語表現の諸能力を観察する。

⑦思想・人生観などを知る

これも論文・作文試験等によって知ることは可能だが，面接試験によりさらに詳しく聞いていくことができる。

⑧協調性・指導性などの社会的性格を知る

前述した面接試験の種類のうち，グループ・ディスカッションなどはこれを知るために考え出されたもので，特に多数の児童・生徒を指導する教師という職業の場合，これらの資質を知ることは面接試験の大きな目的の一つとなる。

2　直前の準備対策

以上からわかるように，面接試験はその人物そのものをあらゆる方向から評価判定しようとするものである。例えば，ある質問に対して答えられなかった場合，筆記試験では当然ゼロの評価となるが，面接試験では，勉強不足を素直に認め今後努力する姿勢をみせれば，ある程度の評価も得られる。だが，このような応答の姿勢も単なるポーズであれば，すぐに面接官に見破られてしまうし，かえってマイナスの評価ともなる。したがって，面接試験の準備については，筆記試験のように参考書を基礎にして短時間に修練というふうにはいかない。日頃から，

(1)　対話の技術・面接の技術を身につけること

(2)　敬語の使い方・国語の常識を身につけること

(3)　一般常識を身につけて人格を磨き上げること

が肝要だ。しかし，これらは一朝一夕では身につくものではないから，面接の際のチェックポイントだけ挙げたい。

(1)　対話の技術・面接の技術

〈対話の技術〉

①言うべきことを整理し，順序だてて述べる。

②自分の言っていることを卑下せず，自信に満ちた言い方をする。

③言葉に抑揚をつけ，活気に満ちた言い方をする。

④言葉の語尾まではっきり言う練習をする。

⑤短い話，長い話を言い分けられるようにする。

〈面接技術〉

①緊張して固くなりすぎない。

②相手の顔色をうかがったり，おどおどと視線をそらさない。

③相手の話の真意をとり違えない。

④相手の話を途中でさえぎらない。

⑤姿勢を正しくし，礼儀を守る。

(2) 敬語の使い方・国語常識の習得

〈敬語の使い方〉

①自分を指す言葉は「わたくし」を標準にし，「僕・俺・自分」など学生同士が通常用いる一人称は用いない。

②身内の者を指す場合は敬称を用いない。

③第三者に対しては「さん」を用い，「様・氏」という言い方はしない。

④「お」や「ご」の使い方に注意する。

〈国語常識の習得〉

①慣用語句の正しい用法。

②教育関係においてよく使用される言葉の習得。

さて本題に入ろう。面接試験1カ月前程度を想定して述べれば，その主要な準備は次のようなことである。

A. 直前の準備

①受験都道府県の現状の研究

受験する都道府県の教育界の現状は言うに及ばず，政治・経済面についても研究しておきたい。その都道府県の教育方針や目標，進学率，入試体制，また学校数の増加減少に関わる過疎化の問題等，教育関係刊行物や新聞の地域面などによく目を通し，教育委員会に在職する人やすでに教職についている先生・知人の話をよく聞いて，十分に知識を得ておくことが望ましい。

②教育上の諸問題に関する知識・データの整理

面接試験において，この分野からの質問が多くなされることは周知の事実である。したがって直前には再度，最近話題になった教育上の諸問題についての基礎知識や資料を整理・分析して，質問にしっかりとした応答ができるようにしておかなければならない。

③時事常識の習得と整理

面接試験における時事常識に関する質問は，面接日前2カ月間ぐらいのできごとが中心となることが多い。したがって，この間の新聞・雑誌は精読し，時事問題についての常識的な知識をよく習得し整理しておくことが，大切な準備の一つといえよう。

B．応答のマナー

面接試験における動作は歩行と着席にすぎないのだから，注意点はそれほど多いわけではない。要は，きちんとした姿勢を持続し，日常の動作に現れるくせを極力出さないようにすることである。最後に面接試験における応答態度の注意点をまとめておこう。

①歩くときは，背すじをまっすぐ伸ばしあごを引く。かかとを引きずったり，背中を丸めて歩かないこと。

②椅子に座るときは，背もたれに寄りかかったりしない。女子は両ひざをきちんと合わせ，手を組んでひざの上に乗せる。男子もひざを開けすぎると傲慢な印象を与えるので，窮屈さを感じさせない程度にひざを閉じ，手を軽く握ってひざの上に乗せる。もちろん，背すじを伸ばし，あごを出さないようにする。

③上目づかいや横目，流し目などは慎しみ，視線を一定させる。きょろきょろしたり相手をにらみつけるようにするのも良い印象を与えない。

④舌を出す，頭をかく，肩をすくめる，貧乏ゆすりをするなどの日頃のくせを出さないように注意する。これらのくせは事前にチェックし，矯正しておくことが望ましい。

以上が面接試験の際の注意点であるが，受験者の動作は入室の瞬間から退室して受験者の姿がドアの外に消えるまで観察されるのだから，最後まで気をゆるめず注意事項を心得ておきたい。

3　模擬授業対策

模擬とは，他のものにまねることであり，まねるは，他者と類似あるいは同一の行動や仕草をするということでもある。確かに，人の生き方にしても，絶えず見聞きしているうち，自然にそのことが身に付いていることが少なくないものである。ただし，ここでは授業にかかわることであるため，改めて考えておくことである。

授業については，全く未経験なことではなく，実際に教壇に立ち，授業の在り方についても教員，児童(生徒)，教材の三つにより成り立つことを実感しているはずである。さらに，その結果についての指導を受けた経験があり，本書においてもこれまで，授業に関する認識を深められるよう配慮してきたのであるから，基本的なことについては，十分なわきまえがあると思われる。

ただし，授業といっても，児童(生徒)の顔を見ることはなく，教材も全くないことが多いのであり，さらに重要な要件である事前の準備期間も皆無という状況なのである。このことは，選考に当たっている担当者も十分承知していることではあるが，選考に課せられていることであり，近年，その実施の傾向が強まっていることも事実である。

そこで，教員としての資質能力のすべての査定の対象である，ということではなく，教員としての適性の一面が評価されるものと考え，現状認識を深め，しかるべく心得ておくことである。

① 模擬授業の意味

選考試験に，模擬授業を実施する例が多くなっているが，多少特殊な試験形態であるといえる。しかし，このことの必要を感じているところも多いということは，選考の資料として，有効なものとされているのである。

そこで，考えられることは，児童(生徒)の目前での言動のわきまえの有無であり，近年とくに，発声の音声の強弱が話題になることが多い状況にあるからである。つまり，日常生活上のことが起因しているとは思われるが，いわゆる「声が小さい」人が多いということである。ところが，教育の場では，多数を対象とし，すべての児童(生徒)に一様に伝達することが多く，このことが集団教育の基本となるので，音声が小さいと不公平な状況を生じることにもなりかねないのである。

また，授業においては，単なる知識の伝達ではなく，児童(生徒)の学習意欲を喚起し，自ら学ぶ姿勢を醸成させることが，極めて重要なことである。このことについても，教員の動作を伴う指導が，そのきっかけとなることが多いため，教員が児童(生徒)の教育環境としての存在価値に大いにかかわること，と考えることである。

したがって，模擬授業においては，授業内容というより，授業に関わっている姿勢が重視されている，と理解することである。

② 模擬授業の評価

これまでの実施状況及び受験者の感想などから考えられることは，次のようなことを査定の観点にしているということである。ただし，その方法や内容も多様であるため，あくまでも一般的なことと考えるべきである。

ア 発声の音量の適正さ

このことは，教員が，児童(生徒)との出会いでの最も直接的なことであり，そこには「あいさつ」がある。しかも，児童(生徒)にとっては，極めて重要な関心事で，その後の接し方にも大きく影響するものなのである。したがって，明瞭な言語で，しかも，教室という広い場において，すべての児童(生徒)に明確に伝わるような音量でなければならない。ただし，試験会場という場は，それほど広くはないため，よく通る音量ということで調整することである。また，発声中の語調に注意するとともに，日常会話で友人と交わしている話し言葉は，発しないよう注意することである。

なお，発声の機会は，この模擬授業のみならず，個人面接や集団面接及び集団討論等でもある。ただし，それぞれの状況は同一ではないため，それぞれについての場をわきまえなければならない。つまり，対話や説得及び伝達等については，必然的に発声の内容や音量にも差異があるのは，当然なのである。

イ 正確・明瞭な文字表現

教員が児童(生徒)の前で文字を示すとき，黒板に記することが多い。このことを「板書」というが，模擬授業においても，板書の機会が必ずあるものと思うことである。このことが，近年，話題になることが多いのは，現実に，学校で問題になることが多いからである。日常「文字を書く。」ということが極めて少なくなっているため，とくに漢字を正確に示すことを不得手とする人が，少なくないのである。

この板書についての対策は，とくに小学校教員志望者にとっては，極めて重要なこととなるが，そのことは，児童が教員の文字に影響されやすく，文字の形まで似てくることが，よくある現象であるからである。したがって，誤字や脱字は論外として，少なくとも「学年別漢字配当表」にある漢字については筆順も正確に記せるようになっておくことである。

そこで，この模擬授業においては，板書する際，文字は，児童(生徒)に見えるように黒板に示しつつ，ときには手を止めて説明をするなど，児童(生徒)が的確にノートに記載できるようなゆとりを与えることも大切なことである。また，重要な箇所を明確にするため，白色チョークのみではなく，ときには色チョークを使うなどの工夫をすることも大切である。

ウ　児童(生徒)の存在の意識

選考担当者の存在を意識することなく，あくまでも児童(生徒)の前である，との意識に基づいて行動することである。現実には，二名以上の担当者のみであるから，できれば，教育実習での教壇上の自分自身を思い出しつつ行動するとよい。

その際の基本姿勢としては，与えられた課題についての話題に拘束され，それを消化しようと執着することなく，通常の教室における授業形態を基本とすることである。ただし，模擬授業においては，状況が限定されているため，自らの意図することがすべて生かされることはないのである。つまり，通常の授業における指導においては，基本的には，「導入→展開→まとめ」という形態をとるが，この場面においては，教科に関すること以外であっても，初期段階の場面が多いため，いわゆる「導入」という認識であることで，十分なはずである。

そこで，具体的には，授業者である者が，一方的に話を進めるのではなく，学習者とともに課題を意識するような雰囲気が大切であり，とくに学習者が関心を示すように仕向けることが大切である。それには，学習者の意識確認のためにも，時には，指名するような場面があるのも自然なことである。

エ　教師の効果的な動作

授業は集団指導であるが，一人一人の児童(生徒)の学習意欲を喚起することは，必要不可欠なことである。そのためにも，時間内では，児童(生徒)の意識を教師の一挙一動に集中させることが大切である。

そのためにも，教員は，それぞれの言動を的確に把握するとともに，学習に対する意識を集中させられるようにする必要がある。このことについて，「叱ることも教育のうち」ということもあるが，授業は，一時的なものではなく年間を通じて行われるものであるため，よりよい指導法を取り入れていくことが，何よりも重要である。

例えば，児童(生徒)の気持ちをそらさないようにすることを考え，発言の後，沈黙して，教室を見まわしたり，些細なことで，少し誤ったことを伝え，すぐ見破られたりするなど，いわゆる演技力も大切な要素であると思われる。

このことに関して，模擬授業においても，初めての授業ということや自己紹介などということで，新しい出会いの場面設定が比較的多いようであるから，そのような場面での第一印象をどのように与えるかを考えておくと，そのことが生かせる機会は多いと思われる。例えば，自己紹介での自らの名前の由来やそのときの語調などについても考えることができるはずである。

オ　教師としての基本の表明

模擬授業において，教職経験者と未経験者との差を意識することがあるようである。しかし，そのことは当然のことであって，それによって，自らが不利になると考える必要は全くないのである。書面によって，それぞれの学歴や職歴は，明白になっているのであるから，それぞれの実情に即して，適切に査定されると考えることである。

そこで，とくに不利と意識しがちな未経験者に対してであるが，現実の選考は，新規採用を考えてのことであるから，その対象者についての評価の基準がある，と考えることである。その要素として，「表現力」，「児童(生徒)理解」，「教育に対する情熱」，「誠実さ」，「説得力」及び「健康」などがあるが，これらが備わっていると査定されることは，まさに，教員としての基本が的確に身に付いていると判断されたことになるのであるから，取り越し苦労は不要である。

したがって，授業についての技術面について考えすぎることはないのであって，与えられた課題に対して，正対した授業を実践することであり，堂々とした態度で，明るく，しかも，信頼感を醸し出すような雰囲気を示せるような気配りを伴って行動することが，肝要なのである。

カ　児童(生徒)を生かそうとする姿勢

この姿勢は，「授業者として望ましい資質である」とよく言われることがある。しかも，そのことは，現職の教員のなかでさえも，研修により身に付けようと努力していることの一つでもある。

それは，プロンプター(prompter)であり，演技中の俳優がせりふを間違えないように，舞台の陰でせりふをつける人という意味であるが，もっと分かりやすくは，歌舞伎の黒衣の類である。

このことは，教員が脇役であり，児童(生徒)が主役ということで，学習活動の本質をより一層生かそうとしているのである。実際，学習形態として「発見学習」を実践している場合，とても生き生きとした学習状態となっているようであるが，これを取り入れるには，かなり高度な教員としての力量も必要なようである。

したがって，この模擬授業においては，目前に児童(生徒)がいないため，取り入れにくいかもしれないが，その姿勢を示すことはできると思われる。つまり，学習活動の中で児童(生徒)の意識や認識を中心に授業をすすめること，つまり，教員の発言も児童(生徒)の発言内容を生かしつつ発し，学習のねらいを忘れることなく全うさせようとするということである。

2024年度　面接試験実施内容

2024年度　北海道・札幌市

◆個人面接Ⅰ(2次試験)

▼小学校　面接官2人×2　20分×2

【質問内容】

〈面接Ⅰ〉

□北海道を志望した理由。

□嫌なことがあったらどうするか。

□苦手な人との付き合い方。

□ボランティアの内容。

□学校で生かせる自らの強みは。

〈面接Ⅱ〉

□教育実習について(詳しく)。

□学校でマナーを守らない子がいたらどう対応するか。

□最近の教育関係以外で関心を持ったニュースは。

□嫌なことがあったらどうするか。

▼中学社会　面接官2人×2　20分×2

【質問内容】

□臨時的任用教員として働いている時，困難で出来事はなんだったか。

□社会が苦手な子どもに対して，どのような授業をするのか。

□なぜ，社会科を学ぶのか。

□なぜ北海道を受験したのか。

□健康状態は大丈夫か。

□賞罰についてはあるか。

□北海道のどこに赴任になってもよいか。

・教職大学院の選考で受験したが，職歴に臨時的任用教員として3年間勤務した記録あるので，現場のことについてたくさん聞かれた。

▼中学英語　面接官2人×2　20分×2

【質問内容】

〈面接Ⅰ〉

□志望理由は。

□信頼関係の構築と書いてあるが，具体的にどんなことをしてきたか。

□尊敬している先生の印象に残っているエピソードについて。

□全員と平等に接すると言っていたが，全員同じ回数関わることは可能か。

□サッカーはいつ頃からやっているか。

→サッカーをやってきて身についた力はあるか。

□それをどう学校で生かせるか。

□特技に名前を覚えることとあるが，覚えるときの工夫はあるか。

□これまで困難だったこと，難しかったことはあるか。

→具体的にどう対応して改善できたか。

□部活動で1番印象に残っているエピソードは。

→部活動で対立があったときにどう対応してきたか。

□過去5年で既往症はあるか。

□赴任地の希望はあるか。

□他に受験している自治体はあるか。

〈面接Ⅱ〉

□中学校数学の教師を志望した理由は。

→全員にとってわかりやすい授業をすると言っていたが，数学が根っから苦手な生徒にはどんな対応をしていくか。

□学校に行きたいと思わせるためには具体的にどんなことが必要だと考えるか。

→生徒の良さを見つけて褒めると言っていたが，良さを見つける・褒めるときにはどんなことを意識しているか。

□ICTを大学ではどんな使い方をしてきたか。

□誰とでも信頼関係を構築できるとあるが，その強みが生きた経験は。

□授業中に立ち歩く・騒ぐ生徒にはどう対応するか。

□アルバイトで生徒の悩み相談を聞いたとあるが，具体的にどんなことを聞かれてどう対応したか。

→面談や相談はたくさんしてきたか。

□部活動の担当はサッカー部だと嬉しいか。

●面接試験

□部活動の地域移行について。

□教員が守らなければいけない義務ややってはいけないことの中で一番大切にしたいことは何か。

□教員は激務の中で疲労してしまったり，精神的にまいってしまう人もいるが，自分ならどう対策していくか。

→ストレスや疲労をリフレッシュする方法は何かあるか。

□熱中症などで授業中に倒れた生徒がいる。どう対応するか。

▼中高保体　面接官2人×2　20分×2

【質問内容】

〈面接Ⅰ〉

□教員志望理由。

□なぜ札幌か。

□いじめにどう対処するか。

□体育が苦手な子への対応について。

□他の自治体を受けているか。

□ここが第二志望か。

□公務員として守らなければいけない義務3つは。

〈面接Ⅱ〉

□ICTどう使うか。

→ICTのデメリットとどう対処するか。

□どういうクラスにしたいか。

□部活指導をしたいか。

□中・高どちらがいいか。

→それはなぜか。

▼養護教諭　面接官2人×2　20分×2

【質問内容】

〈面接Ⅰ〉

□養護教諭の志望理由。

□看護師と養護教諭の違いは。

□なぜ看護師ではなく養護教諭になるのか。

□養護教諭はいつから目指しているのか。

□ボランティア活動で努力したことや失敗したことは。

→どう補ったか。

□学校現場に関わった経験はあるか。

□あなたが面倒だと思うことは理由も合わせて。

□部活動経験から得たものは。

→その経験を教育にどう生かすか。

□北海道の魅力は。

□ICTを学校現場でどのように活用するか。

→それを実現するためにはどのような機材や物が必要か。

〈面接Ⅱ〉

□受験区分を養護教諭にした理由は。

□今まで特に学んできたことは。

→その学んできたことを養護教諭としてどう生かすか。

□実習の経験はあるか。

□ボランティア経験を具体的に。

→ボランティア経験で苦労したことは。

□挫折した経験は。

→その挫折をどう乗り越えたか。

□(対人関係で)苦手なタイプは。

→その苦手な人にどう対処するか。

□職場で意見が食い違った時どうするか。

□以前の自分と変わったことは。

□変わるためにどんな努力をしたか。

□その努力をしたことで周りや自分はどのように変わったか。

▼栄養教諭　面接官2人×2　20分×2

【質問内容】

〈面接Ⅰ〉

□大学で重点的に学んだことは。

→難しかったことは。

□食育にどんな教科を組み込むか。

→担任とどうやって打ち合わせをするか。

□調理員さんとの連携はどうするか。

□苦手な人とどう関わるか。

→それでも無理ならどうするか。
□どんな研究をしているか。
□教員としての強みは。
□短所は。
□学校給食の全体計画は校長先生が立てるが，栄養教諭として何を中核的に行うか。

〈面接Ⅱ〉
□昨日は眠れたか。
□栄養教諭の志望動機。
□取得している資格について。
□チームで頑張ったことは。
→「駅伝」について詳しく深掘り。
□困難だったことは。
→どう乗り越えたか。
□失敗したことは。
□最も辛かったことは。
→どう乗り越えたか。
□どんなときにやりがいを感じるか。
□趣味は。
□声をかけても反応してくれない子にどう対応するか。

2024年度　青森県

◆集団討論・個人面接(2次試験)　面接官3人　受験者5～6人

▼小・中学校

〔第1時間帯〕

子どもたちが安全に関する情報を正しく判断し，生涯を通じて安全な生活を送ることができるよう，「安全教育(学校安全)」について，どのように取り組むか，話し合ってください。

〔第2時間帯〕

子どもたちが我が国や諸外国の文化と伝統について関心と理解を深め，国際社会に貢献できるよう，「異なった文化や習慣をもつ人々との交流の推進」について，どのように取り組むか，話し合ってください。

〔第3時間帯〕

①子どもたちが集団における人間関係をよりよく築いていくことができるよう，「自己有用感の育成」について，どのように取り組むか，話し合ってください。

②連続性と発展性のある学習指導により確かな学力を身に付けさせるには，小学校と中学校の連携を充実させることが求められます。このことについて，どのように取り組むか，話し合ってください。

▼高等学校

〔第1時間帯〕

学校生活上の諸問題を自ら積極的に見いだし，自主的に解決できるようにするためには，一人一人の生徒に自己存在感を持たせたり自己決定の場を与えたりするなど，生徒指導の機能を最大限に生かした学年・学級・ホームルーム経営が必要です。このことについて，どのように取り組むか，話し合ってください。

〔第2時間帯〕

青森県の学校教育指導の方針で「郷土に誇りを持つ」ことを掲げていることを踏まえ，総合的な探究の時間等と関連させることによる「郷土を愛する心を育む」教育の充実を図ることとしています。このことについて，どのように取り組むか，話し合ってください。

〔第3時間帯〕

一人一人の子どもが，情報モラルを含む情報活用能力を身に付けるためには，系統的・体系的な情報教育の推進に努めることが求められています。このことについて，どのように取り組むか，話し合ってください。

▼特別支援学校小学部・中学部・高等部

〔第1時間帯〕

交流及び共同学習においては，障害のある子どもと障害のない子どもの相互理解の促進が大切です。このことについて，交流及び共同学習の実施に当たり，どのように取り組むと効果的か，話し合ってください。

〔第2時間帯〕

各教科等の指導においては，一人一人の子どもの実態を的確に把握することが重要です。このことについて，個別の指導計画の作成に当たり，どのように取り組むと効果的か，話し合ってください。

〔第3時間帯〕

子ども一人一人の教育的ニーズに応じた指導を行うためには，教員間で共通理解を図りながら指導に当たることが大切です。このことについて，教員間でどのように連携を図りながら取り組むか，話し合ってください。

▼養護教諭

〔第2時間帯〕

2020年度及び2021年度に国が中学生・高校生を対象に行った「ヤングケアラーの実態に関する調査」において，クラスに概ね1～2人のヤングケアラーがいることが判明しました。ヤングケアラーの問題に対して養護教諭としてどのように取り組むか，話し合ってください。

〔第3時間帯〕

児童生徒の適切な保健管理のためには日常的に健康観察を行うことが重要です。養護教諭として，児童生徒の健康観察にどのように取り組み，また，どのように活用するのか話し合ってください。

▼栄養教諭

〔第2時間帯〕

毎日朝食をとることは，基本的な生活習慣を身に付ける上で重要な要素の一つです。「朝食」をテーマに，栄養教諭としてどのように取り組むか，話し合ってください。

【個人面接質問内容】

▼中学数学

□志望理由について。

□全員にとってわかりやすい授業をすると言っていたが，数学が根っから苦手な生徒にはどんな対応をしていくか。

□志望書に信頼関係の構築と書いてあるが，具体的にどんなことをしてきたか。

□尊敬している先生の印象に残っているエピソードは。

□全員と平等に接すると言っていたが，全員と同じ回数関わることは可能か。
□サッカーはいつ頃からやっているか。
→サッカーをやってきて身についた力はあるか。
→それをどう学校で活かせるか。
□特技に名前を覚えるとありますが，覚えるときの工夫はあるか。
□これまで困難だったことや難しかったことはあるか。
→具体的にどう対応して改善できたか。
□部活動で1番印象に残っているエピソードは。
□部活動で対立があったときにどう対応してきたか。
□過去5年で既往症はあるか。
□赴任地の希望はあるか。
□他に受験している自治体はあるか。
□学校に行きたいと思わせるためには具体的にどんなことが必要だと考えるか。
□生徒の良さを見つけて褒めると言っていたが，良さを見つける・褒めるときにはどんなことを意識するか。
□ICTを大学ではどんな使い方をしてきたか。
□誰とでも信頼関係を構築できるとあるが，その強みが生きた経験は。
□授業中に立ち歩く・騒ぐ生徒にはどう対応するか。
□アルバイトで生徒の悩み相談を聞いたとあるが，具体的にどんなことを聞かれてどう対応したか。
→面談や相談は相当数してきたか。
□部活動の担当はサッカー部だと嬉しいか。
□部活動の地域移行について。
□教員が守らなければいけない義務ややってはいけないことの中で1番大切にしたいことは何か。
□教員は激務の中で疲労してしまったり，精神的に参ってしまう人もいますが，自分ならどう対策していくか。
□ストレスや疲労をリフレッシュする方法は何かあるか。
□熱中症などで授業中に倒れた生徒がいる。どう対応するか。

2024年度　岩手県

◆模擬授業(2次選考)

〈着眼点〉

専門性，指導技術，創意工夫，授業の展開等

▼小学校教諭

【課題】

□小学校3・4年生の歌唱共通教材のうち，「茶つみ」，「春の小川」，「ふじ山」，「とんび」，「まきばの朝」，「もみじ」の中から任意の1曲を選択し，ピアノ伴奏等の準備をすること。

▼中学校教諭

※国語，社会，数学の受験者について行う。

▼高等学校教諭

※全教科の受験者について行う。

※理科の受験者は，観察・実験の基本操作に関する内容を含む。

※英語の受験者は，英会話を含む。

▼特別支援学校教諭

【課題】

□「各教科等を合わせた指導」について行う。

▼養護教諭　試験管2人　受験者1人　10分

【課題】

□実技的な要素を含む模擬保健指導を行う。

◆個人面接(2次選考)

〈着眼点〉

資質，使命感，責任感，倫理観，社会性，指導力，協調性，人間性，教員としての実績等

2024年度　宮城県

◆個人面接Ⅰ・Ⅱ(2次試験)

※複数の面接委員による面接を1人につき2回行う。

※人物を総合的に評価し，AからDまでの4段階評定を行う。

※主な評価の観点は，「教育への情熱や学び続ける意欲等，教員としてふさわしい資質と能力を備えているか」「心身共に健康であるかどうか」「ものの見方や考え方が教育公務員としてふさわしいかどうか」である。

▼小学校　面接官2人　各25分

【質問内容】

〈個人面接Ⅰ〉

□どうして教員になりたいのか。

□教育実習について。

□ボランティアの経験について

□学生時代の経験について。

〈面接Ⅱ〉

□高校までの部活動の経験をどう生かすか。

□自己認識しているストレス耐性について。

□どんな授業を行いたいか。

・面接Ⅰは現役の校長先生，面接Ⅱは教育委員会の方が面接官であった。

▼小学校特支　面接官2人　各25分

【質問内容】

□志望理由について。

□余暇の過ごし方について。

□自己アピール表について。

□教育実習で印象的だったことは。

□保護者との関わりについて(モンスターペアレントのような保護者と関わるような時，どのように関わっていくか？等)。

□一人暮らしは大丈夫か。

□得意教科をどのように子どもに教えるか。

□自己PR(1分)。

▼高校理科　面接官2人　各25分

【質問内容】

〈個人面接Ⅰ〉

● 面接試験

□ここまでどうやって来たのか。
□志望動機。
□一分間の自己PRをせよ。
□大学の研究は何をやっているか。
□理科嫌いな生徒への対応。
□教師としてのやりがいについてどう考えているか。
□高校の部活はどのような活動だったか。
→部活の活動を通して学んだことはあるか。
□ICT教育はどう展開できるか。
□教員に必要な資質能力を3つ挙げよ。
→一番重要な課題は何か，理由とともに述べよ。
□最近の気になるニュースを述べよ。
□目標としたい人は誰か。
□高校時代に感動したこと。
□教育実習では何に気をつけて生徒と接していたか。
□素直に聞き入れてくれない生徒はどう対応するか。
□非行やいじめなどの問題行動をする高校生にはどう接するか。
□ネットいじめ，ネットトラブルについてはどう対処するか。
□不登校の生徒にはどう対応するか。
〈個人面接Ⅱ〉
□出身地。
□出身高校と大学。
□取得予定の免許状。
□高校の部活動では何をしていたか。
□高校の部活動では何を学んだか。
□大学の研究について。
□中学校までは何をしていたか。
□(専門以外の)得意教科について，どう学んでいたのか，どう役に立っているか。
□あなたの強みはどう現場で生かせそうか。
□素直でない生徒にはどう対応したら受け入れてもらえるか。
□教育実習の授業は何を担当したか具体的に答えよ。

→手応えはどうだったか。

□保護者から信頼されるにはどうするか。

□志願した校種・教科の教員を目指すようになったきっかけ。

□指導可能なスポーツ活動，文化活動について。

▼養護教諭　面接官2人　各25分

【質問内容】

〈個人面接Ⅰ〉

□主に自己アピール票からの質問。

→部分的にこれはどのような意味か，ときかれた。

□卒論について。

□自分の強み。

□自己PRを1分で。

□採用されたときの抱負。

〈個人面接Ⅱ〉

□賞罰について。

□現在の住所について。

□大学，高校，中学の部活について。

□挫折について。

→どのようにしてのりこえたか。

□現在の仕事，過去の職歴について。

□希望校種。

□困ったときはどう対応するか。

□特別支援学校の希望がない理由は(自己アピール票から)。

▼養護教諭　面接官2人　各25分

【質問内容】

〈個人面接Ⅰ〉

□強みは何か。

□アピール票にSOSを出す教育とあるが，具体的にどんなことを伝えたいか。

□講師をしていて苦労したこと。

→それをどうやって乗り超えたか。

□宮城は肥満の子供が多いが，どんな指導をしたいか。

● 面接試験

□むし歯以外に宮城の教育課題は何があるか。

→不登校児童にどのように対応するか。

□教育関係で気になるニュース。

□養護教諭として採用されるにあたっての意気込み。

〈個人面接Ⅱ〉

□経歴の確認。

□面接練習はしたか。

□今年はどんな気持ちで臨んだか。

□採用試験は何回目の受験か。

□地元で働きたいとあるが，他地域での勤務についてどう考えているか。

□受験について，家族は何と言っているか。

□目指す養護教諭像。

□現在の学校の様子(来室状況，心理面での来室はあるか)について。

□苦手なタイプはどんなタイプか。

→複数配置になった場合，相方の先生が苦手なタイプだった時，どうするか。

◆集団討議(2次試験)

※集団討議を総合的に評価し，AからDまでの4段階評定を行う。

※主な評価の観点は，①テーマを正しく理解し，目的意識や問題意識を持ち，建設的な内容で討議ができるか，②他者とのコミュニケーションを円滑に行うことができる力を備えているか，である。

▼小学校　面接官2人 受験者6人　60分

【テーマ】

□宮城県の魅力をアピールするキャッチコピーをつくりなさい。

・講師の方が多い印象であった。

▼小学校特支　面接官2人 受験者6人　60分

【テーマ】

□アフターコロナを見据えてどう思うか。

▼高校理科　面接官2人 受験者6人　60分

【テーマ】

□男女共同参画社会を推進しているが日本は世界的に低水準である。現状の課題を挙げ，今後の取り組みについてみなさんで話し合ってまとめて下さい。
・10分間構想をする時間が与えられる。
・討議自体は30分で5分前にコールがかかる。
・30分間の中に司会を立てる時間を含める。
・意見を集約させることを目標にするよう指示がある。
▼養護教諭　面接官2人 受験者6人　60分
【テーマ】
□「学校での「チーム力」をどのように捉え，高めるためにはどうしたらよいか」
・10分間別室で構想→移動の流れ。
・司会を決めて意見をまとめる
・発言するときは手を挙げる
・お互いのことは，A～Fの記号で呼びあう。
・課題が書いてあるメモ用紙は回収される。
▼養護教諭　面接官2人 受験者5人　60分(事前説明20分，構想10分，討論30分)
【テーマ】
□チーム力をどう捉えるか，また，チーム力を上げるために具体的にどんな取り組みが必要か，話し合ってまとめてください。
・マスクをはずさずに行う。
・実施にあたり司会を立てることと，話を集約する方向で話し合うこと，発言は1分を超えないようにすることなどの説明あり。
・残り5分で試験官から声がかけられる。

2024年度　仙台市

◆集団討論(2次試験)　受験者6人　40分
※指定されたテーマをもとに，集団討論を行う
※主な評価の観点は，「他者とのコミュニケーション能力を身に付けているか」「学習指導や生徒指導等における場面対応力を備えているか」

「教員としての適性を備えているか」等である。

▼小学校　面接官2人　受験者6人　40分

【テーマ】

□外国籍，外国にルーツがある人が増えている。どのようなことに気をつけて子どもに対応するか。

□授業中手紙を回している児童がいた。「すみません。保護者には言わないでください。」という。どのように対応するか。

・司会者を1人ずつ決めて(1回目と2回目では変える)行う。

▼小学校　面接官2人　受験者6人　20分×2

【テーマ】

□災害を経験していない子どもにどのように対応していくか。

□障害をもつ子供の親との面談でどのように配慮するか。

・司会を決める。

・メモを取ることができるが，メモ用紙は回収される。

◆個人面接1・2(2次試験)　面接官2人　受験者1人　各20分

※事前に記入した「自己アピール票①・②」を提出のうえ，複数の面接委員による質問に答える。

※主な評価の観点は，「社会人としての常識を身に付けているか」「コミュニケーション能力を身に付けているか」「教員としての適性を備えているか」である。

▼小学校　面接官2人　30分

【質問内容】

〈個人面接1〉

□仙台市を受験しようと思った理由。

□努力しないといけないこと。

□何かトラブルがあった時はどのように解決しているか。

□今までずっと支援教室か。

□非常勤では何をしていたのか。

□どうして配置換えがあったのか。

□抜けた穴は誰が入っているのか。

□支援教室について。

□他の学校に出向いてて大変だったこと，どのように対応していたか，そこから学んだことは。
□今の学校でのやりがいは。
□保護者対応で不安に感じるところ，今まで大変だったことは。
〈個人面接2〉
□仙台を受ける理由は。
□担任としての経験の有無について。
□どうして配置換えがあったのか。
□現在の勤務校。
□現在勤務している校長先生は受験するにあたり何と言っていたか。
□校務分掌。
□今年度は最後まで1年担任をするのか。
□仙台市に来て不安なこと。
□採用された場合，仙台市何区でも大丈夫か。
□もし落ちたら来年度以降どうするか。
□仙台市に来て，1番最初に覚えないといけないこと。
□担任としての通級は全く違うと思うが，どうか。
□担任として嬉しいこと，大変なこと。
□良くない行動をする児童に対してどう対処してるか。
□自己PR。
□仙台市のキャリア教育についてどう思うか。
▼小学校　面接官2人　20分×2
【質問内容】
〈個人面接1〉
□教師のやりがいについて。
□いじめがあったらどう対応するか。
□今努力していること。
□積極的な子供と消極的な子供へのそれぞれの対応について。
□不安に思っていること。
□自分が今，自己有用感を感じていることはあるか。
〈個人面接2〉
□経歴(出身高校・大学)の確認。

□副免許について(他校種の教師としても働いてみたいか)。
□部活について。
□ボランティアについて。
□特支の担当になっても対応できるか。
□併願について。

2024年度 山形県

◆個人面接Ⅰ・個人面接Ⅱ(2次選考)　面接官2～3人　15～20分
※個人面接は2回行われる。
▼小学校
〈面接Ⅰ〉面接官3人　受験者1人　15分
【質問内容】
□志望動機。
□子どもと一緒に考えたいニュースは。
□プログラミング教育について。
□個別最適な学びとは。
【場面指導】
□小学3年生の担任で，授業中に静かになりません。あなたはどう対応しますか。
〈面接Ⅱ〉面接官2人　受験者1人　15分
【質問内容】
□希望勤務地について。
□推薦で受験した理由。
□ストレス解消法。
□山形県の新採教員への待遇について。
▼高校英語
〈面接Ⅰ〉面接官3人　受験者1人　15分
【質問内容】
□教員を目指す理由は。
→「恩師が肯定的な指導をしてくれたおかげで達成感を感じることができ，それによって新しいことに挑戦できた。それを今度は自分が教員として子供たちを支える指導をしたい」と述べたところ，面接官から，「恩師からどのような声がけがありましたか？」と具体的に聞かれた。

□「教員として頑張りたいこと」として，「生徒が国際交流に興味を持つことのできる活動に取り組みたい」とあるが，もし英語が苦手で，そのような活動が難しい生徒がいた場合どうするか。

□「教員への適性」として，自分の挫折の経験から，「頑張っているけれども成果が出ない生徒たちに親身になって指導できる」と述べているが，具体的にどのような指導ができるか。

→「挫折の経験も今後の人生における糧になると話したい」と伝えたところ，「今後の人生における糧とは具体的にどのようなことですか」と聞かれた。

□性暴力や，交通違反，飲酒運転といった教員の不祥事が相次いでいるが，それについてどう思うか。

□不祥事はなぜ起こると思うか。

→「日々の業務の多忙で心の余裕がなくなったり，ストレスを感じるから」と答えたところ，「あなたのストレス対処法はなんですか」と聞かれた。

□合理的配慮をあなたは教員としてどう実現したいか。

□ChatGPTなどの生成AIが普及している中，英語教育の意義はなんだと思うか。

→「自分の考えを書いたり伝えたりするのは人間特有の能力なので，英語教育の意義もそこにあると思う」と答えたところ，「国語科でそれは実現できれば良いのではないですか。」と聞かれた。

・エントリーシートに書いた内容に対しての質問が多かった。

【場面指導】

□高校1年生のある生徒が友達とお昼ご飯を食べず，毎日1人で図書館に行って本を読んでいる。あなたはどう対応するか。

→その生徒は「本を読むのが好きだからこうしているのだ」と答えるが，実際には他に理由がありそうだ。あなたはどう対応するか。

→その生徒の保護者から「うちの子どもが学校で仲間外れにされている」と電話がかかってきた。保護者，生徒，そして学校の他の職員に対してどう対応，取り組みを行っていくか。

→実は，生徒がお昼図書館に一人でいた原因は，保護者がお弁当を作ってくれないことにあった。どう対応するか。

□進学校と呼ばれる学校では，受験に向けた英語教育が行われ，学習指導要領に示す英語教育の目標が果たされていないと指摘する人もいるが，あなたはそれについてどう思うか。

〈面接Ⅱ〉面接官2人　受験者1人　15分

【質問内容】

□賞罰の有無(履歴書内容の確認)。

□大学在学中とのことだが，教員免許に必要な単位は順調に取っているか。

□大学ではどんな研究をしているか。

□就職してから，健康面での不安はあるか。

□赴任地の希望はあるか。

□大学院へ進学予定はあるか。

□他の企業や自治体を受けているか。

□教育実習にはいつ行ったか。

→教育実習で大変だったことや印象に残っていることは何か。

□教育実習の指導教官に言われたアドバイスで印象的だったものは何か。

□教員の不祥事についてどう思うか。

→教員の不祥事はなぜ起こると思うか。

□どんな時にストレスを感じやすいか。

→ストレス対処法は何か。

▼中学社会

〈面接Ⅰ〉面接官2人　受験者1人　17分

【質問内容】

□教育実習で印象に残っていることは。

□魅力のある社会科の授業とは。

□教員の不祥事はなぜ起こるのか。また，あなた自身が気をつけることは。

□部活動が地域に移行されていくことについてのあなたの考えは。

□どのようなことにストレスを感じるか。またストレス対処法は。

〈面接Ⅱ〉面接官3人　受験者1人　17分

【質問内容】

□社会科の授業におけるICTの活用法は。

□SNSの使用にはどのようなことを伝えるか。

□ブラック校則についてあなたの考えは。

【場面指導】

□Aさんは勝手に授業中に話し始めたり，立ち歩いたりしてしまう。学級内の生徒もAさんを迷惑がり，避け始めた。Aさんと他の生徒にどのような指導をしていくか。

2024年度　福島県

◆個人面接(2次試験)

〈評価の観点〉

指導力や専門性，教育に対する情熱や使命感，倫理観　等

※学校種によっては，場面指導が行われる。課題は次の3種類から1つが書かれた紙が机上に置かれており，指示があったら読み上げ，その生徒にはどのようなことが考えられるか，どのように対応していくか等を質問される。

【場面指導課題1】

□A教諭は，授業中，何度注意しても私語をやめないB男とC子に対し，ついカッとなり「出て行きなさい。」と言った。するとB男が教室を飛び出してしまった。

あなたが後を追うと，B男は廊下の隅で泣いていたため，そのままにし，B男が授業の準備のため職員室に向かった。

教室に戻ると，B男が席に着いていないことに気づいたが，トイレにでも行っているのだろうと考え，授業を始めた。

数分後，「B男らしき男の子が泣きながら道路を歩いていたが，学校では把握しているのか。」という電話が近所の方から入ったことを，教頭が知らせに来た。

【場面指導課題2】

□A教諭は，授秦中，生徒Bと悪ふざけをしていた生徒Cを指導した。すると．生徒Cが生徒Bを指して「先生，こいつ最近調子にのっているんですよ。」と言ってきたため，A教諭は，「そうか。生徒Bは調子にのりすぎだな。」と話を合わせ，教室には笑い声が響いたが，生徒Bは無言でった。

翌日，学校に生徒Bの母親より，「昨日のA教諭の授業で息子がみんなから，『調子に乗ってる』とからかわれてとても傷ついた。もう学校に行きたくない，と言っている。先生も一緒になって言っていたそうだが，事実か。」との電話があった。

【場面指導課題3】

□ソフトボール部の活動中，打球が左目付近に当たったと，生徒Aが保健室に来室した。B養護教諭が生徒Aの目を洗い，打撲部を冷やし，「眼球には異状は無いけれども，念のため眼科に行った方がよい。」と生徒Aに話し，帰宅させた。

翌日，欠席した生徒Aの母親から，「本日，受診したところ，眼球に傷ができて出血しており，しばらく運動は控えるように医師から指導を受けた。なぜ，昨日のうちに連絡をくれなかったのか。」との厳しい口調の電話を教頭が受けた。

▼小学校教諭　面接官2人　20分

【質問内容】

□コミュニケーションを図るのが難しい児童への対応。

□授業中に他の児童に喋りかける児童の対応。

□不祥事をなくすため心掛けること。

□尊敬している人。

□福島の子どもの良さ。

□長所を30秒で。

□理想の教師像。

□気になっている教育問題。

□健康に気を付けていることは何か。

▼小学校教諭　面接官2人　20分

【質問内容】

□コミュニケーションを図るのが難しい児童への対応。

□授業中に他の児童に喋りかける児童への対応。
□不祥事をなくすため心掛けること。
→なぜ不祥事が起きると思うか。
□ボランティア経験について。
□尊敬している人。
□福島の子どもの良さ。
□長所を30秒で。
□好きな言葉。
→どのような場面でその言葉を思い出すか。
□理想の教師像。
□気になっている教育問題。
□受験しているのは福島県だけか。
□どこでも勤務可能か。

▼中学国語　面接官2人　20分

【質問内容】

□なぜ中学校教員を目指すのか。
□勤務地は出身地以外どこでも大丈夫か。
□他の地域を受験しているか。
□卒業単位は問題ないか。
□「◯◯検定(自身の所持していた検定)」とは何か。
□「(自身の卒業論文のテーマ)」とはどういう研究か。
□不祥事が相次いでいる中，今現在取り組んでいることは何か。
□気になるニュースは何か。
□大学では「◯◯部」だったとあるが，◯◯はずっと習ってきていたのか。
□信頼される教員として何が大切か。
→生活の中で，◯◯(自身が話したこと)は何に生きるか。
□好きな言葉は何か。
□同僚が体罰をしそうになっている。最初に発見したあなたならどのように対応するか。

▼中学英語　面接官2人　20分

【質問内容】

●面接試験

□あなたが中学校の教員を目指した理由。
□福島らしさを生かした英語の授業をどのように行うか。
→それは何かきっかけがあったのか。
□教員に大切な資質とはなんだと思うか。
→そう思うきっかけがあったのか(恩師の存在について)。
□○○地区に行きたいとは思うが，三地区どこに勤務になっても大丈夫か。
□体罰に関してどう思うか。
□福島県の子供の良さはなんだと思うか。
□生徒に英語の楽しさは何かと聞かれたらどう答えるか。
□最後に，教育ニュースに関して，何かあなたが関心を持っているトピックはあるか。
▼中学保体　面接官2人　20分
【質問内容】
□中学校の教員を志願した理由は何か。
□保健体育科の教員を志願した理由は何か。
□理想とする教師像はあるか。
□保健体育科でICTをどのように活用するか。
□先輩教員が体罰をしている場面に遭遇したらどうするか。
□いじめを発見した場合，どのような対応をとるか。
□福島県の教員を志願した理由は何か。
□不祥事を防止するために大切なことは何か。
□教育実習で学んだことは何か。
□障害のある生徒に対して，どのように関わるか。
□大学は卒業できそうか。
□県内どこでも勤務可能か。
▼特支社会　面接官3人　15分
【質問内容】
□自立活動の目標。
□教育的ニーズを整理せよ。
□学習指導要領の3観点とは。
□特別支援教員になろうと思ったきっかけ。

□特別支援の魅力。
□あなたのクラスの生徒が教員から不適切な指導があった，その時の対応。
□福島ならではの教育をどのように実践するか。
□TT間の意見が違う際の対応。
□障害児との関わり方。
□福島県の教育でどのような生徒を育むか。
□3地区異動できるか。
□不祥事の理由は何だと思うか。
□指導に不信感のある生徒に対して，どのように対応するか。
□信用失墜行為とは。
□他県の受験状況について。
□苦手な校務分掌。

2024年度　茨城県

◆集団討論(2次試験)　面接員3人　受験者5～10人▼小学校

【テーマ】

□この学校では「全ての子供達の可能性を引き出し，活力のある学校づくりを行う」ことが目標です。「学習意欲の向上」という課題解決のために，学年主任や他の教職員と協働しながらどのように取り組んでいくかまとめなさい。

・個人の意見発表(1分)×10人→討論(20分)
・受験者は円形になり討論
・面接官は円の周りを歩いて観察

▼小学校

【テーマ】

□本校では，活力ある学校づくりを目指しています。このことを踏まえて，いじめを未然に防止するには，どのような取り組みをすればよいですか。話し合いをしてください。

・3分考え，1分で発表→自由討論(30分間くらい)
・司会は，立てても立てなくてもいいが，話し合いを進めていく中で司会が必要だと思った時には，司会を立てても構わない。

▼中学社会

【テーマ】

□学校では「子供一人一人の可能性を見出すこと」を目標に掲げている。課題が「体力・運動能力向上」であった。このことを，話し合い，グループでまとめなさい。

・グループで司会を立てることなく意見を言い，それに対して，共感するなどして進んでいった。そのため，特に形式的な討論ではなく，テーマに関して，ひたすら，自分の考えを述べる時間だった。

▼中学社会

【テーマ】

□あなたが勤めている学校では，自立した人間の育成を目標としている。一方で，SNSの利用が問題になっている。生徒の自立を目指し，SNSの正しい利用法を広めるために教師としてどのような取り組みが考えられるか，具体的に話し合いなさい。

・最初に番号と名前を面接官に言う。

・司会は必要に応じて立てるか決める。

▼中学数学

【テーマ】

□学校で教育目標「全ての子供の可能性を引き出す指導」をもとに発表することになった。「体力・運動能力向上」について，どのような取り組みをするか。

・司会は立てない。

・同じ科目の人で討論をする。

▼中学英語

【テーマ】

□自己肯定感の向上の必要性について学校で話が挙がった。学年主任や他教員と協力してどのように取り組んでいくべきか。

・グループとしての考えを出すだけで，まとめる必要はなかった。

・リーダーやタイムキーパー等の設定もなかった。

▼高校社会

【テーマ】

□アジアの姉妹校と交換留学をするという設定で，茨城県の学校のよさをアピールするにはどうすればよいか話し合いなさい。

・9人で討論。結論を出す必要はなかった。

・面接官は基本的に周りで採点していた。

▼高校国語

【テーマ】

□茨城県に著名人を呼んで教壇に立ってもらいたい(期間は3年間，任期付)。その著名人は誰にするか話し合いなさい。

・構想時間3分→1分以内で発表(挙手制)→討論開始という流れで進んだ。

・司会，結論は決めず自由な形式で話し合った。

・受験者同士は番号で呼び合う。

・最初に，緊張しているだろうが自分の今の気持ちを色で表すと何色か訊かれた。

▼高校理科

【テーマ】

□コロナ等で修学旅行に行けない場合，バーチャル修学旅行に行くとしたらどこに行くか。

・30分間自由討論(司会なし，書記なし，まとめなし)

▼高校英語

【テーマ】

□東南アジアのある学校との姉妹校提携実現に向け，5枚のスライドを用いて学校のよさについてプレゼンテーションを行うことになった。どのような内容にするかグループで話し合いなさい。

・司会やタイムキーパーの役割は立てない。面接官がタイムキーパーを担う。また，結論を出す必要がなく，まとめることは求められなかった。メモは可。

◆個人面接(2次試験)　面接員3人　25分～30分

▼小学校

【質問内容】

□今までで一番悩んだことは。

□どのようにして解決したのか。
□どのくらい悩んだのか。
□ストレス解消方法は何か。
□教員は忙しい職業だが，やり遂げられるのか。
□やり遂げられる自信は何を根拠に言っているのか。
□人として合わない保護者がいた場合の対応。
□人権を否定する教師とはどのような姿か。
□子供を評価する際に気をつけること。
□人生計画は。
□出歩いて授業に集中できない子への対応。

【場面指導課題】

□6年生の担任。学級活動の時間に清掃活動について話し合いをし，清掃の時間によく取り組むことができていた。朝の会で話をしてください。

・場面指導を始めて1分で，面接官(児童役)から「なんで毎日掃除するの！」と発言があり，追加で対応を行った。
・考える時間(2分)→場面指導(2分)

▼小学校

【質問内容】

□茨城県のよいところは。
□自己申告書にサッカー観戦が好きとあるが，好きなチームなど詳しく。
→リアルタイムで見るということは夜遅くになるのか。
□自己申告書に自己研鑽とあるが，大変になることはないか。
□「動き回る子」に対してどう対応する。

【場面指導課題】

□あなたは小学校4年の担任です。学級会で1年生を迎える集会の話し合いがうまくまとまりました。このことを学級会の後に話しなさい。

【場面指導についての質問】

□1分経つと児童役の面接官から「先生，実は(まとまった内容)に反対でした」といった質問が入った。
□場面指導でどんなことを意識したか。

→(話す前に姿勢を直すように言ったため)なぜ姿勢を直す必要があるのか。

→(児童役の人たちに顔を伏せさせて実は反対の意見を持っていた子がいないか聞いたため)顔を伏せさせた意図は。

□途中で終わってしまったが，続きに何を言いたかったのか。

▼小学校

【質問内容】

□恩師の先生に憧れたことが志望理由に書かれているが，どのような先生だったのか。

□英語部と写真部を経験していて苦労したことは何か。

□「私が悩んでいるのは人と話すときの言葉の選び方」と書かれているが，具体的にどのようなことか。

□教材研究は家と学校どちらでやることが多いか。

□ICT活用に関して自信あるか。

□同僚の先生からWordやExcelの使い方について聞かれたら答えられるか。

【場面指導課題】

□あなたは6年生の担任です。6年生が入学式の準備をよくやっていました。このことを帰りの会で話してください。

【場面指導についての質問】

□面接官が1分後に「先生，準備をさぼっている人がいました。ずるいと思います。」と言ってきた。それに適切に対応する。

□もっと伝えたかったことは何か(2分で終わらなかったため)。

□何を意識して取り組んだか。

▼中学社会

【質問内容】

□ボランティアを始めたきっかけ。

□ボランティアから学んだこと，活動後の変化について。

□周りの人からどのような人と言われるか。

→「明るい人と言われる」と答えると，「毎日明るく振舞うのは疲れると思いますが，ストレス発散方法はありますか」と追質問。

□子供たちにどのような大人になってほしいか

□「私が悩んでいることは，1つの物事について考えすぎてしまうこと」と書いてあるが，対応方法はあるか。
□養護教諭から体に怪我がある生徒があなたの学級にいると報告があった。その後，どのように対応するか。
【場面指導課題】
□あなたは剣道部の顧問をしています。校長先生から「剣道部のあいさつは素晴らしい」と言われました。このことについて，部活動指導を始める前に指導してください。
【場面指導についての質問】
□実演してみて，自己評価はどうか。
□修正したい点はあるか。
・硬い雰囲気はなく，終始面接官の方が話を引き出そうと笑顔で質問をしてくれた。
▼中学数学
【質問内容】
□自己PR，自己申告書(その場で提出)からの質問。
□なぜ子供たちの苦手意識の強い数学を選んだのか。
□授業中に歩き回る生徒に対して，どのような対応をするか。
□免許をたくさんもっているが，中学校にした理由は何か。
【場面指導課題】
□体育祭において，地域の方から「演技，態度，服装」において素晴らしいとお褒めの言葉をいただいた。朝の会で話をしなさい。
【場面指導についての質問】
□「先生は負けても頑張ったことが大事って言ったけど，僕は負けたの嫌だったよ。」と言われたらどう対応するか。
□場面指導で子供たちに伝えたかったことは何か。
▼中学英語
【質問内容】
□自己PRについての質問。
□生徒指導の際，一番意識していることは何か。
□授業中席を立ち歩いてしまう生徒に対してどう対応するか。
□普段生徒とどのように関わっているか。

□自己PRに書いてあることに関する質問(2，3問)
□福島県出身なのになぜ茨城県を受験したのか。
【場面指導課題】
□あなたは剣道部顧問です。校長先生から剣道部の挨拶が素晴らしいと言われました。このことについて，部活開始前のミーティングで生徒たちに話してください。
【場面指導についての質問】
□1分を経過した時点で，面接官の1人から「挨拶することが素晴らしいのはわかったけど，勝ちたいです」と言われた場合の指導も追加された。
□何か追加で言いたいことはあるか。
□一番意識したことは何か。
▼高校国語
【質問内容】
□事前に提出した自己申告書の評価について。
□なぜ国語科の教員を志望しているのか。
□なぜ高等学校の教員を志望しているのか。
□国語という教科の魅力は人生を変える言葉にも出会えることだと言っていたが，あなた自身は人生を変える言葉に出会ったか。
□目標に向かって努力し続けられることが長所だと言っていたが，これまで努力が報われなかった出来事はあるか。
□ICTを活用してどのような授業を展開したいか。
□コンプライアンスを意識して行動することをどう思うか。
□小中高それぞれでどのような国語の力を身に着けてほしいと考えるか。
□大学で学んだ知識をどのように授業に生かすか。
□緊張しやすい性格だと言っていたが，高校生達のテンションに合わせて振る舞えるか。
□信頼される教師になるために一番大事なことは何か。
□あなたにとって生徒とはどんな存在か。
□茨城県全域での勤務は可能か。
・面接の雰囲気は和やかだった。

●面接試験

・自己PR文についての質問が多かった。

【模擬授業】

□高校1年生に対して，初めて「現代の国語」の授業をする。生徒たちに「現代の国語」の内容と身につけさせたい力をどのように伝えるか。

・構想1分，実演4分(時間は試験官が計ってくれた)。

・面接が始まって10分ほどしてから実施。

・黒板を使うことと，メモを取ることは可能。

・試験官の反応はなし。

【模擬授業についての質問】

□今後の展開について。

▼高校社会

【質問内容】

□自己PRと志望理由を3分以内で。

□なぜ茨城県なのか。

→アントレプレナーシップとは。

□茨城県に興味を持ったきっかけは何か。

→先生が茨城県の魅力を語っていたことの他に何かあるか。

→先生はどんな魅力を言ってたか。

□社会人としての常識を身につけているか。

□情報について。

→情報を使った授業をどうできるか。

→やったことはあるのか。

□市民制バレーボールチームの大変なところは。

□自己PR以外に頑張っていること，取り組みなどについて。

□自己PR以外の企画をしているか。

→どのようなことを学校で行っていくか。

□部活動の改革が取り組んでいるが，どう思うか。

□コンプライアンスについてどう思っており，どう取り組むか。

□公民をなぜ選んだのか。

→地歴は嫌いなのか。

□公共が始まるがどう感じているか。

→何を意識して行っていくか。
□受験は2回目か。
→今は何をやっているのか。
→アルバイトの役職などあるのか。
→バイトリーダーが2人体制はどうなのか。
□茨城県の好きなところは。
□茨城県に住むのか。
→県下どこでも勤務可能か。
【模擬授業】
□倫理の「青年期」の部分をテーマとして，模擬授業を行う。
・テーマが与えられ1分程度で構成，模擬授業の実践。
・黒板が使用可能。教材はないため，自分の知識で進めるしかないが，知識ではなくどのように進めるかを見ていたように思う。
【模擬授業についての質問】
□今後授業をどう展開していくか。
□意識したところは。
□自分の経験を踏まえてのところは。
□教育実習以外授業をしてないのか。
→教育実習で感じたことは。
▼高校理科
【質問内容】
□3分間の自己PRあり。
□自己評価表について。
□自己アピール文について。
□指導に従わない生徒に対しての指導について。
□実験指導の留意点について。
□趣味について。
【模擬授業】
□実験が時間内に終わらなかった生徒への対応を，生徒が教室内にいるものとして演技する。
【模擬授業についての質問】
□演技で重視した点など，計5つくらいの質問があった。

● **面接試験**

▼高校英語

【質問内容】

□志望動機と自己PR(3分)

□自己申告書に関する質問：最も自信のある項目は，最も自信のない項目は。

□教員になって実現したいことは。

□「社会に開かれた学校」を目指して取り組みたいことは。

□教員のコンプライアンスについてどう思うか。

□子供と関わるうえで最も大事にしたいことは何か。

□高校の時に留学したということだが，そこで学んだことは何か。

【模擬授業】

□「理想の学校について話し合う授業」の導入を英語で行うこと。その際，生徒に伝えたいことをあなたなりに述べよ。

・テーマは紙で配布。生徒が静かに着席している状況を想定するよう書かれていた。

2024年度 栃木県

◆集団討論(2次試験)

①面接委員…民間企業の人事担当者等，教員以外の行政職員を含む4名

②面接時間等…1グループ(10人程度)　40～50分程度

③評価の観点…主として協調性・対応力・堅実性

④総合評価…ABCDEの5段階評価

▼小学校教諭　面接官4人　受験者8人　30分

【課題】

□あなたたちのグループは，校内のICT教育を推進するグループに任命されました。ICT教育について，どのような場面でどのように活用するか優先順位をつけて話し合ってください。

・司会は立てても立てなくても良い。

・構想3分の後に小グループでの話し合いを挟んでから，本討論に入った。

▼中学社会　面接官4人　受験者7人　50分

【課題】

□あなた方7人は，同じ学校に勤務する同僚です。学校の課題として，コミュニケーション能力が低い生徒が多い。この課題を解決するためにどんな取組をしますか。優先順位をつけて発表しなさい。

・最初5分は，3人，4人に分かれ，意見交換。その後7人で討論。

・司会，記録，発表の3つの役割を自分達で決める。

▼中学理科　面接官4人　受験者6人　時間30分

【課題】

□児童生徒のコミュニケーション能力を向上するために，学校でどのような取り組みを行うか。優先順位をつけて，グループとしての意見をまとめなさい。

・討論の流れは，①2分間構想→②5分間で3人，4人の小グループに分かれて討論→③その後，全体で討論(25分)→④5分間で出た意見の優先順位を決めてまとめる。

・司会は立てても立てなくても良い。

・最後にグループの意見を紙に書いて提出するため，まとめは必要になる。

・意見を述べる時は1分以内。

・受験者には1－7の番号が振られる。

▼中学家庭　面接官4人　受験者5人　時間40分

【課題】

□生徒のコミュニケーション能力を高めるための取組について。

▼高校社会　面接官4人　受験者11人　時間40分

【課題】

□昨今，学習指導要領によって指導と評価の一体化が打ち出されている。評価方法の見直しで，定期テストや試験の廃止をする学校も出てきている。生徒の学習意欲を上げるために，学習評価のあり方は今後どうあるべきか。

◆個人面接(2次試験)

①面接委員…民間企業の人事担当者等，教員以外の行政職員を含む4名

②面接時間等…1人20～25分程度

● 面接試験

③評価の観点…主として指導力・堅実性・判断力
④総合評価…ABCDEの5段階評価▼小学校教諭　面接官4人　20分
【質問内容】
□地元のよさについて。
□志望動機について(1分以内で)。
□高校で書道部にした理由。
□待ち時間に何を考えていたか。
□地元のよさとICTをどう結び付けるか。
□内気な児童への対応について。
□LGBTやヤングケアラーといった背景をもつ児童への対応について。
□教師の1番の素質とは。
□最近気になった社会問題について。
□安全教育について。
□勤務地の希望について(評価には一切関係しない)
【場面指導】
□A君とB君は，学校でいつも仲良く遊んでいるが，A君がある時，「B君は，家でゲームをしている時にいつも暴言を吐いてくる」という相談をしてきた。
・30秒考えて，3分実演。
・面接官4人いるうちの1人がA君役を務めた。
▼中学社会　面接官4人　時間15分
【質問内容】
□志望動機について。
□長所・短所について。
□社会科の魅力は。
□気になる社会的ニュースは。
□アルバイトの経験は。
□目指す教師像について。
□自分のどんな所が教師に向いていると思うか。
□実際勤務して，教育実習との違いは。
□勤務地はどこでも良いか。
【場面指導】

□塾のテストが近く，授業中に内職している生徒がいる。あなたはどのように指導しますか。

・30秒考えた後スタート。

▼中学理科　面接官4人　時間25分

【質問内容】

□理科のどういったところが好きになったか。

□理科に興味を持てない生徒にはどのように対応するか。

□今の教師に求められる力は何か。

□どのような理科の授業をしたいか。

□気になるニュースはあるか。

□まとまりがないクラスにはどうするか。

□卒業論文のテーマは何か。

□他の自治体は受験したか。

□中学校の先生として向いている点はあるか。

□勤務地に希望はあるか。

□嫌いな食べ物はあるか。

→では○○が嫌いなあなたの魅力を10秒間構想し，30秒間で私に説明してください。

□生徒の良さや可能性を伸ばすにはどうしたらいいか。

【場面指導】

□保護者から，うちの子がLINEで仲間ハズレにされていると言った苦情がきた。この保護者に対してどのように対応するか。面接官を保護者に見立てて対応しなさい。

・30秒構想した後，面接官から「うちの子は傷ついています。どうしてくれるんですか」と言われ場面指導が始まる(3分間)。

・「これっていじめですよね」「不特定多数だけど，指導できるんですか」「学校ではどのような普段指導をしているんですか」などと返答してくる。

▼中学家庭　面接官4人　時間20分

【質問内容】

□待っている間，何を考えていたか。

□大変だと言われる教員をなぜ志望したのか。

●面接試験

□中学生のころどのような生徒だったか。
□教育実習で一番印象に残っている気づきや学びについて。
□コロナ禍の大学生活でどのようなことに取り組んだか。
□自分の強みと弱みについて。
【場面指導】
□A君とB君は黒板係である。A君がやろうとしてもB君ばかりやってA君は休み時間遊んでいる。この場合のA君への指導。
▼高校社会　面接官4人　時間20分
【質問内容】
□大学受験で浪人していたときは何を目指していたか。
□いつから教員になろうと思ったか。
□大学での専門は。
→日本史専門とのことだが，世界史も教えられるか。
□高校時代は日本史・世界史両方とも履修したのか。
□なぜ教職大学院に進もうと思ったか。
□新卒だが，もし不合格になった場合にはどうするか。
□栃木県以外に受験しているか。他の職種は受験しているか
□(評価とは関係ないが)全県下，勤務できるか。遠くても大丈夫か。
□大学院では何を専攻しているか。
→専門の江戸時代の授業だったら，例えばどんな発問をするか。
□教員に必要な資質は何か。
□自分が教員に向いていると思うところは。
□特技(古文書の読解)を通してどのように歴史の楽しさを伝えていくのか。
□歴史以外に熱中してきたことは。
→剣道で子どもたちにどんなことを教えたいか。
□部活で，リーダーの経験はあるか。
□仕事がきついとき，相談できる友達は沢山いるか。
□友達からはどんな人柄だと思われているか。客観的にどう見られていると思うか。
→友達から，どんな場面で「歴史が好きなんだね」と言われるか。

2024年度　群馬県

◆集団面接(2次試験)

※集団面接は，様々な教科の人が混在して実施される(ただし，特別支援は特支受検者のみ)。

▼小学校教諭　面接官4人　受験者6人　40分

【質問内容】

□教員の魅力と，教員として「こんな先生になりたい」という意気込みを述べよ。

□教師に必要だと思う力を3つ述べよ。

→その中のうち，「自分に備わっている力」と「改善したほうがよいと思う力」を述べよ。

□教員は忙しいと言われているが，メンタルヘルスをどのように行っていくか。

□子どもたちも悩みを抱くことがあると思うが，教師が対応できる限界はどのくらいか。

□嫌なこと，大変なことがあるかもしれないが，どう対応していくか。

□忙しい中で仕事を行うにあたって，どのように工夫して行っていくか。

・回答は，「挙手制」と「アルファベット順」で行われる。

▼中学英語　面接官4人　受験者4人　50分

【質問内容】

□群馬県の教員を目指す理由。

□教員にとって大切だと思うこと3つ。

□自分の長所と短所を2つずつ

→それをどのように学校教育で生かしたいか。

□ストレスを溜めないようにすることはあるか。

□インクルーシブの観点で，平等な教育をするために留意したいことは。

・質問内容によって端の人から答えたり，挙手制だったりした。

・面接官は終始優しかった。

▼高校社会　面接官4人　受験者7人　時間20分

● 面接試験

【質問内容】

□どんな先生になりたいか。

□リーダーとして活躍した経験について。

□仕事が終わらないとき，職員室で隣に座るベテラン先生から「俺なんかの時代はもっとあった。若者は気合が足りない。」と言われたらどのように返答するか。

□学級担任としてどんなクラスをつくりたいか。また，自分のよさをふまえてそのためにどのような働きかけができるか。

→コミュニケーションといった人が多かったが，40 人の生徒全員と毎日コミュニケーションをとるのは無理ではないか。どのようにコミュニケーションをとるか。

→ほかの人の意見を聞いて思ったことがあれば。

・苦手な子も学習に参加できるために工夫することは何か。

→それでも学習に参加できない生徒へはどう接するか。

・子供のどんなところが好きか。

・今の学校教育の問題点を一言で。

→ほかの人の意見を聞いて思ったことがあれば。

・仕事と自分の時間を両立するためにやろうと思っていることはあるか。

◆個人面接(2次試験)

▼小学校教諭　面接官2人　20分

【質問内容】

【内容】

□学びに興味をもてない子がいたらどうするか。

□学びの意欲を高めるために，どんな授業を行うか。

□発達障害の子どもや，特定の能力が高い子どもがクラスにいたら，どう対応するか。

□自分を表現することが苦手な子どもがいたら，どう関わっていくか。

□周りの先生に，あなたの意見を反対されたらどうするか。

□あなたが群馬県の教員を志望する理由は何か。

□あなたが教員に向いていると思うところと，向いていないと思うところをそれぞれ1つずつ答えよ。
□最近，印象に残ったニュースは何か。
□いじめに関する法律は何か。
□子どもがSNSを使うことについて，どう思うか。
□教育の問題は何か。
・個人面接は「Ⅰ」「Ⅱ」の2回に分けて行われた。
【場面指導】
□「係の決め方が悪い」と保護者から相談があった。どう対応するか。
設定：①小4男子
②孫をじゃんけんで決めて，やりたくない体育係になってしまった。
③発言が少ない子
④何かをお願いすると，お手伝いをしてくれる子。
⑤掃除や係の仕事にきちんと取り組む子。
・実演の前に，紙に書いてあることを音読し，1分間構想を練る時間がある。
▼中学英語　面接官2人　受験者1人
【質問内容】
□願書，自己PR書の内容について。
□これまでに壁にぶつかったことはあるか。
□ストレス解消法はあるか。
□中学を校種で選んだ理由。
□ニュースで気になったトピックは。
【場面指導課題】
□「日直を日替わりでするシステムを変えてほしい」と言う中2女子の保護者対応をロールプレイ
設定：場面緘黙，仲の良い友人数名とは話せる。授業中指名すると，小さい声ではあるが答えてくれる。
・場面指導後，場面指導において大切にしたことを聞かれる。
▼高校社会　面接官2人　受験者1人　時間：20分
【質問内容】
□なぜ高校の教員になりたいのか。

□中学校の先生になりたいと思った瞬間はあったか。
□中学生への授業と高校生への授業の違いは何か。
□よい授業とはどのような授業だと思うか。
□集団面接はどうだったか，何か感想があれば。
□一分間で自己紹介。
□なぜ群馬県の教員になりたいのか。
□併願は受けているか。
□自己 PR についての質問(かなり深掘りされた)。
□卒論について。
□卒論の内容は教員になった後授業に生かせそうか。
□群馬県の郷土教材を 2 つ挙げてどのように授業で扱うか(具体的な単元名を挙げながら)。
□高校の先生になったらやりたいこと。
□自分が不得意とするやりたくない校務分掌の担当になったらどうするか。

2024年度　埼玉県

◆集団面接(1次試験)

※特別選考(教職経験者臨時的任用A選考，セカンドキャリア)で実施。

▼小学校　面接官2人　受験生5人　25分

□教職員MOTTOについて，どう捉えるか。
□学力向上のためにどんなことをするか。
□インクルーシブ教育について，知っていることは何か。
□叱るときに注意することは何か。
□教員に求められる資質・能力は何か。
→それを身に着けるために，どんな努力をするか。
□不祥事を起こすとしたら，どんな不祥事を起こす可能性があるか。
□ベテランの先生との関係は，うまくいっているか。

・基本的に面接官の指定した順で回答した。端の受験生から順番に回答する場合もあれば，真ん中の受験生から順番に回答する場合もあった。

▼高校公民　面接官2人　受験生5人　30分

□昨今の教育に関するあなたが気になる法律や制度は。思いつかない場合はニュースでも可。

□保護者が子どもの成績に納得がいかないと学校に連絡をしてきた。あなたならどのように対応するか。

□あなたが理想とする学級は。理由もあわせて。

□クラス内でいじめがあった。担任としてどのような対応をするか。

□教師にとって一番大切なものは何か。

□民間企業での経験を教育現場でどのように活かすか。

□教員の不祥事についてどのような対策を講じればよいか。

◆場面指導(2次試験)

▼小学校

□あなたは小学校5年生の学級担任です。4月の生活目標が「気持ちのよいあいさつをしよう」となっており，朝の会で「あいさつの大切さ」について話をすることにしました。あなたは担任として，自分の学級の児童にどのような指導をしますか。

□あなたは小学校1年生の学級担任です。児童Aは，入学して2か月が過ぎても，授業中に落ち着きがなく，座席を離れて出歩いたり，必要もなく周囲の児童に話しかけたりしています。あなたは担任として，この児童Aにどのような指導をしますか。

□あなたは小学校3年生の学級担任です。あなたの学校では，「朝読書」を重点に位置付けています。そこで，あなたは児童にそのことを伝え，「読書の大切さ」について話をすることにしました。あなたは担任として，学級の児童にどのように指導をしますか。

□あなたは小学校6年生の学級担任です。児童Bは，休み時間になると頻繁に保健室に行っているようです。養護教諭から，必要のないときは来室しないよう，児童Bに話してほしいと依頼されました。あなたは担任として，この児童Bにどのような指導をしますか。

□あなたは小学校2年生の学級担任です。4月は「春の交通安全週間」となっており，児童に安全な登下校の仕方について，帰りの会で話をすることにしました。あなたは担任として，自分の学級の児童にどのような指導をしますか。

□あなたは小学校2年生の学級担任です。児童Cが，休み時間に運動場で，他の児童に向かって石を投げているという知らせが担任であるあなたの耳に届きました。あなたは担任として，この児童Cにどのような指導をしますか。

□あなたは小学校3年生の学級担任です。4月の始業式の後，教室で担任の自己紹介とどのような学級づくりをしていきたいかについて児童に話をすることにしました。あなたは担任として，自分の学級の児童にどのような指導をしますか。

□あなたは小学校4年生の学級担任です。児童Eは，毎日のように教科書やノートなどの学習に必要なものを忘れてきます。しかし，そのことを反省する様子もなく，改善しようとする意欲も感じられません。あなたは担任として，この児童Eにどのような指導をしますか。

□あなたは小学校2年生の学級担任です。夏になり，周りの児童が半袖・半ズボンで登校しているにもかかわらず，児童Fは毎日長袖・長ズボンで登校し，体育の授業になると保健室へ行こうとします。あなたは担任として，この児童Fにどのような指導をしますか。

▼中学校

□あなたは中学校1年生の学級担任です。4月の生活目標が気持ちのよいあいさつをしよう。」となっており，ホームルームで，「あいさつの大切さ」について話をすることにしました。あなたは担任として，自分の学級の生徒にどのような指導をしますか。

□あなたは中学校2年生の学級担任です。生徒Aは，授業が始まってから10分以上経ってから教室に戻り，授業に遅れてきた理由も言わずに，自分の席に座りました。あなたは担任として，この生徒Aにどのような指導をしますか。

□あなたは中学校1年生の学級担任です。あなたの学校では9月の防災の日に合わせて，避難訓練を実施しています。あなたは学級で生徒に，避難訓練の心得について話をすることにしました。あなたは担任として，自分の学級の生徒にどのような指導をしますか。

□あなたは中学校3年生の学級担任です。生徒Bから「体育祭の実行委員になったが，クラスメイトが誰も協力してくれない。」という相談を受けました。あなたは担任として，この生徒Bにどのような指導をしますか。

□あなたは中学校2年生の学級担任です。4月の始業式の後，教室で担任の自己紹介とどのような学級づくりをしていきたいかについて生徒に話をすることにしました。あなたは担任として，自分の学級の生徒にどのような指導をしますか。

□あなたは中学校2年生の学級担任です。校外学習で班別行動を行ったところ，「生徒Cが班から離れ，行動予定にない商業施設へ入っていってしまいました。」と班長から連絡がありました。あなたは担任として，この生徒Cにどのような指導をしますか。

□あなたは中学校2年生の学級担任です。学級活動の時間に，林間学校の活動グループを決めることになりました。そこで，あなたは生徒に，担任としての考えを話すことにしました。あなたは担任として，自分の学級の生徒にどのような指導をしますか。

□あなたは中学校3年生の学級担任です。2月末に受験を控えた生徒がいる一方で，既に進路が決まった生徒が，授業に集中できず，学級全体が落ち着かない雰囲気となっています。あなたは担任として，自分の学級の生徒にどのような指導をしますか。

▼養護教諭

□あなたが勤務する小学校では，毎月の朝会で生活目標について話をします。9月の生活目標は「手洗いをしっかりしよう。」となっており，養護教諭が「手洗いの大切さ」について話をすることになりました。あなたは養護教諭として，児童たちにどのような指導をしますか。

□あなたが勤務する中学校では，6月の「歯・口の健康習慣」に合わせた取組を実施しています。その取組の1つとして，養護教諭が朝会で「むし歯の予防」について全校生徒の前で話をすることになりました。あなたは養護教諭として，生徒たちにどのような指導をしますか。

▼栄養教諭

□あなたが勤務する中学校では，朝食を食べてこない生徒が少なくありません。家庭科の教員から「健康によい食習慣」の単元で，授業の導入として，栄養教諭の立場から「朝食の大切さ」についての話をしてほしいと依頼がありました。あなたは栄養教員として，この授業の導入でどのような指導をしますか。

◆個人面接(2次試験)

※場面指導を含む。

▼小学校　面接官2人　30分

【質問内容】

□なぜ教師になりたいのか。

□埼玉県を選ぶ理由。

□あなたは野球を通してどんなことを学んだか。

□埼玉県の教育施策で知っているものはあるか。

□新学期のあいさつであなたはどんな挨拶をこどもたちにするか。

→(絶対にやってはいけないことなどを伝えるという回答に対して)やってはいけないこととはどんなことか。

□いじめの認知件数が増えていることについてどう思うか。

□学級で大事にしたいことは何か。

□校長の許可を得てUSBを持ち帰ることになった。どんなことに気をつけるか。

□分かる授業とはどんな授業か。

→(前の回答に対して)では，その課題をどう改善していくか。

□児童からLINEで先生に相談したいと言われた。あなたはどう対応するか。

□児童から，登校中に不審者と遭遇したと言われた。あなたはどう対応するか。

□職員会議の前に，児童から相談の申し出があった。あなたはどう対応するか。

□保護者から成績についてのクレームがあった。あなたはどう対応するか。

□「不易流行」という言葉があるが，あなたはこのことをどのように考えているか。

□あなたの長所は。

→(前の回答に対して)それを教育にどう活かすか。

□先程，問題解決学習をしたいと言っていたが，問題解決学習をする利点とは何か。

→(前の回答に対して)自ら問いがもてない子にはどう対応していくか。

□あなたは協働をしたいと思っているが，なかなか協働してくれない先生がいる。そのような先生にあなたはどんな働きかけをするか。

→(前の回答に対して)では，あなたのそんな働きかけが実りました。でも今度はあなたにしか心を開かずあなたにしか協働しない。そんな先生を次はどういう風に他の先生方に広げていくか。

□「先生にどうしても相談があるんだけど，でも学校ではどうしても言えないことなの。だから先生の連絡先が欲しいの。先生電話番号教えてくれない」と児童から言われた。あなたはどう対応するか。

→(前の回答に対して)「それでも話したくない。お願いだから電話番号ちょうだいよ」と子どもに言われた。あなたはどう対応するか。

→(前の回答に対して)そんなあなたの対応から，今度は子どもがこの先生は相談に乗ってくれない先生なんだと不信感を抱いてしまった。その保護者からも先生のせいでうちの子は学校に行きたくないと言っているという連絡があった。あなたはどう対応するか。

□体罰，パワハラやセクハラ。不祥事はなかなかなくならない。全国の先生方はやってはいけないと分かってる。本当にやってはいけないと分かっているのにどうして不祥事はなくならないと思うか。

→(前の回答に対して)教育公務員としての自覚とは具体的にどういうものか。

→(前の回答に対して)その自覚は学校外でも必要なことなのか。

□あなたが教師として向いている点はどんなところか。

□あなたみたいに学校を楽しいと思えない子どももいる。そのような子どもにはどんな手立てをしていくか。

□あなたは友人からどんな人だと思われていると思うか。

□あなたが今1番頑張っていることは何か。

▼小学校　面接官2人　30分

【質問内容】

● 面接試験

□志望動機について。
　→よさ，可能性を見つけるためにどうするか。
□自分の長所と，その長所をどう生かすか。
　→フットワークの軽さで，評価されたことはあるか。
□短所は何か。
□教員の平等性についてどうとらえているか。
□LINEで話したいと言われた場合，どうするか。
　→(放課後電話をするように伝えると回答)直接話したいと言われたら，どうするか。
□どんな学級が理想の学級か。
□周りの先生から学んだことは何か。
　→その先生に近づくために，どのような取組をしているか。
　→そのためにどんな取組をするか。
□不祥事はなぜ起きるか。
　→不祥事を起こさないためにどうするか。
　→同僚に起こさせないためにどうするか。
□周りの先生との意見が合わない場合，どうするか。
□子どもは，どんな先生を求めていると思うか。
　→(寄り添うと回答)具体的にどうするか。
□保護者は，どんな先生を求めていると思うか。
□ストレスを感じることはあるか。
　→ストレス解消方法は何か。
□やりがいは何か。
▼小学校　面接官2人　30分
【質問内容】
□あなたの長所は。
　→どのようなときに活きたか。
□学級経営で大切にしたいことは。
□あなたがSNSで児童のことを載せて，保護者からクレームが来た。どう対応するか。
　→不祥事を起こさないためにどうするか。
　→埼玉ではどのような取組が行われているか知っているか。

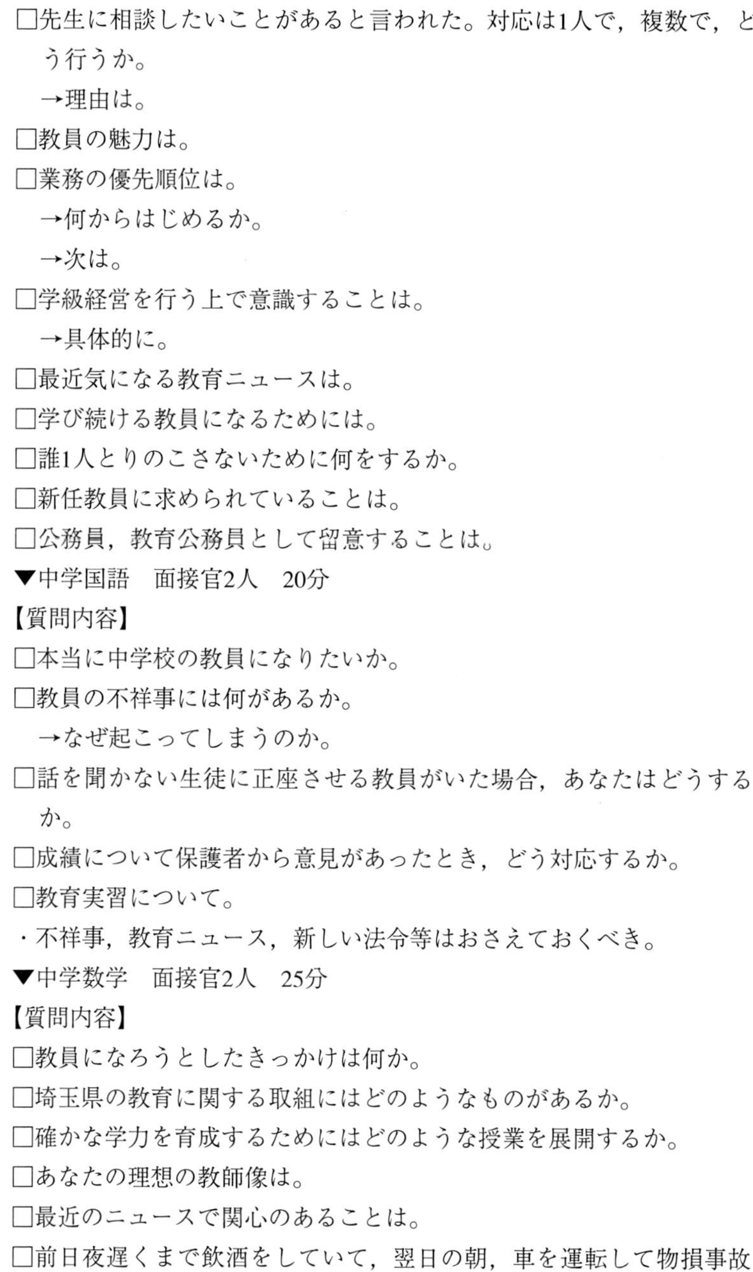

□先生に相談したいことがあると言われた。対応は1人で，複数で，どう行うか。

→理由は。

□教員の魅力は。

□業務の優先順位は。

→何からはじめるか。

→次は。

□学級経営を行う上で意識することは。

→具体的に。

□最近気になる教育ニュースは。

□学び続ける教員になるためには。

□誰1人とりのこさないために何をするか。

□新任教員に求められていることは。

□公務員，教育公務員として留意することは。

▼中学国語　面接官2人　20分

【質問内容】

□本当に中学校の教員になりたいか。

□教員の不祥事には何があるか。

→なぜ起こってしまうのか。

□話を聞かない生徒に正座させる教員がいた場合，あなたはどうするか。

□成績について保護者から意見があったとき，どう対応するか。

□教育実習について。

・不祥事，教育ニュース，新しい法令等はおさえておくべき。

▼中学数学　面接官2人　25分

【質問内容】

□教員になろうとしたきっかけは何か。

□埼玉県の教育に関する取組にはどのようなものがあるか。

□確かな学力を育成するためにはどのような授業を展開するか。

□あなたの理想の教師像は。

□最近のニュースで関心のあることは。

□前日夜遅くまで飲酒をしていて，翌日の朝，車を運転して物損事故を起こしてしまった同僚教員がいた。このことについて，どう思うか。

□飲み会等に参加した翌日はどう出勤するか。

□あなたは成績処理期間中，どうしても仕事が終わらず持ち帰って仕事をしたいとなった。校長の許可を得たうえで学校指定のUSBに個人情報などの生徒の情報を保存し持ち帰る際，どのようなことに注意するか。

□放課後，やむを得ず生徒と個別学習を行っている際に，激しい雷雨があった場合，どのように対応するか。

□新任のあなたに，生徒は何を期待していると思うか。

□あなたが担任する学級で虐待の疑いのある生徒がいた場合，あなたはどのように対応するか。

→生徒が家庭のことについてあまり知られたくないと隠しているとき，どのように対応するか。

□生徒にどうしても相談したいことがあるからLINEを交換してほしいと言われたらどのように対応するか。

→(交換しないという回答に対して)では，その対応では生徒が相談できなくなってしまうがどのように対応するか。

□いい授業とはどのようなものであると考えるか。

→(要約すると生徒を巻き込むという回答に対して)より具体的にその内容を教えて。

→自分の意見が発言できない生徒が出てきてしまうことが考えられるが，それはどのような生徒と考えるか。

→そのような生徒にはどのようにして発言してもらうか。

→(ICT活用という回答に対して)それだとほかの生徒から特別な対応をしていると言われ，生徒間でさらに溝ができてしまうがどうするか。

□発言することが対面では苦手だが，インターネット上での発言は得意な生徒もいる。インターネット上におけるいじめ問題というのも増えてきているが，早期発見に向けてどう対応するか。

□いじめに関する法律で知っているものは。

□どのような場面で生徒を叱るか。

□どのようにしてストレスを解消するか。

▼中学英語　面接官2人　30分

【質問内容】

□あなたが勤める学校に不審者が侵入してきたら，どのように対応するか。

□(志願書より)「在家庭」となっているが，現在何をしているか。

□教員を志望した動機は何か。
　→(志望動機より)もう少し具体的に話せるか。

□最近のニュースで気になったものは何か。
　→それについて何を学んだか。

□不登校の生徒に対して，どう対応するか。

□保護者とどのように接するか。

□いじめが起きたらどう対応するか。

□教員による不祥事にはどのようなものがあるか。

□女子生徒から「先生に相談したいことがある」と言われた。「どうしても2人だけで話したい」と言われたら，どう対応するか。
　→生徒から「LINEを交換したい」と言われた。どうするか。

□どのような学級をつくりたいか。

□生徒から「なぜ勉強しないといけないのか」と言われた。どう答えるか。

□働き方改革について，どう思うか。

▼中学英語　面接官2人　20分

【質問内容】

□英語を使って授業する時，気をつけることは。

□クラス開きで話すことは。

□担任を持ったら何がしたいか。

□教員はブラックか。

□理想の教師とは。

▼中学保体　面接官2人　30分

【質問内容】

□あなたはなぜ教員になろうと思ったのか。

□教員の魅力は。

● 面接試験

□どんなクラスにしたいか。

□LINEを交換したいと相談された時，あなたはどう対応するか。

□不祥事について。

→不祥事をなくすための取組はあるか。

□体罰はどうしてやってはいけないと思うか。

□教員はブラックと言われるが，あなたは教員としてどうしていくか。

□どんな教員になりたいか。

□保護者や地域の方々から信頼されるためにあなたはどんな事をするか。

□情報化が進む今，あなたは情報モラル教育において子どもたちにどんなことを伝えるか。

□教員にとっての使命感は何だと思うか。

▼高校公民　面接官2人　20分

【質問内容】

□埼玉県の教員採用試験を受験した理由について。

□あなたの経歴について。

→なぜその道を選んだのに教員になりたいと思ったのか。

→それぞれの経験を通して学んだことや活かされていることは。

□社会人として学んだこと，取り組んでいることは。

□教員の魅力について。

□あなたの長所。

→その長所が活きた経験について。

□生徒から相談に乗ってほしいから電話番号を教えてほしいといわれた。どう対応するか。

□あなたが授業で心掛けるべきと考えることは何か。

□もし，あなたが学級担任になったなら，最初に声掛けすることは何か。

□もし，あなたのクラスでいじめが発生したらどのように対処するか。

→いじめを受けている生徒がいて，教員以外にその生徒の援助をする方法はあるか。

→いじめに対して組織として取り組むべき，その組織とはどのような集団か。

□もし，あなたのクラスで不登校が発生したらどのように対処していくことが大切か。
□保護者と連携を深めていくにはどのようなことが大切か。
□職場の同僚と仕事を円滑に進めるためには何が必要か。
□学習が遅れている生徒への対応。
□現在働き方改革が進められているが，そのことについてあなたが意識していることは何か。
□教員として取り組みたいことは。
□教員の不祥事をなくすためにどのようなことが必要か。
□教員の不祥事を根絶するためには何が必要か。
□教育長が変わったことは知っているか，誰か。
　→最初の挨拶で何を言ったか知っているか。
□埼玉県の教育の課題は何か。
▼高校公民　面接官2人　30分
【質問内容】
□なぜ埼玉県を志望したか。
　→他県でもできるが，なぜ埼玉県か。
　→民間でも活用できるが，なぜ埼玉県か。
□なぜ教師になろうと思ったか。
□生徒と個別に勉強していたが，天候が荒れて帰れなくなった。どうするか。
　→家でも勉強したいから連絡先を交換したいと言われた。どうするか。
　→なぜ公私を分けるのか。
　→なぜ不祥事につながるか。
　→不祥事防止研修プログラムを具体的に説明せよ。
□なぜ公民なのか。
□個別面談の際に何を話すか。
□卒業後の空白の期間は何をしていたか。
　→臨任とかは考えなかったのか。
□今までやってきた中で生徒に話せることはあるか。
　→ボランティアのやりがいは。

→ボランティアの大変なところは。

□理想の教師像は。

→誰1人取り残さないとは具体的に。

→不登校の対応はどうするか。

□自己PRを30秒で。

▼高校数学　面接官2人　20分

【質問内容】

□志望理由は。

□長所は。

→どう教育活動に活かすか。

□どういうクラスを作りたいか。

→そうするためには。

□先輩の先生方とどう接していきたいか。

□自信を持って教えられる内容は。

→逆に苦手な内容は。

□高校で1番打ち込んだことは。

□公平さとは。

□働き方改革についてどう考えるか。

□勤務時間を減らすためにはどうしたらいいか。

□MOTTOは。

→それについてどう考えるか。

□LINEで先生だけに相談したいと言われた。どう対応するか。

→(通知で生徒とLINEなどで私的な連絡をしてはいけないことを含めて答えた)どうしてだめなのか。

□職員会議前に生徒に話があると言われた。どう対応するか。

□地域や保護者と連携していくとき，どう接していくか。

□学校に赴任して，最初にやりたいことは。

□虐待を受けていそうな生徒がいる，どう対応するか。

□喧嘩している生徒がいる。どう対応するか。

→その後の対応はどうするか。

□どうしても授業をちゃんと聞いてくれない生徒がいたらどうするか。

□部活の顧問で先輩の先生が生徒を車に乗せていた。どう対応するか。

□体育祭の準備で生徒に正座をさせて叱っている先生がいた。どうするか。
□先輩と考えが違ったらどうするか。
□理想の教師集団は。
□クラスを持ったとする。作るとしたらどんなルールを作りたいか。

▼高校英語　面接官2人　25分

【質問内容】
□教員の志望理由。
□長所・短所について。
□友人からの印象について。
□理想の教師像について。
□気になる教育ニュースは。
□教員の不祥事防止策は。
□教員の魅力は。
□長時間労働改善策について。
□信頼される教師とは。
□教員の使命について。

▼高校家庭　面接官2人　35分

【質問内容】
□教員を志望した理由と，埼玉県を志望した理由(セットで)。
□私学での経験は活かせそうか。
□授業ではどのような点に気をつけたか。
□家庭科の中でも，専門分野はなにか。
□大学での経験は授業に活かせそうか。
□家庭科の授業を通してどんな子どもを育てたいか。そのためにはどのような授業を行うか。
□わかる授業のために工夫していることはあるか。
□勉強についていけない生徒にはどのように対応するか。
□不祥事はなぜ起こるのか。不祥事をしないために，あなたはどうするか。
□生徒に相談したいことがあるから連絡先を交換したいと言われた。どうするか。

● 面接試験

□今，どのような教員が求められているか。
□教員にとって，最も重要な資質は何であると考えるか。
□地域や保護者から信頼される教員とは。
□学校組織として他の教職員と連携をうまく図るために，あなたは職場でどのようなことを工夫しているか。
□ストレスが溜まった時はどうしているか。
□命の大切さについて，子どもたちにどう教えるか。
□失敗した経験と，そこから得た最も大切にしたいことは何か。
□保護者から成績についてのクレームがあった。あなたならどうするか。
□生徒に対して注意をするときは，どのように行うか。私学では注意する場面は多かったか。
□授業中，突然倒れた生徒にどう対応するか。
□学級担任になった時に，生徒に守らせたいルールはあるか。

◆集団面接(2次試験)

※高等学校，特別支援学校で実施される。

▼高校公民　面接官3人　受験者5人　30分

【質問内容】

□あなたが考える教員としての強みは何か。
□今現在の生徒に求められている力は何か。
□今現在の教員に求められている力は何か。
□今まで言われて嬉しかった言葉，逆に悲しかった言葉は何か。
□(教育実習を行っているか，面接官から確認後)教育実習から学んだ事は。
□生徒を叱る時に心掛けるべきこと。
□公民科の教員として生徒に身につけさせたい力は何か。

・最初に受験番号，名前，自己PRを30秒以内で行う。
・簡潔に答えるよう最初に指示がある。

▼高校公民　面接官2人　30分

【質問内容】

□自己PR30秒。

□教師になろうと思ったきっかけは。

□教師の魅力。

□教師に必要な資質能力。

□LGBTについて相談されたらどう対応するか。

→保護者から，なんで教えてくれなかったのかとクレームが入った。どう対応するか。

□思いやりについてクラスで話す時，どのように伝えるか。

□学年や教師間で授業中，食べ物は食べてはいけないと共通理解がはかられている。保護者から飴を舐めないと授業を受けられないと言われた。具体的にどう対応するか。

□埼玉県で採用された場合の意気込みについて。

▼高校数学　面接官3人　受験者5人　40分

【質問内容】

□自己アピール，名前と受験番号含めて30秒。

□3年生の年度始め，就職と進学が半分ずつくらいいるクラスで挨拶してください。

□この1年，教員になるためにどんな勉強をしたか，しているか。

□いじめが起きた。「誰にも言わないで」と言う生徒にどう対応するか。

□ICTをどう活用するか。

□生徒に何を伝えたいか。

□教育の課題とその理由は。

□数学を学ぶことのよさとは。

□生徒たちが道に広がって歩いている。苦情も来ている。どう対応するか。

□長所や経験を教育にどう活かすか。

▼高校英語　面接官3人　受験者5人　40分

【質問内容】

□自己PR(30秒)。

□教員の志望動機。

□短所・克服法。

□今までで1番大きな挑戦。

□教員となってしたい取組。

●面接試験

□挫折経験・学んだこと。
□教師に必要な資質・能力。
□いじめがあったときの対応。
▼高校家庭　面接官3人　受験者4人　35分
【質問内容】
□自己PR(30秒)そこから掘り下げてどのように活かせるか。
□挫折の経験と，そこから得たものは何か。
□自分に足りないところは何か。
□自分の担任する生徒が連絡なしに欠席した場合，どうするか。
□教員に必要な資質と理由を一言で教科を勉強する意味を場面指導(1分)。
□どのような学校でも自分の力を活かせるか。活かせないとしたらどのような点か。

◆集団討論 (2次試験)　面接官3人　受験者8人
【テーマ】
▼小学校等
□あなたたちは同じ学校に勤める教員で，安全教育を担当しています。2学期最初の部会において，児童の登下校の様子が話題になりました。話合いの結果，児童生徒の登下校の安全確保について，多面的に見直すことになりました。児童生徒の安全な登下校の在り方を見直す上で，どのような取組が考えられますか。グループとしての意見をまとめなさい。
□あなたたちは，同じ学校に勤める教員です。あなたたちの勤める学校では，県内外で発生する教職員事故を受けて，採用3年未満の教職員が主体となり，不祥事防止研修会を行うことになりました。実効性のある研修にするために，どのような方法で研修を行いますか。グループとしての意見をまとめなさい。
□あなたたちは同じ学校に勤める教員で，生徒指導を担当しています。年度当初の部会において，児童生徒の実態や社会情勢に見合った「生徒指導方針」に修正していく必要があるのではないか，という話題が出ました。新しい「生徒指導方針」に取り入れる内容として，どのようなものが考えられますか。グループとしての意見をまとめなさい。

□あなたたちは，同じ学校に勤める教員です。あなたたちの勤める学校では，9月に実施する運動会(体育祭)について会議を行いました。話し合った結果，時代や気候，社会情勢に見合った運動会(体育祭)にするために，実施種目，練習の在り方，当日の運営体制の3点について見直すことになりました。具体的にどのような見直しを行いますか。グループとしての意見をまとめなさい。

▼高等学校等

□子供たち一人一人が，学校生活のあらゆる場面で「自分も一人の人間として大切にされている」という自己存在感を実感できるようにするために，どのような取組が考えられますか。グループとしての意見をまとめなさい。

□子供たち一人一人が，自他の個性を尊重し，相手の立場に立って考え，行動できる共感的な人間関係を創りあげることができるようにするために，どのような取組が考えられますか。グループとしての意見をまとめなさい。

□子供たち一人一人が，個性的な存在として尊重され，安全かつ安心して教育を受けられるようにするために，どのような取組が考えられますか。グループとしての意見をまとめなさい。

2024年度　さいたま市

◆集団面接 (1次試験)

〈評価の基準〉

・社会性，協力性，協調性等を有しているか。

・人間性の豊かさが感じられるか。

・教育公務員に求められる人権感覚を有しているか。

・礼儀正しく，落ち着いた態度か。

▼小学校　面接官3人　受験者5人　20分

【質問内容】

□教員を目指したきっかけは。

●面接試験

□さいたま市の魅力は。
□教員以外とどう関わるか。
□3つのGで大切なもの1つを述べよ。
□最近気になる教育問題は。
□働きやすい環境にするには。
□生徒から「ググればいいじゃん」と言われたら何と返すか。
□子ども，保護者，地域から信頼を得るには。

▼小学校　面接官3人　受験者5人　20分

【質問内容】

□さいたま市の魅力は何か。
□教師がしてはいけないことを端的に。
□生徒指導において大切にしたいことは。
□さいたま市の教育課題と教師としてどう取り組むか。
□苦手な仕事は。
□子ども，保護者，地域から信頼されるには。

・過去問と同じ質問をされたことがあったので過去問を中心に対策するのが大切だと感じた。
・試験官は優しい感じで言葉がつまっても最後まで笑顔でうなずいて聞いてくれる。
・挙手制の質問は積極性をすごく見られているように感じた。

▼小学校　面接官3人　受験者5人　20分

【質問内容】

□さいたま市の教育の魅力は。
□教師がやってはいけないことは。
□苦手なタイプと職場にいた時の対応。
□子どもの良さをどのように伸ばすか。
□子どもがかわいいと思う時はいつか。
　→挙手制の質問が多い。

▼中高社会　面接官3人　受験者5人　20分

【質問内容】

□さいたま市教育アクションプラン3つのGで最も重要だと思うもの，理由も含めて。

□不適切な教職員の言動をどう思うか，対策も含めて。
□働き方改革が進められているが，その上で保護者対応における重要なことは。
□今まで属した集団で自分が役に立った集団はどんなものか。
□教職員以外の職員とどう関わっていくか。
□短所は何か，どう対策していくか。

◆集団面接(2次試験)
〈評価の基準〉
・さいたま市が求める教師像に基づく資質や能力，適性等を有しているか。
・質問を的確にとらえ，適切な考え方や判断ができるか。
・簡潔，明確な受け答えができるか。
・常に学び続けようとする素直さや謙虚さを有しているか。
〈実施方法〉
(1)　1グループの人数
1グループの人数は，4名を原則とする。4名に満たないグループは，人数を調整し，3名で行うこととする。
(2)　試験員
試験員は2名(さいたま市教育委員会事務局職員)とし，担当する受験者を観察・洞察し，評定を行う。
(3)　面接時間
面接時間は1グループにつき30分(評定時間を含む)とし，試験員は時間内に様々な角度から受験者を観察・洞察する。ただし，3名で行う場合の面接時間は，25分(評定時間を含む)とする。
▼小学校　面接官2人　受験者4人　30分
【質問内容】
□教員の志望動機，さいたま市の志望動機について。
□3GのGritを伸ばすための教員としての取組について。
□教育実習で感じた苦手な仕事について。
□授業づくりで大切なことについて。
□保護者からのクレーム対応について。

●面接試験

□日本の抱える教育課題と，教員としての取組について。

□教員を長く続けるために大切にしたいことについて。

▼小学校　面接官2人　受験者4人　30分

【質問内容】

□志望動機。

□さいたま市を志望した理由。

□さいたま市の教育課題は。

□あなたは小学校6年生の担任です。卒業式が終わった後，学級でどんな指導をするか。

□ストレスを感じた時の対処方法について。

□保護者や地域と信頼関係を築くためにどうするか。

□子どもひとりひとりを大切にするとはどういうことか。

□授業力を高めるためにどう取り組むか。

□教師の仕事で一番大切なことは。

▼小学校　面接官2人　受験者4人　30分

【質問内容】

□今日はどんな心境でここまで来たか。

□集団の一員として後悔していることは。

□一緒に働きたくない人はどんな人か，その人とどう関わるか。

□教職を志望した一番のきっかけは。

□子どもに寄り添う指導とは。

□教職への期待と不安は。

□子どもとの関わり以外で力を入れたいことは。

□長所とそれをどう生かすか。

□これだけは絶対にやらないと決めていること1つ。

▼中高社会　面接官2人　受験者4人　30分

□さいたま市の志望理由は。

□ほかの教職員からの信頼を得るには。

□教員がしてはいけないことは。

□保護者から授業に不満があるとクレームが来たらどう対応するか。

□健康保持のために何をするか。

□初任として先輩と対立したらどうするか。

□プロの教師とは。

□生徒の個人情報のSNSアップロードをどう思うか。

□自分の考える学校課題とは。

◆個人面接(2次試験)

〈評価の基準〉

○教職全般に係る質問

・強い使命感や教育への情熱が感じられるか。

・豊かな社会性を備えているか。

・専門職としての自覚があるか。

・実践的な専門性を身に付けているか。

○教科等の専門性に係る質問

・教科の指導内容に関する知識があるか。

・幅広く豊かな教養があるか。

・深い専門的知識があるか。

・専門的な知識に基づく実践力があるか。

・新たな学びを展開できる実践的指導力があるか。

・適切な評価を行うための工夫はあるか。

【全教科共通質問例】

□人間性・社会性に関すること

ア　教職を志望した理由は何ですか。

イ　教員の仕事で一番大切なことは何ですか。

ウ　学校には，教員以外にも多くの職員が勤務し，協力して教育活動を行っています。他の職員とどのようにコミュニケーションを図ろうと考えますか。

□教員としての資質・能力に関すること

ア　体罰・暴言等教員の不適切な指導が問題となっています。あなたは，このことについて，どのように考えますか。

イ　児童生徒や保護者と信頼関係を築くために，大切なことは何だと考えますか。

ウ　「いじめ」を未然に防ぐために，日頃からどのような指導を行いますか。

面接試験

【小学校質問例】

□教科の知識に関すること

ア　算数：「線対称な図形」と「点対称な図形」について，それぞれ身近な例を挙げながら説明してください。

イ　理科：流れる水の働きには，どのようなものがありますか。

ウ　生活：小学校学習指導要領解説生活編に示されている生活科の内容は9つの項目に分かれています。その9つを答えてください。

□教科の実践力に関すること

ア　国語：漢字を指導する際に，どのような点に気を付けて指導しますか。具体的に1つ答えてください。

イ　社会：世界の6つの大陸，3つの大きな海洋の名称や位置を理解させるために，どのような学習活動を通して指導しますか。具体的な例を2つ以上挙げて答えてください。

ウ　図画工作：彫刻刀を使用する授業では，どのような点に気を付けて指導しますか。具体的に答えてください。

□指導と評価に関すること

ア　児童のノートを集めて評価します。どのようなところを見て，どのように評価しますか。

イ　「指導と評価の一体化」について説明してください。

【小学校(音専特別)質問例】

□教科の知識に関すること

ア　「音楽を特徴付けている要素」に示されている「音の重なり」と「和音の響き」の違いは何ですか。具体的に説明してください。

イ　各学年において，歌唱の共通教材を取り扱うよさを具体的に説明してください。

ウ　我が国や郷土の音楽には，どのような特性がありますか。また，民謡で，あなたが知っているものをできるだけ多く答えてください。

□教科の実践力に関すること

ア　音楽の授業で指導をする教員として必要な資質・能力を身に付けるために，あなたは，これまでにどのような取組をしてきましたか。

イ　音楽の授業で児童を指導したり，音楽に関わる学校行事を運営したりすることになったとき，あなたがもっている力や知識で生かせることを具体的に説明してください。

ウ　和音や，長調と短調の違いを児童に指導する際，あなたが大切だと考えることは何ですか。また，実際の授業では児童に対してどのような指導を行いますか。

□指導と評価に関すること

ア　協働して音楽活動をする楽しさを感じたり味わったりする授業を展開するために，どのような工夫を行いますか。具体的に説明してください。

イ　音楽の授業でICTを活用する際，どのような活用方法が考えられますか。具体的に説明してください。

ウ「知識・技能」の評価を，学習のどの場面でどのように行いますか。具体的に説明してください。

【小学校(英語特別)質問例】

□教科の知識に関すること

ア「チャンツ」にはどのような効果がありますか。

イ　小学校学習指導要領の「外国語の言語材料」の学校段階別一覧表では，小学校第5学年及び第6学年の指導事項に文法事項はなく，文構造があります。英語の文構造について，小学校では具体的にどのようなことを指導しますか。

□教科の実践力に関すること

ア　高学年における「書く」のうち「書き写す」指導を具体的にどのようにしますか。また，どんな点に留意して指導しますか。

イ「グローバル・スタディ」の授業でのタブレットの活用例として，一人ひとりが発音の練習をするときに，成果を発揮しています。では，それ以外の活用の仕方として，「深い学び」のためには，どのように効果的にタブレットを活用しますか。具体的に述べてください。

□指導と評価に関すること

ア「指導と評価の一体化」について説明してください。

イ　学習指導要領で示されている「育成を目指す資質・能力の三つの柱」のうち，「知識及び技能」では，何を評価しますか。また，具体的に，どのような場面で見取りますか。

【中高国語質問例】

● 面接試験

□教科の知識に関すること

ア　書き言葉の特徴を3つ説明してください。

イ　社会生活では，様々な場面で「実用的な文章」を書くことが求められます。では，具体的な「実用的な文章」の例を3つ挙げてください。

ウ　高等学校で学習する古文に「方丈記」がありますが，冒頭の一文を答えてください。

□教科の実践力に関すること

ア　太宰治の「走れメロス」という作品があります。では，中学校2年生の授業で「走れメロス」を教材とした場合に，育成を目指す資質・能力と言語活動を挙げて答えてください。

イ　中学校2年生の授業で，「話すこと・聞くこと」の領域において，「伝え合う力」を高めるためには，どのような言語活動を設定するとよいと考えますか。

ウ　「伝統的な言語文化」として古典を中学生に教える時に重視することは何ですか。

□指導と評価に関すること

ア　中学校学習指導要領(平成29年告示)の目標に，「言語感覚」を豊かにすることが挙げられています。言語感覚を豊かにするためにどのようなことに留意し，指導に当たることが大切と考えますか。2つ挙げてください。

イ　さいたま市では，1人1台タブレットを授業で活用しています。タブレットを活用して，「読むこと」の領域で小説を教材とした学習を行う際に，「主体的・対話的で深い学び」の視点で行う具体的な学習活動を1つ挙げてください。

ウ　授業における「指導と評価の計画」を作成する上で留意することは，どのようなことだと考えますか。具体的に答えてください。

【中高数学質問例】

□教科の知識に関すること

ア　「素数」とは何ですか。簡潔に説明してください。

イ　「白銀比」を比で表してください。また，白銀比が用いられている例を1つ挙げてください。

ウ　「定義」と「定理」と「公理」について，それぞれ簡潔に説明してください。

□教科の実践力に関すること

ア　第1学年の「比例，反比例」について，数学的活動を通して主にどのような資質・能力の育成を目指して指導しますか。簡潔に2つ答えてください。

イ　第3学年の「三平方の定理」について，数学的活動を通して主にどのような資質・能力の育成を目指して指導しますか。簡潔に2つ答えてください。

ウ「0で割れない」ことについて，どのように指導しますか。簡潔に説明してください。

□指導と評価に関すること

ア　学習評価の改善の基本的な方向性について，簡潔に2つ答えてください。

イ　「思考・判断・表現」の評価について，どのような点に留意する必要がありますか。簡潔に答えてください。

ウ　「空間図形のもつ性質を理解することが難しい」生徒に対して，どのような配慮が考えられますか。

【中高社会質問例】

□教科の知識に関すること

ア　北緯50度付近に位置するオランダでは，どの方角を向いて風車が立てられると考えられるか，答えなさい。

イ　第一次世界大戦では，それまでの戦争と比べて期間も死者も長大化しました。なぜ，そのようになったか，兵器と戦術にそれぞれふれながら説明しなさい。

□教科の実践力に関すること

ア　地理的分野の「日本の諸地域」では，5つの考察の仕方を基にして，資質・能力を育んでいきます。「自然環境を中核とした考察の仕方」「その他の事象を中核とした考察の仕方」以外にどのような考察の仕方があるか，2つ答えなさい。

イ　公民的分野の「私たちと現代社会」の学習指導において，あなたは単元全体に関わる課題(問い)をどのように設定しますか。また，学習指導要領によってこの単元において扱うとされている内容を4つ以上答えなさい。

□指導と評価に関すること

ア　粘り強く，試行錯誤しながら課題解決に取り組んでいる姿が見られた生徒が，単元を終えたふりかえりの記述において，「おおむね満足できる」状況(B)に達していると判断できる記述が書けない場合，どのような支援が考えられるか2つ答えなさい。

イ　生徒の「自らの学習を調整しようとしながら粘り強く取り組む状況」を評価するにあたって，あなたはどのような生徒の姿に着目しますか。「自らの学習を調整しようとする側面」と「粘り強い取組を行おうとする側面」のそれぞれについて答えなさい。

【中高理科質問例】

□教科の知識に関すること

ア　地層ができた年代の推定に役立つ化石を示準化石といいます。では，代表的な示準化石を3つ答えてください。

イ　「速さ」，「速度」，「加速度」についてそれぞれ説明してください。

ウ　「イオン」，「陽イオン」，「陰イオン」とは何か。それぞれ説明してください。

□教科の実践力に関すること

ア　顕微鏡を使う際，生徒にどのような点に注意して指導しますか。4つ以上答えてください。

イ　理科の授業において一人一台端末の効果的な活用方法として，どのような活動が考えられますか。具体的な例を挙げて答えてください。

□指導と評価に関すること

ア　理科において，障害のある生徒などへの配慮として，具体的にどのようなことが考えられますか。思いつく限り答えてください。

イ　あなたが考える「主体的・対話的で深い学び」が達成された理科の授業とはどのような授業ですか。2つ以上答えてください。

【中高英語(グローバルスタディ)質問例】

□教科の知識に関すること

ア　「デジタル教科書」を使うことのメリットについて，簡潔に説明してください。

イ　「Chat GPT」の利点と課題について，具体例を示しながら1分以内で英語で説明してください。1分間考える時間を与えます。

□教科の実践力に関すること

ア　「グローバル・スタディ」を指導する際，パフォーマンステストに向けて生徒に貸与しているタブレット端末を，どのように使用しますか。具体的な指導場面とその効果について説明してください。

イ　文部科学省では，CEFRをもとに生徒の英語力についての調査を実施しています。このCEFRとは，どのようなものですか。具体的に説明してください。

□指導と評価に関すること

ア　「主体的に学習に取り組む態度」の評価規準を設定する際，どのような点に留意しますか。具体的に述べてください。

イ　「指導と評価の一体化」を実現するため，あなたは，生徒を評価した後，その評価をどのように活用しますか。具体的に説明してください。

【中高英語(英語ネイティブ特別選考)質問例】

□教科の知識に関すること

ア　中学校学習指導要領の外国語の目標において，育成をめざしている3つの資質・能力のうち1つについて説明してください。

イ　英語の授業のはじめに，あなたが「Please write about your favorite place.」という指示だけを出し，活動を行ったところ，先輩教員から「その指示だと，主体的に取り組む態度が育成しにくいですよ。」と指摘されました。なぜですか。

□教科の実践力に関すること

ア　生徒が「話すこと[やり取り]」のパフォーマンステストのリハーサルをしている動画を見せます。教員として，パフォーマンスを良くするためのアドバイスを多く挙げてください。

イ　生徒から，「効果的なスピーチをするためにはどうすれば良いですか。」という相談がありました。あなたはどのように答えますか。

□指導と評価に関すること

ア　観点別学習状況の評価については，3観点に整理されています。3

つの観点を，全て，答えなさい。

イ　3観点の一つ「思考・判断」について，評価する際，何に注目して評価しますか。

【中高音楽質問例】

□教科の知識に関すること

ア　和楽器の「箏」という楽器について，説明してください。

イ　「音階」について，説明してください。

ウ　「三和音」について，説明してください。

□教科の実践力に関すること

ア　わが国で長く歌われ親しまれている歌曲が，共通教材として，中学校学習指導要領(平成29年度告示)解説音楽編に示されています。あなたが知っている曲を答えてください。また，その曲の特徴や指導内容について，答えてください。

イ　鑑賞の活動に通して，身に付ける事項を，答えてください。

ウ　器楽の活動を通して，身に付ける事項を，答えてください。

□指導と評価に関すること

ア　観点別学習状況の「主体的に学習に取り組む態度」を評価する際に，留意すべきことを答えてください。

イ　「鑑賞」の授業において，感じたことをうまく言葉にして説明できない生徒がいたとします。その生徒に対し，どのような手立てが考えられますか。様々な方法を数多く答えてください。

ウ　音楽科における「主体的・対話的で深い学び」の実現にむけて，気を付ける点について，1つ答えてください。

【中高美術質問例】

□教科の知識に関すること

ア　①　(絵を見せて)この作品の作者と作品名を答えてください。

　　②　この作品に用いられている『スフマート』と『空気遠近法』について説明してください。

イ　①　美術館には，一般的に4つの役割があるといわれています。これらの役割を答えてください。

　　②　美術館の教育普及活動について，学校と連携して行う事業の例を答えてください。

ウ　写真で表現をするときに，光の当たる方向によって被写体の写り方がどのように変わるか，いくつかの例を挙げて説明してください。

□教科の実践力に関すること

ア　美術の授業で，京都・奈良への修学旅行の事前学習を行うとします。修学旅行で京都・奈良に行く予定の生徒に，仏像を鑑賞するポイントを指導する際に，どのような点に着目するとよいか，「造形的な視点」をもとに，例を答えてください。

イ　美術の授業において，生徒が自分の作品を制作する場面で，生徒が一人一台端末を主体的かつ効果的に活用する例を挙げてください。

ウ　彫刻刀やカッターナイフ，電動糸のこぎりなど刃物等の用具を授業で使用する際に，けがや事故がないようにするための方策について答えてください。

□指導と評価に関すること

ア 表現の主題を生み出すのが難しい生徒には，どのような手立てが有効だと考えますか。具体的な指導場面を想起して，述べてください。

イ 授業の中で，学習の評価の妥当性を保つための材料や，具体的な方法を説明してください。

【中高保体質問例】

□教科の知識に関すること

ア　中学校学習指導要領(平成29 年3月告示)で示されている保健体育の目標は何ですか。

イ 中学校学習指導要領解説保健体育編(平成29年7月)で示されている保健体育の目標にある「体育や保健の見方・考え方を働かせ」とは何ですか。

□教科の実践力に関すること

ア　武道の剣道を指導する際，安全管理について留意することは何ですか。

イ　保健体育科においてICT を活用する際，配慮することを説明してください。

□指導と評価に関すること

ア　評価に当たっては，指導と評価の一体化が求められていますが，なぜ指導と評価の一体化が求められると考えますか。

イ　保健体育科における「主体的に学習に取り組む態度」はどのような評価ですか。

【中高技術質問例】

□教科の知識に関すること

ア　技術分野の目標を述べてください。

イ　代表的な「木質材料」について，特徴を説明してください。

□教科の実践力に関すること

ア　生徒が「技術の授業が楽しい」と感じるのは，どのような時だと思いますか。

イ　事故を防ぐための安全管理はどのように行いますか。

□指導と評価に関すること

ア「知識・技能」をどのような方法で評価しますか。

イ「思考力・判断力・表現力」をどのような方法で評価しますか。

【中高家庭質問例】

□教科の知識に関すること

ア「生活の営みに係る見方・考え方を働かせ」とは，どのようなことか説明をしてください。

イ　幼児にとって昼寝が必要である理由について，幼児期の特徴を踏まえ，説明してください。

ウ　消費者の権利と責任について，背景にも触れながら説明をしてください。

□教科の実践力に関すること

ア　ミシンを正しく安全に使用するための指導を生徒にします。あなたならどのような指導を行いますか。

イ　実習の指導における「安全指導」について，調理実習または幼児とのふれあい体験，いずれか一つを取り上げて，具体例を二つ以上示して説明してください。

ウ 小学校の家庭科との連携を踏まえた指導をするために，大切なことは何ですか。

□指導と評価に関すること

ア　家庭科の授業において「個別最適な学び」の環境をつくるためにどのような取組をしますか。具体的な指導場面を挙げて説明してください。

イ　調理実習において，生徒一人ひとりの「知識・技能の評価」について，どのように行いますか。思いつくだけ具体的に説明してください。

ウ　家庭科の授業において，あなたはタブレット端末をどのように活用していきますか。具体的に説明してください。

【養護教諭質問例】

□保健管理に関すること

ア　児童生徒の定期健康診断の事後措置は，どのようなことを行いますか。3つ挙げてください。

イ　感染症により出席を停止する場合の出席停止期間の基準は，感染症ごとに定められています。次に示す，インフルエンザに，り患した児童生徒の登校が可能となるのは，いつからでしょうか。学校保健安全法施行規則に示されている基準とともに日にちをお答えください。

Aさんは，インフルエンザです。 2月1日夕方に発熱し，2月5日昼に解熱しました。

□保健教育に関すること

ア　小学校第5学年の体育科保健領域には「けがの防止」という単元があります。養護教諭がティームティーチングで授業を行うことになりました。養護教諭の専門性を活かし，どのような指導をしますか。3つ挙げてください。

イ　文部科学省が示している「生命(いのち)の安全教育」の目標に示されている内容について，お答えください。

□現代的な健康課題に関すること

ア 深刻化する子どもの「現代的な健康課題」の解決に向けて，学級担任や教科担任等と連携し，養護教諭の有する知識や技能などの専門性を保健教育に活用することが求められています。「現代的な健康課題」とは，どのようなことが挙げられますか。思いつくだけ挙げてください。

イ　令和5年1月に，文部科学省の「養護教諭及び栄養教諭の資質能力の向上に関する調査研究協力者会議 議論の取りまとめ」において示された，養護教諭の職務の項目を5つ挙げてください。

【栄養教諭質問例】

□食育の知識に関すること

ア　食育基本法前文に，「食育」について示されています。「食育」とは，何ですか。

イ　学校教育活動全体を通して育成するべき，食に関わる資質・能力が，「食に関する指導の手引－第二次改訂版－」(文部科学省)に3つ示されています。この3つの資質・能力とは，何ですか。

ウ　第4次食育推進基本計画(農林水産省)では，基本的な方針として，重点事項が3つ挙げられています。3つの重点事項について，すべて挙げてください。

□食に関する指導に関すること

ア　食に関する指導の内容は，「食に関する指導の手引－第二次改訂版－」(文部科学省)において，3つに大別されています。この3つの食に関する指導の内容は，何ですか。

イ「食に関する指導の手引－第二次改訂版－」(文部科学省)に「食育の視点」が6つ示されています。6つの視点について，すべて挙げてください。

ウ 学校における食育の推進を図る上で，ICTをどのように活用して授業を行いますか。具体的に述べてください。

□給食管理に関すること

ア　食品の検収において，確認する項目を5つ以上挙げてください。

イ　発注ミスにより，当日納品されなかった食材がありました。あなたならどのように対応しますか。

ウ　給食に異物の混入が発覚しました。あなたならどのように対応しますか。発覚時の場面を想定して，述べてください。

【特別支援学校教諭質問例】

□教科の知識に関すること

ア　合理的配慮とは，どのようなことですか。

イ　特別支援学校とはどのような学校ですか。

□教科の実践力に関すること

ア　注意集中に課題のある児童生徒に対して，あなたは具体的にどのような支援や指導をしますか。

イ　知的障害者である児童生徒に対して，キャリア教育を充実させるためには，具体的にどのようなことに取り組みますか。

□指導と評価に関すること

ア　「交流及び共同学習」を進めるために，具体的にどのような配慮が必要であると考えますか。

イ　さいたま市の特別支援教育を担当する教員として，どのように特別支援教育を実践していきたいですか。具体的に説明してください。

▼小学校　面接官3人　30分

□教員を志望した理由。

□自分に反抗する子どもに対してどう対応するか。

→指導してもなお反抗する場合は。

□特別な支援を要する児童に対してどう支援していくか。

□同僚の先生に相談したら意見が違った，どう対応するか。

□昼休みに頭を打って意識がもうろうとした児童がいた。あなたが第一発見者の場合どうするか。

□教員にとって大切な資質は。

□大切にしたい教科2つ。

□線対称と点対称を，身近なものを使ってどう教えるか。

□小学校で面積について扱う図形を思いつくだけ挙げて。

→面積の求め方についてどう教えていくか。

□低学年の「読むこと」で重視したいことは。

→具体的にどう指導するか。

□評価するときに気をつけること，具体的場面を2つ挙げて。

□ノート等を見て評価するときに意識することは。

□指導と評価の一体化とは。

□ICTを活用してどう評価をしていくか。

▼小学校　面接官3人　20分

【質問内容】

□志望動機。

□子どもと教師が友達のように関わることについてどう思うか。

→インターンシップや教育実習で子どもと関わる時に意識したこと

は。

□通常学級において特別な配慮が必要な児童生徒が増えているが，これについてどう考えるか。

□合理的配慮について本で学んだりしたか，具体例は。

□体調不良ではなく，保健室によく行く児童に対してどのように指導するか。

→1人で解決するのが難しい場合はどうするか。

□力を入れていきたい教科とその理由は。

□英語が小学校で導入された背景は。

□英語に苦手意識を持つ児童にどのような支援をするか。

→具体的にどのような場面で行うか。

□他に力を入れたい教科は。

□道徳の内容項目についていくつか教えて。

□4教科(国・算・理・社)で何に力を入れていきたいか。

□線対称と点対称について説明して。

□小学校で習う面積にはどんな種類があるかできるだけ多く答えて。

□授業において，児童ひとりひとりの学習の進捗状況をどのように見るか，2つ具体的に。

□理科室を使用する場合は，どのような点に気をつけて指導するか。

・過去問と同じ質問を何問かされたので過去問に対する自分の考えをまとめておくと良いと思う。

・想定していた質問でもいくつか答えるように言われて困ったので，同じ質問でもいくつかパターンを考えておくことが大切だと感じた。

▼小学校　面接官3人　20分

【質問内容】

□志望動機について。

□保護者からのクレーム対応。

□「人を許して罪を許さず」を子どもにどう伝えるか。

□朝，保護者から「うちの子が今日は学校に行きたくないと言っている」と電話があった時の対応。

→日頃は元気よく学校に来ている児童だった場合は。

□最も重要だと考える教科は。

□尊敬語と謙譲語の違い。
→それをどう分かりやすく教えるか。
□指示語をどう分かりやすく教えるか。
□低学年国語科の「読み」において気を付けることは。
→具体的な指導方法2つ。
□漢字を指導するときに，何を意識するか。
→具体的な指導法について。
□いじめが起こった時の対応。
□ICTの活用事例について(教科・内容)。
→最大2つ聞かれた。別教科で。
□「指導と評価の一体化」について。
□教員になっても続けていきたい研究について。
▼中高数学　面接官3人　25分
【質問内容】
□自己紹介(番号・名前)。
□生きていても仕方ないと生徒に言われたらどう対応するか。
→親に言わないでと言われたらどう対応するか。
□教師になって教科で学び深めていきたいことは。
□教師になるために頑張ってきたことは。
□生徒，保護者，教職員，地域の人から信頼される教師とは。
□保護者と意見の食い違いがある，どうするか。
□他の教職員との意見の食い違いがある，どうするか。
→丁寧に対応することと働き方改革の関係を踏まえるとどう考えるか。
□ケッペンの気候区分について。
□社会契約説が革命に与えた影響について。
□第一次世界大戦において死者が多かった理由は(新兵器 という言葉を使うこと)。
□三国協商と三国同盟の国を全て答えよ。
□「日本の諸地域」の考察の仕方のうち，「その他」と」自然環境」以外の考察の仕方は。
→北海道では何を扱うか。

● 面接試験

□「私たちと現代社会」で扱う2つ，少子高齢化以外で答えろ。
□近代社会の日本で扱う内容，税制，学制，兵制以外で答えよ。
□情報化グローバル化少子高齢化以外の内容について。
→考えられる授業(ICT)は。
□明治維新で海外から日本を守るためという考察を多面的多角的にするにはどんな補助発言をするか。

2024年度　千葉県・千葉市

◆集団面接・討議　面接官2人　受験者6人　時間20～30分

▼小学校

【質問内容】

□面接：「千葉県・千葉市教員等育成指標」に示す「教員が身につけるべき資質能力の6つの柱」の1つに「生徒指導等に関する実践的指導力」がある。生徒指導をする上で，あなたが大切にすることは何か。

□討議：特別な配慮を要する児童への支援として，取り組みたいことについて自由に討論して下さい。

・今年度新しく変更があった資料や話題になった内容はお題になる可能性が高い。
・待機時間に同じグループのメンバーと少し話す時間がとれる。明るくて話しやすい雰囲気をつくることができた。
・見やすい位置に時計があった。

▼高校英語

【課題】

・時間内にテーマが与えられるので，それについて6人で話していく。
・答えを最後に出せなくても大丈夫。

▼中高社会

【課題】

□面接：「特別な支援を必要とする児童・生徒に対してどのようなことができるか」

・1人ずつ挙手をして発言した後，全体で議論するよう指示があった。

その際，司会はたてないようにと指示があった。

▼中高英語

【質問内容】

□面接：生徒指導についての質問

□討議：特別な支援を必要とする生徒に対して何をするか。

・討議では，司会は立てない。

・結論を出す必要もない。

▼特別支援

【質問内容】

□面接：「千葉県・千葉市教員等育成指針」の「教員が身に付けるべき資質能力」の6つの柱に「生徒指導等に関する実践的指導力」がある。あなたが生徒指導に関して大切にしたいことは何か。

□討議：特別なニーズのある子どもが，学習上または生活上の困難を克服するために，教員として大切にしたいことは何か。

・面接室に入る前に，ルールが書いてある紙を読むため，詳しい説明は口頭ではされなかった。

・「質問が2問される。面接で1回，討論で1回の質問」という形式だった。集団面接の1部に，集団討論がある。

・荷物を全て持って入室する。

・名前と受験番号を書いた大きな紙を，それぞれの机に置き，名前を呼びながら進めた。

・机の配置は例年通り。

・事前に少しでも会話をしておくと良いと思った。お互い緊張してはいるが，「協力し合いましょう」ということを確認した方が，討論がスムーズにいくと思う。

・同じグループに，同じ志願枠の人だけでなく，他の教科の人もいた。

・メモ等は不可。

・挙手が同時になってしまったりする時には，誰かが最後になることは仕方ないので，譲ることも大切だと思う。選考方針として「協調性」が挙げられているので，ずば抜けたことを言おうとするよりも，問に対して正確に丁寧に，選考方針に従って答えるのが良いと思う。

・討議では，質問が2回読まれた後は，構想時間無しですぐ討論開始。

● 面接試験

▼養護教諭

【質問内容】

□面接：あなたが生徒指導をする上で大切だと思うことは何ですか。

□討議：特別な配慮を要する児童生徒に対する支援について

・司会を決めず，受験者のみですすめる。

・結論を出す必要はない。

▼栄養教諭

【質問内容】

□面接：生徒指導で気を付ける点は何か答えてください。

□討議：「千葉県千葉市教員等育成指標」には「特別な支援を必要とする幼児児童生徒の育成」について述べられているが，特別な配慮を有する子に対する指導について受験者で討議をしてください。

・挙手性で，考えがまとまった者から手を挙げること，試験官が指名をする。

・6名全員が答えた段階で，次の質問となった。

・司会者はたてないこと。

・答えを導くのではなく，考えを述べること。

・制限時間になったら討議が途中でもやめるように指示をされる。

◆個人面接　面接官2人　受験者1人　時間30分

▼小学校

【質問内容】

□自己PR(30秒)

□特支，幼児教育の学び(大学で専攻した)をどう生かすか。

□大声で授業を妨害する子への支援。

□コミュニケーションがとれない子への支援。

□今まで子どもと関わった中で嬉しかったこと。

□実習で大変だったこと，どうのりこえたか。

□児童との信頼関係(保護者とも)をどう築くか。

□千葉県を志望した理由。

□クラスでつくるルールについて。

□ボランティアについてどうだったか。
□生徒指導で不安なこと。
□給食指導で注意すること。
□卒業研究について。
□生成AIの活用法，留意点。
□SNSの指導について。

▼小学校

【質問内容】

□緊張しているか。
□朝の目覚めは。
□自己アピールを1分間で。
　→自己アピールできたか。
□ちば！教職たまごプロジェクトで学んだことは。
　→温かく見守るとは。
　→ヒントカードとは。
　→あなたもそれを活用したのか。
□コミュニケーションで大切にしていることは。
　→その理由は。
□教育実習は何年生の時だったか。
□担任しているクラスに暗い顔をしている児童がいたら，どう声をかけるか。
　→その児童が「大丈夫です」と言ったらどうするか。
　→具体的に他の人と連携するとは。
□勤務地の確認。
　→南房総や銚子に行ったことはあるか。
□卒論の最終的なゴールは。
　→なぜこのテーマか。
　→他にも同じテーマの人はいるか。
□小5スマホ保有多い。
　→スマホの有用性と弊害は。
　→SNS上のいじめはどうするか。
　→スマホの使い方，どう指導するか。

● 面接試験

□生成AIをどう使うか。

→注意すべきことは。

→どう使っていくべきか。

□自分の考えを児童に発言させるには。

□クラスで子どもに絶対に守ってほしいことは。

→なぜいじめはいけないのか。

→どういう場面で伝えるか。

→いじめがいけないと思うきっかけは。

□教員の不祥事をどう思うか。

→なぜ絶対にあってはならないのか。

→どうして不祥事が起こるのか。

→どうしたら防げるか。

□個人情報にはどんなものがあるか。

→それらを守るためには。

□今後の教員に求められるものを1つあげて。

→ICTの活用場面を見たことはあるか。

→どのように活用していたのか。

→書画カメラを使うときと使わないときの教育的効果の違いは。

→教育実習やちば！教職たまごプロジェクトで見てきた実践以外であなたがやりたいことはあるか。

→教員は忙しいが，動画制作はできるか。

□最後に何か言い残したことは。

▼高校英語

【質問内容】

□自己PR(志望動機，強みを混ぜて)1分。

→強みについて。

□教員の不祥事についてどう思うか，どうすればなくなるか，など。

・面接内で場面指導も行われた。

・強みの深ぼりがとても多かった。

・柔和な雰囲気だった。

▼中高社会

【質問内容】

□自己PR(1分で)
□教育実習で嬉しかったこと，失敗したこと。
□理想の教師像について。
□どんな学級にしたいか。
□あいさつの大切さをどのように伝えるか。
□アルバイトで学んだこと。
□最後に何か伝えたいことはあるか。
□希望する地区について。

▼養護教諭

【質問内容】
□自己紹介1分程度。
□志望動機。
□他の職業に興味はなかったか。
□自身が目指す養護教諭になるために大切なことは。
□職員との関わりで困っていること。
　→(提出物が遅いことと答えたため)どのように対応するか。
□不祥事について，何か知っているか，どう思うか。
　→不祥事をなくすために養護教諭としてどんな働きかけができるか。
□子どもたちと信頼関係を築くためにどうしていくか。
□心配な児童はいるか。
　→(保健室登校の児童について答えたため)対応はどのように考えていくか。
□対応に困る児童はいるか。
□支援が必要な児童が保健室で暴れだしたらどうするか。
□得意な仕事，苦手な仕事について。
　→苦手なことについて，昔から変わっていないのか。
□在校時間はどのくらいか。
□鎌ケ谷市立北部小学校での勤務期間について。
□現在までの勤務校の規模は。
□特別支援学校での勤務はどうだったか。
□養護教諭の2名体制はどうだったか，大切にすることはなにか。
□勤務してきた中で辛かった，苦しかったことは。

● 面接試験

□子どもたちの健康課題について。

→(ICT機器の普及での視力低下と答えたため)その他ICT機器のデメリット。

→ICTの流れから，AIについて。

□(面接カードから卒論について)研究が今の仕事にいかされているか。

□5回目の受験，今回は勉強したのか。

□勤務地について，希望以外の場所になってしまったらどうするか。

→そこまでしてなりたい養護教諭の魅力は。

□養護教諭を志したのはいつごろからか，そこから養護教諭一筋なのか。

□自身の養護教諭としてのポリシーは。

□子どもに保健指導をするならどんな内容で行うか。

□相談に来る児童はいるか。

□日々の来室者数。

□最後に言い残したことは。

・受験票は渡さない。

・ノックをして入室し荷物を机に置くよう指示があった。

・いすの横に立つ，「どうぞ」と言われてから座った。

▼栄養教諭

【質問内容】

□1分で自己PRをしてください。

・話した自己PRの時間が短かったためか「それで充分PRできましたか」と聞かれた。「緊張しているので」と答えたら「面接時間は長いのでリラックスしていきましょう」と言ってくれた。

□千葉県を受けた理由は。

□栄養士，栄養教諭になったきっかけは。

□友達からは，あなたはどのような人と言われているか。

□子どもと接する上で一番大切にしていることは何か。

□子どもと接する上で気をつけていることは何か。

□あなたの立場の職種から考える不祥事は何か。

□栄養教諭の業務の中で苦手なことは何か。

□次はどのような学校に行きたいと思うか。

□(2年前まで千葉県に努めていて，再度受験なので)なぜ，地元に帰ったのか教えてください。
→家族は何と言っているか。
→現在の勤務校ではあなたが受験することは知っているか。そのことについて周りの方はどのように言っているか。

□今の勤務校で対応されているアレルギー対応はどのようなものか。

□あなたの校種に直接関係あるかはわからないが，生成AIについてあなたは賛成か，反対か。

□最後に1分間，自分が言い残したことがあれば。

・知識より人物を見るための面接。どうしても不安で千葉県の施策や学習に関する手引きなどを直前まで確認したくなるが，それより千葉県の受験HPに書かれている「千葉県が求める人材」を見て，再確認しておいた方がよい。

・心構えとしては，とにかく会話することがなにより大事だと思った。YouTubeなどで知識のアピールのために長く話しているものがあるが，長い回答では面接官の方もだれているのが途中でわかった。それより会話のキャッチボールを心がける方がよい。面接時間が長いので，面接官の方が聞いてくれる。

・面接官の方は緊張しないように努めてくれていて，圧迫するようなことはない。しかし，もう1人の面接官の方が自分の担当時間になるまで，ほぼリアクションをとらなかったので，その点が気になってしまった(話している面接官に集中して，気にしなくてよいと思う)。

2024年度　東京都

◆個人面接(2次試験)　面接官3人　約40分

▼小学校

【質問内容】

□志望理由。

□ストレスがたまったらどう対処するか。

□自分が最も成果をあげたこと，教員としてそれをどう生かすか。

□子供に自己肯定感を持たせるためにできそうなことは何か。

●面接試験

□ICTの活用により，授業をする上でどのような良いことがあるか。

□子供の発達段階に応じた課題と対応方法(発達段階は自由に選ぶ)。

□30秒程度で教師になりたい思いを自己PR。

【場面指導】

□保護者から「自分の子供が仲間外れにされている」と相談された場合，どのように対応するか。

□地域の人から「通学路でボランティア中に子供に暴言を吐かれた」とクレームが入った。その子供が自分のクラスの子供だった場合，どのように対応するか。

▼小学校

【質問内容】

□東京都の教員を志望した理由。

□なぜ教員を志望したのか，教員の魅力は何か。

□印象に残っている先生はどんな先生か。

□都民の期待に応えるために何をするか。

□服務を守るためにすること，大事にしたいことは。

□どんな授業にしたいかなど学習指導について。

・1次合格証明書と一緒に同封された面接票に記述した内容を中心に聞かれる。

【場面指導】

□保護者から「うちの子がいじめられている」と連絡がきた。どう対応するか。

□保護者から「子どもが寝不足だから保健室で寝かせてほしい」と言われた。どのような背景が考えられるか。また，どう対応するか。

□何気なく相手を傷つける言葉を投げかけている子どもを目撃したとき，どう対応するか。

□保護者から「学習進度が他クラスと比べて遅れている」と言われた。どう対応するか。

□急に忘れ物が増えたり，ものが壊れていることが増えている子どもがいる。どのような背景が考えられるか。また，どう対応するか。

▼小学校

【質問内容】

□志望動機。
□最も成果を上げたことは。
□努力したことは。
□ICT機器をどのように使用したいか。
□意気込みがあれば1分で。
□担当してみたい学年は。
□子どもがつまずきやすい単元について。
【場面指導】
□夜に一人で子どもが公園で遊んでいたらどう対応するか。
□子どもから個人的にラインを交換しようと言われたらどう対応するか。
▼小学校
【質問内容】
□志望動機。
□今現在の状況について。
□これまで(実習など)で得たことは。
□今後どのように教師を続けるか。
□具体的方法について(生徒が教室を飛び出していった時の対応など)。
□法律に関する質問。
□子どもから相談を受けた。どう対応するか。
□どの学年でもよいので，その学年特有の特徴を1分で。
【場面指導】
□不登校児童の対応について。
▼中高国語
【質問内容】
□東京都の教員を志望する理由。
□自分が努力し，最も成果をあげた取組みを教員としてどのように生かしていくか。
□教科の指導をどのように行っていくか。
□どのような学級経営を行っていきたいか。
□自己PR(30秒ほどで)。
【場面指導】

● 面接試験

□生徒にSNSを教えてほしいと懇願されたらどう対応するか(交換してしまった教員のどこが問題か)。
□教室から飛び出した生徒にどう対応するか。
□保護者からの授業へのクレームにどう対応するか。
・個人面接は，ほとんど面接票の内容を質問された。
▼中高数学
【質問内容】
□東京都を志望する理由。
□教員を志望する理由。
→主体性を持たせる教育をどのように実践するか(志望理由を受けて)。
□教員として心掛けていることは何か。
→心掛けようと思ったきっかけ，具体的なエピソードは。
□自分が努力し，最も成果をあげたことは何か。
→教員として成果をどのように生かすか。
□自分が最後まで粘り強く対応した取組みについて。
→着任している学校で，どのように指導しているか。
→指導について助言してくれる人はいるか。
□賞罰なしとなっているが，これは間違いないか。
□教育公務員として都民の期待や信頼に応えるために重視していくことは何か。
□受験教科・科目等の得意分野や領域は何か。
□学習する上で，つまずきやすいと考えられる単元・領域は何か。
→つまずきやすいその単元をどのように指導するか。
→数学が嫌いな生徒にどのように興味を持たせるか。
□研修は有効だと思うか。
□ICTを活用してどのように指導するか。
□中学校，高等学校のどちらを希望するか。
→(高等学校を希望すると回答したので)中学校には行かないということか。
□中学校から採用の声がかかったらいくか。
□最後に，30秒程度で教員となるための抱負を。

【場面指導】

□生徒の相談にのってLINEを交換し，その後やり取りをして教員の部屋で二人きりになることがあったが，どこに問題があるか。

→どのように対処すればよかったか。

□学級を受け持つことになった場合，どのように取り組むか。

□成績の付け方に納得がいかないという保護者のクレーム対応。

□生徒が校外で悪さをしているという地域からのクレーム対応。

→悪さをしている生徒が特定できなかった場合どうするか。

▼中高数学

【質問内容】

□東京都を志望した理由は。

→何かきっかけになることはあったか。

□東京都の教員になるために努力していることは。

□最も成果を上げた経験は。

→その取組みの中で数値として得た結果はあるか。

→この経験をどのように生かすか。

□教育公務員として都民の期待や依頼に応えるために何を重視していくか。

□生徒や教員と意見が違った場合どうするか。

□いじめの問題が深刻だが，未然に防ぐにはどうすればよいか。

→どんな取組みをすればよいか。

〈場面指導〉

□一人でいたら学校に電話がかかってきて，地元の人から生徒がコンビニにたむろしているとクレームがあった。あなたならそのときどう対応するか。

▼中高理科

【質問内容】

□東京都の教員を志望する理由。

□自分が努力し最も成果をあげた取組みと，その成果を今後教員としてどのように生かすか。

□自分が最後まで粘り強く対応した取組みについて。

□教育公務員として都民の期待や信頼に応えるために重視していくこ

とは。

□専門科目の得意分野や領域は何か。

→専門科目について，生徒が学習する上でつまずきやすいと考えられる単元や領域は何か。

□現在の職場について。

→所属教科の教員は何人か。

→そのうち，仕事上の連携をする教員は何人か。

→その教員と仕事をする上で困っていることはあるか。

→仕事をする中でネガティブな気持ちになったときはどうしているか。その気持ちを引きずりやすいタイプか。

→中高一貫校だが，今年度はどの学年を担当しているか。

→ICT機器を生徒に扱わせる上で注意していることは。

□生徒と接する上で気を付けていることは何か。

□生徒の発達段階について任意の学年をあげ，課題とその対応策について。

□最後に，教員を志望する理由を30秒程度で。

【場面指導】

□生徒からSNSのアカウントを教えてほしいと言われ，教えた。その後，頻繁にやりとりをするようになり，校外で会う約束をした。また，自宅で生徒と二人きりで会うようにもなった。この事例を聞いて，あなたはどう思うか。また，あなたならどうするか。

□休み時間に一人でいる生徒に対してどのように対応するか。

□夜遅くまで仕事をしていたところ，「公園で生徒が騒いでいる」と電話があった。どう対応するか。

□採用された初年度にクラス担任を持つことになった。はじめに担当するクラスの生徒に対してどのように接するか。

□保護者から「子どもが夜遅くまでスマホやタブレットでゲームをしている」と連絡があった。どう対応するか。

▼中高英語

【質問内容】

□東京都を受けた理由は。

□中学校時代の恩師はどんな人か。

□東京都の教育の魅力について具体的に。
□東京都英語村と都独自の英語教材はどのように子どもに役立っているか。
□興味のある研修は。
□海外研修でどこの国に行きたいか。
→その理由は。
□子どもと関わった経験で大切にしていたことは何か。
□最も成果をあげた取組みと，それをどのように生かしていくか。
→その場面で具体的にどのような役割だったか。
□組織的かつ計画的に動くことはなぜ必要か。
□生徒のために尽くすとはどういうことか。
□子どもが安心して生活をするためにはどうすればよいか。
□自分が最後まで粘り強く対応した取組みについて。
→具体的にどのように対応し，乗り越えたか。
□対応した生徒が実習前と実習後でどのように変わったか。
→その困難にぶつかった時，相談できる人はいたか。
→普段から困った時に相談できる人は誰か。
□ストレスがたまった時どうするか。
□教育公務員として都民の期待や信頼に応えるために何ができるか。
→具体的に。
□服務の厳正とはなにか。
□未来の東京を担う人材とはどのような人か。
□評価の観点の工夫について。
□英語科で得意な分野とそれをどう生かせるか。
→どのように生かすか具体的に。
→その活動について具体的に。
→その活動をすることで子どもたちはどう感じるか。
□基礎的・基本的な技能を身に付けさせるためにICTをどう使うか。
□英語が得意な生徒にはどう対応するか。
□中学校3年生の発達段階の特色とは。
□自分の将来について考えさせるためにできる工夫は。
□どんな生徒を育てたいか。

●面接試験

□あなたが担任だったらどういう雰囲気のクラスを作りたいか。

→そうするために子どもたちとどう関わるか。

□最後に教師になりたいという思いを簡潔に30秒ほどで。

【場面指導】

□進路指導のために生徒とSNSのIDを交換し，校外で会ったり家で二人きりになったりした事例についてどう考えるか。

→なぜあってはならないことだと考えるのか。

→あなただったらどう対応するか。

□長らく学校に来ていなかった生徒が登校してきた。どう声をかけ，その後どう対応するか。

→困ったことがあってもなかなか子どもが話そうとしてこなかったら，どう対応するか。

→その対応は1人でするか。

□保護者から，あなたの授業はわかりやすいが隣のクラスの先生の授業が分かりにくいというクレームがあった。どう対応するか。

▼中高英語

【質問内容】

□東京都の志望理由。

→きっかけは。

→そのためにどんな努力をしてきたか。

□今まで生徒と接した経験は。

→大切なことは。

→どのように実践するか。

□あなたが努力し，成果をあげた取組みについて。

→学んだことは。

→教員としてどう生かすか。

□最後まで粘り強く取り組んだことで学んだことは。

→具体的には。

→困難なことは。

→助けてくれる人は。

□ストレスを解消するためにどんな手立てがあるか。

→どう回復するか。

□最後に改めて教員になりたい気持ちを30秒で。

【場面指導】

□生徒からの相談でLINEのIDを教え，頻繁に連絡をとり，担任の家で会った。

→あなたなら，どう対応するか。

▼中高保体

【質問内容】

□どうして東京都を志望したのか。

□教員を目指したきっかけは。

□青年海外協力隊ではどんな経験をしたか。

□ストレスの解消法は何か。

□中学生の発達段階をどう考えるか。

□教育実習で学んだことは。

□最も成果をあげた取組みと，その経験を教員としてどのように生かすか。

□最後まで粘り強く対応した取組みについて。

□教育公務員として都民の期待や信頼に応えるために重視することは。

□自分の得意分野は。

□生徒のつまずきやすいと考える分野は。

□授業を行う上での工夫について。

□どのような生徒を育てたいか。

【場面指導】

□LINEのIDを聞かれたら(生徒から)どのように対応するか。

□高3の担任だとしたら，どのようなクラスを作りたいか。

□生徒が学校に行きたくないと言ったらどう対応するか。

□部活では何を重視し指導するか。

□ICTをどのように活用するか。

▼養護教諭

【質問内容】

□東京都の志望理由。

→なぜインクルーシブ教育を推進したいと思ったのか。

→養護教諭としてどのように推進していくか。

● 面接試験

□保育の現場と教育現場との違いについて。

□小・中・高の子どもの発達段階について。

□インクルーシブ教育の推進以外にどんな仕事があるか。

□これまでに最も成果を上げた取組みについて。

→その経験を学校でどう生かすか。

□挫折経験について。

□小1ギャップについてどう対応するか。

□行ってみたい指導は。

□自分自身の課題解決の仕方について。

□都民の期待や信頼に応えるためにどうするか。

□不祥事について，不祥事には何があるか。

→どんなことに気を付けていくか。

□なぜつまずきやすい単元にがん教育をあげたか。

→忙しい現場の中でその時間をどうつくるか。

□不登校児童との関わりで大切にすることは。

→連携という言葉がでてきたが，誰と連携するか。

□小・中・高学年それぞれの保護者とどう関わっていくか。

→いわばモンスターペアレントのような人にはどう接していくか。

□自己PRを30秒で。

□子ども・保護者・教員にとっての保健室経営をどうするか。

□保健室のルールをどうするか。

□現場に入って「思っていたのと違う，こんなはずではなかった」と思ってしまったらどうするか。

【場面指導】

□保健室で「寝不足だから寝かせてほしい」と言われたらどうするか。

→保護者にも「受験勉強で寝不足なので寝かせてほしい」と言われたらどう対応するか。

□進路指導の際，先生が生徒と教室に2人だけになった。その先生は生徒に頼まれて，ラインを教えてしまっていた。また，学校以外で進路の相談をしたいと言われ，家に入れてしまった。これを聞いて何が問題点だと思うか。

▼養護教諭

【質問内容】

□東京都を志望した理由は。

□昨日の夜はどのように過ごしたか。

□困った時はどうするか。

□落ち込んだ時はどうするか。

□小学校と中学校では，養護教諭として違いはあるか。

□粘り強く行ったことについて。

□複数配置，連携する上で一番重要だと思うことは何か。

□児童生徒と関わる際，大切にしていることは何か。

□教育公務員として何を重視するか。

□都民の信頼に応えるためにどうするか。

□出勤したら，まず何をするか。

□つまずきやすい点はどこだと思うか。

□性の指導において，性的マイノリティーへの配慮はどうするか。

□理想の保健室経営は。

□小学5年生のイメージは。

→何を指導するか。

□中学3年生のイメージは。

→何を指導するか。

□採用されたら，是非やってみたい事は。

□最後に，教員になりたい気持ちを30秒で。

【場面指導】

□エピペンを持ってる児童生徒について，関心の低い職員に対してどう対応するか。

→エピペンを持ってる児童生徒に対して，養護教諭として何をするか。

□うちの子は疲れているので，保健室で寝かせてほしいと保護者から申し出があったら，どう対応するか。

□男性教員が女子生徒とSNSの連絡先を交換し，その後自宅に呼んでいた。この事例について，どう考えるか。

2024年度　新潟県

◆個人面接(2次試験)　試験官2人　受験者1人　時間各25分

※個人面接は2回(Ⅰ・Ⅱ)行い，Ⅰでは学習指導や生徒指導等に関する事項，Ⅱでは教員としての資質・能力等に関する事項が主テーマとなる。

▼小学校

【質問内容】

Ⅰ

□あなたが授業で大切にしたいことは何か。

→そのような授業にするため，あなたがしたいことは。

□国語，算数の授業において話し合いをすることがあると思うが，グループを作る時にあなたが配慮することは何か。

□一人1台タブレットを活用する授業は，どんなものを考えているか。こういう授業だと述べてもいいし，具体的に学年教科を設定しても構わない。

□クラスのAくんが，速く問題が終わって退屈そうな様子がしばしば見られる。あなたはどうするか。

□今何年生を担任しているか。

→2年生で，子供の主体性を大切にした授業はあるか。

□どんな学級を作っていきたいか。

□学級に特別支援のAさんがおり，授業中床に寝そべっている。どうするか。

→他の子への対応は。

□班での話し合いに一人だけ参加しない児童がいる。どうするか。

□いじめアンケートで，お父さんから暴力を受けているとあった。担任としてどうするか。

□最近ラインを小学生も使う。仲間外れになった児童が出た。担任としてどのように関わっていくか。

Ⅱ

□なぜ他県でも臨採をしているか。

□保育園勤務をやめたのは，何か不満だったのか。

□今の学校は，どんなところか。
→なぜそう思うのか。
□前年度の学校は，どんなところか。
□今まで何年生の担任の経験はあるか。
□佐渡市で出願しているのは，なぜか。
□面接1はどうだったか，難しい質問はあったか(私が答えたら，「そうでしたか」と言われただけ)。
□ピアノは弾けるか。
□いじめを未然に防ぐには。
□教育環境が大切。どんな環境づくりをするか。
□どんな職場が働きやすいか。
→そのために，あなたはどのようなことをしていきたいか。
□あなたの長所は何か。
□講師をしていて，いろんな子供と関わったと思うが，一番心に残ったことは。
□ではあなたは，子供の話をよく聞くことが得意なのですね。
□講師をしていて，一番うれしかったことは。
→先の質問の子は，どうして良くなったと思うか。
□あなたは10年後20年後，どんな教員になっていると思うか。
□新潟県以外も，受験しているか。
▼小学校
【質問内容】
Ⅰ
□ICTをどのように活用しているか。
□休み時間，おにごっこをするため，じゃんけんをして，おにを決めた。けれど，おにになった子がおこり，友だちをたたいた。どのように対応するか。
□体罰を見た。あなたはどうするか。
Ⅱ
□教師に必要な資質3つは何か。
□挫折した経験はあるか。
□学級でいじめがあると，子どもから教えてもらった。だが調べると，被害者だと思っていた児童がきっかけづくりをしていた。どのように対応するか。

・面接Ⅰの後に5分休憩があり，そのあとすぐに面接Ⅱが行われる。

▼中高社会

【質問内容】

□志望動機，教員としての強みは何か。

□ICTを活用した授業の具体例について。

□(社会)地理・歴史・公民から1つ選択し，どのような授業をしたいか。

□教員の働き方改革について。

□SNSによるいじめへの対応について。

・個人面接Ⅰは，学習指導や生徒指導等に関する事項が中心。

・個人面接Ⅱは，教員としての資質・能力等に関する事項が中心。

▼中高理科

【質問内容】

□緊張しているか。

□小学校から今までで，印象に残っている理科の授業はあるか。それはどんなものか。

□学級担任になったら，一番初めのホームルームでどんな話をするか。

□理科が苦手な生徒にはどのように指導するか。

□Aが，「BとCが自分の悪口を言っている」「自分が先生に相談したことを，BとCには知られたくない」と話してきた。どうするか。

→(B，Cに話をきくと回答)B，Cが，Aが教員に相談したことに気付く心配がある。どのように話をきくか。

→対応の結果，BとCが悪口を言っていたという事実はないことが分かった。どう対応するか。

→Bの親が「うちの子を悪者扱いした，どうしてくれる」と連絡してきた。どう対応するか。

□どんな授業をしたいか。

→(子どもが主体的に探究する授業と回答)それは，課題も子どもに設定させるのか。

□具体的に，こういう単元で実施したいという希望はあるか。

□原子と分子が同じ名前のことがある。どう指導するか。

□ICTの推進，働き方改革など，学校は変化し続けている。そんな中，教育で最も大事なことは何だと思うか。

□人と信頼関係を築くにはどうすればよいと思うか。

□やるべきことがいくつも重なったらどうするか。

□志願書にある「恩師」とはどんな先生だったのか。

□自分の強みは何だと思うか。

□志望動機について。

□新潟県のいじめの認知件数を知っているか。

□いじめを未然防止するにはどうすればいいか。

□いじめを受けていると生徒から言われたらどうするか。

→生徒が「先生を信頼して打ち明けた。他の先生には言わないでほしい」と言ったらどうするか。

□生徒の主体性を引き出すために何をするか。

□大学で専門的に学んだ内容を学校でどう生かすか。

□ある保護者は「進路は子どもに任せている」と言って，電話でも対面でも全く話をきいてくれない。どうするか。

□どんな教師になりたいか。

→(子どもの個性を伸ばせる教師と回答)そのために，今取り組んでいることはあるか。

□同僚と意見が食い違ったらどうするか。

□保護者からの信頼を得るにはどうすればいいと思うか。

□大学での研究内容について。

□併願しているか。

2024年度　新潟市

◆個人面接(2次試験)

※個人面接には場面指導(生徒指導的な場面を想定し，児童生徒又は保護者等と対応するもの，自席に座ったまま行う)を含む。例年実施されていた模擬授業は，今年度は実施しない。

〈場面指導課題〉▼小学校

□あなたは，5年生の担任です。

あなたの学級のAさんは，自分の考えや気持ちを伝えずに周りに合わせようとする傾向があります。

今日は個別懇談会です。Aさんの保護者との面談が始まりました。すると，保護者から「先日の学級の係活動を決めるときに，Aは第3希望の係になった。やりたかった係になれなかったことに加えて，気が合わないと感じているBさんと同じ係になった。係活動がいやだと言っている。」と言われました。

確かに，Aさんの希望した係に人が集まったとき，Aさんは別の係に変更していました。

あなたは担任として，どのように対応しますか。面接員をAさんの保護者だと思って話してください。

▼中学校，高等学校

□あなたは，2年生の担任です。

今日は教育相談です。Aさんとの面談が始まりました。すると，Aさんから「仲の良いBさんと班が一緒ではないので，来月の修学旅行に行きたくない。」と言われました。

確かに修学旅行の班のメンバーを話合いで決めたときに，寂しそうにしている姿がありました。

あなたは担任として，どのように対応しますか。面接員をAさんだと思って話してください。

▼特別支援学校教諭

□あなたは，知的障がい特別支援学校中学部1年生の担任です。

あなたの学級のAさんは，地元の小学校の特別支援学級に在籍し，卒業後，特別支援学校中学部に入学しました。小学校の時から，教室で暴れたり，物をいたずらしたりするなど，自分の思いを誤った方法で伝えてしまうことがあります。そのため，学級の友達は落ち着いて学ぶことができません。

個別面談時，Aさんの保護者が「うちの子，暴れてばかりですみません。学級の友達に迷惑かけていて，親としては，せつないです。」と相談してきました。

あなたは担任として，どのように対応しますか。面接員をAさんの保護者だと思って話してください。

▼養護教諭

□あなたは，中学校の養護教諭です。

3年生女子のAさんは，物事を自分中心に考えてしまう傾向がある生徒です。

そのAさんが「おなかが痛いので，休ませてほしい。」と保健室に来ました。

あなたは，最近Aさんが仲良しだったグループの中に入っていない様子があることを担任から聞いていました。

あなたは養護教諭として，どのように対応しますか。面接員をAさんだと思って話してください。

▼栄養教諭

□あなたは小学校の栄養教諭です。

入学式から1か月後，参観日に来校した1年生のAさんの保護者から「子どもが，給食は苦手なものばかりで食べたくないと言っている。」と相談されました。

あなたは，以前給食の様子を見ていた際，Aさんが人参や玉ねぎなどの野菜類を残している様子を見ていました。

あなたは栄養教諭として，どのように対応しますか。面接員をAさんの保護者だと思って話してください。

▼小学校　面接官3人　15分(場面指導5分を含む)

【質問内容】

□どのような教師になりたいか。

□一般企業で働いた時大変だった場面は。

→どのように乗り越えたか。

→教職にどのように生かしたいか。

→10年後教師としてどのようになっているか。

□学校の安全教育をどのようにしていくか。

□保護者が学校に求めていることはなにか。

・1人の面接官が質問をし，2人は聞いてメモをとっている。

・前の質問に関連したことを流れで質問されたので，質問数を多く感じなかった。

・頷きながら聞いてくれた。

【場面指導】

● 面接試験

□係決めで引っ込み思案のAさんが第一希望の係を友達に譲り，第三希望の係になってしまった。同じ係にはAさんが苦手なBさんが一緒であることが分かり，もう係の仕事はやりたくないし，あまり学校に行きたくないと保護者に相談，保護者が学校に来て説明を求めている設定。

→設定の紙を読み，自分のタイミングで場面指導を始める。

→さらに聞きたいことを保護者役の面接官が聞いてくる。

◆集団面接(2次試験)　面接官2人　受験者5人　40分

〈集団面接課題〉▼小学校

□私たちが担当している5年生は，男子と女子の仲があまり良くありません。男子はどちらかといえば集団でハメを外してはしゃぎやすい傾向があり，女子は小集団を作って互いのグループごとで牽制し合っている傾向があります。

最上級生である6年生への進級に向けて，みんなで協力して全校をリードしていく集団にしたいと考えます。

そのために，学年として，夏休み以降に，私たちはどのような取組をしていけば良いでしょうか。

水色の用紙に，あなたが考える「具体的な取組」を1つ書いてください。時間は2分間です。

▼中学校・高等学校

□グラフは，令和3年度の文部科学省調査の一部であり，「不登校の要因の主たるもの」のうち「学校に係る状況」の結果です。この結果を見て，あなたはどのようなことを考えましたか。「考えたこと」を，2分後に発表してもらいます。

<中・高共通>

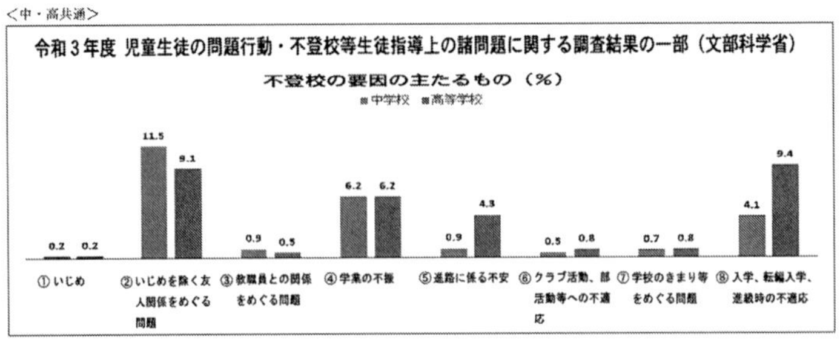

□今日の研修会では，不登校になる生徒を減らすために，中学校または高等学校の教職員として，具体的にどのような取組を行えばよいのか，話し合うことにします。

　それぞれが研修会後に，話合いの内容を各学校に持ち帰り，自校での取組に生かせるように話合いを深めてください。

▼特別支援学校教諭

□将来，子どもが自立し社会参加できるようにするためには，自己のもつ能力や可能性を最大限に伸ばすことが大切です。

　そのために，子どもにできるようになってほしいことは何ですか。

　水色の用紙に，あなたが考える「できるようになってほしいこと」を具体的に1つ記入してください。時間は2分間です。

□今日の研修会では，特別支援学校小学部6年生知的障がいの児童が，自己のもつ能力や可能性を伸ばしていけるようにするために，学級担任として，どのような取組ができるか，具体的に話し合うことにします。

　それぞれが研修会後に，話合いの内容を各学校に持ち帰り，自校での取組に生かせるように話合いを深めてください。

▼養護教諭

□生活リズムの乱れは，学習意欲や体力，気力の低下の要因の1つであると言われています。

　あなたは，生徒の生活リズムが乱れる原因は何であると考えますか。

　水色の用紙に，あなたが考える「生徒の生活リズムが乱れる原因」を1つ記入してください。時間は2分間です。

□今日の研修会では，生徒が生活リズムを整えて充実した学校生活を送るために，中学校の養護教諭として，どのような取組を行えばよいのか，具体的に話し合うことにします。

　それぞれが研修会後に，話合いの内容を各学校に持ち帰り，夏休み明けからの自校での取組に生かせるように話合いを深めてください。

▼栄養教諭

□新潟市では，地産地消を推奨しており，学校給食でも地場産の食品を積極的に使用しています。

今日の研修会では，学校給食や家庭で地場産物を食生活に取り入れることについて，児童の理解や実践が深まるように，自校給食の小学校の栄養教諭として，どのような取組ができるか，具体的に話し合うことにします。

それぞれが研修会後に，話合いの内容を各学校に持ち帰り，自校での取組に生かせるように話合いを深めてください。

水色の用紙に，あなたが考える「具体的な取組」を1つ記入してください。時間は2分間です。

2024年度 富山県

◆集団面接(1次試験　2日目)

▼全校種　面接官3人　30分

※当日与えられたテーマについて，1グループ(6～7名)で討論を行う。

【課題1】

□通知表等の廃止

あなたの希望する校種において，「通知表等の廃止」には賛成か反対か，あなたの考えを述べた上で，児童・生徒の主体的に学ぶ姿勢を育む学習評価のあり方について話し合ってください。

【課題2】

□席替え

企業等において社員の座席を固定せず，働く場所を自由に選べるフリーアドレスオフィスの導入が進んでいると言われています。これに関して，教室の座席について，生徒から「座る場所，位置などを自由に決めたい」という声が上がってきたとき，どの程度児童生徒の主体性に委ねるべきだと考えますか。「全面的に委ねる」を5，「教員のみで決定する」を1として，はじめにあなたの立ち位置を1～5の数字で表した上で話し合ってください。

【課題3】

□0から1を生み出すために

以下の主張を読み，こうした時代を生き抜く児童生徒を育てるために必要なことは何かについて，話し合ってください。

『日本人は，「0から1」を考えることが苦手と言われるが，それは構想力が欠如しているからだ。1を2」に改良するのは得意だが，無から有を生み出そうとすると頭がフリーズしてしまう。これからの時代は「0から1」のビジネスを生み出すことができなければ生き残っていくことができない。』

〈評価の観点〉話し合いに対する貢献度，社会性，論理性，態度など

◆個人面接(2次試験1日目，2日目)　面接官3人　20分

※個人面接は，第1日と第2日のうち指定された日に受験する。

※個人面接は，自己アピール及び教科に関する質問を含め20分。

〈評価の観点〉

教職適性，人柄，態度など

▼中高国語

【質問内容】

□緊張しているか。緊張は何パーセントか。

→(答えた後に)自分の思いをそのまま話してくれると良いという言葉掛けがあった。

□自己PRを1分程度で。

→願書からの質問を2～3問程度。

□理想の教師像は。

□大学での専門分野と卒業論文の内容は何か。

□(通っている大学の入試問題について)国語の問題の特徴は何か。

→(その大学を目指している生徒に対して)どのようなアドバイスを行うか。

□印象に残っている古典の授業や教材はあるか。

□考えることが苦手な生徒に対してどのような指導を行うか。

□書くことが苦手な生徒に対してどのような指導を行うか。

→小中学校でどのようにすれば書くことが得意になれるか。

→生徒に語彙力をつけるためにはどのように指導するか。

□中学校・高校のどちらを希望するか。

→その理由は。

● 面接試験

□特別支援でも大丈夫か。
□(願書に記入した資格について)取得しようと思ったきっかけは何か。
→そこから学んだことは何か。
□ICTを国語科で用いることのメリットとデメリットは何か。
→そのデメリットを克服するために何をするか。
□いじめに対する対応について。

2024年度　石川県

◆個人面接
※個人面接の中に模擬授業を含む。
▼小学校　面接官3人　25分(模擬授業10分を含む)
【質問内容】
□部活動で印象に残っているエピソード。
□子どもと保護者から信頼を得るために何をしているか。
□現在，学校でどのようなICTの使い方がされているか。
□不登校や登校しぶりのある子にどんな対応をするか。
□模擬授業で工夫した所はどこか。
【模擬授業課題】
□28÷12×3÷0.7(整数&小数のわり算がはじめての課題)
▼中高英語　面接官3人　25分
【質問内容】
□志望動機について。
□ICTをどう活用するか。
□保護者からいじめ・不登校の連絡があったらどうするのか。
□模擬授業の反省点。
□模擬授業の工夫点。
□特別支援の併願状況について。
【模擬授業課題】
・教科書見開き1枚のコピーを渡され，その内容について10分間の授業を行う。
・25分間の授業の構想時間あり。

▼中高英語　面接官3人　25分

【質問内容】

□不登校の生徒に対する対応法。

□志望理由。

□教育実習で良かった点と難しかった点。

□ストレスの対処法について。

□模擬授業で工夫したこと。

【模擬授業課題】

□カードに書かれた内容について英語で授業する。

・25分間，授業内容について考える時間が与えられる。

2024年度　福井県

◆個人面接(2次試験)　面接官3人　15分×2

※個人面接は同日に2回行われる。

〈評価項目〉

(ア)　人物所見

①　身だしなみ，誠実性　②　判断力，表現力　③　責任感

④　積極性

(イ)　教員としての資質能力

①　専門性　②　使命感　③　教育観　④　倫理観

2024年度　山梨県

◆個人面接(2次試験)

※判定基準は，①発言内容，②態度，③的確な判断力，④意欲・情熱，である。

◆集団討議(2次試験)

※集団討議には模擬的授業を含む。

※判定基準は，①積極性，②協調性，③主体性，④論理性，⑤表現力，⑥態度，である。

● 面接試験

【テーマ】

□1日目：心身の健康，居場所

□2日目：自尊感情，自然災害

□3日目：創造する力，多様性

2024年度　長野県

◆集団面接(1次選考)

※高等学校は，2次選考で実施

▼小・中学校全科・特別支援学校

※与えられた課題について，意見や感想の発表，討論

〈評価の観点〉

意欲，コミュニケーション力，社会性，人間性

▼中学社会　面接官3人　受験者8人

【テーマ】

□生徒の保護者から「こどもが宿題をやっていないようだから，宿題を出してほしい」と連絡があった。学年部としての方針をまとめなさい。

・1分で自分の意見をまとめ，1分で1人ずつ意見を発表。その後，10分程度の話し合い。話し合い後，質疑応答がある。

〈質問内容〉

□どのようなことを重視して話し合いを進めようとしたか。

□最終的に学年部としての結論を出せなかったが，どうすれば良かったと思うか。

▼中学理科　面接官3人　受験者8人　45～50分

【テーマ】

□制服について，保護者から「必要ないのでは？」との意見があった。職員会にて制服の必要性について話し合い，結論を出しなさい(12分間討論)。

〈質問内容〉

(面接と一緒に受けた人の意見を聞いて)良かった意見とその理由。

□話し合いをした時に意識したことは。

□話し合いの反省(良かったとこと・工夫できたところ)。

□(「話がとぶのですが…」と前置き後)ブラック校則についてどう思うか。

▼中学家庭　面接官3人　受験者8人　35分

【テーマ】

□生徒から制服の見直しの声が上がった。制服の有無について職員会議で話し合いを行って決定する。

〈質問内容〉

生徒の意見と決定が異なったらどうするか。

・机にアルファベットが貼ってあり，そのアルファベットで呼び合う。

・控室は複数の面接組が待機しているので事前に話したりなどはできない。

・中学校は同じ教科の受験者と面接を行うので，教科に合わせた議題になるのでさまざまな話題に触れておくといい。

▼特別支援教諭　面接官3人　受験者7人　45分

【テーマ】

□中学部でザリガニを飼育している。ザリガニのエサは生きたカエルがいいと知った子どもがカエルを捕まえて水そうの中に入れている。怖くて無理という子どももいる中で，今後のザリガニ飼育の方針を決める。

◆集団面接(2次選考)

※例年，高等学校の集団面接も1次選考で行われていたが，昨年度同様，今年度も選考日の関係で2次選考での実施であった。

▼高等学校

※与えられた課題に対する意見・感想の発表や討論

〈評価の観点〉

意欲，人間性，協調性・創造性，社会性，専門性

◆個人面接(2次選考)

※個人面接の中に場面指導，模擬授業を含む▼小・中学校全科・特別支援学校

●面接試験

【質問内容】
※選考申込書に記入した内容についての質問を含む
〈評価の観点〉
・意欲(教育への情熱，使命感)
・人間性(広い視野，確かな人権意識)
・協調性・創造性(コミュニケーション力，協働して行動する力，柔軟な思考力，向上心)
・社会性(真摯な対応，幅広い教養)
【模擬授業課題】
※与えられた課題について，目の前に児童生徒がいることを想定した模擬指導
〈評価の観点〉
・専門性(探究的な学びに向けた授業の構想・展開)
(児童・生徒，保護者等への適切な対応)
▼中学社会　面接官3人　50分
【質問内容】
□なぜ教員を目指すのか。
□クラス担任になったらどのようなクラスにしたいか。
□自分の強み，弱みについて。
□最近感動した出来事は，それを受けて自分の行動に変化はあったか。
【場面指導課題】
□授業中にAくんがスマホの動画を見ていると情報があった。Aくんにどのように声をかけるか(1分間で声かけ)。
・Aくんが見ていないと言ったらどうするか。
・周囲の生徒に対してはどのように対応するか。
・保護者に対してはどのように対応するか。
【模擬授業課題】
□生徒の1人が，町の人口が年々減少していることに注目した。地域をより良くするために何ができるか授業をしなさい(授業の冒頭部分を3分で)。
・板書はしてもしなくてもよい。
・どういう意図で授業を展開しようとしたか，ICTは活用できるか，な

どの質問があった。

▼中学理科　面接官3人　50分(場面指導10分，模擬授業10分を含む)

【質問内容】

□お昼は食べられたか。

□あなたにとって働くことの意義とは。

□なぜ教員になりたいのか。

→それは先生のどんな姿からか。

□教員になる目的は何か。

□教員になることは手段か目的か。

□どんな生徒になって欲しいか。

□人生で楽しかったこと，嬉しかったことは。

→どんなところが。

□教育実習での困ったことと，手応えを感じたこと。

□生徒と接する場面ではどうだったか。

□教師の厳しさとは。

→(ルール違反など，間違っていることをきちんと注意・指摘すること，と答えて)中学生は注意しても繰り返してしまうが，どう対応するか。

□(生徒と教師が対等に，ということから)先生もやっているじやん！と言われたらどうするか。

□○○な教師，どんなふうに言われたいか。

→そのためにどうするか。

□生徒指導と教科学習どっちの方が大事か。

□信頼できる教師になるためにどうするか。

□顧問ができそうな部活動は。

□ブロック採用についての確認(時間かかった)。

□採用猶予についての確認。

【場面指導課題】

□あなたは中学3年生の担任である。修学旅行の班決めで，生徒のAさんから「好きな人同士で組みたい」と言われた。どう対応するか。

→帰りの学活で相談する，といった内容を生徒に伝えた。

〈質問内容〉

→生徒の意見を聞くということは，教師は班決めについて助言をしないということで良いか。

→好きな人同士＝嫌いな人と組みたくないのでは，と保護者に指摘されたらどう対応するか。

→今の指導で反省点などあるか。

・テーマ発表の後，すぐ指導をしなければならない。

【模擬授業課題】

□あなたは中学2年生の担任です。障害者スポーツについての文章を読んだ生徒が，障がい者の方と交流したいとの意見があり，総合の時間に交流することになった，探究的な授業になるように導入をしなさい(1分間で構想し，3分間実演する)。

〈質問内容〉

□探究活動とは。

→探究的な授業にするにはどうする。

→自分たちで障害者スポーツについて探求を深め，かつ交流会の準備も進めるとなると時間が足りないのでは，どうするか。

・板書は必須ではない。

▼中学英語　面接官3人　55分(場面指導10分，模擬授業15分を含む)

【質問内容】

□志願書の自己PRについて(もう少し深く理解するために具体的に教えて，と3回ほど言われる。)

□SNSについて。

□英語が苦手な子どもへの対応。

□どのようなクラスをつくりたいか。

→そのためにどうするか。

□誰かと協力して何かを成し遂げたことがあるか。

【場面指導課題】

□Aさんが「部活の仲間から無視されている」と相談してきた。しかし告げ口されたと思われたくないため，部活の仲間には言わないでほしいと言っている，どう対応するか。1分で指導してください。

〈質問内容〉

□指導するときにどのようなことに気をつけたか。

□どのようなところが難しく感じたか。

□保護者や友達にも言わないでほしいと言われたらどう対応するか。

【模擬授業課題】

□中学校一年生の担任である。ある日，ある生徒から「SDGsについて学んで興味を持った。クラスでも何か取り組んでみたい」と伝えられた。この意見を踏まえて子どもたちの主体的な学びが図られるように授業の導入をしなさい。

〈質問内容〉

□探究的な学びとはなにか。

→それを実現するためにどうしたか。

□ゴールはどこか。

□今の模擬授業で最も意識していたことは何か。

面接官がストップというまで授業をする(だいたい5分くらい)。

▼高校英語　面接官3人　30分×2回

【質問内容】

□教員を志望した理由。

□どういう教員になりたいか。

□最近幸せを感じたことはあるか

□非違行為について。

□これまで講師をしてきて，今学校について感じること。

【場面指導課題】

□いじめを受けた生徒への対処は。

【模擬授業課題】

□英文が書いてある文章を渡され，導入の部分を英語で授業をする。

・面接官を生徒にみたててもよい

・面接官に質問を投げかけてもよい

▼特別支援教諭　面接官3人　60分

【質問内容】

□友達は多い方か，少ない方か。

→どうして多い／少ないと思うのか。

□ストレス発散方法は。

□個人PRに書いた内容について。

● 面接試験

【場面指導課題】

□中学部の買い物学習でハンカチを買いにいった。Aさんがチョコがほしいとすわり込んでしまった。どう対応するか。

【模擬授業課題】

□中学部で地域の人と関わりながら花だん作りをすることになった。授業の導入部分を行う。

▼養護教諭　面接官3人　40分

【質問内容】

□働く日の流れについて。

□勤務校について。

□学生時代の部活について。

□人間関係で悩んだことは。

□コロナ対策は何をしたか。

□先生との危機感の差を感じたことは。

□少子化についてどう思うか。

□勤務校の課題は。

□教員の不祥事について。

□保護者との連携はどうしてる。

□養護教諭の資質向上のために何をしてるか。

【場面指導課題】

□ある中2女子生徒が，毎日最後の授業で来室する。顧問の指導が合わない，という設定。

※指導後に，内容についての質問をされる。

※面接官は話のきっかけの一言しか話をしない。

【模擬授業課題】

□小3の熱中症予防のための探究的な授業の導入について。

・構想1分，授業3分。

・面接官は反応をしない。

・終了後，ICTの使用なども含めた追質問あり。

2024年度　岐阜県

◆個人面接(2次試験)

▼小学校教諭　面接官2人　試験時間20分

【質問内容】

□2次試験前に提出した面接カードより質問があった。志望動機は面接カードにあり，あえて口頭で聞かれることはなかった。

・面接カードで書いた内容について，自分で掘り下げておくとよい。

【場面指導課題】

□課題：あなたは，小6の子から「明日から修学旅行なので，委員会や学校のこと，よろしくお願いします。」と言われました。このことを，小5の担任として学級にどう伝えますか

□構想2分，発表3分，質疑15分

□この後の展開は。(終わらなかったため)

□どんなことを大切にして話をしたか。

□自己採点すると，100点中何点か。また，足りなかったところは何か。

▼高校家庭　面接官2人　試験時間20分

【質問内容】

□面接カードの中で面接官の方からいくつか質問された。

□最初は，「今日は会場までどのように来たか」や，「今日は何時に起きたか」などアイスブレイク的な質問だった。

□最初にメインの面接官から質問があり，その後もう片方の面接官からも数問質問された。

□面接カード以外からは，大学生活の中で学問以外で頑張ったことや，部活動のことが詳しく聞かれた。

□最後の質問で，メインの試験官の方から教員になったらやってみたいことを聞かれた。

・追質問はあまりなかった。

【場面指導課題】

□「地域の清掃活動でクラスのほとんどの生徒が参加をして，感謝の電話が届いた。しかし，ふざけて遊んでいる生徒もいた。どのようにクラスに指導するか」のような内容だった。

● 面接試験

・3分くらいで場面指導をした後に，その話の中で気をつけたことや，工夫したことを質問された。

2024年度 静岡県

◆個人面接(1・2次試験)

※個人面接は，1次試験と2次試験の計2回実施する。

▼小学校教諭・中学校教諭・養護教諭

【質問内容例】

□あなたが，教員になろうと決めた一番の理由は何ですか。

□あなたが自分を高めるために努力をしていることは何ですか。

□○○の授業で，一番大切にしたいと思うことは何ですか。それは，なぜですか。

□みんなと協力して何かやり遂げたという経験はありますか。その時の経験を話してください。

□4月から教員として採用された場合，どのようなことにチャレンジしていきたいですか。

□働きやすい学校とは，どのような職場だと考えますか。そのような職場にしていくために，あなたはどのように関わっていきたいですか。

□教育公務員と他の公務員との違いは，どのような点にあると考えますか。

□あなたは，どんな学級づくりを理想としていますか。そのために，どんな取り組みをしますか。

▼中学保体

【質問内容】

〈1次面接〉

□昨日はよく眠れたか。

□日々の学習で気にかけていることは。

□教師の魅力とは。

□なぜグループディスカッションを授業に取り入れるのか。

□前職の経験が学校生活に意味はあったのか。

□学校の仕事で難しいことは。

▼高校教諭

【質問内容例】

〈1次面接〉

□今朝は何時頃に起きましたか。

□今日はどのようにしてこの会場まで来ましたか。

□昨夜はよく眠れましたか。

□面接を待っている間にどのようなことを考えましたか。

□あなたが高校の教師になろうと決めた一番の動機は何ですか。

□高校の教師として大切にしていきたいと思っていることを話してください。

□教師になったとしたら，生徒にどのようなことを教えたいと考えていますか。

□あなたが専門の教科を決めた理由について話してください。

□あなたが自分を高めるために努力していることは何ですか。

□学生生活の中で，特に努力したこと，苦労したことはどんなことがありますか。

□学生時代の学校行事や部活動等で集団をまとめた経験について話してください。

□教師が生徒や保護者から求められているものは何だと考えますか。

□他の職業にはない，教師という職業の魅力は何だと考えますか。

□生徒を指導するうえで，最も重要であることは何だと考えますか。(留意すべきこと)

□最近の高校生について，良いと思う点は何ですか。(改善すべき点)

□最近の教育問題で，どのようなことに関心を持っていますか。また，それについてどのように考えますか。

□高校時代における部活動の意義とは何であると思いますか。

□教師の「倫理観」の重要性が叫ばれています。あなたは，「倫理観」についてどのように考えますか。また，どのようにして「倫理観」を高めようと思いますか。

□大震災などの緊急事態に際し，生徒の命を守るために，教師としてできることは何だと考えますか。

●面接試験

□人と人とのつきあいの中で，あなたが大切にしてきたことはどのようなことですか。

□仕事をしやすい学校とはどのような学校だと考えますか。

□自分の個性や長所はどのようなところだと思いますか。また，それを活かすことができたと思われる経験について話してください。

□あなたの性格のどのような点が教師に向いていると思いますか。

□ボランティア活動の意義についてどのように思いますか。また，その活動の経験があれば，感想等を含め，具体的に話してください。

□これまでにチームで何かを成し遂げた経験がありますか。また，その中であなたはどのような役割を果たしましたか。

□今までの生活を振り返って，思い出に残っていることを一つ話してください。

□教育現場にICT機器の導入や活用が積極的に行われていく中で，あなたは，今後の教育の在り方をどのように考えますか。

〈2次面接〉

□最初に，あなたの受験教科・科目名及び受験番号を確認させてください。

□今朝は何時ごろ起きましたか。

□この会場までどのようにして来ましたか。

□面接を待っている間にどのようなことを考えましたか。

□あなたは今，どのようなことに積極的に取り組んでいますか。

□これまでに進んでボランティア活動に参加した経験がありますか。参加してどのようなことを考えましたか。

□失敗したり，自己嫌悪に陥ったりしたことがありますか。その時はどのように対応しましたか。

□あなたは，教師の使命とはどのようなことだと考えていますか。

□今の高校生をみて，一番問題だと思うことは何ですか。また，教師はそれに対してどう対処(指導)すべきだと考えていますか。(自分が教師になったら，どう指導しますか。)

□学生時代の部活動・サークル活動等であなたの役割は何でしたか。役割を果たす上での苦労やそれを乗り越えた経験を話してください。

□集団の話し合いの中で，意見の対立があった場合，あなたはどのような対応をしますか。

□リーダーシップを発揮する上で大切なポイントは何だと考えますか。

□あなたが高等学校の教師になろうと決めた一番の動機は何ですか。

□あなたはどのような教師になりたいと考えていますか。

□採用された場合，教師として実践したいことや生徒に教えたいことは何ですか。

□一般の公務員と比較し，教育公務員といわれる教員はどのような点が異なると思いますか。

□教師になった場合，日常の行動等で，注意しなければならない(やってはいけない)ことには，どのようなことがありますか。

□良い授業とはどのような授業だと思いますか。その実現のためにはどのような工夫や努力をすべきですか。

□自己啓発のために努力していることは何ですか。

□学習意欲を失い，成績が下がってきた生徒に対して，自分が教師になったら，どのように指導しますか。

□生徒から，他の先生には言わないことを前提にして悩み相談を受けたら，どのように対応しますか。

□体罰について，どのような考えを持っていますか。(どのような行為が体罰にあたると考えますか。)

□体罰のない指導を行うには，どのようなことが重要だと考えますか。

□いじめが起こった場合，どのように対処すべきだと考えますか。

□「生きる力を育てる」とは，どのようなことだと考えていますか。

□「個性重視の教育」について，あなたの考えていることを説明してください。

□部活動にはどのような意義があると考えていますか。

□あなたの性格のどのような点が教師に向いていると思いますか。

□最近の教育に関する報道で特に関心を持っていることは何ですか。それについてどのような考えを持っていますか。

□これからの時代に求められる教師に必要な資質にはどのようなものがあると思いますか。その理由も説明してください。

□学校祭の準備のため，数名の生徒が午後8時過ぎまで学校で作業をしたいと申し出てきた場合，どのように対応すべきだと考えますか。

● 面接試験

□今までで一番苦労した出来事は何ですか。その時，どのように解決しましたか。

□人間関係を円滑に保つために大切なことはどのようなことだと思いますか。

□働きやすい職場とはどのような職場だと思いますか。

□一つの集団の中で，皆で何か共通した課題の解決にあたろうとするとき，大切だと思うことを説明してください。

□困ったときや悩みがあるときに相談できる人はいますか。

□他の人々と協力して何かを成し遂げた経験を話してください。

□日頃意見の対立している人と一緒に仕事をするよう命じられた場合，どのように対応しますか。

□自分の個性や長所を活かすことができたと思える体験を話してください。

□自分の考えや行動を他の人から非難された経験があったら話してください。

□人に相談を持ちかけられたとき，どのような気持ちで接しますか。

□休みの日はどのように過ごしますか。何をしている時が一番楽しいですか。

▼高校公民

【質問内容】

〈2次面接〉

□どういう気持ちで待っていたか。

□静岡県を志望した理由。

□卒業後何をしていたか。

□なぜ高校を選んだのか。

→主権者教育について具体的に。

□あなたの強みはなにか。

→どう教育に活かすか

→どういう取り組みをしていくか。

□公民でどういう授業をやりたいか。

→静岡県を題材にできるか

□どういう授業がいい授業だと思うか。

→それを実践するためには。

→できるようにするために今どうしてるか。

□学校で勤務する中で，得意なこと苦手なことは。

→なぜそう思うか。

→情報活用具体的に。

→それを克服するためには。

□部活動は今後どうなっていくと考えるか。

□高校時代のコーチ兼選手の経験について，大変だったことは。

→どう意識したかまたは工夫したか。

□保護者からのクレームにどう対応するか。

→それでも納得しなかったら。

□文化祭行事の準備中に夜遅くまで生徒が残りたいといったら。

→管理職がダメと言ったら。

□自己嫌悪感や今まで苦労したことは。

→どうやって乗り越えたか。

→意見が違う中で，集団で取り組む場合どう対応するか。

□企画で自分がやりたいことと学校のスローガンや先輩教員と意見が違った場合どうするか。

□働きやすい職場とは。

→どう工夫するか。

▼高校英語

【質問内容】

〈1次面接〉

□高校教員を志望した理由。

□教員という職業の強みは。

□教員として大切にしたいことは。

□自分の長所をどう生かすか。

〈2次面接〉

□高校を志望する理由。

□教職を志すうえで憧れの先生や恩師はいるか。

→(いると回答したのを受けて)どんな先生だったか。

□何科を教えたいか(やはり英語科か？のような)。

● 面接試験

□挫折経験とどのように乗り越えたか。

□大学でのサークルについて。

→サークルでどんな役職でどう働いたか。

□どんな授業が理想か，そのためのアプローチは。

□(志望動機の「英語で繋がる」を踏まえて)実際に英語で繋がった経験は。

□小学校ボランティアでの経験が多いが，なぜ高校なのか。

□教員に欠かせない資質は。

→それを持ってると思うか。

□英語科教員同士の仲が悪かったらどうするか。

□チームで教えるとはどういうことか。

□人間関係を円滑にするために何ができるか。

□県外の大学に進んでいるのに静岡県を志望する理由は。

□一般企業は考えたか。

□教員の仕事はブラックと言われているがどう思うか。

▼特支教諭

〈1次試験〉

※受験者は，1会場2人の面接委員の面接を受ける。

※個人面接とし，面接時間は10分程度とする。

※面接委員Aが「特別支援教育に対する熱意，教育的素養」を，面接委員Bが「経験と意欲，総合的人間力」について質問する。

【質問内容例】

(1)　面接委員A(想定5分)

□特別支援学校教員の採用試験を受験しようと思った一番の理由は何ですか。

□あなた自身が理想とする教師とは，どのような教師ですか。

□これまでの人生で，自分を褒めたいという経験はありますか。

□あなたがこれまで一番うれしかった，笑顔になった瞬間について，気持ちを込めて話をしてください。

□昨年9月，国連の障害者権利委員会から日本のインクルーシブ教育システムについて勧告を受けました。その内容について簡単に説明してください。

□特別支援学校では昨年度よりコミュニティー・スクールを導入しています。コミュニティー・スクールについて分かりやすく説明してください。

(2)　面接委員B(想定5分)

□特別支援学校においては，チームで業務を行う機会が多くあります。チームとして最大限に業績を上げるために何が大切だと思いますか。キーワードを3つ挙げてください。

□一緒に指導をしている教員と，児童生徒への指導方針が合わないとき，あなたはどのように対応しますか。

□最後にあなたの強み，魅力を30秒でアピールしてください。

①　卒業見込者への質問

□あなたの卒業論文について，概略を説明してください。

□あなたは，普段どのような場面でストレスを感じますか。

□教員採用試験に向けて一番力を入れて取り組んだことは何ですか。

□教育実習で一番思い出に残っているエピソードを教えてください。

②　臨時的任用職員等への質問

□これまで教員としてあなたが努力してきたことを教えてください。

□これまでの経験の中でもう一度やり直せるなら，やり直したいと思える場面はありましたか。

□保護者と信頼関係を築くために大切にしてきたことは何ですか。

□今後，身につけていきたい知識やスキルはありますか。

③　県内現職への質問

□特別支援学校の魅力をどのように考えていますか。

□保護者と信頼関係を築くために大切にしてきたことは何ですか。

□これまでの教員経験の中で，あなたが身に付けてきた知識やスキルについて，教えてください。

④　他県出身者(教職経験者)への質問

□なぜ静岡県の採用試験を受験しようと思ったのですか。

□静岡県の教育の魅力をどのように考えていますか。

□これまでの教員経験の中であなたが身に付けてきた知識やスキルを教えてください。

⑤民間企業経験者への質問

● 面接試験

□なぜ教員採用試験を受験しようと思ったのですか。

□民間企業での経験を通して身に付けた知識やスキルについて，特別支援教育の中で生かせるものはありますか。

□民間企業での業務で対応に苦慮した経験がありましたら教えてください。

⑥　大学院修士課程に「在籍する者」または「進学を予定する者」の特例を希望している受験者への質問

□なぜ大学院に進学しようと考えたのですか。

□大学院に進学して学びたいことと，特別支援学校の教員として身に付けたい力とスキルについて教えてください(進学を予定する者)。

□大学院での学びについて，特別支援学校の現場で生かせることがありましたら教えてください(在籍する者)。

⑦　障害者特別選考者への質問

□特別支援学校の教員としてあなたの力を発揮するためにどのような環境が必要だと考えますか。

□授業をする上で大切にしていることを教えてください(教職経験がある者)。

□これまで子どもとの関わりの中で困ったことがありましたら，教えてください(教職経験がある者)。

□特別支援学校で勤務するにあたり，何か心配なことはありますか。

□特別支援学校で勤務するにあたり，何か心配なことはありますか。

⑧　看護師経験を有する者を対象とした選考受験者への質問

□自立活動教諭の役割をどのように捉えていますか。

□自立活動教諭としてやってみたいことはありますか。

□同僚とのコミュニケーションについて，あなた心掛けていたことがありましたら教えてください。

〈2次試験〉

※3人の面接委員による質問と受験者による場面指導という形で実施する。時間は1人あたり25分程度とする。

【質問内容例】

□静岡県が目指している教員像について説明してください。

□教員の業務は多岐にわたるため，ストレスがかかることもあると思います。これまでの人生の中であなたにとって，困難により最大のストレスがかかった場面について教えてください。

□あなたの長所と短所について教えてください。

□夏休み明けの身体測定で，急激に体重の減った児童がいました。あなたは担任としてどのような対応をしますか。

□あなたは「体罰」についてどのように考えていますか。

□特別支援教育に関して基本的なことをおたずねしますので，簡単に説明をお願いします。

①　キャリア教育について説明してください。

②　児童生徒と関わる時にどのようなことを大切にしたいと考えていますか。

③　静岡県の共生共育について，分かりやすく説明してください。

④　生徒指導提要の中で大切だと思う内容について，説明してください。

⑤　個別の指導計画を実際の指導にどのように活用していますか。

⑥　チ―ム・ティーチングのメリットについて説明してください。

【場面指導課題】

□今から，あなたに特別支援学校の教員になったつもりで，実際に指導を行うための授業構想をしてもらいます。SDGsは，誰一人取り残すことなく，誰も犠牲にならない，みんなが幸せになれる世界を目指すための目標です。 SDGsの17の目標の中から，児童生徒に考えさせたい，取り組ませたい目標をひとつ選んでください。何学部の何年生に対して，何の授業でどのように指導するかを2分間で説明してください。あなたがこの授業のT1です。TTの設定などは自由です。このあと，2分間で授業を構想していただきます。その後，説明開始の指示を出しますので，2分間で説明をしてください。構想，説明ともに残り30秒を経過したところで合図をします。終了後，試験委員の方からいくつか質問をさせていただきます。

▼自立活動教諭

【質問内容例】

□自立活動教諭には「つなぐ力」，つまり連携力が求められます。校内の様々な教諭，養護教諭や看護師とどのようにして連携を図っていきますか。

□児童生徒の教育の視点から，自立活動教諭としてどのように関わっていきたいと考えていますか。

□特別支援学校を全く知らない人に「特別支援学校の医療的ケア」について分かりやすく説明をしてください。

【場面指導課題】

□「非認知能力」の育成のために大切にしたいこと

あなた方は特別支援学校の教員です。子どもたちが生きる社会は，国際化やボーダレス化が進み，ますます変化に富み多様化しています。この時代を生き抜く上で，今，改めてこの「非認知能力」が注目されています。「非認知能力」とは，認知能力以外の能力を広く示す言葉で，テストなどで数値化することが難しい内面的なスキルを指し，子どもが人生を豊かにする上でとても大切な能力で，世界的にも大変注目されています。

以下の①，②について，グループ内で話し合ってください。

① 非認知能力とはどのような力か，特に特別支援学校に通う児童生徒に身につけてほしい非認知能力とはどのような力か。

② その力を育むため学校としてどう取り組むか。

◆集団討論(2次試験)

▼小学校教諭・中学校教諭・養護教諭

【テーマ例】

□学級担任として，児童が安心して学べる学級にするためには，どのようなことが大切だと考えますか。グループで話し合い，理由とともに3つにまとめてください。(小学校)

□子供から信頼される教員とは，どのような教員だと考えますか。グループで話し合い，理由とともに3つにまとめてください。(小学校)

□児童生徒に寄り添い，ともに成長していける教員とは，どのような教員だと考えますか。グループで話し合い，理由とともに3つにまとめてください。(小学校)

□学級担任として「自他の命を大切にする心」を育むためには，どのようなことが大切だと考えますが。グループで話し合い，理由とと

もに3つにまとめてください。(小学校)

□学級担任として「相手のことを思いやる心」を育むためには，どのようなことが大切だと考えますか。グループで話し合い，理由とともに3つにまとめてください。(小学校)

□子供の人権を大切にする教員とは，どのような教員だと考えますか。グループで話し合い，理由とともに3つにまとめてください。(小学校・中学校)

□学級担任として，児童(生徒)が級友との絆を感じ取ることができるようにするためには，どのような働きかけが大切だと考えますか。グループで話し合い，理由とともに3つにまとめてください。(小学校・中学校)

□学級担任として，生徒が主体的に学習に取り組むことができるようにするためには，どのようなことが大切だと考えますか。グループで話し合い，理由とともに3つにまとめてください。(中学校)

□子供のもっている力を引き出すことができる教員とは，どのような教員だと考えますか。グループで話し合い，理由とともに3つにまとめてください。(中学校)

□養護教員として，不登校児童(生徒)への支援を行う際，どのように関わることが大切だと考えますか。グループで話し合い，理由とともに3つにまとめてください。(養護教員)

□養護教員として，校内でいじめが発生したとき，どのように関わることが大切だと考えますか。グループで話し合い，理由とともに3つにまとめてください。(養護教員)

□食に関する指導を効果的に進めることができる栄養教員とは，どのような栄養教員だと考えますか。グループで話し合い，理由とともに3つにまとめてください。(栄養教員)

▼特支教諭

1グループ5～6人の集団を作り，一つのテーマに関して自由討論の形で行う。面接委員は3人で，時間は1集団あたり35分程度とする。

【テーマ例】

□「非認知能力」の育成のために大切にしたいこと

あなた方は特別支援学校の教員です。子どもたちが生きる社会は，国際化やボーダレス化が進み，ますます変化に富み多様化しています。この時代を生き抜く上で，今，改めてこの「非認知能力」が注目されています。「非認知能力」とは，認知能力以外の能力を広く示す言葉で，テストなどで数値化することが難しい内面的なスキルを指し，子どもが人生を豊かにする上でとても大切な能力で，世界的にも大変注目されています。

以下の①，②について，グループ内で話し合ってください。

① 非認知能力とはどのような力か，特に特別支援学校に通う児童生徒に身につけてほしい非認知能力とはどのような力か。

② その力を育むため学校としてどう取り組むか。

2024年度 静岡市

◆個人面接(1次試験

▼全校種

【質問内容例】

□あなたが静岡市の教員になりたいと思ったきっかけや理由を聞かせてください。

□あなたは，これまでの経験で緊張したり不安を感じたりした時，どのように乗り越えてきましたか。

▼小学校教諭

【質問内容例】

□あなたは小学校3年生の担任です。今から3つの場面を言います。それぞれの場面で，あなたは担任としてどのように対応しますか。30秒程度で子どもに話すように，1つずつ言ってください。

○1つ目の場面です。休み時間に教室内を走り回っている子どもを見かけたとき，どうしますか。

○2つ目の場面です。授業中，子どもが「教科書を忘れてしまいました。」と言ってきたとき，どうしますか。

○3つ目の場面です。鉄棒の逆上がりができない子が，休み時間に練習しているのを見かけたとき，どうしますか。

▼中学校教諭

【質問内容例】

□あなたは中学校1年生の担任です。今から3つの場面を言います。それぞれの場面で，あなたは担任としてどのように対応しますか。30秒程度で生徒に話すように，1つずつ言ってください。

○1つ目の場面ですノ授業中，机に伏せている生徒を見かけたとき，どうしますか。

○2つ目の場面です。朝，遅刻をして教室に入ってきた生徒がいたとき，どうしますか。

○3つ目の場面です。黙々と掃除をしている生徒を見かけたとき，どうしますか。

▼養護教諭

【質問内容例】

□あなたは小学校の養護教諭です。5月の連休後，体調不良を訴えて保健室に来る子が増えてきました。どのような理由が考えられますか。また，どのように対応しますか。

▼栄養教諭

【質問内容例】

□あなたは小学校の栄養教諭です。ある日，6年生の女の子が，「私，太りたくないから，給食はほとんど食べていないんだ。」と話してきました。あなたは，栄養教諭としてどのように対応しますか。

▼特別選考試験

【質問内容例】

□教師塾での学びを振り返り，教員として大事にしていきたい考えや取り組みにつながったことについてお話しください。

□今まで欠席の無かった児童が，体調不良という理由で明確な原因が分からないまま2日間欠席しました。あなたは担任としてどのように対応したらよいと考えますか。

□不登校が増えている現状の中で，あなたは担任として，学級の子どもたちとよりよい関係づくりをしていく上で必要ことは何だと思いますか。

□「たくましく　しなやかな子どもたち」を育てるために，まず，教師であるあなた自身が「たくましく　しなやか」でなければなりません。あなたは自分のどんなところが「たくましく　しなやか」だと思いますか。

▼第1次試験特別支援教育推進枠

【質問内容例】

□通常学級あるいは特別支援学校ではなく，あえて特別支援学級の担任や通級指導教室の担当を志願された理由は何なのか，教えてください。

□学習指導要領解説において，特別支援学級の児童生徒と通常の学級の児童生徒との間の交流及び共同学習を実施する目的は何ですか。自分の言葉で答えていただいて構いません。また，その目的を達成するために配慮することは何ですか。特別支援学級の担任の立場で説明してください。

□あなたは自閉症・情緒障害特別支援学級の担任です。Aさんは，活動や作業などの課題に取りかかれないことがしばしばあります。クラスのほかの子が全員やっていても何もしないで椅子に座っていたり，教室内を歩き回ったりしています。何か原因であると考えられますか。2つ挙げてください。また，その原因に対して，今後どのような支援をしますか。

→こうしたAさんのあらわれを，Aさんへのより良い支援につなげるために保護者にはどのように話をしようと思いますか。

◆個人面接(2次試験

▼全校種

【質問内容例】

□静岡市の教員を志願する際に，「面接シート」を提出していただきました。そこに書かれている「○○○」について質問します。

□面接シートに書かれている「静岡市の教員をめざす理由」について質問します。

▼小学校教諭

【質問内容例】

□あなたは，小学校5年生の担任です。5月のある日，あなたのクラスの子どもたち数人が，休み時間にあなたを囲んで話をしています。

その時に，Aさんが「去年のクラスの方が楽しかったな。」とつぶやきました。ことのことについて，あなたはどう思いますか。

▼中学校教諭

【質問内容例】

□あなたは，中学校2年生の担任です。5月のある日，あなたのクラスの生徒数人が，休み時間にあなたを囲んで話をしています。その時に，Aさんが「去年のクラスの方が楽しかったな。」とつぶやきました。このことについて，あなたはどう思いますか。

▼養護教諭

【質問内容例】

□あなたは小学校の養護教諭です。ある日，3年生の担任から「不登校のAさんが，保健室にいてもよければ学校に行けるかもしれないと言っている。」と相談されました。このことについて，あなたはどう思いますか。

▼栄養教諭

【質問内容例】

□あなたは小学校の栄養教諭です。5・6年生の給食委員会の子どもたちから「私たちの学校は，給食の食べ残しが多いのが残念。食べ残しを減らすには，どうしたらいいかな。」と相談されました。あなたは栄養教諭として子どもたちにどのようなアドバイスをしますか。

◆集団討論(2次試験

▼小学校教諭・養護教諭・栄養教諭

【課題1：集団面接】

※課題発表後，2分間考える時間が与えられる。2分後，1人ずつ1分以内で発表をする。

□近年，全国的に教員全体の志願者は小，中学校ともに減少傾向にあります。このことについて，あなたが感じたことを1分以内で述べてください。

【課題2：集団討論】

※討論の進め方は自由。討議時間は40分。討議終了3分前と終了時に放送で知らせが入る。

□あなたたちは，教員という立場で，高校生を対象に教職の魅力を伝えるリーフレットを作ります。そこに載せる，高校生が教員という仕事に魅力をもてるようなキャッチフレーズを考えます。
① 教職の魅力を出し合いなさい。
② その魅力が伝わるキャッチフレーズをグループで1つ決め，指定された用紙に書きなさい。

2024年度 浜松市

◆個人面接(1次試験・2次試験)
※バイリンガル選考では特別面接を加えて行う。
▼小学校教諭
【質問内容】
〈2次試験〉 面接官3人 15分
□浜松市を志望した理由(人生経験や教育への熱意を踏まえて)。
→実際に小学校時代に経験した浜松の良さはあるか。
□始業式の日に何を子ども達に伝えていくか。
□苦手なタイプは？
→同じ学校の先生がそうだったらどうするか。
□授業で上手くいかなかった時どんな気持ちになるか，どう対処するか。
→自分で考えるのと他の人に聞くのとあなたならどちらにするか。
□今まで元気に学校に来ていた子が急に体調不良を訴え保健室登校になった。どうするか。
→先生とは話したくないと言われたらどう対応するか。
【場面指導課題】
□少数の子の意見に流されるクラス。学級目標を決めるにあたってどんな話をするか
→それでも一人の子が押し通そうとしてきて周りの子も受け入れかけているとき，どんな対応をするか。

2024年度　愛知県

◆個人面接(2次試験)　面接官3名(1回ごとに異なる)　15分の個人面接×2回

※どちらかの面接で，場面指導(面接官からの説明，考える時間を含めて3分程度)を行う。

〈評価の基準〉

積極性，表現力，責任感，協調性，適応性，社会性等の観点に基づき，以下の5段階で評価する。

A　特に優秀　　B　優秀　　C　普通　　D　やや不十分

E　不十分

▼小学校

【質問内容】

〈1回目〉

□志望動機について(体験談も入れて具体的に)。

□教職の魅力はなんだと思うか。

□児童の良さを出せた経験は。

□自己PR以外にあなたの良さは何かあるか。

□短所は何か，それをどのように克服しているか。

□部活動で1番思い出に残っている試合や経験は何か。

□TVなどで報道されている不祥事を見て何を思うか。

□僻地勤務は可能か。

□ストレス発散方法はあるか。

□学級経営がうまくいかなくなったらどうするか。

・笑顔で元気よく話すことを心がけていた。面接官はとてもにこやかだった。

〈2回目〉

□部活動で頑張ったことは。

→部活動で学んだことでこれから生かせることは。

□大学では何を専攻しているか。

→どうして数学か。

□算数が苦手な児童に対してどのように支援するか。

● 面接試験

【場面指導課題】

□クラスの多くの児童が夢を持っていない。あなたはどのように指導するか。

〈追質問〉

□どうして2年生に設定したか。

□2年生で何か学んだことはあるか。

□学校と連携のある公機関は何があるか。

▼小学校

【質問内容】

□部活動のコーチをして感動したこと，意識していること，大変だったことは。

□部活で学んだこと。また，先生になったときどう生かすか。

□自分の頃と今の子どもを比べて良いところ，悪いところは。
→10年後にどんな力が必要か。

□働き方改革について知っていることは。

□どんな仕事なら委託できるか。

□小・中学生にどんな力が必要か。

□どんなクラスにしたいか。

□やる気のない子にどう接するか。

□不祥事について。

□どんな授業が楽しいと思うか。

□情報化社会になる中で子どもたちにどんな力が必要か，どのようにつけさせるか。

□友人との関わりで大切にしていることは。

□保護者の信頼を得るために大切なことは。

【場面指導課題】

□授業中にうるさい子どもたちが多くいる。全体にどんな話をするか。

・30秒で考え，3分話すはずだが，考える時間がなかった。

・どんなことにも対応できる力をつけておくべき。

▼小学校

【質問内容】

〈1回目〉

□部活動での役割，立ち位置について。
□部活動で学んだことは。
□保護者とどのようにコミュニケーションをとっていくか。
□教員になり取り組みたいことは。
□卒論内容について。
□今の子どもたちのよいところは。
〈2回目〉
□なぜ愛知なのか。
□信頼をどのように築いていくか。
□挫折経験はあるか。
□教育実習・ボランティアを通して感心したことは。
□ワークライフバランスをどう捉えているか。
□学校における躾とは。
□自身の小学校時代と今の小学生との違いは。
□子どもたちの良いところ(2つ)と悪いところ(1つ)。
【場面指導課題】
□外部講師の講話で寝ている子どもたちがいた。教室に戻ってきた後，どのように全体指導するか。
・30秒構想→2分指導(2分以上だったと思うが，切られなかった)
・学年設定は自由
▼特別支援小学部
【質問内容】
□志望理由。
□理想の教師像について。
□教員に魅力を感じた理由は。
□ワークライフバランスについてどのように考えているか。
□大学で1番の学びは何か。
□ボランティアで子どもたちの笑顔が見られたエピソード。
□教員には何が必要か，またそれを身につけるためにこれまで何をしてきたか。
□ボランティアで何を身につけられたか。
□長所と短所，またはそれをどう教育に活かすか。

● 面接試験

□実習で苦労したところは。

□保育士等の免許も取るのに，なぜ特別支援学校教諭を目指すのか。

□教師に必要な資質・能力は。

□教職の魅力とはなんだと考えるか。

□教員の資質・能力向上に必要なことはなんだと考えるか。

□教員として気をつけることは何か。

□自己PR。

□子どもに伝えたいことは。

□最後に言いたいことはあるか。

□地域，家庭との連携はどのように考えるか。

【場面指導課題】

□一部の児童がSNSでグループを作り，放課後も一緒に遊んでいる。いまのところトラブルは起きていないが，クラスの担任教師としてどのように指導するか。

・目の前に児童がいると思って指導する。

・2回設定を聞いたあとに30秒考える時間がある。

・立って指導してもよい。

→その後の質問で，指導の理由と自己評価を聞かれた。

▼中学社会

【質問内容】

□社会人として働いているため，それが教員としてどのように活かされると考えるか。

□志望動機について。

□特技について。

□学生時代に力を入れたことは。

→これに対する，具体的にどのようなことが大変だったか。苦労したことは。

□部活動での自分の立ち位置について。

□「あいちの教育」について考えることは。

□どのような教育に力を入れたいか。

【場面指導課題】

□将来の夢や目標について関心のない生徒に対してどのように指導す

るのか。

・課題内容は，2回読まれる。

〈質問〉

□何%の生徒に伝わったか。

□伝わっていない生徒にどのように指導するのか。

□なぜそのような指導をしたのか。

▼高校英語

【質問内容】

□志望理由。

□長所・短所について。

□専門(卒論の内容からどう生かす)について。

□面接とマーク形式の受験方式，どちらが良いと考えるか。

□これまでに経験してきた生徒指導とは。

□気になっているニュースについて。

□ターニングポイントについて。

□自己PRで学んだことと生かしていく手立て。

□英語(自分の教科)の魅力は。

□英語が苦手な生徒にはどうするか。

□実習で大変だった，学んだことは。

□教員としてふさわしい点は。

□今の生徒に必要な能力は。

□教員として必要な能力は。

□どのような学級をめざすか。

□どのような授業をしたいか。

【場面指導課題】

□クラスで徐々にSNSのグループでのやり取りが増えてきている。担任としてまだいじめの起こっていないクラスにどのように指導するか。

・30秒で考察の後，2分で実演。

▼高校英語

【質問内容】

□不祥事の原因は。

→同僚が起こしそうな場合，どうするか。

□愛知を志望した理由は。

→愛知の魅力とは。

□10年後，どんな教員になりたいか。

□どんなところが教員に向いているのか。

□いじめられていたり，不登校の生徒の保護者への対応はどうするか。

□英語の魅力は。

【場面指導課題】

□避難訓練で怠けていた生徒がいたときの場面指導をしてください。

〈追質問〉

□何割に伝わったか。

→なぜ，そう伝えたか(指導で，先生悲しいという発言をした)。

□避難訓練をしっかり行った生徒はどう感じたか。

□何年生が対象か。

2024年度　名古屋市

◆集団面接(2次試験)

※全校種

※模擬指導(場面指導)含む。

〈全体の流れ〉

①【課題1】(発表)

※自身の経験について発表(発表30秒)。

②【課題2】(意見交換)

※学校でのある場面に関して，教師の視点で話し合いを行う。

③【課題3】(模擬指導(場面指導))

※学校でのある場面を想起して，模擬指導を行う(発表1分)。

④【課題4】(意見交換)

※課題2とは別の場面に関して，教師の視点で話し合いを行う。

⑤面接官からの質問

※全体を通しての質問。

▼小学校

【課題1】(発表)

□ご自身のこれまでの経験の中で，「一生懸命に取り組んだこと」について，思い出してください。それは，どんな場面でしたか。また，そのときに感じた気持ちはどうでしたか。一人ずつ30秒で発表してください。

【課題2】(話し合い1)

□あなたは，小学校5年生の担任です。卒業式に，5年生も参加し，卒業生に対してお祝いの言葉の呼びかけをします。お祝いの言葉の呼びかけの練習で，5年生児童が，一生懸命に取り組めるようにするためには，担任として，どんな場面で，どんな指導や支援をするとよいですか。具体的な指導や支援のアイデアについて，みなさんで，できるだけ多く出し合ってください。

【課題3】(模擬指導(場面指導))

□お祝いの言葉の呼びかけでは，全員で声をそろえる場面で，5年生児童の声が明らかに小さく，何人かの児童は，声を発していません。5年生児童の一人一人が，呼びかけの練習に，一生懸命に取り組めるようにするために，担任として，学級全体に話をします。

先ほどの話し合いの内容も参考にしながら，こちら側に児童がいると想定して，1分で話をしてください。

【課題4】(話し合い2)

□お祝いの呼びかけの後に，歌を歌うことになりました。歌の練習を重ねていく中で，自分の学級の，ある児童は，一生懸命，元気で大きな声で歌っていましたが，音程が大きく外れていました。周りの児童が心配そうな表情をしています。担任として，どんなことに気を付けて，指導や支援をするとよいですか。みなさんで話し合ってください。

▼小学校

【課題1】(発表)

□ご自身のこれまでの経験の中で，「自信をもって行動したこと」について，思い出してください。それは，どんな場面でしたか。また，そのときに感じた気持ちはどうでしたか。一人ずつ30秒で発表してください。

● 面接試験

【課題2】(話し合い1)

□あなたは，小学校4年生の担任です。2学期に，学習発表会で，学年全体で，劇を行うことになりました。児童が，自信をもって劇の練習に取り組めるようにするためには，担任として，どんな場面で，どんな指導や支援をするとよいですか。具体的な指導や支援のアイデアについて，みなさんで，できるだけ多く出し合ってください。

【課題3】(模擬指導(場面指導))

□劇の練習を進めていく中で，動きをつけながらせりふを言う場面になると，恥ずかしがってしまう児童が多く，練習がなかなか進みません。一人一人が自信をもって演技できるようにするために，担任として，学級全体に話をします。先ほどの話し合いの内容も参考にしながら，こちら側に児童がいると想定して，1分で話をしてください。

【課題4】(話し合い2)

□劇の練習を重ねていく中で，自分の学級の，ある児童が，「劇をもっと面白くするために，学級に割り振られているせりふの内容を変えたい。」と，提案をしました。担任として，どんなことに気を付けて，指導や支援をするとよいですか。みなさんで話し合ってください。

▼小学校

【課題1】(発表)

□ご自身のこれまでの経験の中で，「前向きに取り組んだこと」について，思い出してください。それは，どんな場面でしたか。また，そのときに感じた気持ちはどうでしたか。一人ずつ30秒で発表してください。

【課題2】(話し合い1)

□あなたは，小学校6年生の担任です。3月上旬，卒業式に向けての準備を開始することになりました。卒業式では，卒業証書授与後，舞台上から「将来の夢」を発表することになりました。児童が，「将来の夢」を，前向きに発表できるようにするためには，担任として，どんな場面で，どんな指導や支援をするとよいですか。具体的な指導や支援のアイデアについて，みなさんで，できるだけ多く出し合ってください。

【課題3】(模擬指導(場面指導))

□「将来の夢」についての原稿作りが始まりました。しかし，文が思い浮かばなかったり，将来のイメージができなかったりして，活動が停滞しています。一人一人が，「将来の夢」について，前向きに考えられるようにするために，担任として，学級全体に話をします。先ほどの話し合いの内容も参考にしながら，こちら側に児童がいると想定して，1分で話をしてください。

【課題4】(話し合い2)

□「将来の夢」の発表に向けて準備を進めている中，ある児童が「わたしはスポーツ選手になるのが夢なので，その場で実演しながら発表してもいいですか。」と，全体の場で発言しました。担任として，どんなことに気を付けて，指導や支援をするとよいですか。みなさんで話し合ってください。

▼小学校

【課題1】(発表)

□ご自身のこれまでの経験の中で，「意欲的に取り組んだこと」について，思い出してください。それは，どんな場面でしたか。また，そのときに感じた気持ちはどうでしたか。一人ずつ30秒で発表してください。

【課題2】(話し合い1)

□あなたは，小学校2年生の担任です。2学期の生活科の学習で，町探検に出かけることになりました。町探検で，児童が，意欲的に活動できるようにするためには，担任として，どんな場面で，どんな指導や支援をするとよいですか。具体的な指導や支援のアイデアについて，みなさんで，できるだけ多く出し合ってください。

【課題3】(模擬指導(場面指導))

□町探検を終えた後，まとめの活動として，グループに分かれて，大きな紙で学区地図を作ります。しかし，一部の児童だけで活動を進めているグループが多く見られました。一人一人が，意欲的に地図作りに取り組めるようにするために，担任として，学級全体に話をします。先ほどの話し合いの内容も参考にしながら，こちら側に児童がいると想定して，1分で話をしてください。

【課題4】(話し合い2)

□地図作りが完成間近になった時，ある児童が，「大きな紙にみんなで書くよりも，タブレットで作って，大きな画面に映し出した方が見やすいから，今から作り直したい」と提案をしました。担任として，どんなことに気を付けて，指導や支援をするとよいですか。みなさんで話し合ってください。

▼小学校

【課題1】(発表)

□ご自身のこれまでの経験の中で，「積極的に行動したこと」について，思い出してください。それは，どんな場面でしたか。また，そのときに感じた気持ちはどうでしたか。一人ずつ30秒で発表してください。

【課題2】(話し合い1)

□あなたは，小学校5年生の担任です。1月になり，3学期が始まりました。2月のなわとび大会に向けて，朝の休み時間に，学級のみんなでなわとびの練習をすることになりました。児童が，積極的になわとびの練習に取り組めるようにするためには，担任として，どんな場面で，どんな指導や支援をするとよいですか。具体的な指導や支援のアイデアについて，みなさんで，できるだけ多く出し合ってください。

【課題3】(模擬指導(場面指導))

□2月になり，なわとび大会まであと2週間となりました。しかし，学級では，朝の休み時間に，なわとびの練習に取り組む児童と，そうでない児童に分かれています。一人一人が積極的になわとびの練習に取り組めるようにするために，担任として，学級全体に話をします。先ほどの話し合いの内容も参考にしながら，こちら側に児童がいると想定して，1分で話をしてください。

【課題4】(話し合い2)

□大会まであと1週間となりました。朝の休み時間の練習に励んでいる中，ある児童が「もっといい記録を出すために，全部の休み時間で練習しよう」と提案しました。賛同する子どもと，あまり乗り気でない子どもがいます。担任として，どんなことに気を付けて，指導や支援をするとよいですか。みなさんで話し合ってください。

▼中学校

【課題1】(発表)

□ご自身のこれまでの経験の中で,「一生懸命に取り組んだこと」について,思い出してください。それは,どんな場面でしたか。また,そのときに感じた気持ちはどうでしたか。一人ずつ30秒で発表してください。

【課題2】(話し合い1)

□あなたは,中学校2年生の担任です。6月に校外学習に出かけます。校外学習では,事前に軒画を立てたり,準備をしたりすることを,グループで協力して進めます。生徒が,一生懸命は校外学習の事前準備に取り組めるようにするためには,担任として,どんな場面で,どんな指導や支援をするとよいですか。具体的な指導や支援のアイデアについて,みなさんで,できるだけ多く出し合ってください。

【課題3】(模擬指導(場面指導))

□校外学習の事前準備で,自分の役割に関わる準備は黙々とするものの,みんなで話し合ったり協力したりして準備する場面では,協力的でない生徒が何人かいます。生徒一人一人が,一生懸命グループで協力できるようにするために,担任として,学級全体に話をします。先ほどの話し合いの内容も参考にしながら,こちら側に生徒がいると想定して,1分で話をしてください。

【課題4】(話し合い2)

□校外学習を実施した後,まとめの発表会に向けて準備を進めています。ある生徒から,「お世話になった訪問先の方を招待して,発表会を見せたい。自分たちで訪問先に連絡をし,当日の案内もするから認めてほしい。」という提案がありました。担任として,どんなことに気を付けて,指導や支援をするとよいですか。みなさんで話し合ってください。

▼中学校

【課題1】(発表)

□ご自身のこれまでの経験の中で,「自信を持って行動したこと」について,思い出してください。それは,どんな場面でしたか。また,そのときに感じた気持ちはどうでしたか。一人ずつ30秒で発表してください。

【課題2】(話し合い1)

□あなたは，中学校1年生の担任です。10月の合唱コンクールに向けて，指揮者や伴奏者，パートリーダーが計画を立てて練習をすることになりました。一部のリーダーだけでなく他の生徒も，自信をもって練習に取り組めるようにするためには，担任として，どんな場面で，どんな指導や支援をするとよいですか。具体的な指導や支援のアイデアについて，みなさんで，できるだけ多く出し合ってください。

【課題3】(模擬指導(場面指導))

□合唱の練習が進むにつれて，歌が得意ではない一部の生徒が練習に参加せず，パートリーダーが困っています。歌が得意な生徒も，得意ではない生徒も，一人一人が自信をもって練習に取り組めるようにするために，担任として，学級全体に話をします。先ほどの話し合いの内容も参考にしながら，こちら側に生徒がいると想定して，1分で話をしてください。

【課題4】(話し合い2)

□本番1週間前，ある生徒が，「優勝するためには，音程がとれている人と，取れていない人で分かれて練習しよう」という提案をしました。音程が取れていない生徒たちは，不安そうな表情をしています。担任として，どんなことに気を付けて，指導や支援をするとよいですか。みなさんで話し合ってください。

▼中学校

【課題1】(発表)

□ご自身のこれまでの経験の中で，「前向きに取り組んだこと」について，思い出してください。それは，どんな場面でしたか。また，そのときに感じた気持ちはどうでしたか。一人ずつ30秒で発表してください。

【課題2】(話し合い1)

□あなたは，中学校1年生の担任です。4月に学級目標を決めるための話し合い活動を行います。生徒が，前向きに話し合い活動に取り組めるようにするためには，担任として，どんな場面で，どんな指導や支援をするとよいですか。具体的な指導や支援のアイデアについて，みなさんで，できるだけ多く出し合ってください。

【課題3】(模擬指導(場面指導))

□話し合い活動は，グループに分かれて行いましたが，全く意見の出ないグループや，一部の生徒だけが意見を言っているグループがあります。一人一人が，学級目標について，前向きに話し合うことができるようにするために，担任として，学級全体に話をします。先ほどの話し合いの内容も参考にしながら，こちら側に生徒がいると想定して，1分で話をしてください。

【課題4】(話し合い2)

□学級目標を決めるための話し合いの最中，あるグループの生徒が，「学級目標を1つに決めるのではなく，毎月作ってみてはどうか。」と，全体の場で提案しました。担任として，どんなことに気を付けて，指導や支援をするとよいですか。みなさんで話し合ってください。

▼中学校

【課題1】(発表)

□ご自身のこれまでの経験の中で，「意欲的に取り組んだこと」について，思い出してください。それは，どんな場面でしたか。また，そのときに感じた気持ちはどうでしたか。一人ずつ30秒で発表してください。

【課題2】(話し合い1)

□あなたは，中学校2年生の担任です。1月に，職業体験学習を行うことになりました。最初に，体験先の希望調査をしますが，第1希望の職種にはならない場合もあります。どの体験先に決まっても，生徒が，意欲的に職業体験学習に取り組めるようにするためには，担任として，どんな場面で，どんな指導や支援をするとよいですか。具体的な指導や支援のアイデアについて，みなさんで，できるだけ多く出し合ってください。

【課題3】(模擬指導(場面指導))

□体験先についての事前学習を進める中，第一希望の職種にならなかった数名の生徒が，仕事内容などを自分で調べず，他の生徒に任せている様子が見られました。生徒一人一人が，意欲的に事前学習に取り組めるようにするために，担任として，学級全体に話をします。先ほどの話し合いの内容も参考にしながら，こちら側に生徒がいると想定して，1分で話をしてください。

【課題4】(話し合い2)

□職業体験学習の1週間前になり，体験先の下調べや準備は，ほぼ終わりました。しかし，第一希望の体験先にならなかったある生徒が，「友達が体験先を替わってもいいと言っているので，その友達と，体験先を交換してもいいですか。」と，学級全体の場で質問しました。担任として，どんなことに気を付けて，指導や支援をするとよいですか。みなさんで話し合ってください。

▼中学校

【課題1】(発表)

□ご自身のこれまでの経験の中で,「積極的に行動したこと」について，思い出してください。それは，どんな場面でしたか。また，そのときに感じた気持ちはどうでしたか。一人ずつ30秒で発表してください。

【課題2】(話し合い1)

□あなたは，中学校3年生の担任です。6月に修学旅行に行きます。修学旅行では，東京都内の班別分散学習を行います。生徒が，積極的に事前の準備や当日の分散学習に取り組めるようにするためには，担任として，どんな場面で，どんな指導や支援をするとよいですか。具体的な指導や支援のアイデアについて，みなさんで，できるだけ多く出し合ってください。

【課題3】(模擬指導(場面指導))

□班別で，事前の準備を進めていく中で，見学先の下調べや，交通経路を調べることなどを，一部の生徒に任せっきりにする班が出てきました。一人一人が，積極的に事前の準備に取り組めるようにするために，担任として，学級全体に話をします。先ほどの話し合いの内容も参考にしながら，こちら側に生徒がいると想定して，1分で話をしてください。

【課題4】(話し合い2)

□班別や分散学習の計画を立てている最中，ある生徒が，「せっかくの機会だから，一つの場所にいる時間を短くして，もっと多くの場所を回りたい」と，提案しました。他の生徒は「一つの場所をじっくり見たい」と言っています。担任として，どんなことに気を付けて，指導や支援をするとよいですか。みなさんで話し合ってください。

▼高等学校

【課題1】(発表)

□ご自身のこれまでの経験の中で，「一生懸命に行動したこと」について，思い出してください。それは，どんな場面でしたか。また，そのときに感じた気持ちはどうでしたか。一人ずつ30秒で発表してください。

【課題2】(話し合い1)

□あなたは高校1年生の担任です。2学期の文化祭のクラス発表で，ミュージカルを行うことになりました。ミュージカルでは，全員が，一人一役，必ず役割をもって参加することになりました。生徒が，一生懸命に練習に取り組めるようにするためには，担任として，どんな場面で，どんな指導や支援をするとよいですか。具体的な指導や支援のアイデアについて，みなさんで，できるだけ多く出し合ってください。

【課題3】(模擬指導(場面指導))

□文化祭のクラス発表内容が，ミュージカルになったことで，もともと演劇をやりたかった生徒の何人かが，やる気をなくし，役割を果たすことができていません。一人一人が自分の役割に対して，一生懸命に取り組めるようにするために，担任として，学級全体に話をします。先ほどの話し合いの内容も参考にしながら，こちら側に生徒がいると想定して，1分で話をしてください。

【課題4】(話し合い2)

□ミュージカルの本番まで，あと3日になりました。英語の得意な生徒が，「もっとかっこいいミュージカルにするために，ラストの歌は，全部英語に替えで歌おうよ。」と，全体の場で提案しました。2日間の練習期間で果たしてうまくいくのかと，不安な生徒もいます。担任として，どんなことに気を付けて，指導や支援をするとよいですか。みなさんで話し合ってください。

● 面接試験

▼高等学校

【課題1】(発表)

□ご自身のこれまでの経験の中で,「自信をもって行動したこと」について,思い出してください。それは,どんな場面でしたか。また,そのときに感じた気持ちはどうでしたか。一人ずつ30秒で発表してください。

【課題2】(話し合い1)

□あなたは,高校3年生の担任です。2学期の合唱コンクールに向けて,パートごとに分かれ,最優秀賞を目指し,練習をすることになりました。生徒が,自信をもって合唱の練習に取り組めるようにするためには,担任として,どんな場面で,どんな指導や支援をするとよいですか。具体的な指導や支援のアイデアについて,みなさんで,できるだけ多く出し合ってください。

【課題3】(模擬指導(場面指導))

□練習を進めていく中で,合唱が得意ではない複数の生徒があまり上達していない,ということが浮き彫りになり,クラス全体として,合唱の練習への意欲が下がっています。一人一人が,自信をもって取り組めるようにするために,担任として,学級全体に話をします。先ほどの話し合いの内容も参考にしながら,こちら側に生徒がいると想定して,1分で話をしてください。

【課題4】(話し合い2)

□指揮を担当する生徒が,「全体の音がなかなかそろわないので,もっと練習時間を増やすために,授業後も学校に残って練習するのはどうだろう。」と全体の場で提案しました。担任として,どんなことに気を付けて,指導や支援をするとよいですか。みなさんで話し合ってください。

▼高等学校

【課題1】(発表)

□ご自身のこれまでの経験の中で,「前向きに取り組んだこと」について,思い出してください。それは,どんな場面でしたか。また,そのときに感じた気持ちはどうでしたか。一人ずつ30秒で発表してください。

【課題2】(話し合い1)

□あなたは，高校2年生の担任です。2学期の修学旅行で，クラス別研修に行くことになりました。クラス別研修は，生徒同士が話し合って，研修先を決めます。生徒が，前向きに話し合いをして，研修先を決めることができるようにするためには，担任として，どんな場面で，どんな指導や支援をするとよいですか。具体的な指導や支援のアイデアについて，みなさんで，できるだけ多く出し合ってください。

【課題3】(模擬指導(場面指導))

□クラス別研修は，施設見学を中心にした内容となりました。しかし，体験型の研修を希望していた生徒たちが，調べ学習を真剣に行わないため，事前の準備がなかなか進みません。一人一人が前向きに研修に取り組めるようにするために，担任として，学級全体に話をします。先ほどの話し合いの内容も参考にしながら，こちら側に生徒がいると想定して，1分で話をしてください。

【課題4】(話し合い2)

□クラス別研修の計画を進めている中，ある生徒が,「少しでも多くの研修ができるように，クラス全員で早起きをして，早朝に受け入れてくれる研修先を探してみてはどうか。」と全体の場で提案しました。他の生徒は,「朝は，準備の時間に充てたい。」と言っています。担任として，どんなことに気を付けて，指導や支援をするとよいですか。みなさんで話し合ってください。

▼高等学校

【課題1】(発表)

□ご自身のこれまでの経験の中で,「意欲的に取り組んだこと」について，思い出してください。それは，どんな場面でしたか。また，そのときに感じた気持ちはどうでしたか。一人ずつ30秒で発表してください。

【課題2】(話し合い1)

□あなたは，高校2年生の担任です。2学期の総合的な探究の時間で，国内外の社会課題について調べ，調べたことを個人で発表することになりました。生徒が，探究活動を通じて，意欲的に情報収集をしたり，発表に向けて準備したりするためには，担任として，どんな場面で，どんな指導や支援をするとよいですか。具体的な指導や支援のアイデアについて，みなさんで，できるだけ多く出し合ってください。

【課題3】(模擬指導(場面指導))

□社会課題について情報収集をする活動で，調べたい課題がなかなか見つけられず，活動が停滞している生徒が何人かいます。一人一人が，意欲的に探究活動に取り組めるようにするために，担任として，学級全体に話をします。先ほどの話し合いの内容も参考にしながら，こちら側に生徒がいると想定して，1分で話をしてください。

【課題4】(話し合い2)

□探究活動の計画を立てている中，ある生徒が，「自分の調べたい内容について取り扱っている企業に，直接行って確かめてみたい。平日しか営業していないので，学校を休ませてほしい」と全体の場で提案しました。担任として，どんなことに気を付けて，指導や支援をするとよいですか。みなさんで話し合ってください。

▼養護教諭

【課題1】(発表)

□ご自身のこれまでの経験の中で，「積極的に行動したこと」について，思い出してください。それは，どんな場面でしたか。また，そのときに感じた気持ちはどうでしたか。一人ずつ30秒で発表してください。

【課題2】(話し合い1)

□あなたは，中学校の養護教諭です。5月に1年生の学級で，「熱中症予防」について授業を行います。普段の生活の中で，生徒が，積極的に熱中症の予防に取り組めるようにするためには，養護教諭として，どんな場面で，どんな指導や支援をするとよいですか。具体的な指導や支援のアイデアについて，みなさんで，できるだけ多く出し合ってください。

【課題3】(模擬指導(場面指導))

□6月になりました。体育科の授業後や部活動中に，「気分が悪くて吐き気がする」と言って保健室に来る生徒が，毎日，数名いました。

一人一人が自分の健康に関心をもち，熱中症予防に積極的に取り組めるようにするために，養護教諭として，全校集会で生徒に話をします。先ほどの話し合いの内容も参考にしながら，こちら側に生徒がいると想定して1分で話をしてください。

【課題4】(話し合い2)

□7月の保健委員会で，ある生徒が，「全校生徒が熱中症にならないように，すべての休み時間に，暑さ指数と注意点を放送で知らせてはどうか」と提案しました。一方で，「放送しなくても，生徒が自分で気を付けなければ意味がない」と主張する生徒もいます。保健委員会を担当する養護教諭として，どんなことに気を付けて，指導や支援をするとよいですか，みなさんで話し合ってください。

▼特別支援学校

【課題1】(発表)

□ご自身のこれまでの経験の中で，「一生懸命に取り組んだこと」について，思い出してください。それは，どんな場面でしたか。また，そのときに感じた気持ちはどうでしたか。一人ずつ30秒で発表してください。

【課題2】(話し合い1)

□あなたは，特別支援学校　小学部5年生の担任です。1学期はじめに，毎月のカレンダーを作ることになりました。カレンダー作りでは，ひと月ずつ，一人が担当して，絵を描いたり，折り紙で飾り付けをしたりします。毎月のカレンダーを作る活動で，児童が，一生懸命に取り組めるようにするためには，担任として，どんな場面で，どんな指導や支援をするとよいですか。具体的な指導や支援のアイデアについて，みなさんで，できるだけ多く出し合ってください。

【課題3】(模擬指導(場面指導))

□活動を進めていくうちに，絵を描くだけだったり，折り紙で飾り付けをするだけだったりして，やりたい活動しかしない児童が増えてきました。一人一人が，得意でない活動でも，一生懸命カレンダー作りに取り組めるようにするために，担任として，学級全体に話をします。先ほどの話し合いの内容も参考にしながら，こちら側に児童がいると想定して，1分で話をしてください。

【課題4】(話し合い2)

□カレンダー作りをしている最中，折り紙の得意な児童が，折り紙が得意でなく，じっくり折り紙を折っている児童を見て，「わたしが，折り紙を全部やってあげるから，代わりに絵を描いてよ」と伝えました。担任として，どんなことに気を付けて，指導や支援をするとよいですか。みなさんで話し合ってください。

▼特別支援学校

【課題1】(発表)

□ご自身のこれまでの経験の中で，「自信を持って行動したこと」について，思い出してください。それは，どんな場面でしたか。また，そのときに感じた気持ちはどうでしたか。一人ずつ30秒で発表してください。

【課題2】(話し合い1)

□あなたは，特別支援学校　高等部1年生の担任です。就労に関する学習として，働く意義について考えさせる授業をします。グループでの話し合いを通して，生徒たちが「なぜ働く必要があるのか」という考えを，自信をもって出し合えるようにするためには，担任として，どんな場面で，どんな指導や支援をするとよいですか。具体的な指導や支援のアイデアについて，みなさんで，できるだけ多く出し合ってください。

【課題3】(模擬指導(場面指導))

□「将来就きたい仕事には，どんな力が必要か」について話し合います。しかし，「自分には，仕事に就くための力はないかもしれない」と心配する生徒が増えてきました。一人一人が，自信をもって話し合いに参加できるようにするために，担任として，学級全体に話をします。先ほどの話し合いの内容も参考にしながら，こちら側に生徒がいると想定して，1分で話をしてください。

【課題4】(話し合い2)

□ある生徒が，「将来就きたい仕事に就くためには，大きな声であいさつをすることが一番必要です。」と発表しました。その発表を受け，別の生徒が「明日の朝，近くの会社にみんなで行って，大きな挨拶をしに行こう。」と発言しました。担任として，どんなことに気を付けて，指導や支援をするとよいですか。みなさんで話し合ってください。

▼特別支援学校

【課題1】(発表)

□ご自身のこれまでの経験の中で，「前向きに取り組んだこと」について，思い出してください。それは，どんな場面でしたか。また，そのときに感じた気持ちはどうでしたか。一人ずつ30秒で発表してください。

【課題2】(話し合い1)

□あなたは，特別支援学校　小学部1年生の担任です。音楽科の授業で，音楽室にある楽器の音を出して楽しむ活動を行うことになりました。児童が，楽器の音を出す活動で，前向きに取り組めるようにするためには，担任として，どんな場面で，どんな指導や支援をするとよいですか。具体的な指導や支援のアイデアについて，みなさんで，できるだけ多く出し合ってください。

【課題3】(模擬指導(場面指導))

□自分で楽器を選び，曲に合わせて音を出す活動の場面になりました。しかし，複数の児童が，楽器を置いて，遊び始めてしまいました。一人一人が，曲に合わせて音を出す活動に，前向きに参加できるようにするために，担任として，学級全体に話をします。先ほどの話し合いの内容も参考にしながら，こちら側に児童がいると想定して，1分で話をしてください。

【課題4】(話し合い2)

□活動中に，ある児童が，同時に3つの楽器を手に取り，楽しそうに大きな音を出しました。一方，音に過敏な児童が，音の重なりと大きさに反応し，耳をふさいでしまいました。担任として，どんなことに気を付けて，指導や支援をするとよいですか。みなさんで話し合ってください。

▼栄養教諭

【課題1】(発表)

□ご自身のこれまでの経験の中で，「自信を持って行動したこと」について，思い出してください。それは，どんな場面でしたか。また，そのときに感じた気持ちはどうでしたか。一人ずつ30秒で発表してください。

【課題2】(話し合い1)

□あなたは，小学校の栄養教諭です。給食委員会の担当をしています。2学期に，給食委員会の児童が，「望ましいおやつの食べ方」について，全校児童集会で発表することになりました。給食委員会の児童が，自信をもって発表できるようにするために，栄養教諭として，どんな場面で，どんな指導や支援をするとよいですか。具体的な指導や支援のアイデアについて，みなさんで，できるだけ多く出し合ってください。

【課題3】(模擬指導(場面指導))

□全校児童集会で行う発表のテーマは，「なぜ，おやつを食べるのか」になりました。しかし，児童たちは上手に発表できるかどうか，不安そうな表情をしています。給食委員の一人一人が自信をもって発表できるようにするために，栄養教諭として，給食委員全体に話をします。先ほどの話し合いの内容も参考にしながら，こちら側に児童がいると想定して，1分で話をしてください。

【課題4】(話し合い2)

□全校児童集会の準備の最中，ある児童が，「『ちょうどよいおやつの量』について発表したいから，給食委員会のメンバーでおやつを持ち寄って，試食をしてみてはどうだろう。」と全体の場で提案しました。栄養教諭として，どんなことに気を付けて，指導や支援をするとよいですか。みなさんで話し合ってください。

◆個人面接(2次試験)

※全校種▼中高英語　面接官2人　受験者1人　30分

【質問内容】

□教員の不祥事についてどう思いますか。

□教員になった場面を想定して，どんなところでストレスを感じると思うか。

□どうして今，公立学校の教員になろうと考えたのか。

□新卒の時にどんなところに自信がなくて教員を断念したのか。

□生徒指導提要について知っていることは。

□不登校の生徒がフリースクールに通って通常の学校と同じように単位を取得できることをどう考えるか，またその場合はどんな観点で単位を取らせるのか。

□名古屋スクールイノベーションについて知っていることは。

□筆箱を壊されたという生徒がいる。どんな対策を取るか。

□生徒が欠席をした分をオンラインで授業してほしいと保護者から連絡があった。どのように対応するか。

▼特別支援　面接官2人　30分

【質問内容】

□志望理由(校種，自治体)。

□市の教育振興基本計画のねらいについて。

□不祥事について知っていることは。

□ボランティアで苦労したことは。

□部活をしていたか。

□現場でやってみたいことは。

□センター的機能について知っていることはあるか。

□個別の支援計画と指導計画の違いは。

□健康について。

□ストレス解消法は。

□現場で活かせる趣味はあるか。

□保護者と意見が違ったときどうするか。

□音がうるさいと訴える子のへの対応。

2024年度　三重県

◆個人面接(2次選考)

※場面指導含む

〈配点〉面接(模擬授業·個人面接あわせて)150点

〈評価の観点〉教育に対する情熱と使命感，課題解決能力，豊かな人間性等を中心とした資質などを見ます。

▼小学校　面接官3人　20分

【質問内容】

● 面接試験

□希望校種，受験番号，名前の確認。
□模擬授業の自己採点は何点か。
　→どのように分析したか。
□賞罰の有無。
□志望動機と，理想とする教師像について，具体的に。
　→「笑顔が絶えない学級を作りたい」とあるが，具体的に。
　→現場に出ても，そのようなことに取り組んでいけるか。
□「誰一人取り残さない教育」を進めるために，スモールステップや見通しのもてる授業をすると書いてある。模擬授業の中で，スモールステップで進める様子は見られたが，見通しのもちやすさは，なかったように思われる。見通しのもてる授業について，具体的にどのように考えているのか。
□理想の教師像について，もっと詳しく。
□「誰一人取り残さない教育」を進めるために，「適切な子どもの把握」とあるが，どのように進めていくのか，具体的に。
□「チームとして活動した経験」について，あなたが書いてあることは現実的に難しくないか。
□「困難や失敗からの挽回・克服」について，もっと詳しく。
　→実際にそれが活かされた場面はあったか。
□なぜ大変と分かっていて教員を目指すのか。
□担任に対して反抗的な態度をとる児童がいるが，どのように対応するか。
　→それでも児童が反抗的であれば，どうするか。
　→保護者にはどのように説明するか。
　→保護者に学校に問題があるのではないかと言われたら，どうするか。
▼小学校　面接官3人
【質問内容】
□自己申告所を中心，または自己申告書のみ聞かれる。そのため，自己申告書をしっかりと書くとよいと感じた。
【場面指導】
□保護者からSNSで子どもがいじめられていると電話が来た。どう対応するか。

→情報を確認した後，相手の保護者から「侵害なので裁判する」と言われた。どう対応するか。

→管理職に伝え，対応したところ，「あなたの問題だから一人で取り組め」と保護者に言われた。どう対応するか。

▼中学国語　面接官3人　20分

【質問内容】

□スクールサポートスタッフとして何をしたか。

→配属校はどのような学校か。

□働き方改革について，どう思うか。

→学校にどのような課題があるか。

□志望動機について。

□困難に直面した経験について。

□コロナ禍で得たこと。

□理想の教師像は。

→そのきっかけは。

→嫌だった先生の対応について。

→理想のためにどのようなことが必要か。

→相談を受けた経験は。

□中学生のときにチームとして活動した経験について。

□個別最適化の留意点は。

□強み，弱み，どのように改善していくか。

【場面指導】

□子どもが相談をしてきた。あなたには「他の人には伝えないで」と伝えてきた。どうするか。

・言葉で説明「～する」→「子どもはこう言いました」と付け加えられていく形式

・追質問(保護者にはどう説明するか等)が4つ程度あった。

▼中学理科　面接官3人　15分

【質問内容】

□ボランティア色々されているが，その中で1番教育現場に活かせそうな経験は。

●面接試験

□実習は行ったか。
→いつどこに行ったか。
□問題解決能力とはどのようなものだと考えているか。
□理科への興味関心はなぜ中学で低下すると考えるか。
□理科への興味関心を持たせ続けるためにあなたは何をするか。
□中学になって理科の興味関心が低下しているとあるが，なぜ小学校での対策ではなく，中学校での対策を重視しているのか。
□そもそも理科が嫌いな子にはどうしていこうと考えているか。
□いじめや暴力のない学びの場をつくるために，あなたの担当のクラス(学級経営)ではどのような事を行っていきたいと考えているか。
□「生徒が共通で取り組める課題」とは具体的にどういった課題設定をしていくか。
□授業のユニバーサルデザインとはどういうものだと考えているか。
→具体的にどういったものを想定しているか。
□授業に出られないなど，不登校の生徒にはどういった事をしていくか。
□最近の不祥事では，SNS 上での問題も多くある。それに対してはどうしていきたいと考えているか。
□チームの大切さをこの経験を通じて感じたと思うが，学校現場ではどのように活かしていけると考えているか。

2024年度　京都府

◆個人面接(1次試験)
※小学校，特別支援学校，他府県現職，スペシャリスト特別選考が対象
【質問項目例】
1　導入のための質問(ラポート形成)
□今日の体調，昨夜の睡眠，起床時刻など。
□会場は迷わなかったか，待ち時間の心境など。
□採用試験の勉強について。
2　受験者本人に関すること。
□時間を切っての自己アピール。

□性格の長所と短所，長所の活用法，短所克服の努力。
□趣味について，きっかけや魅力など。
□学校生活の中で一番打ち込んだもの。
□学校生活を通して学んだこと。
□部活動やボランティア活動を通して学んだこと。
□部活動やサークルの役職経験，その苦労や成果。
□顧問として技術指導可能な部活動。
□友人づきあい・友人関係で一番気を遣うこと。
□友人から相談を持ち掛けられた時の対応。
□友達と意見の相違がある時の対応。

3　意欲・教員としての資質

□教員の志望理由，志望時期。
□自分が教員向きである点。
□教職の魅力。
□教員に求められる資質。
□採用した場合の学校のメリット。
□印象に残る教師とその理由。
□児童生徒に信頼される教師の条件。

《教育実習経験者》

□教育実習の苦労と克服法，学んだこと。
□教員から学んだこと，子どもたちから学んだこと。

《講師経験者》

□講師の経験から学んだこと。
□学校現場で心掛けていること。
□心に残るアドバイス等。
□同僚と意見が異なる(対立した)時の対応。

《他府県現職》

□京都府を志望する理由。
□現任校での役割についての自覚。
□勤務校の課題と，その解決の取り組み。

《スペシャリスト特別選考》

□自分がスペシャリストといえる点。

□学校現場での自分の経験の活用法。

□教育の場に立つ心構え。

《セカンドキャリア特別選考対象者》

□自分に教科の専門性があるといえる点。

□学校現場での自分の経験の活用法。

□教育の場に立つ心構え。

4　教育公務員としての心構えと識見について

□全体の奉仕者としての心構え。

□教育公務員と一般公務員の違い。

□教員の職務の公共性についての認識。

□教員のコンプライアンス，服務規律の確保についての認識。

5　学習指導，児童生徒指導について

□大学等の専攻学科の選考理由。

□卒業論文テーマと簡単な内容説明。

□授業における専攻・研究の活用。

□今の子どもたちに一番身につけさせたい力とその方法。

□「主体的・対話的で深い学び」について。

□新しい学習指導要領について(校種・教科別)。

□知識・技能を「活用する力」について。

□キャリア教育について。

□言語活動の充実について。

□京都府の教育施策について。

(京都府教育振興プラン，子どものための京都式少人数教育など)

□地域の伝統文化の継承について。

□担任としての学級目標設定とその理由。

□児童生徒との適切な距離間について。

□児童生徒の問題行動等への対応(暴力行為，いじめ，不登校等)。

□教師力向上のために大切なもの。

6　教育問題，教育時事について

□関心のある教育問題と自分の見解。

□子どもの学力状況についての認識や意見。

□グローバル化に対応した英語教育について。

□「チーム学校」について。
□「特別の教科　道徳」について。
□環境教育について。
□人権教育について。
□防災教育・安全教育について。
□「生きる力」を育むための教育活動について。
□社会に開かれた教育課程について。
□学校の情報公開と保護者や地域社会との関わりについて。
□いじめ問題について。
□教員の体罰について。
□教職員の働き方改革について。
□合理的配慮について。
□その他，関心事等。

◆集団面接(1次試験)
【質問内容】
□講師として働いて学んだこと，気づいたことは。
□教員になるにあたり努力したことは。
□これまでで最も頑張ったことは。
□不祥事の防止法について。
□今の子どもにつけさせたい力，その育成法について。
□自己PR。
□最近の教育課題で気になることは。
・全く堅苦しくなく，受験者は緊張せず話せる雰囲気だった。
▼高校英語　面接官2人　受験者2人　15分
【質問内容】
□高校の教員を目指した理由。エピソードも含めて。
□現場に立ったときをイメージして，セクハラの根絶に向けて生徒や教員との距離感についてどのようなことに気をつけるか。
□どんな先生になりたいか。
□教育におけるSDGsを授業でどう活用するか。

面接試験

◆個人面接(2次試験)

【質問項目例】

1　導入のための質問(ラポート形成)

□今日の体調，昨夜の睡眠，起床時刻など。

□会場は迷わなかったか，待ち時間の心境など。

□採用試験の勉強について。

2　受験者本人に関すること

□時間を切っての自己アピール。

□性格の長所と短所，長所の活用法，短所克服の努力。

□趣味について，きっかけや魅力など。

□学校生活の中で一番打ち込んだもの。

□学校生活を通して学んだこと。

□部活動やボランティア活動を通して学んだこと。

□部活動やサークルの役職経験，その苦労や成果。

□顧問として技術指導可能な部活動。

□友人づきあい・友人関係で一番気を遣うこと。

□友人から相談を持ち掛けられた時の対応や気持ち。

□友達と意見の相違がある時の対応。

□友人間での主な話題。

3　意欲・教員としての資質

□教員の志望理由，志望時期。

□自分が教員向きである点。

□教職の魅力。

□教員に求められる資質。

□採用した場合の学校のメリット。

□印象に残る教師とその理由。

□児童生徒に信頼される教師の条件。

□なりたくないと考える教師像。

《教育実習経験者》

□教育実習の苦労と克服法，学んだこと。

□教員から学んだこと，子どもたちから学んだこと。

《講師経験者》

□講師の経験から学んだこと。

□学校現場で心掛けていること。

□心に残るアドバイス等。

□同僚と意見が異なる(対立した)時の対応。

《他府県現職》

□京都府を志望する理由。

□現任校での役割についての自覚。

□勤務校の課題と，その解決の取り組み。

《他府県出身者》

□京都府を志望する理由。

□併願先の有無と，両方合格時の対応。

□将来設計について。

《スペシャリスト特別選考》

□自分がスペシャリストといえる点。

□学校現場での自分の経験の活用法。

□教育の場に立つ心構え。

《セカンドキャリア特別選考対象者》

□自分に教科の専門性があるといえる点。

□学校現場での自分の経験の活用法。

□教育の場に立つ心構え。

4　教育公務員としての心構えと識見について

□全体の奉仕者としての心構え。

□教育公務員と一般公務員の違い。

□教員の職務の公共性についての考え。

□教員の服装についての認識。

□教員のコンプライアンス，服務規律の確保についての認識。

5　学習指導，生徒指導について

□大学等の専攻学科の選考理由。

□卒業論文テーマと簡単な内容説明。

□授業や実社会における専攻・研究の活用について。

□今の子どもたちに一番身につけさせたい力とその方法。

□新しい学習指導要領について(校種・教科別)。

面接試験

□主体的・対話的で深い学びについて。

□外国語(英語)教育について。

□「質の高い学力」についての具体的な認識。

□知識・技能を「活用する力」について。

□京都府の教育施策について(京都府教育振興プラン，子どものための京都式少人数教育など)。

□地域の伝統文化の継承について。

□担任としての学級目標設定とその理由。

□児童生徒の問題行動等の発生状況と防止対策について(暴力行為，いじめ，不登校等)。

□児童生徒との適切な距離間について。

□教師力向上のために大切なもの。

□指導計画作成にあたっての配慮事項。

□週案の作成の意義。

□習熟度別指導の長所と短所。

□「心の教育」について具体的な内容，充実のための取組例。

□「いのちの大切さ」指導の方法。

□「人権教育」について。

□清掃活動の教育的意義。

□校則，校則違反の指導について。

□生徒指導における頭髪や服装などの基準について。

□部活動の意義，外部指導者についての認識や意見。

□体罰について。

□不登校の児童生徒への対応・外部機関との連携。

□スクールカウンセラー，スクールソーシャルワーカーとの連携について。

□学校事故の予防・発生時の対応について。

□具体事例の対応(いじめ発覚，給食への異物混入，児童虐待が疑われる等)。

□小学校(中学校，高等学校)における特別支援教育について。

□通常学級において特別に支援を要する児童生徒への対応について。

□インクルーシブ教育について。

□養護教諭との連携について。
□食育の必要性について。
□栄養教諭との連携について。
□特別支援教育についての認識，具体的な活動。
□自立と社会参加について。
□「個別の教育支援計画」の意義(目的)について。
□交流及び共同学習について。
□特別支援学校のセンター的機能についての理解。
□医療，福祉との連携について。
□養護教諭の職務を進めていく上での心構え。
□学校における養護教諭の役割。
□保健室経営について。
□健康診断結果の活用について。
□保健主事の役割。
□栄養教諭の職務を進めていく上での心構え。
□学校における栄養教諭の役割。
□食に関する指導に係る家庭や地域社会との連携における，栄養教諭としての具体的な役割。
□食育の指導におけるポイント。

6　教育問題，教育時事について

□関心のある教育問題と自分の見解。
□新型コロナウイルス感染症状況における学級経営・学校運営への影響や対応について。
□高大連携について。
□主権者教育について。
□いじめ問題について(「いじめ防止対策推進法」の趣旨と学校が果たすべき役割，京都府の取組等)。
□グローバル化に対応した英語教育について。
和歌山県チーム学校」について。
□働き方改革について。
□「特別の教科　道徳」について。
□環境教育について。

□情報教育(ICT教育)について。
□防災教育・安全教育について。
□子どもの学校以外での学習時間についての認識や意見。
□子どもの貧困対策についての認識や意見(家庭の社会経済的背景と学力との関係等)。
□キャリア教育について。
□合理的配慮について。
□社会に開かれた教育課程について。
□グローバル人材の育成について。
□その他，関心事等。

▼中学英語　面接官3人　受験者1人　15分

【質問内容】

□教師に興味を持ったのはいつか。
□なぜ銀行で働いたか。
□セクハラを踏まえて生徒と関わる時に気をつけることは。
□なぜ小学校免許を取得したのか。
□異文化理解をどう教えるか。
□英語力を高めるためにしていることは。

▼高校英語　面接官3人　受験者1人　20分

【質問内容】

□迷わず会場に来られたか。
□今日の体調は。
□併願はしているか。
□なぜ京都府なのか。
□京都の教育施策について何か知っているか。
□京都府(市)内の高校について何か知っているか。
□同僚の二人が仲良くしていたらあなたはどうするか。
→管理職に相談してもやまなかったらどうするか。
□教育実習での学びについて。
□グローバル人材の育成について。
→グローバル人材そのもののイメージを教えてほしい。
□教職の魅力。

□教員になるにあたってのあなたの弱み。
→授業作りの客観性以外ではどうか。
□自己アピールを1分で。
▼高校英語　面接官3人　受験者1人　20分
【質問内容】
□京都府内どこでも勤務できるか。
□京都府を志望する理由は。
□教育実習で学んだことは。
□教育公務員と一般公務員の違いは。
□同僚のセクハラへの対応は。
□いじめにどう対応するか。
□グローバルな人材とは。
□民間試験を公立学校で導入することのメリット，デメリットは。

2024年度　京都市

◆個人面接(1次試験)
▼小学校　面接官2人　10分
【質問内容】
□志望理由。
□SNSについての考え。
□算数の支援法について。
【場面指導課題】
□個人面接の後にそのまま行われた。
□小学6年生の担任で，持ってきてはいけないものを持ってきていることを指導する場面だった。

◆集団討論(2次試験
▼小学校教諭
【テーマ】
□日常的な授業を進めるうえで，学習規律が大切になります。
担任として，大切にしたい学習規律とその必要性について話し合い，学習規律の確立・定着のためにどのように取り組んでいくのか議論を深めなさい。

□京都市では支え合い高めあう集団づくりの推進と絆づくりを大切に取組を進めています。学級経営もその一つです。

担任として，学級経営を進めていくうえで大切にしたい視点について話し合い，具体的な取組について議論を深めなさい。

▼中学校教諭

【テーマ】

□生徒心得や学校生活の手引(いわゆる校則)について，意義を踏まえながら，今後の運用や見直しの方向性について討議をしなさい。

□教員と生徒間の携帯電話等の使用(メール，LINEやFacebook等を含む)については，

○生徒の携帯電話等の番号やメールアドレス等を取得しないこと

○教員の携帯電話等の番号やメールアドレス等を安易に生徒に教えないことと，定められている。

中学校で教育活動を行っていくうえで，教員と生徒間の携帯電話等の使用の是非を生徒指導や生徒の支援，不祥事防止等の視点を踏まえて討議をしなさい。

▼高等学校教諭

【テーマ】

〈設定〉

○学校：全日制普通科高校(3学期制)

○学校規模：1学年6クラス，全校生徒720名

○学校教育目標

・他者と対話・協働しながら主体的に考え行動する生徒を育てる。

・一人ひとり人が個性や自らの良さを生かし，将来，社会で活躍・貢献できる生徒を育てる。

・心身ともに健康，情操豊かで，思いやりの心あふれる生徒を育てる。

○生徒の状況：

部活動に参加する生徒が多く，学校行事などの特別活動には熱心に取り組み，学校生活の様子としては活気がある。学力層は幅広く，学習意欲が高くない生徒も多い。卒業後，大学へは約7割，短期大学及び

専門学校へは約2割の生徒が進学し，就職する生徒はごくわずかである。

校内では，生徒が生き生きと輝く学校にするために，「学校活性化プロジェクト」を進めている。教職員のチームを立ち上げ，学校が一体となってプロジェクトを進められるよう，各分掌の主任に加えて有志の教職員が募られたため，あなたは立候補し，チームの一員となった。 現在はプロジェクトチームスタートの4月中旬である。

〈課題〉

この場を，プロジェクトチームの初回の会議とします。

「新学習指導要領に基づく教育課程の完成」と「全学年が，個人持ちタブレット端末を持つようになる」状況を翌年度に控えた今年度のプロジェクトの柱の一つは，「学校教育目標を着実に達成するに当たり，生徒の言語能力，情報活用能力，問題発見・解決能力等の学習の基盤となる資質・能力をさらに育成するための取組や筋立て(流れ)をいかに構築するか」です。この構築・実現に向け，どのようにこの学校活性化プロジェクトを推進していくべきかについて，プロジェクトチームとしての意見を時間内にできる限りまとめてください。また，初めに，①会議を進行する司会役を1名決めてください。②プロジェクトチームの重点自標を全員で絞ったうえで，話し合いを進めてください。なお，司会の方も含め，教務主任，学年主任等の役割は考慮せず，全員，プロジェクトチームメンバーの一人としての立場で集団討論に臨んでください。

▼総合支援学校

【テーマ】

□A児は，現在，小学校2年生で普通学級に在籍している。『新版K式発達検査2020』の結果はDQ85である。言葉が豊富で自分の考えを話すことができるが，相手の気持ちや行動が理解できず，手が出るなどトラブルになることも多い。時間が経つとその状況を冷静に話すことができる。物の整理ができないが，言葉かけがあれば片付けることができる。

授業では，45分間座っての学習は難しいが，見通しを持つことができると意欲的に取り組む。できないことがあると，床や廊下に寝転がることもある。音読はよくつまり，読み飛ばしや誤り，予想で読むことが多く，苦手意識から取り組もうとしない。基本的な足し算，引き算はできる。

このような児童に対して，障害の状態等に応じた指導としてどのような工夫を講じるか，「困難さの状態」「指導上の工夫の意図」「手立て」について協議しなさい。

□学校5年生のA児は，育成学級(特別支援学級)に在籍している。A児は，自閉スペクトラム症(ASD)の診断があり，療育手帳Bを所持している。簡単な指示理解はでき，発語もあるが，自分の思いをうまく言葉で伝えることが難しい。やりたいことを止められると，暴れたり大声で泣いたり，先生につかみかかったりすることも多い。また，特定の児童にこだわり，攻撃的な行動をする一方で，その児童の声に反応して教室から飛び出すこともあった。

4年生の途中から学校への行き渋りが見られ，現在は週に1回程度，母親とともに登校するものの，教室には入らず別室で母親と過ごし，短時間で帰っていく状況である。最近では，学校という言葉を聞くだけで不安定になり，自傷行為が見られる。

このような児童への指導及び支援について，どのようなことが考えられるか，「困難さの状態」「指導上の工夫の意図」「手立て」について協議しなさい。

▼養護教諭

□学校における健康観察は教育活動全体を通じて全教職員により行われるものであり，子どもの心身の健康課題を早期発見，早期対応を図るために重要な活動である。健康観察を学校全体で進め，活用するために，養護教諭が果たす役割について討議を進めなさい。

▼栄養教諭

□あなたが栄養教諭として考える「魅力ある学校給食の献立」の条件と，それを通して子どもたちにつけたい力，献立を立てる上で栄養教諭に求められる力について討議を進めなさい。

2024年度　大阪府

◆個人面接(2次試験)

※主な評価の観点等

①社会人として望ましい態度であるか。

②望ましい対人関係を築ける資質を備えているか。

▼小学校　面接官2人

【質問内容】

□基本的な質問(面接個票に沿った質問)。

□大阪府を受けた志望動機は。

□先生を目指している理由は。

□保護者対応。

□自己PR。

▼小学校　面接官2人　10分

【質問内容】

□志望動機に触れながら1分程度で自己紹介。

□これは大変だったや，やり遂げた，という経験を紹介せよ。

→このエピソードでこれは頑張ったという点は。

□意見の対立にはどう対応したか。

□苦手な人はどんなタイプか。

□エンジニア経験をどう活かしたいか。

□高校講師の時も体験学習をとり入れたのか。

・面接官のうち1人だけが質問。

▼中学理科　面接官2人　10分

【質問内容】

□志望動機を含めた自己PR1分。

→志望動機については，私立の学校ではできなかったのか。

□あなたが教師に向いていると思う面は。

□あなたが今までで一番頑張ったことは。

→今，それは役に立っているか。

□あなたの強みと弱みは。

→弱みはどのように克服しているか。

面接試験

□あなたの苦手な人はいるか。

→どのようなタイプが苦手か。

→どのように対応しているか

□職場の人たちとどのようにコミュニケーションを取っているか。

▼高校英語　面接官2人　10分

【質問内容】

□受験番号・氏名・教員を志望する理由。

□なぜ高校を受験しようと思ったのか。

→(志望理由について)生徒が自信をつけるために授業で工夫したことは。

→(志望理由について)小中でも自信をつけることは大事だが，そこはどう思うか。

□高校で自信をつけるのが大事な理由は。

□高校の経験は1校だけなのか。

□人とコミュニケーションをとるために大事にしていることは。

□正規で働いているのにこのタイミングで教採を受けた理由は。

・面接官は提出したエントリーシートを見ていない。1人の面接官が質問し，もう1人はメモを取っていた。

◆個人面接(3次試験)

※主な評価の観点等

①教育を取り巻く状況や課題を理解しているか。

②教職について理解し，意欲をもって取り組む姿勢はあるか。

③教員としてふさわしい実践的なコミュニケーション能力を備えているか。

▼小学校　面接官3人　15分

【質問内容】

□志望動機。

□苦しい学級とはどんなものか。

→苦しい学級の場合どうするか。

→どんな取り組みがしたいか。

□ボランティアの経験で教師に活かせることは。

→ボランティアの中で苦労したことは。

→それをどう解決していったか。

□職場のなかに，自分とは考えの合わない先生がいた場合どうするは。

□あなたは子供をしかれるか。

→しかるときに気をつけることは。

【模擬授業に関する質問内容】

□待ってる時どんな気持ちだったか。

□模擬授業は何回くらい練習したか。

□今の模擬授業を自己評価すると何点か。

□どんなことアドバイスしてもらったか。

□授業の中で大切なことは。

□授業の中で工夫したことは。

▼中学数学　面接官3人　20分

【質問内容】

□自己PRと志望理由。

【模擬授業に関する質問内容】

□緊張しているか。

□模擬授業の出来はどうだったか。

□模擬授業の出来栄えは何点か。

□誰かに見てもらったか。

□今の授業でよかったところ，悪かったところは。

2024年度　大阪市

◆個人面接(1次試験)

※1人約10分の個人面接を実施。

〈選考基準〉

・資質(教員としての適性があるか，子どもへの教育的愛情があるか，教育への情熱があるか，明確な志望動機があるか，困難に立ち向かう姿勢・粘り強さがあるか，状況に応じた的確な判断力があるか)

・表現力(話の説得力があるか，物事を的確に表現できているか，論理的思考ができているか，教員としての基礎的知識・専門性があるか，

柔軟な発想ができているか)
・社会性(協調性があるか，社交性があるか，明るさ・素直さがあるか)
・その他(場に適した服装・身だしなみや立ち振る舞いができているか，適切な言葉づかいができているか，教員としての職務の遂行が可能か)

▼小学校　面接官2人

【質問内容】

□子どもは好きか。
　→なぜそう思ったか(エピソード)。
□子どもを苦手と思ったことはあるか。
□なぜ，本自治体を受験したか。
□子どもと接する中で，気をつけていることは。

▼中学英語　面接官2人

【質問内容】

□志望理由(自己PRを含めること)。
□大阪市を志望した理由。
□高校経験しているのに，中学校で志望した理由は。
□今までの教員生活で最も苦労したことは何か。
□英語の資格の取得状況について。
□大阪市があなたを採用するメリットは何か。

◆個人面接(2次試験)　約15分

※場面指導を含む。
※中学校(特別支援学級)は，1人約30分の個人面接とし，その中で場面指導のほか，特別支援教育に関する専門知識や，大阪市の特別支援教育の現状と課題に関する質問等を行う。
※場面指導とは，様々な場面を設定し，幼児指導生徒への指導や，保護者への対応等を評価するものである。なお，場面設定は面接時に面接官から提示される。

〈選考規準〉

※1次試験と同様の内容

▼小学校　面接官3人　15分

【質問内容】

□なぜ，本自治体を受験したか，心細くないか。

□ストレス発散方法はあるか。

→具体的には何か。

□なぜ6年間，部活を続けられたか。

【場面指導課題】

□小1の担任，入学式で泣いてしまい，今後学校に行かないといっている子の保護者への対応。

・面接官の方が，子や保護者役になって，ロールプレイ形式で行う。

▼小学校　面接官3人　15分

【質問内容】

□大阪市の抱える問題点(教育課題，不登校，貧困など)は何か。

・志望理由について聞かれた記憶はなく，それよりも，自治体の抱える問題とそれに対する自分の考えが多く聞かれた。

【場面指導課題】

□保護者から「子どもが明日学校に行きたくないと言っているから学校を休ませる」という電話がかかってきたときの対応。

2024年度　堺市

◆個人面接(1次試験)

▼中学国語　面接官3人　25分

【質問内容】

□志望動機。

□自身の強みについて。

□実習の授業で感じたことは。

□寄り添うとは。

□コミュニケーション以外で大切にしたいことは。

□道徳科で大切にしたいことは。

□人の発言を否定する子どもがいたら，どうするか。

□教育課題について。

● 面接試験

□授業で取り組みたいことは。
□理想の集団とはどんな集団だと思うか。
□集団の中での自分の役割は。
□悩んでいる先生がいたらどうするか。
□人権とはどのようなものか。
□自己PR(30秒程度)。

◆個人面接(2次試験)

※全受験者に対して，場面指導(設定された様々な場面についての指導方法や対応方法について，面接員に対して説明する)を実施する(ロールプレイ形式ではない)。

※「特別支援学校小学部」及び「中学校・中学部(特別支援)」の受験者に対しては，特別支援教育に関する専門知識や配慮を要する児童・生徒への対応方法等を問う質問も行う。

※「小学校外国語推進」の受験者に対しては，小学校外国語推進パフォーマンスシートから質問を行う場合がある。パフォーマンスシートは2次受験票発行の際に配付する。

※特別選考(ICT活用能力所有者)の受験者に対しては，出願時のレポートから質問を行う場合がある。

※主な評価の観点

①教育にかける“ゆめ”や情熱をもち，自分の“よさ”を生かしているか。

②広い視野で自他を肯定的に捉え，人権を尊重する態度や意識があるか。

③困難に立ち向かう強い意志をもち，様々な課題に対して的確かつ柔軟に対応することができるか。

④教員となることについて自覚をもち，責任ある行動をとることができるか。

⑤学習指導要領等の指導上必要な基礎知識を理解するとともに，時事的な教育課題について，理解しようとしているか。

⑥一人ひとりの子どもに寄り添いかかわることの必要性・重要性について，理解しているか。

⑦これまでの経験に基づき，明確に自分の考えを述べ，相手に伝えることができるか。

⑧組織の一員として自身の役割を意識し，他者と協力する大切さについて理解しているか。

※携行品：2次試験受験票，マスク，鉛筆(B又はHB)，黒ボールペン，消しゴム，加点申請提出物(加点「オ」の申請者を除く)

▼特支小学校　面接官3人　25分

【質問内容】

□人権について

□資格児童の具体的な指導方法について。

□ICTをどのように使用するのか。

・面接シートから関連して，質問された。

【場面指導課題】

□小5のA了さんは教室に入れないが，どのように対応するか，面接官に説明しなさい。

・1分間で考え，2分間で答える。

・追加で，「保護者から入れないでほしい，と言われたが，どう対応するか」も聞かれた。

▼中学国語　面接官3人　約30分

【質問内容】

□自己紹介。

□国語科志望の理由。

□実習で困ったことは。

□ICTをどう使うか。

□ストレスの解消法について。

□学校で取り組みたい業務(3つ)。

□相談する相手はいるか。

・面接シートで書いた内容から質問されることが多い。

【場面指導課題】

□AさんがBさんの間違った発言に対して笑い，周囲の生徒も笑った。どう対応するか。

・紙で問題を見せてもらい，1分で考えて2分以内に答える。

●面接試験

・追加で，「Aさんとどんな話をするか。」「周囲の生徒にはどんな話をするか。」「Bさんに対してどんな話をするか。」「周りの先生とはどう連携するか。」も聞かれた。

2024年度　豊能地区

◆集団面接(1次試験)　約30～40分

※面接試験に要する時間は，待機時間を含め，集合時刻から概ね2時間。

※主な評価の観点

①社会人として望ましい態度であるか。

②望ましい対人関係を築ける資質を備えているか。

※携行品〉：受験票，筆記用具，写真を貼付したエントリーシート

※エントリーシートは，協議会ホームページからもダウンロードできる。テスト当日は，4部(A4サイズ，原本1部，コピー3部)持参すること。

▼小学校　面接官3人　受験者5人　35分

【質問内容】

□豊能地区を志望した理由と自己PRを2つ合わせて1分で。

□ストレス解消法は。

□5年前の自分に言いたいことは。

□10年後の自分に一言。

・挙手制であった。

▼中学国語　面接官3人　受験者5人　35分

【質問内容】

□志望理由・長所を30秒で。

□国語科で大切にしたいことは。

□教師になるうえで不安なことは。

□保護者への関わり方について。

▼中学家庭　面接官3人　受験者4人　30分

【質問内容】

□豊能地区の志望動機と自己PR30秒。

□今までの人生でやりぬいていることはあるか。

□理想の教師像は。

□家庭科を通して伝えたいことは。

□教壇に立ったとき不安なことは。

◆個人面接・模擬対応(2次試験)　模擬対応と個人面接で計20分

※小学校，中学校全教科，養護教諭受験者に対して，模擬対応を個人面接の中で実施する。

※模擬対応は，実際に学校で起こり得る様々な事態への指導や対応について，ロールプレイ形式で実施する。面接員に対して説明する形式ではない。対応する場面設定は，面接当日に知らされる。

※主な評価の観点

①教育を取り巻く状況や課題を理解しているか。

②教職について理解し，意欲をもって取り組む姿勢はあるか。

③教員としてふさわしい実践的なコミュニケーション能力を備えているか。

④児童生徒に対して適切な言葉でわかりやすく説明できるか。

⑤場面に応じた適切な対応ができるか。

⑥組織の一員としての自覚をもち，他者と協力しながら教育活動をすすめていこうとする姿勢はあるか。

※携行品：受験票，筆記用具，写真を貼付した面接個票

※面接個票は，第2次選考受験票に同封する。テスト当日は，4部(A3サイズ，原本1部，コピー3部)持参すること。

▼小学校　面接官3人　20分

【質問内容】

□面接個票に記載した内容からの質問が中心。

(特に，今まで取り組んできたことの欄から深掘りされた)

【場面指導課題】

□いつもみんなから頼られているAちゃん(小4)から，みんなに頼られることに疲れたと相談がありました。対応してください。

→5分使い終わった後,「今後どうしていくのか」という質問あり。

▼中学国語　面接官3人　20分

【質問内容】

● 面接試験

□長所と志望動機。

□実習で学んだことは。

□周りからどう見られていると思うか。

□教師になるうえで不安なことは。

・答えたことから何度も深掘りされる。

・教育施策などの知識ではなく，自分自身のことについて聞かれる。

【場面指導課題】

□あなたは中2の担任。Aさんから「吹奏楽部の部長に選ばれたが，自信がない」と相談をうけた。どうするか。

・考える時間・対応全部で5分。

▼中学家庭　面接官3人　25分

【質問内容】

□豊能地区，校種，教員を目指した志望動機。

□豊能地区の魅力は。

□豊能地区の教員として自分のどのようなところを活かすか。

□苦手な人とどう付き合っていくか。

□教職員の間で意見が対立したときどうするか。

□どういう家庭科の授業を作りたいか。

→具体的なプランは。

□家庭科に興味のない生徒もいると思うが，その生徒にどう対応するか。

□自分の強みは何か。

→その強みを授業でどうやって活かすか。

【場面指導課題】

□あなたは中学校1年の担任です。先日保護者の方が来校されて廊下を歩かれていた際，生徒にぶつかられたが謝られなかった，どういう教育をしているんだと連絡いただきました。話を聞いていると，その生徒がAさんであることが分かりました。そのAさんを呼び出し，どういう話をしますか。

・(終わった後)自分で何点か，気をつけたポイント，100点にするにはどうすればよかったかを聞かれる。

2024年度　兵庫県

◆集団面接(1次試験)

▼全区分

下記の3テーマから，当日指定する1テーマについて，集団討議を行う。

【テーマ】

□これからの時代に求められる教員

□児童生徒の主体的な学びを促す授業づくり

□児童生徒の成長を促す生徒指導

〈評価項目〉

(1)　健康度：困難を克服する精神力や健康性に関する評価

(2)　積極性：仕事に対する意欲や情熱に関する評価

(3)　共感性：児童生徒に対する共感性に関する評価

(4)　社会性：周囲とのコミュニケーション能力に関する評価

▼小学校全科　面接官2人　受験者5人　15分

【テーマ】

□児童生徒の主体的な学びを促す授業づくり

・テーマは6月中旬頃出され(3つ)，当日その中から1つが試験開始後に面接官から発表される。

・司会は立てない

▼小学校全科　面接官2人　受験者5人　15分

【テーマ】

□これからの時代に求められる教員

・3つのテーマが試験の2週間ほど前に発表される。当日にこの中から1つ指定されて討論する。

・話すのは，1分以内で簡潔にとの注意事項があった。

・司会は立てず，挙手をして「いいですか」ときいてから話した。

▼小学校全科　面接官2人　受験者5人　15分

【テーマ】

□児童生徒の成長を促す生徒指導について

・一人3回ずつぐらい話していた。

・同じグループの人は「A・B・C・D・E」と呼び合う。

● 面接試験

・白い紙が机の上に置いてある(メモ用)。
・「残り3分です」と試験官が教えてくれる。

▼中学特支　面接官2人　受験者4人　12分

【テーマ】

□あらかじめ出されていた課題(HPに記載)3つ(「これからの時代に求められる教員」「児童生徒の主体的な学びを促す授業づくり」「児童生徒の成長を促す生徒指導」)のうちから，当日試験官が1つ選んで討論する。

・メモを取ってもかまわない(メモは試験後回収される)。
・司会を立てる必要はなく，1人あたりの持ち時間や発言回数(1人当たり3～4回が妥当)の制限はない(1回あたりの発言時間は1分以内)
・残り3分になると試験官の合図がある。
・討論中，受験生同士は「Aさん」「Bさん」と呼び合う。
・課題を出された後すぐに討論が始まるので，あらかじめ何を話すかの構想を練っておかないと難しい。当日考える時間の余裕はない。

◆個人面接(2次試験)　面接官3人　25分(養護教諭区分は32分)

※場面指導(学校現場において想定される生徒指導や保護者対応等)に関する試問を含めて実施する。

〈主な試問例〉

□願書の記載内容について
□志望動機について
□理想の教員像について
□これまで努力してきたこと
□教育法規等

※すべてが全員に必ず試問されるとは限らない。

〈評定項目〉

個人面接試験は次の評定項目に基づいて5段階評定で実施する。

(1)　態度・表現力：表情や話し方に関する評価
(2)　意欲・積極性：仕事に対する意欲や情熱に関する評価
(3)　判断力：状況に応じた判断力に関する評価
(4)　専門性：教科科目の専門的指導力に関する評価

(5)　将来性：教員としての資質や人間性に関する評価▼小学校全科
面接官3人　25分

【質問内容】

□友達からどんな人と言われるか。

□学生時代一番努力したことは。

□今の仕事について。

□ボランティアについて。

□あなたを採用したときのメリットは。

□自分の強みは。

→わかる授業とは。

□担任として大切にしたいことは。

□働くにあたって不安なことは。

【場面指導】

□1学期毎日休まずきていた児童が二学期から休みがちになった。どうするか。

□保護者から「子どもが学級に行きたくない」と言っている。どうするか。

▼小学校全科

【質問内容】

□兵庫県を志望した理由。

□小学校教諭になりたいと思った理由。

□いつの時代の主将がきつかったか。

□苦労した経験について。

□なぜラクロス部(大学)に入ったのか。

□どんな学級にしていきたいか。

□褒める以外でどんな教育活動をしていきたいか。

□実習で学んだことについて。

【場面指導】

□「うちの子どもが休み時間1人でいる…」という電話の対応。

→1人でいるとはどんな背景が考えられるか。

→友達の輪に入れないとはどんな感じか。

→いじめは考えられるか。

●面接試験

▼小学校全科

【質問内容】

□志望理由。

□前の夢は何か。

→どのタイミングで教師に変わったか。

□部活はいつからいつまでやっていたか。

□社会人になっても部活を続けるか。

□今までの部活で一番子どもたちに伝えたいことは何か。

□司書教諭をとった理由は何か。

□ボランティア活動で一番学んだことは何か。

□リフレッシュ方法は何か。

□学校教員はブラックだといわれているが，そのような状況に対してあなたはどうするか。

【場面指導】

□夏休み明けに遅刻が多くなってきた児童に対してどう指導するか。

→何度指導しても改善しない児童に対してどう対応するか。

▼中学理科　面接官3人　25分

【質問内容】

□志望動機

□ボランティア活動(自己PR／願書に関する質問)。

□学業で力を入れていることは。

□大学で研究している内容を授業でどのように応用することができるか。

□中学と高校の教員免許を取得しているのに，中学を志望する理由。

□兵庫県の教員を志望する理由(兵庫県の教育方針等を踏まえて)。

□兵庫県以外の受験自治体について。

□自分が経験したことがない部活動を担当することになった場合，どのように対応を行うか。

□同僚で意見が合わない人がいる場合，どのように対応を行うか。

・ブラックな学校(就業時間)について。

【場面指導】

□昼間に夜の21時に保護者から自分(受験者)に電話をしたいと言われ

た場合，どのように対応を行うか。

□学校行事に積極的に参加しない人が学級にいた場合，どのように対応を行うか。

□夏休み明けから週に3回程度遅刻する生徒がいた場合，どのように対応を行うか。

▼中学特支

【質問内容】

□志望動機(なぜ兵庫県を志望したのか，なぜ中学校なのかを含む)。

□社会科を通して兵庫県の郷土愛を育むにはどのような教材を提示するのか。

□部活動，ボランティア経験を通して学んだこと。

□生徒と関わる上で大切にしたいこと。

□担任としてどのような学級をつくりたいか。

□部活動を指導するとして，どのような部にしたいか。

□主体的・対話的で深い学びを実現するための工夫。

□授業中の発言が少ない生徒への働きかけ方。

□ICTを用いた授業ではどのような工夫ができるか。

【場面指導】

□ネットでいじめを受けている(悪口を書き込まれている)と保護者に相談された時の対応。

→生徒がもう学校に行きたくないと言った時の対応。

→誰がネットに書き込んだのか特定してほしいと頼まれた時の対応。

→保護者を通して，生徒が家庭訪問をしてほしくないと言った時の対応。

→ネットの悪口を削除してほしいと頼まれた時の対応。

▼中学社会

【質問内容】

□なぜ教師になりたいと思ったか。

□ なぜ兵庫県で働きたいと思っているのか。

□ 教職課程と学科の学習を並行するのは難しかったと思う。私(面接官)も当時相当苦戦した。困難なことも多かったと思うが，どのように乗り越えたか。

● 面接試験

□ 防災が専門分野ということで，防災系の資格も何か持っているか。
□ なぜ大学進学の際，社会防災学科を選んだのか。
□ なぜ防災が専攻なのに，教職課程を履修しようと思ったのか。
□ 震災経験はあるか。
□ 体験した大阪府北部地震のような地震が再び兵庫で発生した場合，教師としてどのように対処するか。
□ 司書教諭を取得されているが，司書教諭を取得するにあたって苦労したことは。
□ 大学で，これだけは力を入れたという活動はあるか。
□ ピア・サポートは，何人ほどの規模の団体か。
→ それを代表としてまとめあげることは容易だったか。
→ どのような点が難しかったか。
→その経験を教師になった際にどのように生かせそうか。
□ 生徒指導提要が改訂されたが，あなたはこれのどんな内容に興味があるか。
□ 学習指導要領が改訂されたのは何年か。
□ 兵庫の先生になって「防災」が得意となると，「EARTH 」がよく当てはまるかと思うが，知っているか。
□ あなたがもし採用された場合，EARTH の一員として貢献したいと考えているか。
□ あなたはストレスをためやすい性格か。
→どのようにして日頃解消されているか。
□兵庫の先生になったら，あなたは何に挑戦したいか。
【場面指導】
□あなたが担任を務めているとき，保護者から電話で「息子がSNS で悪口を書かれているようだ。どうにかしてくれないか」と言われた。どのように対処するか。
→電話では，保護者にどのように説明するか。
□あなたが担任を務めているとき，女子生徒から「誰にも言わないでほしいけど，女の子が好きかもしれない。どうしたらいいと思いますか」と言われた。どのように対処するか。
→その場で，その女子生徒にはなんといいますか。

▼高校社会　面接官3人　25分

【質問内容】

□勤務先の確認。

□兵庫県志望理由。

□この年でなぜ教員になりたいのか。

□なぜ兵庫県を受けなかったのか。

→これまで受けることは考えなかったのか。

□貴方の会社での役割は。

→どんなことをしたか具体的に。

→会社は貴方が受験したことを知っているか。

→(会社から)どのように言われたか。

→貴方は管理職のようだが，会社は貴方がやめたら困るのでは。

□(教員になるにあたり)不安なことはあるか。

□健康状態は。

□専門外(体育会系，例えば野球部)の顧問を校長から依頼されたらどうするか。

□教員は定年延長でも64歳で雇用は終了するが大丈夫か(民間なら更に雇用があるのでは)。

□(最後に)兵庫県が貴方を採用しなかったら損をすることを念頭に自己アピールを。

【場面指導】

□担任生徒の保護者より，他のクラスの教師より個人的な連絡があり困っている。貴方はどうするか。

□生徒より個人的な連絡をしたいと要望があったらどうするか。

2024年度　神戸市

◆集団面接(1次試験)

※複数の受験者を1組として行う集団面接形式▼小学校　面接官2人　受験者6人　30分

【質問内容】

□自身の強みについて。

● **面接試験**

□教師に求められる資質・能力は。

→どのように身につけるか。

□ストレスが溜まるのはどんな時か。

→その時のマネジメント方法は。

□漢字一字で自分を表すと何か。

▼小学校　面接官2人　受験者5人　30分

【質問内容】

□児童とともに成長するとよく言われるが，あなたはどう思うか。

□教員の働き方改革でなにか新たなアイデアはあるか。

→教科担任制という意見がでたが，あなたがするとすればどの教科をしたいか，またなぜなのか。

▼小学校　面接官2人　受験者6人　30分

【質問内容】

□無人島に一つだけ持っていくとしたら何を持っていくか。ただし，スマホ以外。

→どうしてそれを持っていくのか。

□まる1日休みで100万円あげます。何に使うか。

□趣味はなにか。

□神戸で1番好きなところは。

□神戸で1番好きな食べ物は。

□面接が終わるとどこへ行くか。

◆個人面接(2次試験)　面接官4人　30分(場面指導，模擬面接を含む)

※試験の流れは，自己紹介→模擬授業→場面指導→面接の順で実施される。

〈評価の観点〉

・子供一人一人に愛情をもって関わり，温かく寄り添う感性を持っているか。

・いかなる困難にあっても，子供の笑顔と成長につながる行動がとれるか。

・社会人として守るべき法令やルール，マナーを身につけているか。

・組織の一員として，互いを理解し尊重しながら協働する意義を理解していいるか。
・良好な人間関係を築くことができるコミュニケーション能力を有していいるか。
・教育を取り巻く社会情勢の変化に関心を持っているか。
・教育者としての責任感・使命感を備え，学び続ける向上心があるか。

▼小学校教諭　面接官4人　30分

【質問内容】

□いつから先生になりたいと思っているのか。
　→きっかけはあるか。
□なぜ神戸市なのか。
　→他に神戸市で魅力に感じる教育は。
　→もし神戸市がだめだったらどうするのか。
□エントリーシート記載の挫折体験について。
□小学校の先生を希望しているが，もしあなたが部活の顧問として部活を引きしめるならどうするか。
□最近怒りを感じたことは。
□趣味は。
□周りからどんな人といわれるか。
□意見がちがう人がいると思うが，どう対応するか。
□アルバイトは何をしていたのか。
□教員以外になるならなにか。
□今日の面接は10点満点中何点か。
　→なぜ○点引いたのか。

【場面指導課題】

□プールに行きたくないという児童がいます。対応しなさい。
・1分構想，2分実践(ロールプレイ)。
　→他の児童にはどのような指導をするのか。
　→このことは保護者に伝えるか。

▼小学校教諭　面接官4人　30分

【質問内容】

□中・高の免許取得見込みだがなぜ小学校か。
□自分の嫌なところは。

● 面接試験

□苦手なことは。

→そういう子どもがいたらどうするか。

□長年続けているスポーツについて。

【場面指導課題】

□明日の校外学習，お弁当を作ってもらえず，パンを持参しなければならないから，行きたくないという児童への対応。なお，この児童の保護者は給食費を滞納することもあるが，最終的には支払い済。

▼小学校教諭　面接官4人　30分

【質問内容】

□他県を受験しているが，どこが第1志望か。

□場面指導はどのような事に気をつけたか。

□神戸市を志望した理由は。

□神戸市はどんなつながりを大切にしていると思いますか，具体的な内容で答えよ。

□どの教科を教えることが得意か。

□何の教科を教えたくない，または苦手を感じるか。

□特別支援の先生にならない理由は。

□親は教員になることを応援しているか。

□不登校の子ども達はあらゆる要因で不登校になっていると思うが，学級担任としてどう向き合うか。

□特別支援の実習で大変だったことは何か。

□講師をしていて，やりがいはあるか。

□なにか新たに取り組みたいことはあるか。

□挫折した経験について。

→挫折についてほかの現場に出てからの挫折はないか。

□今あなたが頑張りたいと思うことは。

□講師について，どの教科，どの期間行っているか。

→講師をしていて大変なことは。

□併願県のいい所は。

→併願県の教育施策は。

▼中高社会　面接官4人　30分

【質問内容】

□志望動機について。

□ICTを授業でどのように活用するか。

□中学校と高校の違いは。

□教員として不足していることは。

□どのような人だと他人から言われるか。

□最近感情が表に出たことは何か。

□他に受験している自治体は。

□自己アピール。

【場面指導課題】

□美化委員に立候補する生徒がいない中，BさんがAさんを美化委員に推薦した。その場でAさんは小さくうなずいてくれたので，Aさんが美化委員に決まった。その日の放課後，Aさんの親から「Aが学校に行きたくないと言っている。学校で何かあったのか」という電話があった。電話対応しなさい。

▼中高家庭　面接官4人　40分

【質問内容】

□なぜ神戸市を選んだのか。

□神戸市の魅力は何か。

□その他，エントリーシートなど事前に提出した書類の内容について。

【場面指導課題】

□Aくんは授業態度が悪く，何回注意しても改善しない。ある日，同じクラスのBくんがAくんにもっと強く指導してくれないかと相談してきた。Bくんにどのような対応をするか。

・面接官4人のうち，1人が生徒役になり，1：1で場面指導を行った。

・お題が渡され，それを声に出して読み，1分間考える時間が与えられる。その後，3分間場面指導を行う。

2024年度　奈良県

◆集団面接(討議)(2次試験)

〈テーマ〉▼全校種

1日目

●面接試験

□　奈良の魅力発信
□　不登校
□　働き方改革
□　体罰･不祥事の根絶
□　いじめ問題
□　情報モラル教育
□　地域との連携
□　多様な背景を持つ児童生徒への対応
□　安心･安全な学校
□　教育格差
□　働きがいのある仕事
□　質の高い教育
□　豊かな人間関係
□　子どもの貧困

2日目

□　インクルーシブ教育
□　子どもの心に火をつける教師
□　ヤングケアラー
□　コミュニケーションを図る上で意識すること
□　グローバル人材の育成
□　人権の尊重
□　教育におけるAIの活用
□　教育の変わらない部分と変わっていく部分
□　持続可能な学校教育
□　体験活動の充実
□　組織と個
□　SNSの利用
□　虐待としつけ
□　ワークライフバランス

〈評価の内容〉

　教員としての職務を遂行するのにふさわしい能力・適性をもった人物を選考する。

集団面接(討議)では集団の中で発揮される資質や能力を評価する。

①論理的思考力，②発信力，③受信力，④社会性・対応力

▼中学社会　面接官2人　受験者7人　40分

【テーマ】

□ヤングケアラー

・はじめに1人ずつ受験番号と名前を言う。

・テーマが発表され，受験者はメモをとる。

・2分各自で考える時間が与えられる。

・始めに，1人ずつ順番に1分程度意見を述べる。

・30分，自由に討議(メモはとっても良い，評価対象ではない)。

・受験者には番号が割り当てられ，互いに番号で呼び合う。

▼高校国語　面接官2人　受験者7人　25分

【テーマ】

□体罰と不祥事の根絶

・各自1分間考える時間があり，その後1人ずつ意見を述べて討論スタート。

▼高校社会　面接官2人　受験者6人　20分

【テーマ】

□子どもの心に火をつける教師

・教室に集合後，面接を行う教室の前に整列。その後，面接を行う教室に入室し，面接開始。

・テーマについて，2分間考える時間が与えられ，その後，受験者がそれぞれ1分間で意見を述べる。

・討論は司会を設けず，最後に意見をまとめることもしなかった。

・メモ用紙が配られ，メモを取ってもよいが，評価には含まれない。

▼養護教諭　面接官2人　受験者6人

【テーマ】

□ヤングケアラー

・2分間1人で考える時間を与えられ，そのあと挙手順に1分で意見を述べる。その後は自由に話し合いを進めるよう指示される。

◆個人面接(2次試験

面接試験

▼中学社会　面接官2人　受験者1人　20分

【質問内容】

□なぜ社会科を志望するのか。

□なぜ奈良県なのか。

□他の教員から自分はどんな教員だと思われているか。

□チーム学校，どんな状況であれば機能していると思うか。

□働いている学校で，働き方改革は何％進んでいると思うか。

【教科に関する質問内容】

□深い学びを達成するために単元をどう作っているか。

□歴史嫌いな生徒にどう対応するか。

□主体的に学ぶ力とは。

□どう育み評価するか。

□ICTを用いてどう実践できるか。

【場面指導】

□「先生は髪を染めていいのになぜ生徒はダメなのか」どう対応するか。

→「署名集めてちゃんとルールにそって校則変える！」と言っているがどう対応するか。

→生徒を応援できるか。

▼高校国語　面接官2人　受験者1人　25分

【質問内容】

□高校を選んだ理由は。

□苦手な人はいるか。

→その人への対処法は。

□周りからどんな人と言われるか。

□自分の苦手なところは。

□奈良県のどこでも勤務可能か。

□ストレス発散方法は。

□3つの力のうちについて。

□生徒にどんな力を身につけさせたいのか。

→どうやって身につけさせるか。

【教科に関する質問内容】

□詩を渡され，黙読→朗読，授業展開を行う。
□言語活動，ICTについて。
□生徒に読書させるにはどうすればよいか。
【場面指導】
□「授業を止めて生徒を指導した，その授業の補償をしろ」という保護者からのクレーム対応。
▼高校社会　面接官2人　受験者1人　20分
【質問内容】
□なぜ教員を志望するか。
□生徒たちにつけさせたい力は何か。
→(主体性と答えたら)具体的に何をするか。
□理想の教師とは何か。
□奈良県内どこでも勤務可能か。
【教科に関する質問内容】
□なぜ地歴科を志望するのか。
□地歴科を勉強する意味は何か。
□具体的な単元をあげて，どのように見方考え方を育むかを説明しなさい。
→その授業で用いる資料は何か。
→その授業でどのようにグループワークを行うのか。
□成績評価で注意することは何か。
【場面指導】
□女子生徒に相談にのって欲しいから連絡先を交換してと言われたらどうするか。
→一対一で話をする時にどのようなタイミングで，どのような配慮をしますか。
→他に配慮をすることはあるか。
→DMが送られてきたらどのように対応するか。
→この女子生徒以外に出来ることはあるか。
→生徒の悩みについてはどのタイミングで他の教員に共有するか。
□避難訓練をしている時に，ふざけているグループにどのタイミングでどのように指導するか。

→避難訓練終了後，どのように指導するか。

▼養護教諭　面接官2人　受験者1人　30分

【質問内容】

□コロナが集団発生どうするか。

□自己PRについて。

□養護教諭を目指した理由。

□養護教諭として必要な資質3つ。

→なぜそれ選んだか。

□あなたは集団の中でどのような存在か。

→学校現場でどう活かすか。

□奈良県全域で働けるか。

□気になる健康課題は。

→主体的に子どもたちに学ばせるためにどんな取り組みを行うか。

□気になる教育課題は。

→どのように支援していくか。

→他にあるか。

【教科に関する質問内容】

□中学3年生:健康な生活と疾病の予防(感染症の広がり方・感染症の予防)についての質問。

→この単元で一番子どもに伝えたいことは何か。

→具体的にどう指導するか。

→指導のポイントは何か。

□中学3年生:健康と環境(環境への適応能力)についての質問。

→熱中症がおきるのはなぜか。

→熱中症の予防指導のポイントは。

→熱中症予防のために養護教諭として行うことは。

→熱中症において救急隊の要請どのような観点で判断するか。

【場面指導】

□左手を突き指したと来室した生徒に応急手当をし，その後家に帰らせたところ，自宅でひどくなり医療機関にかかったところ骨折していた。翌日保護者からクレームが入った。どう対応するか。

□化粧をしてきた生徒がいて，注意したところ「先生も化粧をしているじゃないか。なぜダメなのか。先生も化粧をやめたら自分もやめる。」と言ってきた。どう指導するか。

→それでもやめないと言ってきたらどうするか。

2024年度　和歌山県

◆口頭試問(1次試験)

※小学校及び特別支援学校の志願者で，第一次試験の特例「講師経験による免除ア」の該当者が対象

【教職教養に関する質問例】

「チームとしての学校」について，平成27年度に中央教育審議会から答申されているが，なぜ,「チームとしての学校が」が必要とされているのか。またどのように体制整備を行っていくのか，答えよ。

【解答例】

学校が，複雑化・多様化した課題を解決し子供に必要な資質・能力を育んでいくためには，学校のマネジメントを強化し，組織として教育活動に取り組む体制を創り上げるとともに，必要な指導体制を整備することが必要である。

その上で，生徒指導や特別支援教育等を充実していくために，学校や教員が心理や福祉等の専門スタッフ等と連携・分担する体制を整備に学校の機能を強化していくことが重要である。

【受験校種に関する質問例】

▼小学校

文章をすらすらと声に出して読むことができるようにするための指導の工夫について，小学校学習指導要領解説ではどのように示されているか答えよ。

【解答例】

(1)　すらすらと声に出して読むことができるまで反復的に繰り返し日常的に指導していく。

(2)　文章を目で追いながら音読することが困難な場合には，自分がどこを読むのかが分かるように教科書の文を指等で押さえながら読むよう促すこと。

(3)　行間を空けるために拡大コピーをしたものを用意する。
(4)　語のまとまりや区切りが分かるように分かち書きされたものを用意したりする。
(5)　姿勢や口形，発声や発音に注意して読んだり抑揚や強弱，間の取り方などに注意したりして読むように指導するレ

▼特別支援学校

特別支援学校小学部・中学部学習指導要領において示されている自立活動の区分について，答えよ。

【解答】

(1)　健康の保持
(2)　心理的な安定
(3)　人間関係の形成
(4)　環境の把握
(5)　身体の動き
(6)　コミュニケーション

◆集団面接(2次試験)

〈主な評価の観点〉

自己アピールとともに，教育への情熱や学び続ける意欲等，教員としてふさわしい資質と能力を備えているか。

▼小学校　面接官2人　受験者7人　20分

【テーマ】

□chatGPTをはじめとする生成AIが話題だが，それによりレポートや読書感想文を作成する事例も見られる。ICTの活用と教育の関係をどう考えているか。

・初めに自己PR(1人15秒)を述べる時間が設けられる。
・受験者のみの対話形式であった。

▼小学校　面接官2人　受験者8人　35分(説明10分を含む)

【テーマ】

□全体学習と個別最適の学び

・提示されたテーマについて，挙手して面接官に当てられた人が意見することで討論するという試験であった。

・受付で紙が渡され，4つ程度テーマが書かれており，試験が始まるまではその紙にメモして，考えを整理することができるようになっている。面接が始まると，その中から1つテーマが選ばれ，討論が始まるという流れ。

▼養護教諭　面接官2人　受験者6人　25分

【テーマ】

□同じ目標を立てることで成果を上げてきた背景があるが，個々に合わせた目標を立てる意見もある。経験を踏まえて，意見を述べよ。

□校則について，変えていくべきという流れについてどう思うか。経験を踏まえて答えよ。

□チャットGPT，生成AIの活用について，いい面もあるが感想文などに使うと適切な評価もできないと指摘がある。ICT技術と教育についてどのように考えるか。

□部活動も学校教育の一環とされてきた。学校の教育活動と距離のある活動についてどう考えるか。

※上記4つのテーマから1つ，面接官によって選ばれる。最初に「発言したい人はいますか」とあり，挙手制で意見を述べていく。1つの質問に対して，全員話すことができる時間はある。最後に，「追加や訂正等したい人はいるか」とある。そのテーマについて一巡したあと，面接官から養護教諭の視点を加えた追質問がある。

◆個人面接(2次試験)

〈主な評価の観点〉

自己アピールとともに，教育への情熱や学び続ける意欲等，教員としてふさわしい資質と能力を備えているか。

▼小学校　面接官3人　20分

【質問内容】

□子どもに相談したいから，LINEを教えてほしいと言われたらどう対応するか。

→話を聞く環境をどう整えるか。

□教師になって不安なことは。

□どう保護者対応するか。

→複数の教員に話を聞いて，意見が違う時どうするか。

□特技は何か。

□なぜ教員を目指したか。

□他者と対立したことはあるか。

□小6の特別な支援が必要な子に対する支援は。

▼小学校　面接官3人　25分

【質問内容】

□自己PRの詳細(部活動)について。

□落ち込むのはどんな時か。

□ストレス解消法は。

□コミュニケーションにおいて気をつけることは。

□不祥事についての考え。

□どんな授業をしたいか，具体的に。

→実際にできた経験は。

→道徳心をどう育てるか。

□道徳心とはなにか。

□保護者から「授業が分からない」とクレームが入った時の対応。

□教員の資質能力3つを理由と合わせて。

▼養護教諭　面接官3人　25分

【質問内容】

□自己PR 1分。

□教員の不祥事についてどう思うか。

□ストレス発散方法は。

□なぜ看護学部で養護教諭を目指そうと思ったのか。

□保健室経営を行う上で大事にしたいことは。

□養護教諭の職務で最も重要だと思うことは。

□和歌山県の子どもの健康課題を小論文のテーマ以外で一つ挙げ，養護教諭としてどう取り組んでいくか。

□忙しい中で保健指導の時間も取りづらいと思うが，担任とどのように連携をしていくか。

□働く上で不安なことは何か。

□けがの処置について保護者から苦情の電話があったときの対応につ

いて。

□2日休んでいる児童生徒がいる。どのように対応するか。

→欠席理由で気になる理由とは具体的に何か。

□発達障害の子が保健室に頻回に来室している。どのような関わりをするか。

→発達障害の子に関わったことはあるか。

□授業中に廊下に座っている児童生徒が居たときの対応。

2024年度　鳥取県

◆集団面接　2次試験

※集団面接はグループワークを含む。

〈評価の観点〉

○柔軟な発想(理解力，判断力，表現力)

○適切な対応力(課題分析，論理的思考，実行力)

○主体的な行動(チャレンジ精神・行動力，責任感，熱意)

○協調的な行動(適応力，協調性，対人関係構築力)

○豊かな教養(幅広い知識，現代的な諸問題に対する課題意識，地域社会に貢献することに対する自覚

▼全校種

【グループワークテーマ】

□タイムマシンに乗り，一度だけ過去と現在を往復できることになった。いつの時代のどこへ行き，何をするのか，それぞれがアイデアを出し合い，最終的にグループで一つのアイデアにまとめてください。

□人類が宇宙に移住したとき，誰もが楽しめる新しいスポーツを行うことになった。そのスポーツについて，それぞれがアイデアを出し合い，最終的にグループで一つのアイデアにまとめてください。

□「驚きの家電」が発売され，世界的ヒット商品となった。この家電についてそれぞれが家電の概要とキャッチコピーを考え，最終的にグループで一つのアイデアにまとめてください。

□30年後の，小学生の「なりたい職業ランキング」1位は何か。それぞ

れがアイデアを出し合い，最終的にグループで一つのアイデアにまとめてください。なお，「職業」は現在実在しないものでも構いません。

□食料品の値上げを受け，「○○みたいな△△」という比較的安価な新しい食料品を開発することになった。その食料品についてそれぞれがアイデアを出し合い，最終的にグループで一つのアイデアにまとめてください。

□110番は警察機関，119番は消防機関につながるように，3桁の番号ですぐにつながると便利な機関を設定することになった。それぞれがアイデアを出し合い，その根拠とともに最終的にグループで一つのアイデアにまとめてください。

□30年後，日本は○○化した。○○に入るワードについて，それぞれがアイデアを出し合い，最終的にグループで一つのアイデアにまとめてください。

□コロナ禍の経験から学んだことを，新たに創り出したことわざ又は四字熟語で残したい。それぞれがアイデアを出し合い，最終的にグループで一つのアイデアにまとめてください。

〈グループワーク留意事項〉

・グループ内で発言する際は，周囲にいる面接官にも聞こえる声で発言してください。

・時間は，課題を読み各自で考える時間を3分，話し合い検討する時間を17分とします。

(3人グループの場合：考える時間を3分，話し合い検討する時間を12分とします。)

・時間は面接官が計測し，受験者に伝えます。

(3分経過，18分経過，20分経過後，話し合いを終わってください。)

(3人グループの場合：3分経過，13分経過，15分経過後，話し合いを終わってください。)

・進行役等は特に指定しません。

・下のメモ欄は，アイデアをまとめるため等に活用してください。

・この用紙は，集団面接終了後，回収します。

・質問は受け付けません。

▼小学校　面接官3人　受験者4人　45分

【グループワークテーマ】

□タイムマシンで現在から過去に行けるならいつの時代のどこに何をしに行くか。

【グループワーク質問内容】

□集団討論を行ってみた感想。

□あなたの長所は何か。それが討論の中でどう生かされたか。

□この集団討論がうまくいった要因は何か。

▼小学校　面接官3人　受験者3人　30分

【グループワークテーマ】

□食料品が高騰していることを踏まえ，安価で簡単に作れるものを使い，「○○みたいな△△」という食料品を新しく考え，グループで1つの意見にまとめなさい。

【グループワーク質問内容】

□課題を初めて見たときの率直な感想は。

□(受験生1人ずつ別の質問)メモの段階で2つの意見が書かれていて，1つの意見は初めの段階で述べたのに対して，残りの1つの意見を話の終盤まで述べなかった理由は。

□討論の中で出た意見，出ていないが今思い付いた意見どちらでも良いが，それらの新しく開発する食料品はどのような人を対象に考えているか。

□新しいものを開発する上で1番重要であると思うことは何か。

□話し合いの中で，グループの人の良いと感じた所は。

・回答は挙手制であるので，積極性をアピールするのであれば他の受験生よりも早く手を挙げると良いと思う。また，質問の中には他のグループの人の良い所に関する質問もあったので，討論の中でそれぞれの人の良さを見つけておくことも大切であると思う。

▼中学社会　面接官3人　受験3人　45分

【グループワークテーマ】

□119の消防機関や110の警察機関のような3桁の電話番号でかけるとすぐつながる新しい機関について，それぞれがアイデアを出し合い，最終的にグループで一つのアイデアにまとめてください。

● 面接試験

・はじめに3分間個人で考える時間がある。その後17分間話し合う。

【グループワーク質問内容】

□今回の話し合いはどうだったか。

□今回のお題を見た瞬間，どう思ったか。

□話し合いの中であなたはどのような役割を担ったか。また，どのようなことを意識して話し合いを進めたか。

□他の人の意見を聞いて感心した内容はあるか。

□今回の話し合いで自分に点数をつけるとすれば100点中何点か，またその理由は。

□話し合いのなかでは言えなかったが，頭の中で考えていた内容はあるか。

▼養護教諭　面接官3人　受験3人　45分

【グループワークテーマ】

□30年後，日本は○○化した。○○に入る言葉についてアイデアを出し合い，一つにまとめよ。

【グループワーク質問内容】

□グループワークを終えて，自身の点数は何点か。またその理由は。

□鳥取県であると，(最終的な意見がボーダーレス化に固まったため，)ボーダーレス化の中で，どんなことがボーダーレスになるだろうか。

□そのボーダーレスが起きることのデメリットは。

・グループワーク中は，お互いを番号で呼び合う。

・入室前に，受験者同士で少しコミュニケーションをとり，仲間意識を高めることが大切。

・発表の時間はない。

・校種はバラバラであった。

▼養護教諭　面接官3人　受験者4人　40分

【グループワークテーマ】

□コロナ禍での学びをことわざ又は四字熟語で表しなさい。

・3分個人で考えたあと，17分討論を行う。

【グループワーク質問内容】

□今のグループワークは何点か。

□コロナ禍で得られたプラスのことは何だと思うか。
→そのプラスの変化を地域で活かすとしたら，どんなことを活かしていくか。
□(教育から離れて)関心のあるニュースは。
□変化の激しい時代，どんな子どもに育てたいか。

◆個人面接　2次試験　面接官3人　30分
※場面指導は個人面接に含まれる。
〈評価の観点〉
○教科等に関する専門性(教育課程の編成等に関する理解・学習指導法等に関する理解・ICT活用の意義に関する理解)
○児童生徒理解・指導(学習集団形成に関する理解・生徒指導，教育相談に関する理解及び実行力，特別な配慮を必要とする児童生徒への指導に関する理解)
○実践的指導力・教育的愛情(課題分析等を含めた分かりやすい説明・論理的思考かつ納得感のある説明・やる気を持たせる説明)
○学校組織の一員としての自覚(学校教育の社会的，制度的，法的，経営的理解・集団で業務を遂行する際の適切な行動・鳥取県の教員としての誇り)
○人権意識・バランス感覚(よりよい社会の実現をめざして行動しようとする態度・多様性に対する肯定的な意識，態度・社会人としてふさわしい態度，身だしなみ
▼小学校　面接官3人　30分(場面指導3分を含む)
【場面指導】
□児童がICTを使って他の児童の容姿をからかう遊びをしていた。クラスの児童もそれを容認し，楽しんでいる雰囲気であった。クラス全体でどのように指導するか。
【質問内容】
□併願はしているか。
□小学校の教員になろうと思った理由。
□褒めるところのない児童にはどうするか。
□友人関係でトラブルになったことはあるか。

●面接試験

□公共交通機関の中で電話をすることはあるか。

□インクルーシブ教育をどのように実現するか。

□発達障害がある子どもにどのように対応するか。

→具体的な発達障害のある児童に出会ったことはあるか。

□どのような学級づくりを目指すか。

□道徳の授業でどのようなことを意識するか。

□教員を目指したきっかけは。

□今の子どもの良さと課題は何か。

□緊張したときはどんな時か。

→どのように対策しているか。

□いじめられている児童がいたときにどのように対応するか。

→加害者側の児童の保護者に被害者の児童の側にも非があったのではないかと言われた時どのように対応するか。

□子どもに必要な力は何か。

→具体的にその力をどのように身に付けさせるか。

□あなたの良さは何か。

→どのように学級経営に活かせるか。

□クラスになじめない子がいた時にどうするか。

→実習先などでなじめない子に出会ったことはあるか。

→どのように支援したか。

▼小学校　面接官3人　30分

【場面指導】

□あなたが勤務する学校では，子どもたちは毎日タブレット端末を家に持ち帰り学習のために利用するように指示されている。しかし，実際にはYouTubeなどの動画を見るために使われ，学習のために使われていないことが分かった。保護者の方からもタブレット端末を家に持ち帰らせないでほしいという声があがっている。あなたは学級担任として学級の子どもたちにどのように指導するか。なお，指導の対象学年は自由に設定して良い。

・対象学年が自由に設定できるが，設定した対象学年に対する指導方法や話し方であるのかなどしっかりと考える必要がある。

・構想時間は3分間であるため，あらかじめどのような流れで指導するか，場面ごと(個人への指導，学級への指導，保護者対応など)に形式を決めておけば良いと思う。実演は約2分間であるため，途中で終わっても良い。

【質問内容】

□場面指導が途中であるが，この後はどのように指導する予定か。

□子どもたちのタブレット端末の使い方が改善されたかどうかはどのように確認するか。

□志願書の記載内容の確認(大学での単位の取得状況，教員免許の取得状況など)。

□鳥取にはどのような接点があり志願したのか。

□中・高の理科の免許も取得予定であるが，小学校の教員を志望する理由は。

□ボランティア活動の具体的な内容は。

□4月から学校現場に出られるが，他の先生方とどのように信頼関係を築くか。

□子ども同士の信頼関係を築くためには，教員はどのような支援ができると思うか。

□子ども同士のやり取りの中では喧嘩が起こる場面もあるが，どのように対応するか。

□喧嘩によって怪我をしてしまった児童がいた場合にはどのように対応するか。

□これまで1人暮らしの経験はあるか(「ない」と回答)。

→何か不安はあるか(「直接相談できる相手が身近にいないこと」と回答)。

→働いていて何か困りごとや辛いことがあった場合には誰に相談するか。

□子ども同士のやり取りを行いながら，学力をどのように身に付けていこうと思うか。

□ICTの活用方法にはどのようなものがあると思うか。

□教育実習の中で一番頑張ったと思う所ともう少し頑張れば良かったと思う所を1つずつ挙げよ。

→特に児童との関わりにおけるどの時間を頑張ったのか。

□ボランティア活動で児童と関わる上で大切にしていることは。
→そのようなことを意識することで，その児童にとってプラスになったと感じた場面はあったか。
□中・高の理科の免許も取得予定ということだが，(理科)専科をやってみたいなどの思いや考えはあるか。
▼中学社会　面接官3人　30分
【場面指導】
□職員会議で，運動会の練習は一日一時間までにするということが決まった。しかし，生徒は「優勝したいので全学年放課後練習をさせてほしい」「リレーのバトンの練習をしたいが，時間が全然足りない」と伝えてきた。あなたは学級担任としてどのようなことを伝えるか。
・面接官を生徒と想定して行う。
・最初に課題文を読み上げた後，対象学年とどのタイミングで指導を行うか(朝の会，帰りの会など)を自分で設定して場面指導を始める。
【質問内容】
□免許は取得できそうか。
□ほかに受験している県や自治体はあるか。
□場面指導はどうだったか。
→今の指導で生徒を納得させることができそうか。
→なぜそう思うのか。
□教員を目指した理由やきっかけはあるか。
□中学校社会科の教員を志望した理由は何か。
□前の質問で，先ほど行った場面指導では「生徒を納得させることができない」とおっしゃっていたが，どのようにすれば生徒を納得させられそうか。
□社会科のおもしろさとは何か。
→そのおもしろさを伝えるための手立てにはどのようなものがあるか。
□社会科でどのようにICTを活用していくか。
□担任するクラスや授業を受け持つクラスの中に支援が必要な生徒がいたとき，どのような対応をするか。
□不登校を未然に防ぐにはどうすればよいか。また，不登校になった生徒がいた場合どのように対応するか。

□生徒の中には斜に構えた生徒もいると思うが，斜に構えてしまう要因は何だと思うか。

→そのような生徒にどのように対応していくか。

→それでも反抗してきたらどう対応するか。

□「アンテナを高くする」とよく言われるが，具体的にどういうことだと思うか。

□どのような教師になりたいか。

□あなたの理想の学級像は。

□鳥取県の教育の特色はどのようなものか。

▼養護教諭　面接官3人　30分

【場面指導】

□去年の健康診断の結果に比べて今年は齲歯の増加が気になった。どのように指導するか。

・対象学年は自分で設定する。

・構想時間3分，実演時間1分。

【質問内容】

□先程の場面指導ではどのような点を意識したか。

□あと2つ子どもたちに伝えるとすれば何を言いたかったか。

□鳥取県を志望した理。

□これまでの人生で影響を与えてくれた人はどんな人か。

□併願先はあるか。

→どちらも合格したらどうするか。

□30℃を超えるグラウンドで体育をしている際，熱中症の生徒が複数名来室した場合どうするか。

□軽度と判断する目安は何か。

□汗を拭くのは濡れたタオルか，乾いたタオルのどちらで指導するか。

□「大人がやっているからいいじゃん」と服装・ピアスが規則を超えている生徒がいた場合どうするか。

□最近のニュースで，人としてのなりを感じたものはあるか。

□人と関わるとき何を大切にしているか。

□現代の健康課題は何か。3つ答えよ。

→その3つに対してどう対応するか。

● 面接試験

□教職員とのコミュニケーションで意識することは何か。

□保健室経営計画を立てたことはあるか。

□養護教諭として誹謗中傷をどのように指導するか。

□なぜ小学校教諭ではなく，養護教諭を志望するのか。

▼養護教諭　面接官3人　30分

【場面指導】

□歯垢の状況2，歯肉の状況2の児童が増えた。歯と口の健康について，学年全体に話をしてください。

・校種，学年は自由に設定できる。

【質問内容】

□鳥取県の志望理由。

□他にどこの自治体を受けてるか，合格状況は。

□あなたの捉えている子どもたちの健康課題を3つ教えて(生活習慣の乱れ，視力の低下，睡眠時間と答えた)。

→規則正しい生活習慣はどう考えるか。

→生活習慣を正す方法は。

→視力低下の原因は。

→睡眠時間，小1なら何時間が理想か，またその理由は。

□熱中症とは。

→冷やす場所・方法は。

→熱中症疑い3人来室したときの優先順位つけ方。

→熱中症の1度2度3度について説明せよ。

→熱中症の対応，手順。

→熱中症症状があるのに，大丈夫大丈夫，と出て行こうとする子どもに対して，病院に連れて行くか。

□いい出会いについて。

→子ども以外のいい出会いは。

□鳥取県を訪れてどうか。

□鳥取県で実際に勤務されるとなった場合，知り合いもいない新しい場所だがどうか。

□大学時代，子ども以外でも思い出。

□保健室を閉めてと管理職から言われたらどう対応するか。

2024年度　島根県

◆個人面接(2次試験)Ⅰ・Ⅱ

※30分程度の個人面接を2回実施。

▼中学数学　面接官3人　60分(面接Ⅰ＋面接Ⅱ合わせて)

※面接Ⅰ(30分)では場面指導，面接Ⅱ(30分)では模擬授業を含む。

【質問内容】

□教員の不祥事はなぜ起きるのか。

□教員の使命とは。

□ワークライフバランスを何対何の割合で考えているか。

□数学を総合的な学習の時間にどのように生かすか。

□保護者が明らかに間違っているのに電話でクレームを言ってきた時の対応。

□数学のどの分野(単元)が一番好きか。

□そのほか，自己紹介書の内容について。

【場面指導課題】

□生徒が高校なんて入れればどこでもいいやと言っていました。このことについて，全体指導を行ってください。

・場面指導を行う前に，生徒指導をする上で気をつけたいことを聞かれた。

・その場で1分程考える時間が与えられる。

・3分たたなくても，自分から終了してもよい。

▼栄養教諭

【場面指導課題】

□栄養小学校低学年(第2学年)

給食時間におかずだけ食べて，ご飯を残す児童が多い傾向にあると担任から相談がありました。これを受けて，学級全体に食事の食べ方について指導してください。

□栄養中学校(第2学年)

個別指導の場面で，肥満傾向にある生徒に対し，減量の必要性と，食生活のポイントについて指導してください。

2024年度 岡山県

◆個人面接・特別面接(1次試験)

※地域枠・社会人枠の志願者については，志願する枠への志望動機やこれまでの活動実績，将来取り組みたいことについて，出願者によるプレゼンテーションを含めた面接試験を実施する。

〈評価の観点〉

◎個人面接

「発言の明確さ，的確さ」「使命感，意欲的態度※」「誠実さ，社会性，協調性」

※理数枠・英語枠・地域枠・社会人枠の志願者については，志願する枠に対する「使命感，意欲的態度」

◎特別面接(特別選考の受験者)

「発言の明確さ，的確さ」「使命感，意欲的態度※」「誠実さ，社会性，協調性」「専門的力量」

※理数枠・英語枠・地域枠・社会人枠の志願者については，志願する枠に対する「使命感，意欲的態度」

▼小学校教諭　面接官2人　10分

【質問内容】

□どんな教師を目指すか。

□授業をしているクラスでケンカをする子が出た。その時どう対応するか。

□「授業がわからない！」と言う子にどう対応するか。

◆グループワーク(2次試験)　面接官2人　受験者5～6人　30分

〈評価の観点〉

「コミュニケーション能力」「社会性，協調性」「主体性，リーダーシップ」「問題解決能力」

▼小学校教諭等・特別支援学校教諭等

【テーマ】

あなたたちは，ボランティアサークルのメンバーです。一般の方に向けて，次のような3分間の啓発動画を作成することになりました。その内容を劇で演示しなさい。ただし，特に伝えたい対象(高齢者，20代など)を明確にし，それを劇の実演前に説明すること。
□「特殊詐欺の被害防止」
□「熱中症の予防」
□「ワーク・ライフ・バランスの推進」
※5～6人のグループで行う。
※構想は，試験についての説明を聞きながら考える。
※教室に移動して，CDの指示に従いながら試験を行う。
※話し合いと練習を17分以内に行う(残り時間7分と2分にアナウンスあり)。
※1人30秒で話す。
※受験時間によってテーマが決まっている。
▼中学校教諭等・高等学校教諭等・養護教諭
【テーマ】
あなたたちは，ボランティアサークルのメンバーです。一般の方に向けて，次のような3分間の啓発動画を作成することになりました。その内容を劇で演示しなさい。ただし，特に伝えたい対象(高齢者，20代など)を明確にし，それを劇の実演前に説明すること。
□「SNSの適切な使い方」
□「プラスチックごみの削減」
□「ハラスメントの防止」
※受験時間によってテーマが決まっている。

◆個人面接(2次試験)
〈評価の観点〉
「発言の明確さ，的確さ」「使命感，意欲的態度※」「誠実さ，社会性，協調性」
※理数枠・英語枠・地域枠・社会人枠の志願者については，志願する枠に対する「使命感，意欲的態度」
▼小学校　面接官2人　30分
【質問内容】
□主に自己PR等から質問。

→サークル等で責任のある仕事をしていたのか。

→サークル等で活動をするときに，どんな立ち回りをしていたのか。

□志望理由について(端的に言うようにという指示あり)。

□初任地希望について。

□教員採用試験併願の有無の確認。

□教育実習について。

→担当学年，クラスの様子，担任の先生について。

□理想の教師像となりたくない教師像について。

□新学期オリエンテーション(最初)で子どもたちに向けて話をしてください。

→場面指導のようで，面接官が子ども役を務めた。

▼中学国語　面接官2人　15分

【質問内容】

□なぜ中学校を志望したのか(人間関係のトラブルを減らしたい，と答えた)。

→そういった学級経営をどうするか。

→どのようなことに気を付けて大学生活学んできたか。

□読書時間が少ない。どうするか。

→それでも少なければどうするか。

□朝読書反対だと言われたら。

▼中学音楽　面接官2人　15分

【質問内容】

□中学校の教員を目指す理由は。

□教育実習で学んだことは。

→エピソードは。

□生徒と関わる上で大切にしたいことは。

□保護者との関わりについて。

□後輩からどのような先輩だと思われていると思うか。

□部活動はどの部活動でも指導できるか。

◆模擬授業・口頭試問(2次試験)

※養護教諭受験者には，模擬場面指導・口頭試問を実施する。

〈評価の観点〉

「児童・生徒の理解」「教科指導(保健指導)に関する知識・技能の保有」「使命感，教育的愛情」「意欲的態度，誠実さ，社会性，協調性」「発言の明確さ，的確さ」

▼小学校教諭　面接官2人　30分

【課題】

□国語『熟語の構成』か算数『ものの重さ』の1つを選択

※3分間で単元を選び，構想する(置いてある鉛筆とメモ用紙を使う)。

※6分間で授業。

※面接官が児童役をする。

【質問内容】

□「ノートを忘れた」「なんで，その勉強をするの」など，児童役の面接官から途中で発言あり。

□このあとの授業の流れは。

□めあてを設定した理由は。

□まとめをどうするか。

□授業の反省点はあるか。

【口頭試問(場面指導)】

□出張から戻ったとき，職員室がざわついていました。あなたはどうしますか。

→あなたのクラスの話をしていた場合，どう行動しますか。

□あなたのクラスの児童が上ぐつがないと言ってきました。帰るまでに見つかりましたが，ごみ箱に捨てられていました。あなたはどうしますか。

→保護者の方が心配して連絡してきました。どうしますか。

※「時間が限られているので手短に答えてください」といった指示あり。

▼小学校教諭　面接官2人　受験者1人　20分

【課題】

□算数か社会(教科書の見開きが1枚ずつ)どちらかを選択

【質問内容】

□「火事のとき，どういう人が働いている？」など，面接官が児童役になって説明を求めてきたり，発表してきたりする。

● 面接試験

□授業のめあての設定の意図は。
□この後の授業の流れは。
【口頭試問(場面指導)】
□「勉強したくない！」という子にどう対応しますか。
□「わからない」を言えない子にどう対応しますか。
▼中学国語　面接官2人　15分
【課題】
□学習指導要領の「文章の種類を選択し，多様な読み手を説得できるように論理の展開などを考えて，文章の構成を工夫すること」といった一節が与えられ，これに沿った授業を行う。
※4分で構想する。
【口頭試問(場面指導)】
□副詞と連体詞は何が違うのか生徒に聞かれた際，どう説明しますか。
※2分で構想，2分で実演。
※ホワイトボードを使ってよい。
▼中学音楽　面接官2人　15分
【課題】
□「赤とんぼ」1時間目の導入。1年生か2年生を想定して，生徒の興味・関心を引き出すような授業を考えてください。
※3分構想→6分実施。
【質問内容】
□今の授業で大切にしたいことは。
□授業のこの後の展開は。
□変声期についてどう指導するか。

2024年度　岡山市

◆集団活動(1次試験)
〈評価の観点〉
「コミュニケーション能力」「社会性，協調性」「主体性」
▼全校種
【テーマ】

□みなさんは，生活をさらに豊かにする商品の開発に成功しました。その商品は，世間があっと驚くような「調理に関する商品」です。その商品のCMを考えて，発表してください。

□みなさんは，生活をさらに豊かにする商品の開発に成功しました。その商品は，世間があっと驚くような「防災に関する商品」です。その商品のCMを考えて，発表してください。

□みなさんは，生活をさらに豊かにする商品の開発に成功しました。その商品は，世間があっと驚くような「スポーツに関する商品」です。その商品のCMを考えて，発表してください。

□みなさんは，生活をさらに豊かにする商品の開発に成功しました。その商品は，世間があっと驚くような「飲食に関する商品」です。その商品のCMを考えて，発表してください。

□みなさんは，生活をさらに豊かにする商品の開発に成功しました。その商品は，世間があっと驚くような「防犯に関する商品」です。その商品のCMを考えて，発表してください。

□みなさんは，生活をさらに豊かにする商品の開発に成功しました。その商品は，世間があっと驚くような「健康に関する商品」です。その商品のCMを考えて，発表してください。

□みなさんは，生活をさらに豊かにする商品の開発に成功しました。その商品は，世間があっと驚くような「掃除に関する商品」です。その商品のCMを考えて，発表してください。

□みなさんは，生活をさらに豊かにする商品の開発に成功しました。その商品は，世間があっと驚くような「学習に関する商品」です。その商品のCMを考えて，発表してください。

▼小学校教諭　面接官2人　受験者5人　30分

【課題】

□みんながあっと驚くような商品の開発に成功しました。その商品は飲食に関する商品で生活を豊かにするものです。その商品を紹介する60～90秒のCMをつくってください。

※〈進め方〉話し合い(25分) → 発表(60～90秒)(全員で寸劇の形で) → 感想(1人30秒)

●面接試験

◆特別面接(1次試験)

※社会人特別選考，教職経験者特別選考受験者は，第1次試験で特別面接を行い，その他の1次試験は免除とする。

〈評価の観点〉

「コミュニケーション能力」「意欲的態度，使命感」「教育的愛情，向上心」「社会性，協調性」

◆個人面接(2次試験)

〈評価の観点〉

「コミュニケーション能力」「意欲的態度，使命感」「教育的愛情，向上心」「社会性，協調性」

▼小学校教諭　面接官2人　20分

【質問内容】

□志願理由について。

□中学・高校での部活について。

□教育実習について。

→大変だったことは。

→印象に残っている授業は。

□周りからの印象について。

□今までの人生での挫折について。

□他の人に負けない強みは。

□まだ足りていないと思う能力は。

□ストレス発散方法は。

□不合格だったらどうするか。

□車の免許はもってるか。

▼小学校教諭　面接官2人　20分

【質問内容】

□なぜそこの自治体を受けようと思ったのか。

□自分の失敗したこと，苦労したこと。

□出身じゃない場合，周りに頼れる人はいるのか，何か縁があるのか。

□もし落ちてしまったらどうするか。

◆模擬授業・口頭試問(2次試験)

〈評価の観点〉

「教科指導(保健指導)に関する知識・技能の保有」「児童・生徒の理解」「柔軟性」「コミュニケーション能力」「教育的愛情，向上心」

▼小学校教諭　面接官2人　受験者1人　20分

【課題】

□社会か算数(小1「ふえるといくつ」)どちらかを選択

※3分構想，7分模擬

※展開かまとめを選ぶ。

※面接官の人が子ども役をやってくれるので，問い(質問)は面接官の人にして答えてもらう形式。聞いたらきちんと答えてくれ，問題行動等はなかった。

2024年度　広島県・広島市

◆個人面接(第2次選考)

※個人面接を受験者1人につき1回実施

〈評価項目〉

・児童生徒に対する愛情，教育に対する熱意，意欲等をもっている

・自ら進んで事にあたり，より効果的に行おうとする意思がある

・組織の中で自己の役割を認識し，良好な人間関係を築くことができる

〈個人面接の概要〉

・各試験場の前にはイスが置いてあり，面接委員から入室の合図があるまで，イスに掛けて待機すること。

・面接試験場に入室したら，「受験票」と「アンケート用紙」を面接委員に渡す。

・個人面接の時間は25分間。

・試験終了後，面接委員から受験票を受け取り，速やかに試験会場から退出する。

▼中学社会　面接官3人　20分

【質問内容】

●面接試験

□自治体の志望理由。
□併願した理由。
□もし保護者にLINEで連絡したいと言われたらどうするか。
□学生時代に頑張ったことは。
□教員の不祥事についてどう思うか。
▼高校数学　面接官3人　20分
【質問内容】
□大学院に行く予定はあるか。
□県と市の希望はあるか。
□なぜ広島を受験したのか。地元は考えなかったのか。
□なぜ高校の数学か。
□特技はあるか。それを教員として活かせるか。
□ストレスを感じるのはどんなときか。
□不祥事で印象に残っているものとその対策について。
▼特支小学校　面接官2人　25分
【質問内容】
□緊張していますか。
□経歴，教員免許の確認。
□なぜ広島県を受けたのか(他県で働いていたため)。
□自己アピールについて。
□不祥事についてどう思うか，どうやったらなくなると思うか。
□特別支援の教員を目指した理由は。
□広島県，広島市の教育施策を踏まえてどのような教員になりたいか。
□あなたの考える「教員のやりがい」について。
▼特支数学　面接官2人　20分
【質問内容】
□広島県・広島市を受験した理由(他県からだったので)。
□広島県内に親戚で教員がいるか。
□公立学校と民間企業との違いは何か。
□長所と短所について。
□リフレッシュ方法について。

2024年度　山口県

◆集団面接(討議)(1次試験)

※各評価の視点について，5段階で評価

【討議の課題】

▼中学理科　面接官3人 受験者5人　45分

【テーマ】

□子ども達が情報モラルを身に付け，情報通信機器を適切に活用できるようにするために，どのようなことを心がけたらよいか。

・はじめに考える時間→1人2分以内で発表→討論の流れ。

◆集団面接(2次試験)

※模擬授業及び討議を行う。

※各評価の視点について，5段階で評価

〈評価の視点〉

・教育的愛情，教育に対する情熱・意欲，教育観，人権意識，倫理観，表現力，創造力，指導力，社会性，積極性，協調性等

▼全校種(養護教諭以外)

【模擬授業の主題及び討議の課題】

Aグループ

○模擬授業の主題：「伝え合うことの大切さ」

○討議の課題：このグループで協力して，小学校5年生(中学校2年生，高校2年生)の子どもたちに「伝え合うことの大切さ」について考えを深めさせる1時間の授業を立案することとします。どのような授業にするか，討議してください。

Bグループ

○模擬授業の主題：「きまりを守ることの大切さ」

○討議の課題：このグループで協力して，小学校5年生(中学校2年生，高校2年生)の子どもたちに「きまりを守ることの大切さ」について考えを深めさせる1時間の授業を立案することとします。どのような授業にするか，討議してください。

Cグループ

● 面接試験

○模擬授業の主題：「自ら考え行動することの大切さ」

○討議の課題：このグループで協力して，小学校5年生(中学校2年生，高校2年生)の子どもたちに「自ら考え行動することの大切さ」について考えを深めさせる1時間の授業を立案することとします。どのような授業にするか，討議してください。

▼中学理科　面接官3人　受験者6人　60分

【テーマ】

□きまりを守ることの大切さ

・15分構想，5分で授業

・40分討論で，1つの授業をつくる。

▼高校国語　面接官3人 受験者5人　50分

【テーマ】

□自ら考えて行動することの大切さに関しての授業をLHRで1時間行うという形で立案してください。その際先に行った模擬授業を参考にしても構いませんので，30分間話し合ってください。

▼養護教諭

【模擬授業の主題及び討議の課題】

Aグループ

○模擬授業の主題：「歯と口の健康づくり」

○討議の課題：このグループで協力して，中学校2年生の子どもたちに，「歯と口の健康づくり」について考えを深めさせる1時間の授業を立案することとします。どのような授業にするか，討議してください。

Bグループ

○模擬授業の主題：「不安や悩みへの対処」

○討議の課題：このグループで協力して，中学校2年生の子どもたちに，「不安や悩みへの対処」について考えを深めさせる1時間の授業を立案することとします。どのような授業にするか，討議してください。

Cグループ

○模擬授業の主題：「睡眠と健康」

○討議の課題：このグループで協力して，中学校2年生の子どもたちに，「睡眠と健康」について考えを深めさせる1時間の授業を立案することとします。どのような授業にするか，討議してください。

▼教職チャレンジサポート選考

【模擬授業の主題及び討議の課題】

Aグループ

○模擬授業の主題：「伝え合うことの大切さ」

○討議の課題：このグループで協力して，小学校の子どもたちに「伝え合うことの大切さ」について考えを深めさせる授業の在り方について，討議してください。

Bグループ

○模擬授業の主題：「きまりを守ることの大切さ」

○討議の課題：このグループで協力して，小学校または中学校の子どもたちに「きまりを守ることの大切さ」について考えを深めさせる授業の在り方について，討議してください。

Cグループ

○模擬授業の主題：「自ら考え行動することの大切さ」

○討議の課題：このグループで協力して，高等学校の子どもたちに「自ら考え行動することの大切さ」について考えを深めさせる授業の在り方について，討議してください。

◆個人面接

※各評価の視点について，5段階で評価

〈評価の視点〉

・教育的愛情，教育に対する情熱・意欲，教育観，人権意識，倫理観，表現力，創造力，指導力，社会性，積極性，協調性等▼中学理科　面接官3人　20分

【質問内容】

□志望動機。

□「主体的，対話的で深い学び」とは何か。

・答えに対して深掘りされる。

【場面指導】

□掃除をしない生徒を叱ったところ，保護者からきつく叱らないでほしいという電話，どう対応するか。

□保健室登校の生徒がいる。どう対応するか。

面接試験

▼高校国語　面接官4人　20分

【質問内容】

□教員を志望した理由。

□保健室登校が頻繁な生徒にどう対応するか。

→保険医からも生徒からも情報が得られなかった場合どうするか。

□掃除をしておらず叱った生徒の保護者から苦情がきたらどう対応するか。

→その生徒から事情を聞く時に何に気をつけるか。

□地域の人や保護者と信頼関係を築くにはどうするか。

→他にも方法を二つ教えて。

□情報活用能力が求められているがなぜか。

□他者と協働する，力強くたくましい山口っ子を育てるという目標があるがどういう活動を行うか。

→他にもどのような活動を行うか。

□主体的で深い学びのためにどういう工夫を行うか。

□生徒の目線に立った授業をするためにどう取り組むか。

【場面指導】

□保健室登校が頻繁な生徒にどう対応するか。

→保険医からも生徒からも情報が得られなかった場合どうするか。

□掃除をしておらず叱った生徒の保護者から苦情がきたらどう対応するか。

→その生徒から事情を聞く時に何に気をつけるか。

□学校に行きたくないと言っていると保護者から電話が入った場合どうするか。

2024年度　徳島県

◆個人面接(2次審査

▼中学国語　面接官5人　30分

□飲酒運転や盗撮をしたことがあるか。

□飲酒運転や盗撮などの不祥事を防ぐためには何が大切であると考えるか。

□なぜ徳島県を志望したのか。
□なぜ中学校なのか。
□外部人材の活用についてどう思うか。
□教員として何を大切にしていきたいと考えているか。
□どのような学級経営を行いたいと考えているか。
□4月，担任として初めて生徒に話すとすればどのようなことを伝えるか。
□道徳教育についてどのような考えを持っているか。
□国語の教員を目指しているが，理系科目の教育についてどのように考えるか。
□保護者とどのように関わるか。
□学校内ではどのような関係性を築くのか。
□積極的に周りの先生に質問すると言ったが，忙しくて声を掛けられそうにない場合はどうするか。

・場面指導があるため，様々な課題について教師がとるべき対応を勉強しておくとよい。
・追質問でも，「～の場合どうするか」のように困難な状況を示してくるため，複数の対応を想定したり，大切にしている軸を持ったりしておくことが大切。
・理数教育についてなど，専門分野以外のことも聞かれたため，自分の専門教科との関連を用意しておくとよい。

【場面指導課題】

□SNSでのトラブルが原因で不登校になってしまったAさんのもとへ家庭訪問を行い，Aさんに会うことができた場合どのような言葉がけを行うか。
→Aさんが学校に来ることができた場合，どのような配慮を行うか。
→Aさんが所属するクラス全体への対応としては，どのようなことを行うか。

【模擬授業に関する質問内容】

□模擬授業で行った部分までの流れはどのように考えていたか。
□模擬授業で行った部分の後はそのあとどのような流れを想定していたか。

□どうしてこの補助質問をしたのか。
□どうして表現する季節を自由に選ばせたのか。
□表現活動における観点にはどのような意図があるのか。
□あなたが設定した表現活動を行った場合，どのような生徒がC評価に該当するか。
▼高校国語　面接官5人　15分
□併願の有無。
□信用失墜行為の有無。
□なぜ高校の先生になりたいか。
□国語の授業で育成したい生徒の力。
□語彙力を高めるために何をしているか。
□クラス経営で何を大切にしたいか。
□不慣れな仕事や顧問の仕事にどう対応するか。
□対外試合で気をつけたいこと。
□仕事で悩むことがあったらどうするか。
・笑顔でうなずいてくれる面接官ばかりで，とても雰囲気がよかった。
・面接官が面接をする順番はランダム。
・教職教養系の質問は無かった。
【場面指導課題】
□右耳が聞こえないAくんが授業中の話し合い活動をやめてほしいと言ったらどうするか。
→なぜ聞き入れてくれないのかと保護者から連絡がきたらどうするか。
→Aさんへその後どう対応するか。
→多様な生徒にどう対応していきたいか。

2024年度　香川県

◆集団討論・集団面接(1次試験)　30分　受験者5～8人
※小・中学校教諭／養護教諭
□与えられたテーマについての自由討議と個人への質問
※高等学校／特支小・中・高等部

□教育に関するテーマについての自由討議

〈評価の観点〉

豊かな人間性，積極性，柔軟性，社会性，協調性などがあるか。

▼小学校　面接官4人　受験者5人

【テーマ】

□自主的・主体的にグループ討議をする為に担任としてどうするか。

【集団面接質問内容】

□実践したい自己肯定感を高める取り組みは何か。

□分からないと言っている子どもたちに実際どのように机間指導をするか。

▼中学国語　面接官3人　受験者6人

【テーマ】

□学校のあまり使われていない部屋に，ある生徒への悪口を書いた落書きが見つかった。どう対応するか。

▼中学数学　面接官3人　受験者5人

【テーマ】

□既習事項の定義が不十分なため，学ぶ意欲が低下している生徒に対して，学級担任として教科教育においてどんな対応をしますか。

・いすのみ置かれていて，メモはとれない(事前にとったメモは見られる)。

【集団面接内容】

□数学が苦手な生徒に家庭学習でどんな声かけをするか(集団討論の中で家庭学習の話題が出たため，聞かれた)。

□自分が教師に向いているところは。

・考えがまとまった人から挙手，全員挙手したら端の人から当てられる。

◆個人面接(2次試験)

□個人面接は第1面接と第2面接を同日に行う。

□試験時間は，第1面接10分，第2面接5分(高校・特別支援学校は，第1面接15分，第2面接　10分)である。

※小学校志願者には，英語による質問を1問程度実施

● 面接試験

〈評価の観点〉

・教育に対する情熱をもち，教員としての素養と資質が備わっているか。

・専門的な知識・技能と指導力を有し，社会変化や教育課題に適切に対応する力があるか。

・連携・協働しながら学校運営に積極的に参画する力があるか。

▼小学校　面接官4人

【質問内容】

〈第1面接〉

□ボランティアをしているか

→ボランティアの内容は。

→ボランティアで学んだことをどう教員になって生かせるか。

□2番目に好きな教科は。

→その楽しさを伝えるには。

〈第2面接〉

□併願状況は。

→両方受かったらどうするか。

→両方落ちたらどうするか。

□本県の教育課題は何か。

□仕事を完璧にしたいか，それともざーっとしたいか。

【英会話質問内容】

□夏休みの思い出は何か3分以上の英文で答えてください。

▼中学国語　面接官3人

【質問内容】

□他の自治体を受験しているか。

□試験がだめだった場合，どうするのか。

□どんな教師になりたいか。

・優しい雰囲気だったので，リラックスして受けることができた。

▼中学数学　面接官4人

【質問内容】

〈第1面接〉

□中高でキャプテンをしているがなぜ選ばれたと思うか。

□なぜ中学校志望なのか。
□緊張しているか。ストレス対処法は。
□自分が関わる子どもをどんなふうに育てたいか。
〈第2面接〉
□他県の併願は。
□落ちたらどうするか。
□自己PR。
□香川の教員になったら，香川の子どもたちにどんないいことがあるか。
□部活動の休日出勤についてどう思うか。
□印象に残っている先生は。

◆英語面接(2次試験・英語志願者)
〈評価の観点〉
・相手の意向や考え方を正確に聞き取る力があるか。
・英語で自分の意向や考え方を正確に伝える力があるか。
・英語教育に関する知識・技術をもち，英語教員としての指導力があるか。

2024年度　愛媛県

◆集団面接(1次試験)
▼小学校　面接官3人　受験者4人　15分
【質問内容】
□志望動機について
□もし教師になっていなかったら何になってたか。
□反抗的な子どもに対してどう指導するか。
□生活習慣が身についていない子どもに対してどう指導するか。
□今まで熱中したことは。
□4月までどうすごすか。
□どのような教師になりたいか。
□どんな学級にしたいか。

面接試験

・1人20秒で答える。
・1つの問題に2人指名されて答える。

▼高校保体　面接官3人　受験者3人　10分

【質問内容】

□保健体育が苦手な生徒に対しての声かけ。
□男女共習授業について。
□協働的な学びについて。
□愛媛県を受験した理由は。

◆個人面接(2次試験)

※場面指導を含む。

〈評価の観点及び基準〉

(1) 教員としての資質
- ・指導力があるか。
- ・実践力・対応力があるか。

(2) 社会人としての素養
- ・言語活動は適切か。
- ・服装・態度が適切で品位があるか。
- ・知性・教養があるか。

(3) 教師としての使命感
- ・教育観は適当で，教師としての使命感があるか。
- ・教師としての積極性があるか。
- ・自己アピールは適当か。

(4) 総合評定
(1)，(2)，(3)をもとにした総合評価

▼小学校

【場面指導課題】　面接官4人　5分

□授業中の私語についてクラス全体に指導する。
・昨年までは面接官とやり取りしていたが，面接官4人が児童になり4人に向かって指導する。やり取りはなし。

▼高校保体

【模擬授業】　面接官5人　3分

□トレーニングの効果のメリットとデメリットを説明する。

【質問内容】　面接官5人　10分

□ソフトボールの魅力は。

□教員生活を充実させるために必要なことは。

□トレイルランニングの良さは。

▼高校家庭

【模擬授業】　面接官4人　5分

□賞味期限と消費期限の違いを明確に示し，高校生に食品の選択について，興味・関心を持たせるように説明せよ。

【質問内容】　面接官4人　10分

□卒論について。

□アルバイトの際，困ったことと，どう対応したか。

□進路指導で大切にしたいことは。

□愛媛県専願か。

□特支(取得見込み)について。

2024年度　高知県

◆面接審査(第2次審査)

▼小学校　面接官4人　25分

【質問内容】

□志望動機と取得予定免許について。

□よく眠れたか。

□「自己評価書で～」「申告書の○○(自己PR，志望動機など)から～」など，自分が書いたことについて聞かれた。

→「○○とあるが，どのようなことか」「この経験をどのように教育活動で活かそうと考えているか」「5年後どのような教師になっていたいか」など。

→答えると，さらに2，3回突っ込んで質問される。

□生きる力はどのように育むか。

□学級経営はどのようにするか。

□実習で感じたこと。

●面接試験

□(実習での経験から)学級での規律崩壊という話が出たが，どのように指導するか。

□最近気になっているニュース。

・4名の面接官のうち，個別面接で質問をしたのは2名だった。

【場面指導】

□(県の課題として)不登校が問題になっているが，どのように対応するか。

→(不登校による)学習の遅れにはどのように対応するか。

→さまざまな保護者の方がいらっしゃるが，どのように信頼関係を築くか。

→職場で他の先生方や，さまざまな大人と，どのように関わっていくか。

▼小学校　時間25分　面接官3人

【質問内容】

□部活動について。

□サークルを通して学んだこと。

□志望したきっかけ。

□大学での専攻分野について。

□同僚の先輩の先生方と意見が合わない時にどうするか。

→それでも合わなかったらどうするか。

・二次試験前に提出した申告書に書いた内容に関する質問が多かった。

・1人の面接官につき4問程質問されていた。

・コロナウイルスの影響で面接官との距離もとられ，マスクの着用もあったため，面接官の質問が聞き取りにくい時があったが，そのような時にも優しく対応してくれた。

▼小学校　時間25分　面接官3人

【質問内容】

□緊張しているか。

□高知へはいつ来たか。

□高知に来たのは初めてか。

□昨日は，何を食べたか。

□小学校の先生を志望した理由。

□高知県を志望した理由。
□なぜ，僻地に興味を持ったのか。
□いろいろな県に僻地がある中で，なぜ，高知県を選んだのか。
□どのような先生になりたいか。
□僻地は，地域と非常に密接なつながりを持っているが，あなたが先生として，地域や保護者とどのように関わって行きたいか。
□僻地の魅力は。
□あなたの学級で大切にしたいことは。
□子どもたち一人ひとりが活躍できる場を設定するために，先生としてできることは何か。
□僻地と都市部の学校の違いについて。
□僻地でのICT活用では，どのようなものを想定するか。
□僻地では，人が少ないが，そんな中で，さまざまな課題にどう対応していくか。
□僻地の利点と欠点について。
□10年後，どのような先生になっていたいか。
□沖縄県を志望している理由。
□高知県は第何志望か。
□あなたの長所は。
□特別支援学校の免許も併用している理由。
□僻地校の教育課題で，どのようなものが考えられるか。
□僻地校の先生として，やってみたい取組はあるか。
□僻地での教育で大切にしたいことは何か。
□スクールサポーターや学びのサポートとは，どのようなものか。
□学級に特別な配慮を有する子どもたちもいるが，どう対応するか。
□最後に言い残したことはあるか。

▼小学校　時間40分　面接官4人

【質問内容】

□志望理由。
□自己PR。
□アルバイトについて，学んだこと等。
□サークル活動で学んだこと。

●面接試験

□チーム学校について。

・面接官はとても優しく，緊張をほぐしてから，質問をしてくれた。

・途中，日常会話のような対話もした。

▼中学国語　時間30分　面接官4人

【質問内容】

□なぜ教員になりたいのか。

□なぜ高知県を選んだのか。

□大学院進学のために名簿登載期間の延長を申請しているが，どの大学院に進み，何をしたいと思っているのか。

□学習支援員をしていると事前に提出された資料に記載されているが，具体的にどこの中学生を週何回，何時間教えているのか。

□保護者対応を実際にしたことはあるか。

□保護者とどのように関わりたいか。

□コロナ禍の状況が落ち着いてきたことを踏まえて積極的に行いたい保護者との交流手段は考えているのか。

□つっかかってくる生徒に対してどう取り組むか。

□口調はいつも今日のような感じなのか。

□チーム学校をどのように捉えているか。

□保護者の人や地域の人に教育へ関わってもらうには教員としてどのような対応が必要だと考えるか。

□教員の不祥事についてどう思うか。

□どのような生徒を育てたいのか。

□そのような生徒を育てるためにどのような教師であるべきだと考えているか。

□コミュニケーションを生徒ととっていくために，教員になって具体的にこれをしたいという計画はあるか。

□外部人材の登用についてどのように考えているか。

□教師同士が学び合っていくためにどのようなことを心がけるか。

□へき地などに赴任することになっても大丈夫か。

□もしも大学院に進学し，その後高知県で赴任することになると地元にはなかなか帰れなくなるが，本当に高知県で良いのか。

□最後に言い残したことはあるか。

・面接官同士で質問内容の打ち合わせはしておらず，質問の重複が多く見られたため，質問されるのを待たずに自分の述べたい内容と関連づけて回答することが大切。

〈模擬授業について〉

□音読させていたが，生徒の姿をどのように捉えるつもりだったのか。

□この後の授業展開はどのように考えていたのか。

□～の場面で，教科書の注釈を用いた意図は何か。

□論語の言葉を引用して自分の体験や考えたことを文章でまとめるという活動が単元計画で設定されており，本時ではそれを行っていたが，思・判・表で評価する場合，C評価の生徒はどのような生徒であると想定しているか。

□古典に苦手意識を持っており，机に突っ伏している生徒がいる。どのように対応するか。

□古典に親しむとはどういうことであると思うか。

▼中学理科　時間25分　面接官4人

【質問内容】

□教員を志望した理由。

□高知の魅力。

□最近あったニュース。

□生徒指導(モラルを守らない生徒への対応)。

□学級経営について。

□やってみたい理科の授業。

▼高校数学　時間25分　面接官4人

【質問内容】

□なぜ高知県を受験したのか。

□高知県の魅力。

一次試験合格後に提出した自己評価書と申告書の内容から質問してくることが多い。

▼養護教諭　時間25分　面接官4人

【質問内容】

□志望動機。

□養護教諭を目指したきっかけ。

●面接試験

□志願状況とその合否。
□単位の取得状況。
□よく眠れたか。
□美味しいものを食べたか。
□一人暮らしの経験の有無。
□ストレス解消法。
□社会人として大切にすること。
□教員として大切にすること。
□養護で一番取り組みたいこと。
□養護で一番大切にしたいこと。
□困難に出会った経験と克服した方法。
□ボランティアの活動で大変だったこと。
→その大変だったことにどう向き合ったか。
□外部顧問について，技術指導をしているのか。
□規則正しい生活習慣を身につけさせる方法。
□協力的でないご家庭へは。
□二次試験対策をどのようにやってきたか。
□コミュニケーションで気をつけていること。
□先生方，保護者の方との信頼関係づくりの方法。
□(私が志望動機に書いていた，子どもたちに育てたい力について)どのように育てていくか。
□車の運転ができるか。
□健康上の問題点について。
□(一人一人と関わると話したため)大規模校の可能性もあるが，その場合はどうしていくのか。
□学生時代と社会人になって教員として外に出たときどう変えるか。
□最後に伝えたいことはあるか。

▼養護教諭　時間25分　面接官4人

【質問内容】

□高校のこと。
□教育実習で学んだこと。
□学級担任が食べ物の好き嫌いをしているが，児童には「苦手なものも食べなさい」と指導しており，指導を受けた児童から愚痴を言われた。あなたならどうするか。

□信頼関係作りの方法。

□他の自治体を受けた理由。

□健康上の問題点はないか。

2024年度　福岡県

◆個人面接(2次試験)

※模擬授業に引き続いて実施される。

※評価の観点：態度，表現力，コミュニケーション能力，積極性等▼小学校教諭　面接官3人　20分

【質問内容】

□緊張しているか。

□ここに来るまでに迷ったか。

□教職を志したきっかけ。

□部活動について具体的に。

□友達の中ではどのような役割か。

□聞き役ばかりで辛くないか。

□ストレス解消法。

□教員に活かせそうな強み。

□自分には足りないところ，弱み。

□最近気になったニュース。

□大学で最も打ち込んだこと。

□保護者や地域の人と接する時に心がけることは。

□最近気になっている人権課題。

□最も指導に力を入れたい教科。

□最後に教員になりたい気持ちをどうぞ。

▼小学校教諭　面接官2人　15分

【質問内容】

□人権教育とは。

→人権教育をどのように行っていくか。

●面接試験

□いじめは見つけにくいと言われるが，いじめが起きないようにどういうスタンスでいるか。

□教師になるうえで，期待と不安は何か。

□教員の不祥事の中で，何を一番起こさないようにするか。

□指導要領で気になるポイント。

□教員の働き改革にはどんなことがあるか。

□長所と短所について。

□友人は多いか。

→友人からどんな人だと言われるか。

▼小学校教諭　面接官3人　20分

【質問内容】

□福岡県を希望した理由。

□今までの経歴。

□人権教育について思うこと。

□今の子どもと昔の子どもの変化。

□若者教師について思うこと。

□ICTは使いこなせるか。

□これからどんな教師を目指すか。

□教職員の中であなたはどの立場でどう接するか。

▼中学英語　面接官3人　15分

【質問内容】

□中学1年次に韓国に派遣された，福岡市教育委員会主催の英語研修プログラムについて。

□教員にとって大切だと考えることは何か。

□部活動にも携わりたいと考えているか。

□学校現場はブラックだ等と言われているが，それについてどう思うか。

□教員でなかったらどのような職業に就いていたと思うか。

□どのような時にストレスを感じるか。

□これまでに苦労した経験について。

▼高校地歴　面接官2人　20分

【質問内容】

□福岡県内のどこの学校にも行けるか。

□アルバイトは何をしていたか。

→アルバイトで大変だったことは何か。

□福岡の歴史的遺跡といえば何をあげるか。

□なぜ福岡県を受験したのか。

□大学の部活(吹奏楽)について。

→吹奏楽部の指導はできるか。

・2人の面接官が交互に質問してきた。

・圧迫のようなことはなく，普通の会話のようだった。

▼特支小学校　面接官2人　30分

【質問内容】

□教員を志望した理由。

□ボランティアについて

□あなたにとって教師とは

□趣味はあるか。

□教員が起こしていけないこととは。

□どのような人権教育を受けたか。

→人権教育についてどう思うか。

→特別支援学校でどのような人権教育を行いたいか。

◆英語面接(2次試験)

※中高英語受験者のみ

※評価の観点：英会話能力，応答の適切さ，積極性等

2024年度　福岡市

◆個人面接(2次試験)

▼小学校教諭　面接官3人　20分

【質問内容】

□今日はどうやって来たか。

→迷わず来れたか。

□緊張しているか。

面接試験

□バイトはどうやって探したか。

→バイトではどんな仕事をしているか(スタッフは何人で，週に何回入っているか)。

→バイトで1番困ったことは何か。

□大学では，部活やサークルに入っているか。

□小学校教諭になりたいと強く思った時はいつか。

□中学校家庭科の免許を持っているが，なぜ，家庭科を選んだのか。

□教育ボランティアで強く指導したことはあるか。

→具体的なエピソード。

□社会的視野を広げるために何かしたことはあるか。

□特別支援について，心がけたいことを一言で。

□ストレス解消法は何か。

□あまり話しかけてこない子どもにはどのように働きかけるか。

□自己理解チェックシートで丸をつけたものの根拠となるエピソードはあるか(何に丸をつけたか覚えておく必要がある)。

□リーダーをした経験が多いが，リーダーとしてか，リーダーの補佐か，リーダーの補佐の補佐か，その人より，その他大勢が1番自分に合うと感じるポジションはどこか。

▼小学校教諭　面接官3人　20分

【質問内容】

□1年生の教育実習について。

□なぜ福岡教育大学(出身が違うため)を受験したのか。

□あなたを漢字一文字で表すと。

□長所と短所。

→短所の改善方法。

・面接というより対話のような雰囲気であった。

▼中学国語　面接官3人　20分

【質問内容】

□やったことない部活を持つ場合どうするか。

□人権が守られている学校とはどんな学校か。

□教科ではない部分で生徒に学ばせたいこと。

→その手段。

□クレーム対応の極意。
□なぜコールセンターのアルバイトを選んだのか。
□アルバイトで学生教師2位になれた理由はなんだと思うか。
□自己理解チェックシートで性格の選択肢はどれを選んだか。
　→何故それを選んだか。
▼中学数学　面接官2人　10分
【質問内容】
□実習中のトラブルはなかったか。
□教師になる上で不安なことは。
□いじめられる方が悪いといわれることがあるが，それについてのあなたの考え。
□教師の不祥事について考えていること。

2024年度　北九州市

◆個人面接(2次試験)
▼小学校　面接官3人　15分
【質問内容】
□緊張しているか。
□短所はあるか。
　→改善するために心がけていること。
□「北九州市子どもの未来をひらく教育プラン」を知っているか。
　→最も共感した項目。
□ストレスを感じる場面。
□小学校は様々な場面で臨機応変な対応が求められるが，予想もしないようなことが生じた際，どのように対応するか。
□昼休みに頭から血を流している児童がいると子どもから通報があった。どうするか。
　→理由を聞くと，ある児童が石を投げつけて怪我をしたようだ。どう指導するか。
□あなたがなりたくない教師はどんな教師か。
□あなたは1組の担任です。2組の先生はあなたのなりたくない教師です。どうするか。

□北九州市があなたを採用するメリットは。

▼小学校　面接官3人　15分

【質問内容】

□緊張しているか。

□模擬試験の出来はどうだったか。

□なぜ小学校を選んだのか。

□併願しているか。

□どの自治体と併願しているか。

→併願先の1次試験の結果。

→併願先のみ合格したらどうするか。

□北九州市の教育の魅力。

□教育課程とは何か。

□授業中うつ伏せになっている児童がいたらどうするか。

□あなたが携帯電話を使う時に心がけていることは何か。

□子どもが携帯電話を学校に持ってきたいと言ったらどう対応するか。

□大学での経験はどのように教員生活に活かせると思うか。

□ストレス解消法。

□今日の面接は何点だったか。

▼中学美術　面接官3人　15分

【内容】

□美術で子供たちに身につけてほしい力は何か。

□教員の評価制度についてどう思うか。

□法律における学校の種類を挙げろ。

□「第2期北九州市子どもの未来をひらく教育プラン」について知っているか。

→どのように取り組むか。

□ICTを自分の授業でどのように活用していくか。

□年齢層の幅が広い職場でどのように関わりたいか。

□併願はしているか。

→していない場合，どうして北九州市だけを受験したのか。

□小中一貫教育についてどう思うか。

□どうして複数免許を取得しようと思ったのか。
□希望とは別の校種に配属で不安はないか。
　→どのようなことが不安か。
□体罰や不適切発言についてどう思うか。
□不登校の子がクラスにいたらどう対応していくか。
□今回の面接は自分から見て何点か(理由含めて)。
・教育センターが開催している「北九州教員養成みらい塾」は試験の優遇措置にはならないものの，面接の話題になることもある。そこでは志望自治体で意欲的に学ぶ姿勢があるかを見られる場合がある為，学生はできるだけ参加した方が良い。

2024年度　佐賀県

◆個人面接Ⅰ・Ⅱ(2次試験)　面接官3～4人　Ⅰ：25分　Ⅱ：30分
▼小学校全科　面接官4人
○面接Ⅰ
【質問内容】
□志望動機。
□自己PR。
□自分の好きな所は。
□趣味や特技は。
　→その楽しさは。
□アルバイトではどんなことをしていたか。
　→アルバイトでしてきたことを学校でどう活かしていきたいか。
□免許以外に資格などを持っているか。
□最近の気になる教育に関するニュースは。
　→ニュースは普段どうやって入手しているか。
□教員の不祥事はなぜ起こるか。
□学級の子どもがいじめられていると分かったらどうするか。
□友達から見た自分はどのような印象だと思うか。
□保護者から，「先生の教育とうちの教育は合わない」と言われたらどうするか。

●面接試験

□学業とアルバイトなど，色々両立しているようだが心がけたことは。
□ここ最近で取り組んでいることや熱中していることは。
→(卒論と答えると)卒論のテーマは。どんな所が楽しいか。
□残りの大学生活をどのように過ごしていきたいか。
○面接Ⅱ
【質問内容】
□自分が思う竹取物語の良さ，面白さは何か。
→それを児童に伝えるために何か授業の中で取り組むのか。
□もしTTがいたらどのように活かすか。
□黒板の良さは。
□事前に提出した自己PRについての質問。
□佐賀のどこでも勤務できるか。
□どのような部活を教えられるか。
□地域と連携して部活動に取り組むことにどう思うか。
▼養護教諭
○面接Ⅰ　面接官4人
【質問内容】
□養護教諭を志望した理由。
□養護教諭とこれまで関わる機会がたくさんあったということか。
□グループのリーダー的役割を経験したということだが，グループの中でサポート役に回った時はどのように対応するか。
→実際にそのような経験があったか。
□ストレス発散方法，具体的に行なっている方法などあれば。
□これまで悔しいと感じた経験はあるか。
□教育実習は経験したか。
□経験してみて，養護教諭の職務について実習に行く前と後では変化があったか。また，どのような変化があったか。
□養護教諭の重要な役割として子どもの対応以外にあげるとしたら何か。
□信頼関係はとても大切だが，信頼関係を築いていくためには何が必要だと考えるか。
□実習に行ってみて，学校はブラックだと感じなかったか。

□組織で動いていく上で何が重要だと考えるか。
□実際にそのような体験があったか。
□友人からはどのような人だと言われるか。
□友人と何かを共同で行うにおいて，あなたはどのような立ち回りをすることが多いか。
□悔しい経験をプラスに変えたということだが，プラスに変えることができたその要因は何だと考えるか。
□教員をしていく上でどうしても困難にぶち当たることがあると思うが，そのときにはどのように解決・対応していくか。
○面接Ⅱ　面接官3人
【質問内容】
□模擬授業は思い通りできたか。
□この後はどのように展開していくつもりか。
□板書で工夫したところは。
□より理解を深めていくにはどう手立てや工夫をするか。
□看護学実習の最終試験について。
□友達と練習を行ってどのようなアドバイスをもらったか。
→逆にどのようなアドバイスをしたか。
□部長を通して一番学んだことは。
□試験が近づくにつれ，不安や焦りはなかったか。
□部長として一番困ったことは。
→それをどう乗り越えていったか。
□自己の演奏技術向上のための3つの取り組みとは何か。
□部長として部を率いていく立場として何を意識して取り組んだか。
□養護教諭としての職務もあり，部活動の指導もあってとなると1日24時間しかない中でうまく両立することが求められるが，採用された時を想像してみて両立は可能か。
□どのようにすれば地域との連携がより得られると考えるか。

2024年度 長崎県

◆個人面接(2次試験)

▼小学校　面接官4人　30分

【質問内容】

□面接調査票の内容からほとんど聞かれる。

(例えば,「子どもの伴走者となれる教員が求められている」と書いたら,具体的には子どものどこに位置しますか？と聞かれた。

【場面指導】

□算数の割合が苦手な子どもが多いが,理解できるようにするためにどのような指導の工夫をしますか。

・他日程の人に聞くと,理科,社会の場面指導の人が多かった印象。

(課題例：理科「動植物の観察を子どもが興味関心を持って行うためにどのような指導の工夫をしますか」,社会「社会科は調査活動が多いが,主体的に活動するためにどのような指導の工夫を行いますか)

▼中学保体　面接官4人　30分

【質問内容】

□自信がない生徒への自信のつけ方は。

□部長を務めて大変だったことは,また,どうやって乗り越えたか。

□来年度から勤務する上で不安なことは。

□初年から離島勤務でも大丈夫か。

□教師としての責任とは。

□信頼を得るには。

□いじめはなぜなくならないのか。

→いじめの対策は。

【場面指導】

□子どもが学校内でケガをしました。保護者に何を報告するか。

→「なぜうちの子が！」と言われたら,どう対応するか。

▼高校社会　面接官3人　15～20分

【質問内容】

□面接官の方の話を聞き,私の考えに対してどう思いますか？と質問される。
(お話の要約：教員が，社会の変化にあわせて変わり続けることが必要だと考える)
□ボランティア活動に参加した理由。
□(県外の大学に進学したのに)長崎県に戻ってきた理由。
□長崎県の課題とは。
→若年層が流出する理由は。
□怒られたことはあるか。
→具体的なエピソードについて。
▼養護教諭　面接官4人　30分
【質問内容】
□講師をする中で失敗したこと。
□勤務校での健康課題と，どう解決しようとはたらきかけているか。
□コーディネーター的役割とは。
□イライラしたことについて(対生徒・対先生)。
□島での勤務に不安は。
□記録のとり方について。
→工夫した記録のとり方が役にたったことはあるか。
□なかなか心をひらいてくれないときの対応。
□ストレス発散法について。
【場面指導】
□何らかの理由で教室に入るのが怖いと，来室した児童(小6)の対応を2分以内で。
→同様の生徒はいるか。
→どう対応しているか。
→うちあけたことを秘密にしてほしいと言われたときの対応。

2024年度　熊本県

◆個人面接①・②(2次試験)　面接官2人　15～20分
※小・中受験者は，個人面接②に模擬授業を含む。
▼小学校教諭

● 面接試験

【質問内容】

〈個人面接①〉

□志望理由。

□先生と子どもが教室で2人きりになっていた場合，どう対応するか。

□実習で見た先生方の姿はどう思ったか。

→その姿から学んだことは。

□どんな算数の授業がしたいか。

□高校時代キャプテンをして今に生かせることは。

→先生になったらどう生かすか。

□どんなアルバイトをしているのか。

→後輩育成で困ったことは。

→それをどう対処してきたか。

→クレームにどのように対応したか。

□短所で失敗した経験は。

□強みを生かして大学で取り組んだことは。

□どんな先生になりたいか。

□教員の不祥事について，どう思うか。

□担任クラスに不登校の子どもがいる。どう対応するか。

□学校にいる子供達は多様化している。そんな子供達とどう関わるか。

□ICTを活用したオンライン授業の実践を見たことはあるか。

□教員になるにあたって不安なことは。

〈個人面接②〉

□大学でどのような分野でどのようなことに力を入れてきたか。

□模擬授業は自己評価すると何点か。

→残りの点数の理由は。

□反省点はあるか。

□授業でよくできたところ，工夫したところは。

□ICT活用でどんな工夫をするか。

▼小学校教諭

【質問内容】

〈個人面接①〉

□「わいせつ事件」についてどう思うか。

→もしそのような教師がいたらどうするか。

〈個人面接②〉

□今の模擬授業は何点だったか。

□ICTをどのように使うのか。

・面接①は面接前調査票から，面接②は模擬授業について主に聞かれる。

▼高校社会

【質問内容】

〈個人面接①〉

□なぜ教員を志望したのか。

□なぜ熊本県を志望したのか。

□長所を学校でどのように生かすか。

□保護者から指導に関するクレームがあった場合どう対応するか。

□いつも心がけていることは何か。

□教育実習で学んだことは何か。

□大学で何をがんばっているか。

□最後に一言言いたいことはあるか。

〈個人面接②〉

□熊本県が掲げる教師像についてどう思うか。

□面接官を生徒だと思い「政治・経済」を学ぶ意義について説明せよ。

□教員をする中で大変なことは何か。

□質の高い授業とは何か。

□専門教科を学ぶ上で困っていることはあるか。

□生徒と接する上で何を心がけるか。

□教員の不祥事についてどう思うか。

□最後に言いたいことはあるか。

□面接①は面接事前調査票から人柄的なこと，面接②は教員としての理解を問われた。

2024年度　熊本市

◆個人面接(2次試験)

▼中高国語

【質問内容】

〈面接①〉

□タブレットを長時間使用している生徒がいる。どのように対応するか。

→(生徒と一緒にルールを決めるといったら)ルールを決めるってどんなルールか。

→具体的にどうやって決めるか。

→守れているかどうやって管理するか。

→それでも守れなかったらどうするか。

→家庭にはどのような協力を求めるか。

→もし生徒ではなくて，家族がその生徒のタブレットを使っていたとしたらどうするか。

→説明しても使うのをやめてくれなかったらどうするか。

□地域の人から，部活や体育の騒音がうるさい，どうにかしてほしいと苦情があった。どのように対応するか。

→報告するって誰にするのか。

→いつまでに改善してくれるのか。

〈面接②〉

□年齢性別問わずにコミュニケーションをとるとあるが，どのような場でとっていたのか。

□コミュニケーションを通して価値観が広がったとあるが，具体的には。

□なかなか話を話してくれない子どもにどのように対応していくか。

□どのような授業を目指しているか。

□塾に行っている子どもや親が対話では受験に対応できないと言われたらどう対応するか。

→子供は納得しても親が納得しなかったらどう対応するか。

□校則の見直しについてどう思うか。

□どうせそんなに変わらないのに，毎年見直すことについてどう思うか。
□掃除や挨拶をしない生徒がいたらどうするか。
□不登校の増加についてどのように考えているか。

2024年度　大分県

◆面接Ⅱ(個人面接) (2次試験)
▼小学校　面接官3人　20分
【質問内容】
□自己紹介書からの質問(志望動機，教員に向いているところなど)
□理想の教師像は何か
□挫折した経験はあるか。
→どのように乗り越えてきたか。
□教員の不祥事についてどう思うか。
→不祥事を起こさないために何をするか。
□人前で話すことは得意か。
□今日の面接に点数をつけるとしたら何点か。
・自己紹介書の内容を中心に，深掘りされるので，自己分析をしっかりしておいたほうがいい。
▼特支中学　面接官3人　20分
【質問内容】
□なぜ特別支援学級ではなく，特別支援学校を志望したのか。
□(中学校で現在採用されているため)現在正規採用されているが，後悔しないか。
□達成感を感じたことについて具体的に。
□障害のある生徒と接するときにあなたが教師としてできることは何か。
□今までの経験で辛かったことは何か，またそれをどう克服したか。
□ストレスがたまったときはどうするか，また対処法は。
□教員の不祥事についてどう思うか。またどうしたらなくすことができると思うか。

● 面接試験

□中学部3年間で生徒に学んでもらいたいことは何か。

□現在勤務をしている中で苦手なことや不得意なことは何か。

◆プレゼンテーション(2次試験)

※特別選考(Ⅲ)の受験者のみに適用される。

【課題】(発表時間15分間)

□生徒の自主的，自発的な参加により行われる部活動については，スポーツや文化及び科学等に親しませ，学習意欲の向上や責任感，連帯感の涵養等に資するものであることとされている。

部活動において，次の2つの方法をテーマとして，プレゼンテーションを行いなさい。

1. 生徒の自主的・自発的な活動を促す方法
2. 生徒間のトラブルを未然に防ぐための手法とトラブルが生じた場合の解決方法

〈留意点〉

① プレゼンテーションには，2つの方法の両方を含めること。

② あなたの運動部活動における指導経験を内容に盛り込むこと。

③ 教員としての立場をふまえて，あなたの最もアピールできる点はどこか，そしてそれをどのように活かすかを考え，プレゼンテーションをすること。

④ 担当する運動部は，全国大会上位入賞を目指す高等学校の運動部であるものとする。

※プレゼンテーションの後，25分程度，試験委員との質疑応答を行う。

〈プレゼンテーションの要領〉

・黒板とチョーク(白・黄・赤色)を使用することができる。

・パソコン等の機器やその他資料の持ち込み，及び使用はできない。

※試験室に持ち込みができるもの

① プレゼンテーション　テーマ用紙

② 時計(計時機能だけのものに限る)

③ 整理番号票〈評価の観点〉

2024年度　宮崎県

◆グループワーク(2次試験)　面接官　2人　受験者5～6人　35分

【課題】

□宮崎県は,「読書県みやざき」を目指して読書環境の整備や読書振興に向けた施策を進めている。県民がさらに進んで読書に取り組むことのできる新しいアイデアをグループで話し合い, 3つ発表しなさい。

〈留意事項〉

・発表の時間は，3分以内とし，発表は，指定された座席に着座したままで行ってください。

・時間は，発表を含めて35分間です。

・グループワークに持ち込めるものは，筆記用具，本用紙(メモ用)のみです。なお，本用紙には書き込みをしても構いません。

◆個人面接(2次試験)

※小学校教諭等(全教科，英語，特別支援，体育)の受験者には，外国語活動・外国語科で活用する簡単な英会話，中学校・高等学校教諭等英語受験者には，英会話を実施する。

※個人面接においては，教員としての適性，専門的知識・技能，授業構成力，指導方法・手立ての工夫等の実践的指導力等を総合的に評価する。また，教職教養を含め，教育者としての使命感や意欲，幅広い社会性や人間性等を総合的に評価する。

2024年度　鹿児島県

◆グループ討議(2次試験)　25分

※1グループ3～5人とする。

【テーマ】

□新たな不登校の児童生徒を生まないために大切にすべきことは何ですか。グループとしての意見をまとめてください。

□タブレットを活用した効果的な授業について，どのような方法が考えられますか。また，どのような効果が得られると思いますか。グループとしての意見をまとめてください。

□子供にスマートフォンを持たせるべきかどうかについて，グループとして賛成，反対の立場を明確にして，その理由をまとめてください。

□日本の若者は，諸外国の若者と比べ，自分の将来に明るい希望をもつ割合が少ないという指摘があります。子供たちが自分の将来を前向きに捉えることができるために，学校教育の中でどのように取り組むべきですか。グループとしての意見をまとめてください。

□児童生徒を指導する上で，今後教職員が変わっていかなければならないところはどこだと思いますか。また，変わってはいけないところはどこだと思いますか。グループとしての意見をまとめてください。

□総務省の抽出調査によると，年々選挙の投票率が低下しています。投票率をあげるために考えられる具体的な対応等について話し合い，グループとしての意見をまとめてください。

□「児童生徒が明日の登校を楽しみにする学校づくり」を実現するために，どのような取組をすればよいですか。登校を楽しみにする以外の相乗効果等も考えた上で，グループとしての意見をまとめてください。

□アフターコロナでこれから世の中が変わっていく中で，教育はどのように変わっていくべきだと思いますか。グループとしての意見をまとめてください。

□チャットGPTに代表される対話型AIが注目を集めています。この技術を学校現場でどのように活用していけばよいか，グループとして意見をまとめてください。

□保護者の信頼を得る教職員とは，どのような教職員だと考えますか。また，そのために心掛けておくべきことは何だと思いますか。グループとしての意見をまとめてください。

□家庭の経済状況から放課後や休日に学習塾や習い事に通えず，学校以外での教育機会を得られないなどの教育格差が生まれているという指摘があります。そこで，こうした「教育格差」に対して，学校や教職員ができる対策について意見を述べ，グループとしての考えをまとめてください。

□近年加速している少子化がもたらす社会への影響を挙げた上で，これからの教育で大切にすべきことを，グループとしてまとめてください。

□学校の統廃合により起こりうる問題点を挙げた上で，その改善のためにどのような取組が考えられますか。また，その取組によりどのような教育効果があると思いますか。グループとしての意見をまとめてください。

□2018年に内閣府が行った国際比較調査によると，日本の子どもたち・若者の主体性は他の先進国と比べても低いと言われています。あなたは，こうした指摘に対してどのように説明しますか。グループとしての意見をまとめてください。

□高校生や大学生が就職するにあたって，県外流出を防ぎ，地方創生を図っていくためには，どのような取組をしたらよいか，グループとして意見をまとめてください。

□ワーク・ライフ・バランス(仕事と生活の調和)を推進するために，学校という職場でできる取組としてどのようなことが考えられますか。グループとしての意見をまとめてください。

□勉強意欲がわかないという児童生徒に対し，教師としてどのようにかかわっていくことが必要だと思いますか。グループとしての意見をまとめてください。

□2023ワールド・ベースボール・クラシックにおいて日本チームが優勝しました。その際，試合結果だけでなく，チームワークや監督と選手との信頼関係などがクローズアップされました。組織が一丸となって進むために，チームワークや信頼関係以外で必要なことは何だと思いますか。グループとしての見解を示してください。

□学校における小規模校が抱える課題を挙げた上で，その改善のためにどのような取組が考えられますか。グループとしての意見をまとめてください。

□デジタル教科書と紙の教科書について，それぞれをどのように活用することが望ましいと思いますか。グループとしての意見をまとめてください。

● 面接試験

□あなたのグループは，教職員志望者を増やすために，大学生向けに講義を行うことになりました。どのような内容の講義にするのか，グループとして意見をまとめてください。

□最近，教師について，児童生徒の「伴走者」という表現が使われるようになりました。では，教師の「伴走者」としての役割はどのようなものか，そして，そのために具体的にはどのようなことが必要だと思いますか。グループとしての意見をまとめてください。

▼小学校教諭

【テーマ】

□勉強のやる気がない児童に対して担任としてどのように対応するか。

・司会は決めずに討論が進められた。

▼特支小学校

【テーマ】

□「子どもが,『明日が楽しみだ』と感じる学校にするためにどのような取組が重要か。その取り組みによるそれ以外の相乗効果も踏まえて議論しなさい」

・初めにテーマカードを渡され, 各自の考えをまとめる時間が5分ある。その後部屋に入室し，一人ずつ1分間で意見を述べた上で討論が始まる。

・司会は立てず，時間内に結論を出すことが求められる。

・討論終了後，面接官から幾つか質問される。

【質問内容】

・特別支援学校においてできる取り組みは何か。

・他の人の意見で心に残ったものは何か。

・初対面の人と討論する上で気をつけたことは何か。

▼高校国語

【テーマ】

□日本は，若者が夢を見れないという。どうすれば，将来に夢を持って頑張れるか。

【質問内容】

□他の人の言葉で心に残ったものがあるか。

□この討論は何点か。

□あなたの夢は。

▼養護教諭

【テーマ】

□高校生，大学生の県外流出を防ぎ，地方創生としてできること，具体的に考えをまとめなさい。

・広い部屋なので，大きな声で話さないと聞こえない。

・まとめないと減点なので，何分にまとめ始めるか始めに確認する必要がある。

◆個人面接(2次試験)　試験管2人

▼小学校教諭

【質問内容】

□人権問題について。

□生徒指導提要について

□離島での勤務は可能か。

□周囲の人に頼れるか。

・過去問と同様の質問が多かった。

▼特支小学校

【質問内容】

□なぜ特別支援学校なのか。

□なぜ小学部なのか。

□地方公務員法の第30条の内容。

□服務について。

□人権について。

□不適切な指導とは何か。

□離島での勤務は可能か。

□理想の教員像。

□教師の魅力は何か。

□英語は得意か。

□実習はもう行ったか。

□懲戒処分について。

□これまでに一生懸命に取り組んだこと。

● 面接試験

□自閉症の特性は何か。
□人権問題について。
□不適切な指導について。
□離島での勤務は可能か。
　→特別支援学校は離島に何校あるか。
　→どこにあるか。
□実習はもう行ったか。
□チームティーチングの効果と留意点。
□ベテランの先生と意見が食い違ったときの対応。
▼高校国語
□緊張しているか。
□何回目の受験か。
□なぜ教員を目指したか。
□中学校の先生ではだめなのか。
　→なぜ高校の先生なのか。
□人権問題で知っていることは。
□20代は何をしていたか。
　→夢を追いかけていたと言ったが，どんな夢だったのか。
□働き方改革はどうすればよいか。
　→働き方改革は部活だけか。他にないか。
　→働き方改革は，先生たちの意識改革だけで上手くいくか。
□AIについてどう思うか。
□ストレスは溜まるか。
　→どうやってストレスを解消するか。
□教職の魅力を生徒にどう伝えるか。
□国語でICTをどうやって授業で使うか。
□国語の専門的な指導は何を学んできたか。
□国語で，教科等横断的な指導はどうするか。
□国語の学習指導要領が改訂されたが，どういった意図で改訂されたか。
□読書離れが進んでいるがどうするか。
□特別支援学校で採用されたらどうするか。

□県内どこでも勤務できるか。離島に勤務できるか。
□働き方改革の勤務外時間の上限は。月何時間か。年何時間か。
□あなたは勤務外時間の条件は守れているか。
□地方公務員法第30条を答えよ。
□教員の研修が書かれている法律は。
□民間を受けていないのか。
□高校一本か。
　→それほど高校への思いが強いのか。
□合格したらどんな教員になりたいか。
□もし不合格だったらどうするか。
□人権感覚をどうやって養うか。

▼養護教諭

【質問内容】
□志望動機について。
□体罰に関する法律について。
□信用失墜行為について。
□何を大事にしたいか。
□離島勤務は可能か。
□他人より優れているところ。
　→何を意識しているか。
□どんな養護教諭になりたいか。
□どんな保健室を作っていきたいか。
□実習での思い出について。
□部活について。
□働き方改革はなぜ必要か。
□併願状況について。

2024年度　沖縄県

◆個人面接(2次試験)　面接官3人　受験者1人　40～45分

▼小学校教諭　面接官3人

【質問内容】

● 面接試験

□小学校の先生を目指した理由は。
□夢を実現するために，努力していることは，どんなことか。
□視野を広げようと思ったきっかけは，何かあるか。
□ボランティア活動で，最も印象に残っていることは何か。
□保護者に寄り添うために，どのようなことを行なっていくか。
□ストレス発散はどのようにするか。
□上司の先生と関わる時に，どんなことに気をつけるか。
□同僚の先生とは，どのように連携するか。
□誰1人として取り残さないとは，どういったことか。
→そのような学級を作るためには，どのような取組をするか。
□多様性を尊重する上で，あなたが活かせる資質・能力はどういったものか。
□職員室でのあなたの役割は。
□人と関わっていく上で，気をつけていることは何か。
□どういった学級を作って行きたいか。
□あなたの良さを私たちに何か売り込んで。
□最後に何か，伝えたいことはあるか。
【模擬授業に関する質問内容】
□本時の展開は。
□模擬授業を終えて，何か後悔していることはあるか。
□導入部分に，すごく工夫を感じた。よければ，もう一度，やってもらえないか。
□この単元の思考・判断・表現の評価Bの基準は。
□評価がCになる児童は，どのような児童か。
□授業で工夫したことは何か。
□この授業で，児童が躓くポイントは何処か。
□誰にも負けない，あなたの授業力は何か。
【場面指導】
□保護者の方から，自分の子どもがいじめられていると相談を受けました。あなたは，学級担任です。児童全体に2分間で，指導してください。
【場面指導に関する質問】

□場面指導で，気をつけたことは何か。
□保護者の方へは，どのように対応するか。
□保護者の方と信頼関係を築くためには，どのような取組をするか。
▼小学校教諭　面接官3人
【質問内容】
□志望理由。
□個別最適で協働的な学びとは。
□公務や授業にICTをどう活用するか。
□不祥事を起こさないためにどうするか。
□同僚と意見が合わないときどう対応するか。
□教員の使命とは。
□子どもにどんな力をつけたいか。
□最後に言い残したことは。
【模擬授業に関する質問内容】
□思判表の評価の仕方について。
□Bレベルの子はどれくらいの想定か。
□Cレベルは。
□自己評価は。
【場面指導】
□行事にあまり乗り気ではない児童への全体指導を2分で行う。
【場面指導に関する質問】
□どんなことに気をつけたか。
□乗り気でない子(1人)に対してはどう支援するか。
□やる気に差がある場面を経験したことはあるか。
▼中学英語
【質問内容】
□志望動機について。
□教員の協働について。
□保護者対応について。
□働き方改革について。
□沖縄で教員をやる魅力などどんな学級経営を行うか。
【模擬授業に関する質問】

● 面接試験

□評価はどう行うか。

□苦手な子への支援は。

【英語による質疑応答(ALT)】

□なぜ小学校で働きたいのか。

□ストレス対処法は。

□指導力をどう高めるか。

【場面指導】

□4月の学級開き後，初めて係活動を行う。子どもが自己存在感を持てるよう意識しながら，クラスに実際に話しかけるように演じる。(2分間)

●書籍内容の訂正等について

弊社では教員採用試験対策シリーズ（参考書，過去問，全国まるごと過去問題集），公務員試験対策シリーズ，公立幼稚園・保育士試験対策シリーズ，会社別就職試験対策シリーズについて，正誤表をホームページ（https://www.kyodo-s.jp）に掲載いたします。内容に訂正等，疑問点がございましたら，まずホームページをご確認ください。もし，正誤表に掲載されていない訂正等，疑問点がございましたら，下記項目をご記入の上，以下の送付先までお送りいただくようお願いいたします。

① **書籍名，都道府県（学校）名，年度**
（例：教員採用試験過去問シリーズ　小学校教諭 過去問　2025年度版）
② **ページ数**（書籍に記載されているページ数をご記入ください。）
③ **訂正等，疑問点**（内容は具体的にご記入ください。）
（例:問題文では“ア～オの中から選べ”とあるが，選択肢はエまでしかない）

〔ご注意〕

○ 電話での質問や相談等につきましては，受付けておりません。ご注意ください。
○ 正誤表の更新は適宜行います。
○ いただいた疑問点につきましては，当社編集制作部で検討の上，正誤表への反映を決定させていただきます（個別回答は，原則行いませんのであしからずご了承ください）。

●情報提供のお願い

協同教育研究会では，これから教員採用試験を受験される方々に，より正確な問題を，より多くご提供できるよう情報の収集を行っております。つきましては，教員採用試験に関する次の項目の情報を，以下の送付先までお送りいただけますと幸いでございます。お送りいただきました方には謝礼を差し上げます。
（情報量があまりに少ない場合は，謝礼をご用意できかねる場合があります）。

◆あなたの受験された面接試験，論作文試験の実施方法や質問内容
◆教員採用試験の受験体験記

送付先		
	○電子メール：edit@kyodo-s.jp ○FAX：03-3233-1233（協同出版株式会社　編集制作部 行） ○郵送：〒101-0054　東京都千代田区神田錦町2-5 協同出版株式会社　編集制作部 行 ○HP:https://kyodo-s.jp/provision（右記のQRコードからもアクセスできます）	

※謝礼をお送りする関係から，いずれの方法でお送りいただく際にも，「お名前」「ご住所」は，必ず明記いただきますよう，よろしくお願い申し上げます。

教員採用試験「全国版」過去問シリーズ⑮

全国まるごと過去問題集
論作文・面接

編　集　© 協同教育研究会

発　行　令和6年3月10日

発行者　小貫　輝雄

発行所　協同出版株式会社

〒101-0054　東京都千代田区神田錦町2 - 5

電話　03－3295－1341

振替　東京00190－4－94061

印刷所　協同出版・POD工場

落丁・乱丁はお取り替えいたします。